Immobiliarsicherheiten im englischen
und deutschen Recht

Studien zum europäischen

Privat- und Prozeßrecht

Herausgegeben von Manfred Wolf

Band 4

PETER LANG
Frankfurt am Main · Berlin · Bern · Bruxelles · New York · Oxford · Wien

Christine Steven

Immobiliarsicherheiten im englischen und deutschen Recht

Eine rechtsvergleichende Untersuchung
unter besonderer Berücksichtigung
der Insolvenz des Sicherheitengebers

PETER LANG
Europäischer Verlag der Wissenschaften

Die Deutsche Bibliothek - CIP-Einheitsaufnahme

Steven, Christine :

Immobiliarsicherheiten im englischen und deutschen Recht : eine rechtsvergleichende Untersuchung unter besonderer Berücksichtigung der Insolvenz des Sicherheitengebers / Christine Steven. - Frankfurt am Main ; Berlin ; Bern ; Bruxelles ; New York ; Oxford ; Wien : Lang, 2002
(Studien zum europäischen Privat- und Prozeßrecht ; Bd. 4)
Zugl.: Erlangen, Nürnberg, Univ., Diss., 2001
ISBN 3-631-38799-7

D 29 (n2)
ISSN 1434-2405
ISBN 3-631-38799-7

www.peterlang.de

Vorwort

Die diesem Buch zugrundeliegende Arbeit wurde am 25. September 2000 von der Juristischen Fakultät der Friedrich-Alexander-Universität Erlangen-Nürnberg als Dissertation angenommen.

Mein Dank gilt dem Betreuer der Arbeit Herrn Prof. Dr. Winfried Veelken, an dessen Lehrstuhl für Bürgerliches Recht, Handels- und Wirtschaftsrecht, Urheberrecht und Gewerblichen Rechtsschutz, Internationales Privatrecht und Rechtsvergleichung ich über mehrere Jahre zunächst als studentische Hilfskraft und dann als wissenschaftliche Hilfskraft tätig war. Mein Dank gilt auch Herrn Prof. Dr. Gerhard Rohe, der das zweite Gutachten sehr zügig erstellt hat. An dieser Stelle möchte ich auch die Juristische Fakultät der *University of Bristol* dankend erwähnen, deren Bibliothek ich nicht nur während meines Studiengangs zum *Master of Laws* 1994/1995, sondern auch in der Folgezeit benutzen konnte. Weiterhin möchte ich für die Nutzung ihrer Bibliothek auch dem Max-Planck-Institut für europäische Rechtsgeschichte sowie dem Institut für deutsches und internationales Recht des Spar-, Giro- und Kreditwesens an der Johannes-Gutenberg-Universität Mainz danken. Schließlich gilt mein Dank Prof. Dr. Manfred Wolf, der diese Arbeit in die von ihm betreute Schriftenreihe aufgenommen hat.

Gesetzgebung, Rechtsprechung und Schrifttum wurden bis Ende August 2000 berücksichtigt.

Christine Steven

Frankfurt a.M., am 29. November 2001

Gliederung

A. Einleitung

I. Anlaß für die Untersuchung: wirtschaftliche Ausgangssituation

In allen europäischen Staaten sind Immobiliarsicherheiten als Sicherungsmittel für langfristige Kreditfinanzierungen größeren Umfangs anerkannt. Damit schützt sich der Kreditgeber gegen die Gefahr einer künftigen Zahlungsunfähigkeit oder Zahlungsunwilligkeit seines Schuldners[1]. Dem Kreditbedürfnis des Kreditnehmers steht ein Sicherungsbedürfnis des Kreditgebers gegenüber. Infolge der allgemeinen Internationalisierung der Wirtschaft, auf europäischer Ebene noch verstärkt durch den Binnenmarkt, nimmt der Kreditverkehr über die Grenzen immer mehr zu. Dabei kann es nicht ausbleiben, daß ein deutscher Kreditnehmer als Sicherheit ein in einem anderen Land belegenes Grundstück einsetzt. Dennoch konnte bislang ein europäischer Binnenmarkt für grenzüberschreitende Grundpfandrechte nicht entstehen, da das Immobilarsicherheitenrecht stark von den nationalen Rechtstraditionen der Mitgliedsstaaten geprägt ist.

Vor allem das englische Immobiliarsicherheitenrecht ist eine Materie, mit der sich die Praktiker zunehmend auseinandersetzen müssen. Man kann aus der Einschätzung von Lord MacNaughton aus dem Jahre 1904 in dem Fall *Samuel v. Jarrah Timber and Wood Paving*[2] erkennen, daß es sich dabei um kein leichtes Unterfangen handelt: „*No one ... by the light of nature ever understood*

---

1 Scholz/Lwowski, Das Recht der Kreditsicherheiten, S. 33.

2 [1904] AC 323, 326.

an English mortgage of real estate." Auch viele Jahrzehnte später halten englische Juristen an dieser Auffassung fest.[3]

Wann können englische Kreditsicherheiten an Immobilien für deutsche Juristen relevant sein? Es sind mehrere Konstellationen denkbar, in denen es zu einer Berührung mit englischen Immobiliarsicherheiten kommen kann. Ein deutsches Kreditinstitut mit Niederlassung in England beabsichtigt, ein Darlehen mit einem englischen Grundstück abzusichern. Vielleicht möchte ein deutsches Kreditinstitut auch ohne den Umweg über eine Niederlassung, ihren inländischen Kunden ins englische Ausland begleiten und für den Kredit ein in England belegenes Grundstück als Sicherheit annehmen. Beispielsweise plant ein deutsches Unternehmen in England den Bau einer Produktionsstätte und setzt zur Finanzierung das betreffende Grundstück als Sicherheit ein. Im Zuge des europäischen Wettbewerbs der Banken kann schließlich auch ein englisches Unternehmen einem deutschen Kreditinstitut wegen günstigerer Finanzierungsmodalitäten den Vorzug geben. Auch Kreditinstitute selbst sichern ihre Auslandsgeschäfte durch unterschiedliche Arten von Sicherheiten ab. In besonderen Fällen werden auch Grundpfandrechte bestellt[4].

Inzwischen hat das englische Immobiliarsicherheitenrecht daher auch für das deutsche Realkreditgewerbe an praktischer Bedeutung gewonnen[5]. Denn im Gegensatz zu den vorangegangenen Jahrzehnten haben die Kreditinstitute 1990 weitergehende, aufsichtsrechtliche Befugnisse erhalten, grenzüberschreitend

---

3 So schreibt Nicholas Bamforth, CLP 1996, 207: *"It is to be regretted, given the need for clarity and certainty in the law, that such a view might still be advanced with some conviction more than ninety years later."*

4 Discher/Koller, Das Auslandsgeschäft der Kreditinstitute, S. 142.

5 Eisenhauer, Moderne Entwicklungen im englischen Grundstücksrecht, S. 4.

tätig zu werden, sei es durch eine Niederlassung in England oder auch direkt[6]. Es besteht nun die Möglichkeit, ein Darlehen mit einem Grundpfandrecht an einem ausländischen Grundstück zu sichern. Seit der Umsetzung der II. Bankrechtskoordinierungsrichtlinie gilt nach Art. 18 der Grundsatz der gegenseitigen Anerkennung der Finanzierungstechniken. Damit können sich die deutschen Kreditinstitute nun der gleichen Finanzierungstechniken bedienen wie Kreditinstitute anderer Mitgliedsstaaten. Es besteht eine Eingangs- und Ausgangsfreiheit[7]. Erfaßt werden davon Hypothekarkredit und Refinanzierung durch Pfandbriefe. Aufgrund des nun möglichen gegenseitigen Wettbewerbs ist eine eingehende Darstellung der Immobiliarsicherheitensysteme der anderen Mitgliedstaaten besonders relevant[8]. Vor allem deutsche Hypothekenbanken haben nach der Einschätzung des Vorsitzenden des Verbandes deutscher Hypothekenbanken im gesamteuropäischen Wettbewerb Vorteile. Ihre Stärke besteht in der Refinanzierungskraft des Pfandbriefs und der Spezialisierung auf das Hypotheken- und Kommunalkreditgeschäft[9]. Daher sind ihre Aussichten, im EG-Ausland Fuß dauerhaft zu fassen, durchaus positiv zu beurteilen.

Der Einstieg in den englischen Markt erscheint v.a. im Hinblick auf den Finanzplatz London für eine deutsche Bank erstrebenswert[10]. Inzwischen ist auch die

---

6 So plant die Allgemeine Hypothekenbank AG laut FAZ vom 12.2.1998, S. 22 für Ende 1998/Anfang 1999 in London die Eröffnung einer Repräsentanz. Dort sollen Büro- und Einzelhandelsflächen finanziert werden. Andere Kreditinstitute, wie die Rheinische Hypothekenbank verfügten 1997 bereits über eine Repräsentanz in London, vgl. Der Langfristige Kredit 1998, 340, ebenso die HYPO-Bank, die bereits vor ihrer Fusion mit der Bayerischen Vereinsbank eine Filiale in London und zusätzlich die HYPO Property Holdings Ltd., London gegründet hat und die Finanzierung von Gewerbe-Immobilien anbietet.

7 Bellinger, in: Handbuch des Realkredits, S. 670.

8 von Köller, Die verschiedenen Hypothekarkreditsysteme und die bedeutendsten Hypothekarkreditgeber in den europäischen Ländern, S. 760.

9 von Köller, WM 1997, 2394.

10 Scheuble, Der langfristige Kredit 1990, S. 204.

vorübergehende Flaute auf dem Immobilienmarkt überwunden[11]. Gerade in Ländern wie England, in denen langfristige Finanzierungen bislang fast ausschließlich zu variablen Zinssätzen gewährt werden[12], kann eine Festzinshypothek eine nach kaufmännischen Gesichtspunkten bessere Finanzierungsmöglichkeit darstellen[13]. Experten haben in England inzwischen die Vorteile eines Festzinssatzes erkannt und raten Hauskäufern zu Festzinsgrundpfandrechten[14]. Gute Chancen werden deutschen Anbietern im direkten Wettbewerb mit englischen Kreditinstituten allerdings nur auf dem Gewerbeimmobilienmarkt gegeben[15]. Dieser Markt zeichnet sich in England durch ein großes Transaktionsvolumen aus[16]. Es gelten wesentlich höhere Margen als in Deutschland, weshalb seit 1991 schon mehrere deutsche Hypothekenbanken dort tätig geworden sind[17].

---

11 Noack, Der Langfristige Kredit 1998, 326.

12 Hubbard, Securisation and Unitisation of Real Estate Worldwide, S. 208. In der Vergabe variabler Zinssätze liegt auch ein Grund für die britischen Euroskeptiker, nicht an der dritten Stufe der Wirtschafts- und Währungsunion beizutreten. Jede Zinsänderung durch die EZB mit Sitz im fernen Frankfurt, die nach Ansicht vieler Briten nicht ausreichend demokratische legitimiert ist, würde sich direkt auf die Finanzen der privaten Grundpfandrechtgeber auswirken; vgl. Handelsblatt v. 25.02.1999, S. 2 und FAZ v. 25.02.1999, S. 17.

13 von Köller, Die verschiedenen Hypothekarkreditsysteme und die bedeutendsten Hypothekarkreditgeber in den europäischen Ländern, S. 761

14 Gardner, Sunday Times v. 26.04.1998, Wirtschaftsteil S. 1; Europäischer Hypothekenverband, Mortgage and Property Markets in the European Union and Norway, S. 5; Beike, in Bausparkassen-Fachbuch 1997, S. 466, 469; Hyp-meldung 1/99 v. 25.02.1999, S.2, www.hypverband.de. Der Vorsitzende des VdH von Köller führte in einer Rede am 25.02.1999 aus, daß die Refinanzierung am europäischen Kapitalmarkt, wie sie von den deutschen Hypothekenbanken betrieben werde, effizienter sei "...als das Gewinnen von Kundeneinlagen über teure Filialnetze, wie beispielsweise bei den britischen Building Societies"; S. 3, www.hypverband.de.

15 Pscherer, Der langfristige Kredit 1994, S. 143; Goedecke/Kerl/ Scholz, Die deutschen Hypothekenbanken, S. 153.

16 Die Gesamtsumme der gewerblichen Immobilienkredite in England steigerte sich von 19 Mrd.£ 1988 auf 40 Mrd. £ Ende 1991; vgl. Scholz, Der langfristige Kredit 1991, S. 516.

17 von Köller, Die verschiedenen Hypothekarkreditsysteme und die bedeutendsten Hypothekarkreditgeber in den europäischen Ländern, S. 784; Scholz, Der langfristige Kredit 1991, 101, 102.

Entsprechend ihrer Möglichkeiten, im Ausland belegene Grundstücke zu beleihen, verfolgten die Hypothekenbanken und gemischten Institute verstärkt die Strategie, ihr grenzüberschreitendes Auslandsgeschäft auszudehnen[18]. Und in der Tat wurde bereits Ende 1995 ein Volumen der EU-Auslandsgrundpfandrechte von DM 6 Mrd. erreicht, wobei ca. 90% auf gewerbliche Beleihungen entfielen. Großbritannien stand dabei mit ca. 40% aller Auslandshypotheken mit den Niederlanden mit weitem Abstand an der Spitze[19]. Das Geschäftsvolumen im Europageschäft der Hypothekenbanken stieg auch 1996 enorm und hat sich 1997 gegenüber dem Vorjahr sogar verdoppelt. Der Bestand machte 1997 65,4 Mrd. DM (1996: 36,6 Mrd.) aus. Davon kamen 10,1 Mrd. auf die Zusage von Hypothekendarlehen. 1998 konnte man beim grenzüberschreitenden Europa-Geschäft einen weiteren Zuwachs von 16, 9 % auf 39, 4 Mrd. DM verbuchen[20]. 1999 hat sich das Volumen der Europa-Hypothekarkredite gegenüber 1998 sogar mehr als verdoppelt; der Bestand in Großbritannien erhöhte sich 1999 auf 61,8 Mrd. Euro gegenüber 20 Mrd. Euro Ende 1998[21]. Damit bildet Großbritannien den Schwerpunkt des internationalen Gewerbekreditgeschäfts[22]. Das Verhältnis zwischen Gewerbehypothek und Wohnhypothek liegt etwa bei 10:1[23]. Grund für die herausragende Stellung des Geschäftes in Großbritannien ist die höhere Rendite der britischen Immobilien. 1997 hat sich auch der

---

18 Hansen, AG R 400, 403.

19 Jahresbericht des Verbandes deutscher Hypothekenbanken, 1995, S. 53; die meisten anderen Verbände des Bankensektors erfassen hingegen grenzüberschreitend gewährte Beleihungen nicht separat; vgl. auch Wachter, WM 1999, 49, 50.

20 vgl. FAZ v. 26.02.1999, S. 16; Rede vom Vorsitzenden des Verbands deutscher Hypothekenbanken von Köller am 25.02.1999 in Berlin, S.2, www.hypverband.de.

21 Verband deutscher Hypothekenbanken, Jahresbericht 1999, S. 58, 60.

22 Verband deutscher Hypothekenbanken, Jahresbericht 1999, S. 59; für die Vorjahre vgl. Rede des Vorsitzendes des Verbands der deutschen Hypothekenbanken von Köller am 25.02.1999, S. 3, www.hypverband.de; zur stark gewachsenen Nachfrage nach der Finanzierung gewerblicher Objekte im Ausland der Hypothekenbanken der Commerzbank vgl. Der Langfristige Kredit 1998, 340.

mehrjährige Aufbauprozeß von Büros mit hochspezialisiertem Fachpersonal in den wichtigsten Immobilienzentren ausgezahlt. Inzwischen konnten deutsche Hypothekenbanken auch dazu übergehen, Kredite an lokale Investoren zu vergeben. Insgesamt konnte damit der Kundenstamm erweitert werden. Zu beobachten war weiterhin, daß die ausländischen Tochtergesellschaften anfänglich nur zu einem kleinen Teil am Hypothekenneugeschäft beteiligt waren. Diese haben sich auf Kommunalkredite konzentriert, während über die beobachtenden Büros im Ausland die Kredite direkt über die deutschen Zentralen vergeben werden[24].

Die anderen deutschen Kreditinstitute können zwar ebenso auf dem englischen Mark tätig zu werden, haben aber bisher in geringerem Umfang davon Gebrauch gemacht.

V.a. Bausparkassen sind auf Kredite für den Wohnungsbau spezialisiert. Die Bausparkassen gehen davon aus, daß zumindest in Westeuropa dieser Markt bereits an die jeweiligen inländischen Anbieter verteilt ist. Keines der Mitgliedsinstitute des Verbandes der Privaten Bausparkassen e.V. in Großbritannien tätig geworden[25]. Die Landesbausparkassen haben aber inzwischen das Potential der grenzüberschreitenden Finanzierung von Ferienhäusern und -wohnungen im europäischen Ausland erkannt[26] und sind in der grenzüberschreitenden Grundstücksbeleihung tätig. Unter dem Logo „Casa Europa" wird

---

23 Hyp-Meldung 1/99 v. 25.02.1999; S. 1, www.hypverband.de.

24 Verband deutscher Hypothekenbanken, Auslandskreditgeschäft der Hypothekenbanken, Az.: 11.190, Rundschreiben Nr.34 vom 03.03.1998; zu den Entwicklungen 1999 vgl. Verband deutscher Hypothekenbanken, Jahresbericht 1999, S. 59 f..

25 Antwortschreiben des Verbandes der Privaten Bausparkassen e.V. vom 02.06.1998.

26 Troberg/Bund, Der Langfristige Kredit 1996, 430.

mit der Finanzierung von ausländischen Immobilien geworben[27]. Die Absicherung eines Wohnungsbaudarlehens durch Bestellung eines Grundpfandrechts im EG-Ausland stellt zur Zeit zwar im Vergleich zum Kerngeschäft nur einen kleinen Markt dar. Man rechnet sich für die Zukunft aber gute Chancen für eine Steigerung aus, da das Interesse an privat genutzten Immobilien im Ausland ständig zunimmt[28]. Nach einer Studie der Landesbausparkassen werden in Zukunft jährlich ca. 73.000 Bundesbürger ein ausländisches Feriendomizil erwerben[29]. Eine Marktstudie ergab, daß ca. 600.000 private Haushalte eine Immobilie im Ausland besitzen, wobei ca. 40% der Objekte in den letzten sechs Jahren erworben wurde. Es wird mit einem jährlichen Zuwachs von ca. 43.000 gerechnet[30]. Da die Auslandsimmobilien regelmäßig für den Ruhestand gedacht sind, ist gutes Wetter für die Standortwahl ausschlaggebend. England steht folglich als Wunschland der Kaufinteressenten nur an 13.Stelle, ist damit zwar nicht so wichtig wie z.B. Spanien, aber dennoch nicht irrelevant[31]. Der Schwerpunkt der bisher abgewickelten Finanzierungen liegt in den Ländern Frankreich, den Niederlanden, Italien, Österreich, Portugal, Belgien und Schweden[32]. Mit dem Dienstleistungsangebot *Casa Europa* bieten die Landesbausparkassen die Immobilienfinanzierung direkt durch Belastung des Kaufobjekts im Ausland an. Der Einsatz von auf-

---

27 Dittler, Kreditwesen 1998, S. 422 f..

28 Dittler, Kreditwesen 1998, 422, 423.

29 Zahnder, Stern 43/1998, 198.

30 Ein eigenes Zuhause im Ausland - Ergebnisse einer Marktstudie, Broschüre der LBS, Oktober 1998, S. 7.

31 Nach der Repräsentativumfragung interessierten sich 836.000 für ein Objekt in Spanien, aber immerhin 56.000 für eine englische Immobilie; Ein eigenes Zuhause im Ausland - Ergebnisse einer Marktstudie, Broschüre der LBS, Oktober 1998, S. 16.

32 Informationsblatt CASA EUROPA - Ein eigenes Zuhause in Europa - mit der LBS im Ausland finanzieren, S. 3.

wendigen und teuren Bürgschaften zur Absicherung ist nicht erforderlich[33]. Umfaßt sind die Bewertung des Objekts, Prüfung des Grundbuchs und Einsatz von Spezialisten vor Ort. Dabei macht man sich die Tatsache zunutze, daß die deutschen Erwerber ihnen bekannte und vertraute Partner aus dem Inland bevorzugen[34].

Anders als die Bausparkassen sind Sparkassen fast ausschließlich auf den inländischen deutschen Markt konzentriert. Der Einsatz ausländischer Grundpfandrechte spielt kaum eine Rolle[35]. Man befürchtet, durch den Zuzug mitgliedstaatlicher Kreditinstitute mehr Boden zu verlieren, als man auf dem ausländischen Markt gewinnen könnte[36]. Um die Kunden bei ihren Aktivitäten ins Ausland begleiten zu können[37], soll diese Leistung eher durch die Zusammenarbeit mit den Landesbanken und den dort sitzenden Landesbausparkassen sowie europäischen Sparkassen erbracht werden[38].

Obwohl auch für die Landesbanken grundsätzlich das Regional- und Subsidiaritätsprinzip gilt[39], beabsichtigen sie dennoch, ihre Kunden zunehmend ins

---

33 Ein eigenes Zuhause im Ausland - Ergebnisse einer Marktstudie, Broschüre der LBS, Oktober 1998, S. 20.

34 Ein eigenes Zuhause im Ausland - Ergebnisse einer Marktstudie, Broschüre der LBS, Oktober 1998, S. 19.

35 Auskunftsschreiben des Deutschen Sparkassen- und Giroverband, vom 23.06.1998.

36 Geiger, Die Strategien der Sparkassen, in: Der europäische Binnenmarkt 1992 - Auswirkungen für die deutsche Finanzwirtschaft, S. 139.

37 Geiger, Die Strategien der Sparkassen, in: Der europäische Binnenmarkt 1992 - Auswirkungen für die deutsche Finanzwirtschaft, S. 146.

38 Barberye, Kreditwesen 1998, 380 ff.; Geiger, Die Strategien der Sparkassen, in: Der europäische Binnenmarkt 1992 - Auswirkungen für die deutsche Finanzwirtschaft, S. 148.

39 Lehner, in: Handbuch des Realkredits, S. 1059, 1063 f..

Ausland zu begleiten[40]. Insbesondere mittelständischen Unternehmen soll vor Ort Hilfestellung geleistet werden[41].

Von Seiten der Geschäftsbanken geht man davon aus, daß man hierfür ein aufwendiges Vertriebssystem aufbauen muß, so daß dieses Marktsegment zunächst nur langsam wachsen wird[42].

II. Rechtlicher Rahmen für den Einsatz englischer Grundpfandrechte durch deutsche Kreditinstitute

In Anbetracht des Umfangs der Tätigkeit deutscher Kreditinstitute auf dem englischen Immobiliarsicherheitenmarkt, soll hier nun ausgeführt werden, welche Anforderungen das deutsche Recht, insbesondere bankaufsichtliche Regelungen, an den Einsatz fremder Grundpfandrechte stellt. Grundpfandrechtskredite werden von allen Kreditinstituten ausgegeben, vor allem von öffentlich-rechtlichen Realkreditinstituten und den privaten Hypothekenbanken. Sie gehören aber auch zum klassischen Geschäftsbereich der Sparkassen und Landesbanken[43]. Da Spezialregelungen existieren, ist nach dem Typ des Kreditinstituts zu differenzieren.

---

40 Lehner, in: Handbuch des Realkredits, S. 1059, 1065 f..
41 Bodin, Kreditwesen 1998, 390 f..
42 Pauluhn, in: Handbuch des Realkredits, S. 1083, 1098.
43 Claussen, Bank- und Börsenrecht, S. 217.

1. Hypothekenbanken[44]

a) Änderungen des Hypothekenbankgesetzes

Bis zum Inkrafttreten des Hypothekenbankgesetzes (HBG) im Jahre 1900 waren die Hypothekenbanken in ihrer Tätigkeit nicht auf das Land ihres Geschäftssitzes beschränkt. Zu der Zeit des Deutschen Bundes gab es Hypothekenbanken, die Grundstücke überregional beliehen haben. Auch nach 1866, als der Norddeutsche Bund entstand, und nach der Reichsgründung von 1871 war die länderübergreifende Tätigkeit erlaubt und wurde auch ausgeübt, obwohl es keine einheitliche Rechtsordnung gab[45]. Erst § 11 des am 01.01.1900 in Kraft getretenen HBG enthielt eine Beleihungsbeschränkung auf inländische Grundstücke. Im Zuge der Integration in die Europäische Wirtschaftsgemeinschaft kam es zunehmend zu Diskussionen, grenzüberschreitende Tätigkeiten der Hypothekenbanken zuzulassen. Mehrere Novellen zum HBG beseitigten jedoch nicht die Beschränkungen für Auslandshypotheken, trotz Aufforderungen durch die betroffenen Banken[46]. Zumindest wurde es aber zugelassen, wenn auch in sehr engen Grenzen, Auslandserfahrungen durch Beteiligungen an ausländischen Wohnungsunternehmen zu sammeln[47].

---

[44] In Deutschland gab es 1997 noch 27 reine Hypothekenbanken und vier gemischte Institute. Durch die seitdem vorgenommenen Fusionen der Frankfurter Hypothekenbank Centralboden AG mit der Lübecker Hypothekenbank in die Eurohyp AG, der Deutschen Hypothekenbank Frankfurt AG und der Hypothekenbank in Hamburg AG in die Norddeutsche Hypotheken- und Wechselbank AG sowie dem gemischten Institut der Bayerischen Hypotheken- und Wechselbank mit der Bayerischen Vereinsbank hat sich dieses Bild jedoch verändert. Der Trend geht dahin, die Anzahl der Hypothekenbanken zu verringern; vgl. Hansen, AG R 1998, 400 ff..

[45] Goedecke, Realkredit, S. 159.

[46] Goedecke, Realkredit, S. 201 f..

[47] Goedecke, Realkredit, S. 203; Goedecke/Kerl/Scholz, Die deutschen Hypothekenbanken, S. 149.

Mit der HBG-Novelle vom 08.06.1988 wurde den deutschen Hypothekenbanken erstmalig aus Wettbewerbsgründen[48] die Beleihung von Grundstücken in den Mitgliedstaaten gestattet, wobei der zulässige Rahmen aber sehr eng gesteckt war. Beliehen werden durfte ein Grundstück nur durch ein erststelliges Grundpfandrecht, nur auf Grundlage nicht deckungspflichtiger Refinanzierungsmittel und beschränkt auf die Summe des haftenden Eigenkapitals[49].

Ein darüber hinaus reichendes europäisches Auslandsgeschäft der Hypothekenbanken wurde dann mit der Neufassung des HBG vom 13.12.1990 zugelassen. Seitdem besteht die Möglichkeit, Grundstücke, die in anderen Mitgliedstaaten belegen sind, zu beleihen und auf Grund der erworbenen Hypotheken Hypothekenpfandbriefe auszugeben[50]. Das darf aber grundsätzlich nur unter der Voraussetzung geschehen, daß die Qualität des Pfandbriefs nicht leidet. Erfüllt ist diese Anforderung, wenn zum einen die Grundpfandrechte den Hypotheken und Grundschulden im Sinne des HBG materiell gleichstehen und sie den Beleihungsvorschriften der §§ 11, 12 HBG entsprechen. Zum anderen muß grund-

---

48 Im Zuge der Internationalisierung der Kapitalmärkte und der zunehmenden Integration in der Europäischen Gemeinschaft hatten einige Mitgliedstaaten (zB. Dänemark und die Niederlande) in Erwartung einer Richtlinie über Niederlassungsfreiheit und den freien Dienstleistungsverkehr im Bereich des Hypothekarkredits bereits die Bedingungen dafür geschaffen, daß ihre Realkreditinstitute im Auslandshypothekarkreditgeschäft tätig werden könnten. Da man 1988 nicht mit einer baldigen Verabschiedung der Richtlinie rechnete, wollte man den deutschen Hypothekenbanken aus Wettbewerbsgründen ebenfalls grenzüberschreitende Tätigkeiten gestatten; Begründung des Gesetzesentwurfs, herausgegeben vom Verband deutscher Hypothekenbanken, 100 Jahre Hypothekenbankgesetz, S. 551 f.; vgl. auch Bellinger, Die Bank 1999, 368.

49 § 11 in der Fassung des Hypothekenbankänderungsgesetz vom 08.06.1988, BGBl 1988 I, 710.

50 § 1 Abs.1 Nr.2 a HBG eingefügt durch das Wertpapier-Verkaufsprospektgesetz vom 13.12.1990; BGBl. I, S. 2749; inzwischen ergibt sich dies aus § 5 Abs.1 Nr.2-2 b HBG idF. vom 09.09.1998, BGBl 1998 I, 2674.

sätzlich das Vorrecht des Pfandbriefgläubigers im Konkurs der Hypothekenbank gewährleistet sein, da dies ein wesentliches Merkmal der Sicherheit ist[51].

b) Hypothek im Sinne des Hypothekenbankgesetzes

Das Gesetz definiert den Begriff der Hypothek nicht, stellt in § 40 Abs. 1 HBG aber die Grundschuld der Hypothek gleich. Für die materielle Gleichwertigkeit der ausländischen Grundpfandrechte nennt das Gesetz dagegen keine Kriterien. Aus dem Wortlaut und Sinn und Zweck der Vorschrift läßt sich jedoch keinesfalls folgern, daß es sich um ein Grundpfandrecht deutschen Rechts handeln muß. Schon aus der Entstehungsgeschichte der Gesetzesänderungen von 1988 und 1990 ergibt sich, daß grundsätzlich von der Gleichwertigkeit der inländischen und ausländischen Immobiliarsicherheiten ausgegangen wurde. Damit folgte der Gesetzgeber dem Gedanken der gegenseitigen Anerkennung der Finanzierungstechniken der II. Bankrechtskoordinierungsrichtlinie[52], die allerdings nur die Harmonisierung des Bankenaufsichtsrechts bezweckt. Auch ansonsten existieren keine weiteren aufsichtsrechtlichen Normen[53], die Anforderungen an ausländische Grundpfandrechte aufstellen würden. Daher muß mit „Hypothek" eine in anderen Mitgliedsstaaten geschäftsübliche, wegen der Gleichstellung der Grundschuld mit der Hypothek in § 40 Abs.1 HBG auch in ihrer Akzessorietät aufgelockerte Immobiliarsicherheit gemeint sein, zumal ja das Grundpfandrecht dem Belegenheitsgrundsatz unterliegt und ansonsten das

[51] Bellinger, Hypothekenbankgesetz: Kommentar, § 5 Rn. 50.
[52] Bellinger, Hypothekenbankgesetz: Kommentar, § 5 Rn. 52.
[53] §§ 18, 20 f. KWG, die allgemein den Begriff des Realkredits definieren, und auch die Grundsätze des Bundesaufsichtsamts für Kreditwesen enthalten keine derartigen Regelungen.

Hypothekarkreditgeschäft in den anderen EU-Ländern unmöglich wäre[54]. Auch die in dieser Abhandlung dargestellte englische *mortgage* und *charge* an Grundstücken sind eine gleichwertige Sicherheit, auch wenn ihre Akzessorietät nicht identisch ausgeformt ist wie bei der deutschen Hypothek. Selbstverständlich würde dies auch für eine „Eurohypothek" gelten[55], soweit man sich auf europäischer Ebene einmal auf eine in allen Mitgliedstaaten geltende Grundpfandrechtsform einigen sollte.

c) Beleihungswert und Beleihungsgrenze

Die Hypothekenbanken müssen auch die Voraussetzungen an die Aufnahme der Beleihung in die Deckungsmasse erfüllen, d.h. die Ermittlung des Beleihungswertes gem. § 12 HBG und die Einhaltung der Beleihungsgrenze gem. § 11 HBG. Entsprechende Regelungen fehlen meist im Ausland, oft ist auch der Begriff des Beleihungswertes[56] unbekannt. § 12 HBG kann daher in aller Regel nicht unmittelbar angewandt werden. Der Beleihungswert ist gem. § 12 HBG „der bei der Beleihung angenommene Wert". Es handelt sich dabei um das subjektive Urteil der Bank, mit dem sie entscheidet, inwieweit sie dem ermittelten Verkaufswert folgen möchte[57].

---

54 Bellinger, Hypothekenbankgesetz: Kommentar, § 5 Rn. 52; § 40 Rn. 7.

55 Bellinger, Hypothekenbankgesetz: Kommentar, § 40 Rn. 7; Pscherer, Der langfristige Kredit 1994, S. 143; zur Eurohypothek vgl. M.I.4.b)bb).

56 Das Bewertungswesen wird für die öffentliche Hand und für die Berechnung von Entschädigungen in §§ 192-199 BauGB geregelt. Das Verfahren wird aber auch für die Ermittlung von Grundstückswerten, insb. in Gerichtsgutachten, angewandt, vgl. Rüchardt, Der langfristige Kredit, S. 164.

57 vgl. § 194 BauGB, Bellinger, Hypothekenbankgesetz: Kommentar, § 12 Rn. 14 f.; Rüchardt, Der langfristige Kredit 1988, 164, 166.

Im Ausland kommt es hingegen meist auf den Verkehrswert an. Dieser ist auf einen aktuellen Stichtag bezogen, während der Beleihungswert dazu dient, eine langfristige Prognose für einen ausreichenden Sicherungswert während der ganzen Kreditlaufzeit aus Sicht der Bank zu ermitteln[58]. Da die Maßgrößen im Ausland unbekannt sind, ist für die Ermittlung des Beleihungswertes das Gutachten eines ausländischen Sachverständigen unabdingbar[59].

Obwohl englische Märkte im Grundsatz nicht anders reagieren als deutsche, gibt es große Unterschiede in der Technik der Marktuntersuchung und damit auch der Wertermittlungstechnik[60]. In Großbritannien wird der Vergleichswert herangezogen, der auf der Basis umfassender Informationen ermittelt wird[61]. Das Verhältnis von Nettoerträgen zu Kaufpreisen wird durch langfristig abgeschlossene Mietverträge oder Kaufpreise ermittelt, zu denen die Erwerbskosten addiert werden[62].

In Deutschland darf gem. § 11 HBG die Beleihung die ersten drei Fünftel des Wertes des Grundstückes nicht übersteigen; die Beleihungsgrenze ist also mit 60% bemessen. Die Solvenz-Richtlinie der EG[63] hatte allerdings für zu gewerblichen Zwecken bestellte Grundpfandrechte eine Gewichtung von 100 % zugelassen, da mit diesen Krediten hohe Risiken verbunden seien. Für eine

---

58 Bellinger, Die Bank 1999, 368, 369.
59 Bellinger, Hypothekenbankgesetz: Kommentar, § 13 Rn. 22 f..
60 Werth, GuG 1998, 257, 264.
61 Bellinger, Hypothekenbankgesetz: Kommentar, § 5 Rn. 53.
62 Werth, GuG 1998, 257, 264. Erleichterungen für den Prozeß der Wertermittlung werden in Zukunft von der länderübergreifenden Sachverständigenorganisation erwartet, die einheitliche Regeln formulieren soll; Rüchhardt, Handbuch des Realkredits, S. 239 ff..
63 Richtlinie 89/647.

Übergangszeit ist jedoch eine nationale Beleihungsgrenze von 60 % in Deutschland, Österreich und Dänemark weiterhin zugelassen worden.

Auch über die Grenzen der §§ 11, 12 HBG hinaus ist die Beleihung von in allen Mitgliedsstaaten des Europäischen Wirtschaftsraumes, darunter auch Großbritannien, und der Schweiz belegenen Grundstücken in einem gewissen Rahmen möglich. Gem. § 5 Abs. 1 Nr. 2a) HBG darf der Gesamtnennbetrag aller durch Hypotheken gesicherten Forderungen, die wegen Überschreitens der ersten drei Fünftel des Verkaufswerts gem. § 12 Abs. 1 HBG nicht als Deckung für Schuldverschreibungen verwandt werden können, 10% der hypothekarischen Beleihungen nicht übersteigen. Eine Ausnahme kann davon nur gemacht werden, wenn das Konkursvorrecht der Pfandbriefgläubiger sich auch auf die ausländischen Deckungswerte bezieht. Ein Gutachten des Verbands deutscher Hypothekenbanken zu britischen Deckungswerte kam nicht zu diesem Ergebnis[64]. Aus diesem Grund können Kredite in Großbritannien nicht von der Berechnung der 10%-Grenze ausgenommen werden[65]. Deutsche Hypothekenbanken können somit langfristig im Vergleich zu den lokalen Anbietern keine größeren Anteile am englischen Immobilienmarkt erwerben[66].

Für die Beleihung von Grundstücken, die in den (sonstigen) Mitgliedstaaten der OECD belegen sind, darf nach § 5 Abs. 1 Nr. 2b) HBG der Gesamtnennbetrag das haftende Eigenkapital der Bank nicht übersteigen.

---

64 Verband deutscher Hypothekenbanken, Jahresbericht 1999, S. 61.
65 Verband deutscher Hypothekenbanken, Auslandskreditgeschäft der Hypothekenbanken, Az.: 11.190, Rundschreiben Nr.34 vom 03.03.1998.
66 Pscherer, Der langfristige Kredit 1994, S. 143.

d) Kongruenzprinzip

Ein weiteres Problem kann sich aus dem für deutsche Hypothekenbanken geltenden Kongruenzprinzip ergeben. Danach ist es in Deutschland üblich, bei langfristiger Kreditvergabe das Kündigungsrecht des Darlehensnehmers auszuschließen. Dieses bankaufsichtsrechtliche Prinzip gilt auch bei Tätigkeit einer Hypothekenbank im EU-Ausland, da sie aufgrund der II. Bankrechtskoordinierungsrichtlinie nicht mehr den Bankaufsichtsbehörden des Gastlandes unterliegen, sondern die Heimatlandaufsicht durchgeführt wird. Ist im Gastland bei langfristigen Darlehensgewährungen ein Kündigungsrecht des Darlehensnehmers gesetzlich vorgeschrieben, so führt dies zu einer Kollision mit dem deutschen Kongruenzprinzip. Als Begründung für derartige Vorschriften, die v.a. im Bereich der Wohnungsbaufinanzierung zu finden sind, werden stets Aspekte des Verbraucherschutzes genannt. Um derartige Probleme frühzeitig zu erkennen und zu lösen, gibt es zwischen den Bankaufsichtsämtern der Mitgliedsstaaten einen ständigen Informationsaustausch. Auch der Europäische Hypothekenverband bemüht sich, diese Hemmnisse abzubauen[67].

Keine Schwierigkeiten verursacht in der Praxis das Währungskongruenzprinzip. Danach müssen die Währungen der Deckungswerte und der zur Refinanzierung dienenden Schuldverschreibungen übereinstimmen. Das Darlehensgeschäft ist unabhängig davon, ob es inländisch oder grenzüberschreitend betrieben wird, nicht nur in DM oder seit 01.01.1999 in Euro, sondern auch in allen zur EG

---

[67] Goedecke/Kerl/Scholz, Die deutschen Hypothekenbanken, S. 117 f.; S. 151 f.; vgl. zur II. Bankrechtskoordinierungsrichtlinie M.I.4.b)cc).

gehörenden Währungen sowie Schweizer Franken und US-Dollar statthaft[68]. Weicht der Nennwert der Währung zulässigerweise gem. § 6 Abs. 6 HBG ab, so kann das Währungsrisiko durch geeignete Absicherungsinstrumente ausgeschlossen werden, wie etwa Swap-Geschäfte oder Währungstermingeschäfte[69].

2. Bausparkassen

1990 wurde auch das Bausparkassengesetz neu gefaßt, das für private und öffentlich-rechtliche Bausparkassen gleichermaßen gilt[70]. Eines der primären Ziele dieser Gesetzesnovelle war es, den deutschen Bausparkassen sowohl die Teilnahme am Aktivgeschäft über Zweigstellen als auch im Wege des Dienstleistungsverkehrs auch EG-weit zu eröffnen[71]. Die Verpflichtung hierzu ergab sich aus der II. Bankrechtskoordinierungsrichtlinie[72].

Von der Möglichkeit, eine Niederlassung im EU-Ausland einzurichten, haben die Bausparkassen bisher abgesehen. Man geht davon aus, daß der englische

---

68 Einzutragende Geldbeträge von an deutschen Grundstücken bestellten Grundpfandrechten können seit 01.11.1997 auch in der Währung eines der Mitgliedstaaten der Europäischen Union und ab 01.01.1999 in Euro angegeben werden; vgl. Verordnung über Grundpfandrechte in ausländischer Währung und Euro, BGBl 1997 I, 2683, durch die § 28 GBO abgeändert wird, und Bekanntmachung über das Inkrafttreten von § 1 Nr. 1 der Verordnung über Grundpfandrechte in ausländischer Währung und in Euro v. 23.12.1998, BGBl. I, S. 4023.

69 Goedecke/Kerl/Scholz, Die deutschen Hypothekenbanken, S. 153.

70 Auf öffentlich-rechtliche Bausparkassen ist zusätzlich das Gesetz über die Pfandbriefe und verwandte Schuldverschreibungen öffentlicher Kreditanstalten (ÖPG) anzuwenden. Zur gesetzlichen Entwicklung der Bausparkassenaufsicht und -gesetzgebung vgl. Degner/Röher/Wiechers, in: Handbuch des Realkredits, S. 1113, 1120 ff..

71 Nach den Erhebungen des Statistischen Bundesamtes nehmen Hypotheken und Zwischenkredite bei den Bausparkassen stetig zu: sie betrugen in Millionen DM 1994 156.311, 1995 161.736, 1996, 168.424 und 1997 175.419; veröffentlicht unter der Internetadresse des Statistischen Bundesamtes, www.statistik-bund.de.

72 Amtliche Begründung zum Entwurf eines Gesetzes zur Änderung des Gesetzes über Sparkassen, BT-Drucksache 11/8089, II., abgedruckt in: Lehmann/Schäfer/Cirpka, Bausparkassengesetz und Bausparkassenverordnung, Anhang 4.

Wohnungsmarkt von englischen Anbietern, insbesondere den *Building Societies*, bereits voll erschlossen ist[73], so daß sich im direkten Wettbewerb keine Nische für die deutschen Bausparkassen anbietet [74]. Ein weiterer Grund ist das Regionalprinzip, wonach Bausparkassen primär nur den örtlichen Kreditbedarf befriedigen dürfen.

Statt dessen konzentriert man sich darauf, ein europaweit flächendeckendes Finanzierungsangebot für die inländischen Kunden bereitzustellen[75]. Aufgrund § 7 Abs. 2 BausparkassenG n.F. ist es Bausparkassen erlaubt, Forderungen aus Bauspardarlehen, außerkollektiven Darlehen und Vor- und Zwischenkredite auch durch die Bestellung von Grundpfandrechten an Grundstücken, die in einem anderen Mitgliedstaat der Europäischen Gemeinschaften belegen sind, zu sichern[76]. Voraussetzung ist jedoch, daß dieses ausländische Grundpfandrecht von Finanzinstituten in seinem Land "üblicherweise zur Sicherung von Forderungen aus Wohnungsbaudarlehen vereinbart" wird[77]. Weitere Kriterien werden vom BausparkassenG nicht aufgestellt. Im Gegensatz zur alten Rechtslage müssen die Sparkassen bei der Beleihung eines mitgliedsstaatlichen Grundstücks nun nicht mehr eine Genehmigung des Bundesaufsichtsamtes für

---

73 vgl. Handelsblatt v. 22.02.1999, S. 37.

74 Troberg/Bund, Der Langfristige Kredit 1996, 430.

75 Bereits 1990 äußerte der Europareferent beim Verband der Privaten Bausparkassen Zehnder, Die rechtlichen Sonderprobleme der Bausparkassen, in: Der europäische Binnenmarkt 1992 - Auswirkungen für die deutsche Finanzwirtschaft, 181, 184, seine Überzeugung, daß die deutschen Bausparkassen über ein wettbewerbsfähiges Finanzierungssystem verfügten. Sein Vorteil liegt im günstigen Darlehenszins, der v.a. unter dem Durchschnittssatz südlicher EU-Länder liegt und über die ganze Laufzeit stabil bleibt, sowie in der schnellen und flexiblen Tilgung, die kurzfristig eine schuldenfreie Immobilie ermöglicht; vgl. Dittler, Kreditwesen, 422, 423.

76 zu den Konsequenzen für die vertragsrechtliche Gestaltung vgl. Schäfer/Etzkorn, Der Langfristige Kredit 1992, 255 ff..

77 Gesetz zur Änderung des Gesetzes über Bausparkassen vom 21.12.1990, BGBl. 1990 I, 2770 ff. (2772); entsprechend § 15 der Allgemeinen Bedingungen für Bausparverträge für

das Kreditwesen einholen. Welches Grundpfandrecht üblicherweise zur Sicherung der genannten Forderungen im Belegenheitsstaat verwendet wird, ergibt sich aus der Praxis der dortigen Realkreditgeber. Damit wird der Tatsache Rechnung getragen, daß es bislang kein harmonisiertes EG-Hypothekenrecht gibt. Im Einzelfall muß daher der Geschäftsleiter sein Ermessen verantwortlich ausüben und zu dem Schluß kommen, ob das fragliche Grundpfandrecht an einem ausländischen Grundstück der „rechtlichen Ausgestaltung und Werthaltigkeit eines Grundpfandrechts an einem in der Bundesrepublik Deutschland belegenen Grundstück ausreicht"[78]. Um die Werthaltigkeit eines englischen Grundpfandrechts feststellen zu können, wird empfohlen über das Sicherungsobjekt ein Wertgutachten erstellen zu lassen. Dieses bildet die Grundlage für die Beleihungswertermittlung durch die Bausparkasse[79]. Ausfallrisiken können dann verhindert werden, wenn sich die Bausparkasse ebenso verhält wie der Realkreditgeber im Belegenheitsstaat. Doch selbst wenn man von der grundsätzlichen Gleichwertigkeit eines ausländischen Grundpfandrechts im Verhältnis zum deutschen ausgeht, können Zweckmäßigkeitserwägungen, z.B. Probleme des ausländischen Realisierungsverfahrens, dazu führen, ein Auslandsdarlehen eher gegen Bestellung einer Ersatzsicherheit zu gewähren[80].

Landesbausparkassen/Öffentliche Bausparkassen, abgedruckt in: Lehmann/Schäfer/-Cirpka, Bausparkassengesetz und Bausparkassenverordnung, Anhang 50.

78 Lehmann/Schäfer/Cirpka, Bausparkassengesetz und Bausparkassenverordnung, § 7 BausparkassenG Anm. 6a.

79 Informationsblatt der LBS für Finanzierungen in Großbritannien, S. 2.

80 Lehmann/Schäfer/Cirpka, Bausparkassengesetz und Bausparkassenver-ordnung, § 5 BausparkassenVO Anm. 2. Das BausparkassenG zählt keine Ersatzsicherheiten auf. Das Bundesaufsichtsamt für Kreditwesen hat jedoch bekanntgegeben, daß hierunter u.a. die Bürgschaft einer geeigneten Bank, Abtretung von Ansprüchen aus Lebensversicherungen bei den in Deutschland zugelassenen Versicherungen bis 80% des Rückkaufwertes und Aktien fallen; vgl. Büschgen, Das kleine Bank-Lexikon, S. 180.

Für öffentliche Bausparkassen gilt zusätzlich das Öffentliche Pfandbrief-gesetz (ÖPG), dessen § 9 Abs. 1 S. 2 in Parallele zu § 5 Abs. 1 Nr. 2a) HBG bestimmt, daß das Geschäft mit pfandbriefrefinanzierten Beleihungen im EG-Ausland auf 10% des Gesamtbetrags der Beleihungen beschränkt ist[81].

3. Sparkassen

Auf die Sparkassen sind die Regelungen der jeweiligen Sparkassenverordnungen der Bundesländer und das Öffentliche Pfandbriefgesetz anzuwenden.

Bei der Fragestellung, ob ausländische Grundpfandrechte durch Sparkassen eingesetzt werden können, ist zu unterscheiden, ob sie für das Kreditgeschäft verwendet werden oder ob die Kreditvergabe an eine Person durch ein Grundpfandrecht im Ausland gesichert werden kann.

Im ersten Fall gilt der sparkassenrechtliche Grundsatz des Regionalprinzips. Danach haben die Sparkassen vornehmlich ihr Kreditgeschäft in ihrem Geschäftsgebiet zu betreiben. Unstatthaft sind Kreditgeschäfte ohne Inlandsbeziehung. Etwas anderes gilt dann, wenn ein sog. Anknüpfungspunkt für das Kreditgeschäft gegeben ist.

Was die Kreditvergabe betrifft, so muß ausnahmsweise das beliehene Grundstück des Kreditnehmers nicht im Geschäftsbereich der Sparkasse liegen[82].

---

81 Claussen, Bank- und Börsenrecht, S. 24.

82 Handbuch der Sparkassen, hrsg. v. Deutschen Sparkassenverlag GmbH, Bd. 3: Kreditgeschäfte bis Sichteinlagen, S. 394.

Voraussetzung ist zum einen, daß die Person, an die der Kredit vergeben wird, zum Geschäftsgebiet der betroffenen Sparkasse gehört. Zum anderen muß die Sicherheit ausreichend im Sinne der jeweiligen Landesbausparkassen-verordnung sein. Die Landesregelungen stellen dabei unterschiedliche Anforderungen. Im Zweifelsfall ist davon auszugehen, daß die Beleihung eines ausländischen Grundstücks möglich ist, wenn es eine dem inländischen Recht vergleichbare Sicherheit gibt. So läßt die Sparkassenverordnung Rheinland-Pfalz (SpkVO) die Kreditgewährung gegen Bestellung eines „Realkredits" an Grundstücken im EG-Ausland zu[83]. § 7 Abs. 1, S. 1, 1. HS SpkVO fordert, daß Verzinsung und Rückzahlung jederzeit durch den Beleihungsgegenstand gewährleistet sind. Weiterhin muß gem. § 7 Abs. 1, S. 1, 2. HS SpkVO „... die Sicherheit in ihrer rechtlichen Ausgestaltung mit der inländischen Sicherheit vergleichbar..." sein. Für die Bewertung der ausländischen Immobiliarsicherheit wurden zudem etwa in Baden-Württemberg und Bayern Sicherungsgrundsätze aufgestellt[84].

§ 9 Abs. 1 S. 2 ÖPG, der auch auf Sparkassen Anwendung findet, bestimmt, daß das Geschäft mit pfandbriefrefinanzierten Beleihungen im EG-Ausland auf 10% des Gesamtbetrags der Beleihungen beschränkt ist[85].

---

83 Verordnung vom 24.4.1990, GVBl. 1990, 103 aufgrund von § 4 Abs.1 des Sparkassengesetzes vom 1.4.1982, GVBl. 1990, 113.

84 zur Ermittlung des Beleihungswertes vgl. Zügel, in: Handbuch des Realkredits, S. 985, 1008 f..

85 Claussen, Bank- und Börsenrecht, S. 24.

4. Öffentlich-rechtliche Grundkreditanstalten[86] und Landesbanken

Für öffentlich-rechtliche Grundkreditanstalten gilt ebenfalls das Öffentliche Pfandbriefgesetz[87]. Wie das HBG enthält es eine Deckungspflicht, wonach festverzinsliche Wertpapiere nur ausgegeben werden dürfen, wenn sie von Grundpfandrechten gedeckt sind. Es gilt jedoch nicht die Beschränkung auf 60% des Grundstückswertes. Das ÖPG stellt selbst keine weiteren Anforderungen an die Qualität der Deckungswerte, d.h. an Beleihungsgrenze und Beleihungswert. Die Qualität wird vielmehr geregelt durch Satzungsrecht und den mit Genehmigung des Bundesaufsichtsamts für das Kreditwesen aufzustellenden Beleihungsrichtlinien. §§ 11, 12 HBG gelten jedoch auch für die öffentlich-rechtlichen Hypothekenbanken[88]. Nach § 9 Abs. 1 S. 2 ÖPG gilt, wie bereits erwähnt, daß das Geschäft mit pfandbriefrefinanzierten Beleihungen im EG-Ausland auf 10% des Gesamtbetrags der Beleihungen beschränkt ist.

5. Geschäftsbanken

Die Geschäftsbanken sind im Hypothekarkreditgeschäft erst seit Beginn der siebziger Jahre zunehmend tätig geworden.
Im Gegensatz zur streng objektorientierten Beleihungspraxis des reinen Hypothekarkredits wird der Beleihungsumfang für die privaten Banken rechtlich nicht eingeschränkt. Sie richten ihre Kreditvergabe vor allem nach der Person des Kreditnehmers und seiner dauernden Leistungsfähigkeit[89]. Bei

---

86 1995 gab es 10 öffentlich-rechtliche Grundkreditanstalten.
87 Gesetz über Pfandbriefe und verwandten Schuldverschreibungen öffentlich-rechtlicher Kreditanstalten v. 8.5.1963 (BGBl. I, 312).
88 Lehner, in: Handbuch des Realkredits, S. 1059, 1069.
89 Pauluhn, in: Handbuch des Realkredits, S. 1083, 1084 ff..

gewerblichen Immobilienfinanzierungen kommen wegen des hohen Risikos zusätzliche Kriterien hinzu, wie etwa Einschätzung der aus dem Gewerbeobjekt zu erzielenden Erträge, Beurteilung des Standorts, usw.[90].

6. Versicherungen

Auch Versicherungen können mit ausländischen Grundpfandrechten in Berührung kommen. Gebundenes Vermögen, welches den größten Anteil am Vermögen von Versicherungsunternehmen hat, kann gem. § 54 a Abs. 2 Nr. 1 VAG in Forderungen angelegt werden, die durch „Grundpfandrechte" gesichert sind. Mit dem Dritten Gesetz zur Durchführung versicherungsrechtlicher Richtlinien[91] des Rates der Europäischen Gemeinschaften wurde explizit die bisherige Formulierung des § 54 a VAG „Hypotheken und Grundschulden" durch den Begriff „Grundpfandrecht" ersetzt[92]. Aufgrund der Novellierung muß das Grundstück nicht notwendig im Inland belegen sein, sondern kann auch in einem EG- oder EWR-Staat liegen[93].

Voraussetzung ist in jedem Fall, daß die Beleihung den Vorschriften der §§ 11, 12 HBG, § 21 ErbauRVO folgt, das Grundpfandrecht also erstrangig ist und nicht über 60% des Beleihungswertes steigt[94]. Durch nachrangige Realkredite gesicherte Forderungen können auch gem. § 54 a Abs. 1 Nr. 8c und Nr. 14

---

90 Pauluhn, in: Handbuch des Realkredits, S. 1083, 1091 ff..
91 Versicherungen wurden von der II. Bankrechtskoordinierungsrichtlinie nicht erfaßt.
92 Drittes Durchführungsgesetz-EWG zum VAG, BGBl. 1994 I, S. 1630.
93 Prölss/Lipowsky, Versicherungsaufsichtsgesetz, § 54 a Rn. 13.
94 Beer, in: Handbuch des Realkredits, S. 1147, 1153 f..

bestimmt werden. Bei im Ausland belegenen Grundstücken sind die dort geltenden entsprechenden Vorschriften anzuwenden[95].

III. Ablauf der Untersuchung

Eine der praktischen Aufgaben der Rechtsvergleichung ist es, darauf hinzuwirken, die einzelstaatlichen Rechtsordnungen in ihrem Bezug auf Rechtssubjekte und Transaktionen zu koordinieren. Auf diese Weise kann das Zusammenwirken der Rechtsordnungen optimiert bzw. können Kollisionen zumindest vermieden werden. Von Bedeutung ist diese Aufgabe der Rechtsvergleichung vor allem für die privatwirtschaftliche Unternehmenstätigkeit, die sich über den nationalen Rechtskreis hinaus erstreckt[96]. Zudem hat die Wirtschaft auch ein Interesse an der Einschätzung, ob die jeweils andere Rechtsordnung auf eine Konfliktsituation ähnlich reagiert. Grundsätzlich besteht die *praesumptio simulitudinis*, d.h. die Vermutung, daß die nationalen Lösungen funktionsäquivalent reagieren[97].

Untersuchungsgegenstand sind die zur Kreditsicherung verwendeten Grundpfandrechte in England und Deutschland. Bei der Kreditsicherung kollidieren die Rechte des Sicherungsgebers, des Sicherungsnehmers und der Allgemeinheit miteinander. Entscheidend ist für die Auswahl einer bestimmten Sicherheit in jedem Falle ihre Sicherungskraft[98]. Das Sicherungsrecht muß daher eine

95 Prölss/Lipowsky, Versicherungsaufsichtsgesetz, § 54 a Rn. 12 f..
96 Buxbaum, RabelsZ 60 (1996) 201, 211 f..
97 Zweigert/Kötz, Einführung in die Rechtsvergleichung auf dem Gebiete des Privatrechts, S. 39.
98 Bellinger, Hypothekenbankgesetz: Kommentar, § 5 Rn. 52.

umfassende Drittwirkung aufweisen. Die Durchsetzung der Sicherheit kann also durch abredewidrige Verfügungen des Schuldners oder den Einfluß von anderen Gläubigern nicht beeinträchtigt werden[99]. Ob und wie diese Wirkung den englischen im Vergleich zu deutschen Grundpfandrechten zukommt, interessiert die deutschen Kreditinstitute natürlich vorrangig[100] und ist daher Ziel dieser Untersuchung.

Den vergleichenden Erörterungen wird jeweils ein Länderbericht vorangestellt[101]. Dabei fällt der deutsche Bericht insgesamt kürzer aus, da davon ausgegangen wird, daß das deutsche Recht weitgehend bekannt ist. Ganz kann von einer Darstellung aber nicht abgesehen werden. Ansonsten würde der Vergleich nur schwer verständlich sein. Ausführlicher behandelt wird das neue deutsche Insolvenzrecht, da die Vorschriften der Insolvenzordnung erst seit 01.01.1999 in Kraft sind.

Für die Länderberichte wurde eine neutrale Gliederung verwendet. Sie richtet sich nicht nach der deutschen Rechtsordnung, damit keine Wertungen vorweggenommen werden. Es soll herausgearbeitet werden, welche Regelungen das englische und das deutsche Rechtssystem jeweils aufstellen[102]. Der Sicherungswert wird durch die gesamte das Grundpfandrechtssystem umgebende Rechtsordnung bestimmt. Dazu gehören zB. der Sicherungsgegenstand, d.h., ob es sich dabei um Eigentum oder Erbbaurecht handelt, die Publizität des Grundbuchs bzw. Registersystems; die Beurteilung des Ranges; das

---

99 Adams, Ökonomische Analyse der Sicherungsrechte, S. 12.
100 Eisenhauer, Moderne Entwicklungen im englischen Grundstücksrecht, S. 5
101 Schlesinger, in: Rechtsvergleichung, S. 251.
102 Schlesinger, in: Rechtsvergleichung, S. 258 f..

Verwertungsverfahren[103] und der Einfluß der Insolvenz des Grundpfandrechtgebers auf die Sicherheit[104]. Die Darstellung beginnt mit der historischen Entwicklung, die für das Verständnis des heutigen Rechts unabdingbar ist. Darauf folgen Rechtsnatur und Arten der Grundpfandrechte, ihre Begründung, Haftungsumfang und Rangverhältnisse und Verfügungen über die Grundpfandrechte. Zentral für den Wert der Sicherheit sind weiterhin die Rechtsstellungen des Sicherungsgeber und des Sicherungsnehmers, bei letzterem insbesondere auch in Insolvenzverfahren gegen den Sicherungsgeber. Von besonderem Interesse ist das ausländische Insolvenzverfahren für die Hypothekenbanken wegen des in § 35 HBG normierten Konkursvorrechts. Zuletzt wird das Erlöschen des Grundpfandrechts vergleichend behandelt.

Um ein einigermaßen vollständiges Bild von einer grenzüberschreitenden Grundpfandrechtsbestellung zu vermitteln, werden auch Aspekte des internationalen Privat- und Verfahrensrecht, inkl. des internationalen Insolvenzrechts dargestellt. Hier wird aber auf eine rechtsvergleichende Darstellung verzichtet, da dies den Rahmen der Arbeit sprengen würde.

Nicht nur die Gliederung sondern auch die juristischen Fachbegriffe werden neutral verwendet, d.h. ohne Wertung der deutschen Rechtsordnung. Bei einer rechtsvergleichenden Untersuchung besteht immer das Risiko des Mißverstehens. Der Jurist geht oft wie selbstverständlich von seinem nationalistisch

---

103 Bei Immobilien muß sich der Grundpfandrechtsinhaber stets auf eine Verwertung im Land des belegenen Grundstücks einstellen; vgl. Welter, Dingliche Sicherheiten zwischen Harmonisierung und gegenseitiger Anerkennung als Prinzipien des europäischen Binnenmarktes, S. 41; Meinz, in: Perspektiven für den Europäischen Bankenmarkt, S. 227, 231 f..

104 Schimansky/Bunte/Lwowski, Bankrechts-Handbuch, § 99 Rn. 32.

geprägten Rechtsdenken aus[105]. Besonders groß ist die Gefahr „terminologischer Fallstricke"[106] bei einem Vergleich mit anglo-amerikanischen Institutionen, da hier die Begriffswelt völlig verschieden ist[107]. Bestimmte anglo-amerikanische Konzepte könnten mit ähnlich lautenden kontinentaleuropäischen Begriffen verwechselt werden[108]. Teilweise sind die Rechtstermini völlig unübersetzbar. Um diese Gefahr des Mißverstehens zu vermeiden, werden im folgenden die Rechtsbegriffe möglichst neutral gewählt oder aber der jeweilige nationale Fachausdruck verwendet.

IV. Beschränkung des Untersuchungsgegenstandes

1. keine Rahmenbedingungen im weiteren Sinn

Zu den Rahmenbedingungen des Grundpfandrechtssystems im weiteren Sinn[109] gehören zwar auch das Vertrags- und Mietrecht im Immobilienwesen, Regeln auf dem Gebiet der Wohnungsbauförderung, des Baurechts, des Städtebaus, der Raumordnung und des Umweltschutzes sowie des Steuerrechts[110]. Doch auf eine Erörterung wird verzichtet, da sonst der Umfang der Abhandlung zu sehr ausufern würde.

---

105 Großfeld, Kernfragen der Rechtsvergleichung, S. 107.
106 Weisflog, Rechtsvergleichung und juristische Übersetzung, S. 97.
107 Pescatore, ZEuP 1998, 1, 3 ff..
108 Weisflog, Rechtsvergleichung und juristische Übersetzung, S. 50.
109 Goedecke/Kerl/Scholz, Die deutschen Hypothekenbanken, S. 147; Bellinger, Hypothekengesetz: Kommentar, § 5 Rn. 52.
110 Hemmnisse für einen Hypothekarkredit ohne Grenzen auf dem Gebiet des Steuerrechts stellen zB. die unterschiedlichen nationalen Regelungen zum Schuldzinsenabzug und bei Doppelbesteuerungsabkommen die Nichtabziehbarkeit von Kosten der Refinanzierung dar; vgl. Stücker, Der langfristige Kredit 1991, 537.

2. Sicherheit durch Parteivereinbarung

Diese Abhandlung beschränkt sich auf solche Rechte an Grundstücken, die von Parteien zur Absicherung eines Kredites abgeschlossen werden. Erfaßt werden demnach keine Pfandrechte, die kraft Gesetzes entstehen.

Das englische Recht kennt verschiedene Sicherheiten, die das Gesetz verwirrenderweise alle als *mortgage* bezeichnet[111]. Da sind die im folgenden dargestellten *legal* und *equitable mortgage* und auch die *equitable charge*[112]. Daneben gibt es das gesetzliche Pfandrecht (*statutory charge*) und das *lien*. Die *statutory charge*[113] führt zu einer Belastung des Grundstücks kraft Gesetzes. Als Beispiel kann das Pfandrecht, das ein Ehegatte am Wohnhaus des Konkursschuldners inne hat[114], genannt werden. Ein *lien* bewirkt eine Art Zurückbehaltungsrecht. Es setzt Besitz des Pfandrechtsinhabers voraus. Ihm kommt eine ähnliche Funktion zu wie dem deutschen Vermieter- oder Werkunternehmerpfandrecht[115]. Es entsteht kraft Gesetzes z.B. durch Hinterlegung der Grundstücksurkunde (*land certificate*) bei der *Land Registry* im Falle eines registrierten Grundstückes[116]. Die *statutory charge* und *lien* entstehen nicht aufgrund einer freiwilligen Parteivereinbarung und sind folglich von der Untersuchung ausgeschlossen.

---

111 S. 205 (1) (xvi) *Law of Property Act* 1925: *"Mortgage" includes any charge or lien on any property for securing money or money's worth.*

112 Ellinger/Lomnicka, Modern Banking Law, S. 647.

113 Fisher and Lightwood's Law of Mortgage, S. 33 ff..

114 s. 313 *Insolvency Act* 1986.

115 Triebel/Hodgson/Kellenter/Müller, Englisches Handels- und Wirtschaftsrecht, Rn. 324, 326.

116 s. 66 *Land Registration Act* 1925; zum englischen Registersystem vgl. A.V.3.c)cc) und D.I.2..

3. Pfandrecht an bestimmten Grundstücken

Behandelt werden nur Pfandrechte an bestimmten Grundstücken. Von der Abhandlung ausgenommen wird daher eine *equitable charge*, die eine *floating charge* ist. Dieses Pfandrecht[117] kann von einem Unternehmen[118] im Sinne des *Companies Act* 1985 an bestimmten Vermögensteilen oder sogar am ganzen Vermögen bestellt werden. Die Belastung ist in ihrer Wirkung anders als bei der *fixed charge* schwebend bis zum Zeitpunkt ihrer Konkretisierung (*crystallization*) aufgeschoben, so daß das Unternehmen solange die uneingeschränkte Verfügungsfreiheit über sein Vermögen behält. Die *floating charge* ist aber nicht in erster Linie auf Grundstücke ausgerichtet, weshalb in dieser Arbeit auf eine Darstellung verzichtet wird[119].

V. Grundbegriffe des englischen Rechts

Für das Verständnis dieser Arbeit sind einige Grundkenntnisse der englischen Rechtsordnung unabdingbare Voraussetzung. Erforderlich ist dies insbesondere, um den Sicherungswert eines Grundpfandrechts feststellen zu können. Gerade im Bereich des Sachenrechts gibt es sehr große Unterschiede in den nationalen Rechten. Das trifft v.a. auf die Unterschiede des deutschen Rechts zur

---

117 Die Rechtsfigur der *floating charge* wurde erstmals in *Re Panama & Co.* (1870) L.R. 5 Ch. App. 318, 322 anerkannt.

118 Theoretisch kann eine *floating charge* auch von einer natürlichen Person bestellt werden. In der Praxis ist aber nur die Bestellung einer *floating charge* über den Viehbestand (*farming stock*) durch einen Landwirt bekannt; vgl. Goode, RablesZ 44 (1980) 674, 689.

119 Für eine ausführliche Darstellung vgl. anstelle vieler anderer Halsbury's Laws of England, Vol. 7, para. 824 ff.; zum Vergleich von *floating charge* mit der deutschen Sicherungsgrundschuld vgl. Schulz-Trieglaff, Grundschuld und Floating Charge zur Absicherung von Unternehmenskrediten.

englischen Rechtsordnung zu. „... für den Juristen des europäischen Kontinents ist das englische Recht schon immer etwas besonders Fremdartiges und Wundersames gewesen"[120]. An geeigneter Stelle muß auch immer wieder auf die rechtshistorische Entwicklung eingegangen werden. Denn die englische Rechtsordnung beruht im Gegensatz zu anderen Rechtssystemen in stärkerem Maße auf über die Jahrhunderte hinweg weiter entwickelten Rechtstraditionen[121].

1. Englische Teilrechtsordnung

Im folgenden wird nur die Rechtslage in England und Wales dargestellt. Das Vereinigte Königreich ist zwar ein politischer Staat, ist jedoch in mehrere Teilrechtsordnungen untergliedert, die nicht rechtlich vereinheitlicht sind. Das nordirische und das schottische Recht stellen eigene, von der englischen unabhängige Rechtsordnungen dar. Es gibt z.T. erhebliche Unterschiede. Während sich das nordirische Recht noch weitestgehend auf das *Common law* stützt[122], behielt das schottische Recht zum größten Teil seine Eigenheiten[123]. Sein System ist stark an kontinentaleuropäische Rechtsordnungen, aus

---

120 Zweigert/Kötz, Einführung in die Rechtsvergleichung auf dem Gebiete des Privatrechts, S. 177; vgl. auch van Caenegem, The Birth of the English Common law, S. 85.

121 Zweigert/Kötz, Einführung in die Rechtsvergleichung auf dem Gebiete des Privatrechts, S. 177 f.; Radbruch, Der Geist des englischen Rechts, S. 5.

122 Kommission der Europäischen Gemeinschaften, Das Sachenrecht in der Europäischen Gemeinschaft, S. 131 f..

123 Im Vertrag von 1707, der zwischen den Königreichen England und Schottland die Personalunion herstellte, wurde festgelegt, *„...that the laws which concern public Right, Policy and Civil Government may be made the same throughout the whole United Kingdom; but that no alteration be made in Laws which concern private Right, except for evident utility of the subjects within Scotland"*; vgl. auch Zweigert/Kötz, Einführung in die Rechtsvergleichung auf dem Gebiete des Privatrechts, S. 200; Kommission der Europäischen Gemeinschaften, Das Sachenrecht in der Europäischen Gemeinschaft, S. 131.

historischen Gründen v.a. an Frankreich und die Niederlande, angelehnt[124]. Auch die Kanalinseln verfügen über ein eigenes Rechtssystem, das von der Krone weitgehend unabhängig ist[125]. England und Wales hingegen haben ein einheitliches Rechtssystem und auch denselben Gerichtsaufbau[126].

2. Dualismus von *Common law* und *Equity*

Von großer Bedeutung für das englische Recht, insbesondere das Immobiliarsicherheitenrecht, ist die Unterscheidung zwischen *Common law* und *Equity*. Sie ist nur aus ihrer historischen Entwicklung heraus verständlich[127].

Das *Common law* bildete sich in der Zeit nach der normannischen Eroberung von 1066 durch richterliche Entscheidungen als gemein geltendes Recht heraus[128]. Das zunächst flexible *Common law* hat sich aber bald wegen seines immer strenger formalisierten, langwierigen Verfahrens, das den *actiones* des römischen Rechts ähnelnde System der *writs*[129], und wegen der demzufolge inadäquaten Rechte für die Parteien als zu „streng" erwiesen[130], weshalb man vom *Common law* auch als strengrechtlicher Rechtsprechung spricht. Um eine

---

124 Fenge, ZVglRWiss 98 (1999) 410, 411; Zweigert/Kötz, Einführung in die Rechtsvergleichung auf dem Gebiete des Privatrechts, S. 198, Kommission der Europäischen Gemeinschaften, Das Sachenrecht in der Europäischen Gemeinschaft, S. 133. Eine Annäherung an das englische Recht ist natürlich nicht ausgeblieben. So ist zB. das *House of Lords* sowohl für die englische als auch schottische Gerichtsbarkeit die letzte nationale Instanz.

125 Zweigert/Kötz, Einführung in die Rechtsvergleichung auf dem Gebiete des Privatrechts, S. 198.

126 Wales wurde bereits 1536 in die englische Rechtsordnung integriert.

127 Hypothekenverband bei der EG, Der Hypothekarkredit in der Europäischen Gemeinschaft; S. 423.

128 Der Begriff *Common law* steht auch für das Rechtssystem im Vergleich zum kontinentaleuropäischen, den sog. *Civil law countries.*

129 Peter, Action und Writ, S. 81 ff..

Klage bei Gericht anhängig machen zu können, mußte der Kläger einen *writ* des Kanzlers gegen eine Gebühr einholen. Ein *writ* war ein gesiegelter Brief, der im Namen des Königs gefaßt wurde, und in dem eine bestimmte Person, z.B. der *Sheriff* der Grafschaft oder der Beklagte zu einer bestimmten Handlung angewiesen wurde. Im *writ* wurde zunächst das Klagebegehren festgestellt, wobei der *writ* aber nur in bestimmten zugelassenen Falltypen, an diese Standardfälle angepaßt, ausgegeben wurde. Mit allen inhaltlich neuen Klagebegehren konnte ein *writ* nur aufgrund langwieriger Einzelfallabwägungen erlangt werden[131]. Ansonsten wurde er abgelehnt. Der Kanzler war zudem rechtlich daran gehindert, neue Arten von *writs* auf eigene Initiative zuzulassen. Die Anzahl der Falltypen, in denen ein *writ* aufgrund von Präzedenzfällen automatisch erging, wuchs daher nur langsam an. Im Laufe der Zeit entstand zur Korrektur der „unbilligen" oder ungerechten Rechtslage des *Common law* die flexiblere *Equity*-Rechtsprechung (oder billigkeitsrechtliche Rechtsprechung). Es entwickelte sich ein Gewohnheitsrecht, wonach der Antragssteller einen Rechtsbehelf beim König einlegen konnte mit der Bitte an diesen, persönlich einzugreifen „*for the love of God and in the way of charity*"[132]. Der Kanzler (*Chancellor*), der lange Zeit auch als Beichtvater oder moralischer Beistand des Königs fungierte, leitete das Ersuchen zunächst nur weiter. Mit der durch die Rosenkriege (1453-1485) bedingten Abwesenheit des Monarchen, wurde der *Lord Chancellor* aufgrund eines Erlasses 1474 selbständiger Richter. Er stand dem neu eingerichteten *Court of Chancery* vor[133]. Anfänglich wurden im

---

130 Grasmann/David, Einführung in die großen Rechtssysteme der Gegenwart, S. 443; Smith & Keenan's English Law, S. 7 f..

131 Smith & Keenan's English Law, S. 7 f.

132 Grasmann/David, Einführung in die großen Rechtssysteme der Gegenwart, S. 449. Dieses Gewohnheitsrecht wurde 1349 durch den Order of Edward III bestätigt; vgl. Snell's Equity, S. 8.

133 Halsbury's Laws of England, Vol.1, S. 400 ff..

Einzelfall reine Billigkeitserwägungen herangezogen[134]. Später wurden sie aber wie das *Common law* in systematisierten Regeln festgelegt[135].

Bedeutung erlangt hat die Unterscheidung von *Common law* und *Equity* vor allem im Bereich des Sachenrechts. Von der *Chancery* wurden die Rechtsfiguren des *trust*[136], der *equity of redemption* und die *equitable rights* im Gegensatz zu den *legal rights* entwickelt. Die *equitable rights* wurden aber nur von der *Equity*-Rechtsprechung anerkannt. Während ein *legal right* absolut, d.h. gegenüber jedermann wirkt, gibt das *equitable right* lediglich einen persönlichen Anspruch (*right in personam*) gegenüber bestimmten Personen[137]. So bindet es den Käufer eines *legal estate* nicht, wenn dieser gutgläubig ist (*bona fide purchaser*) und von dem *equitable interest* keine Kenntnis hat. Die Unterscheidung zwischen *Common law* und *Equity* gibt es auch noch im heutigen Recht, obwohl seit der grundlegenden Änderung der Gerichtsverfassung durch die *Judicature Acts* von 1873 und 1875 die strenge Trennung von *Common-law-* und *Equity*-Gerichten aufgehoben wurde und nun beide Rechtsformen von allen Gerichten angewandt und anerkannt werden[138]. Eine gewisse Trennung innerhalb des höchstrichterlichen Gerichts (*Supreme Court of Judicature*) wurde jedoch insofern beibehalten, als die Richter der *King's* bzw. *Queen's Bench* im *Common-law*-Verfahren entscheiden, die Richter der

---

134 Grasmann/David, Einführung in die großen Rechtssysteme der Gegenwart, S. 449 f..

135 Snell's Equity, S. 8; Milsom, Historical Foundations of the *Common law*, S. 93 ff..

136 Schmitthoff, in Festschrift für Ernst von Caemmerer zum 70.Geburtstag, S. 1049, 1055 ff..

137 Die Beziehung zwischen dem Inhaber des *legal estate* und dem des *equitable interest* ist wie die eines Treuhänders (*trustee*) gegenüber dem materiell Berechtigten (*beneficiary*). Letzterer kann seine Rechte gegen den *estate owner*, d.h. den *trustee* als strengrechtlichen Rechtsinhaber nur vor einem Gericht der *Equity* durchsetzen; vgl. Halsbury's Laws of England, Vol. 39 (2), para.184 ff..

138 Hypothekenverband bei der EG, Der Hypothekarkredit in der Europäischen Gemeinschaft, S. 423.

Chancery Division dagegen die *Equity*-Rechtsprechung[139] über die ihr zugehörigen Rechtsgebiete wie etwa *real property*, *trusts* oder *insolvency* ausüben[140].

3. Grundbegriffe des englischen Immobiliarsachenrechts

Bevor im folgenden auf die englischen Immobiliarsicherheiten eingegangen wird, muß auch die Grundsystematik des englischen Grundstücksrecht kurz dargelegt werden. Es gibt dem potentiellen Sicherungsnehmer einen Anhaltspunkt, um den Wert des für die Belastung vorgesehenen Rechts beurteilen zu können. Für den nicht mit dem englischen Recht vertrauten Juristen bereitet jedoch insbesondere der hier einschlägige *Law of Property Act* 1925 enorme Schwierigkeiten, da das Gesetz Grundbegriffe des englischen Liegenschaftsrechts nicht näher erklärt. Diese entstammen fast ausnahmslos dem *Common law* und der *Equity*, weshalb auch hier rechsthistorische Erläuterungen erforderlich sind[141].

a) Belastungsgegenstand
aa) Entwicklung bis 1925

Kern des englischen Immobilienrechts sind die *estates*[142]. Das traditionelle *Common law* kennt kein absolutes Eigentum an Grundstücken. Nach der normannischen Eroberung von 1066 wurde durch Wilhelm I. und seine

---

139 Grasmann/David, Einführung in die großen Rechtssysteme der Gegenwart, S. 465.

140 Smith & Keenan's English Law, S. 9 f.. Das liegt daran, daß diese Rechtsgebiete historisch durch die *Equity* fortentwickelt wurden oder das *Equity*-Verfahren als geeigneter angesehen wurde; vgl. Grasmann/David, Einführung in die großen Rechtssysteme der Gegenwart, S. 466.

141 Zweigert/Kötz, Einführung in die Rechtsvergleichung auf dem Gebiete des Privatrechts, S. 198.

142 Vgl. dazu Henrich, Englisches Privatrecht, S. 89 f..

Nachfolger ein auf den König als den obersten Lehnsherrn ausgerichtetes Lehnswesens aufgebaut. Er sah sich als legitimen Erben der englischen Krone, beanspruchte daher das gesamte Grundvermögen für sich[143] und überließ es dann als Lehen (*tenure*) ca. 1500 seiner wichtigsten Gefolgsleute. Sämtliche Rechtsverhältnisse an Grundstücken wurden 1086 im *Domesday Book* aufgezeichnet[144]. Die Lehnsleute erbrachten als Gegenleistung bestimmte Dienste, meist militärischer Art[145], oder zahlten Steuern. Als Ausgleich hierfür konnten sie aber das Land selbst nutzen oder es anderen zur Nutzung überlassen[146]. Seit dieser Zeit hält das Liegenschaftsrecht an dieser feudalistischen Vorstellung fest, daß das Land selbst immer der Krone gehört, andere dagegen ihr Recht durch *tenure* von der Krone ableiteten[147]. Das Lehenssystem wirkt also bis heute im Grundstücksrecht fort. Noch immer kennt das englische Recht kein absolutes Eigentum (*ownership*) an Grundstücken, sondern nur Herrschaftsrechte (*estates*), was aber keine praktischen Auswirkungen hat[148]. *Estate* beruht auf der lateinischen Wurzel *status* und bedeutet soviel wie Besitzstand.

---

143 Alle Liegenschaftsrechte wurden mit der Nachfolge Wilhelms in die Rechtsstellung der angelsächsischen Könige „*terra regis*"; vgl. Digby, An Introduction to the History of Real Property, S. 34.

144 Wilhelm der Eroberer hatte am Mittwinterfest 1085 in Gloucester Barone, Legaten und Rechtskundige mit der Erfassung seines neuen Königsreichs beauftragt. Das daraufhin erstellte *Domesday Book* besteht aus zwei Manuskripten, von denen das erstere die Grafschaften Essex, Norfolk und Suffolk umfaßte und der zweite Band den Rest von England; vgl. Maitland, Domesday Book and beyond, S. 23.

145 Digby, An Introduction to the History of the Law of Real Property, S. 39.

146 Zweigert/Kötz, Einführung in die Rechtsvergleichung auf dem Gebiete des Privatrechts, S. 179. Auch schon vor der normannischen Eroberung haben angelsächsische Könige ein vererbliches Grundstücksrecht an verdienstvolle Untertanen vergeben, um sich deren Gefolgstreue zu sichern; vgl. Maitland, Domesday Book and beyond, S. 346 f. und Plucknett, A Concise History of the Common law, S. 516 f..

147 vgl. Hazeltine, Die Geschichte des englischen Pfandrechts; S. 42: „... nur der König hat *Allod*, und er ist - unmittelbar oder mittelbar – „*Lord Paramount of every parcel of land within the realm*" ".

148 Gray, Elements of Land Law, S. 51 ff..

Bezeichnet wird damit die vermögensrechtliche Stellung im Feudalsystem[149]. Da das umfassende Eigentumsrecht dem Rechtsverkehr nicht zur Verfügung stand, wurden daran diese Rechte angelehnt bzw. "herausgeschnitzt" (*carved out*), die wiederum in weitere Grundstücksrechte (*interests*) aufgeteilt werden konnten. Die *estates* lassen sich nach dem Unterscheidungsmerkmal der Dauer aufteilen in Herrschaftsrechte von unbestimmter Dauer (*estates of freehold*) oder von einer festgesetzten bzw. bestimmbaren Dauer (*leaseholds*). Von diesen beiden Formen gab es jeweils verschiedene Unterarten. Der *estate of freehold* gehörte nur einem persönlich freien Lehensträger. Er war ursprünglich in die Arten des *estate in fee simple*, *estate tail*, *estate for life* und *estate pour autre vie* aufgeteilt. Das *estate tail* stand nur dem *estate owner* und seinen leiblichen Erben zu. Das *estate for life* hing von der Lebensdauer des Inhabers ab, während das *estate pour autre vie* auf die Lebensdauer einer anderen Person als der des Inhabers beschränkt war[150]. Beim *estate of leasehold* waren der *estate for years* und der *estate at will* von vorrangiger Bedeutung[151]. Jeder dieser *estates* konnte wiederum entweder ein *legal estate* oder ein *equitable estate* sein

bb) Reformgesetzgebung von 1925

Dieses komplizierte System wurde jedoch durch die Sachenrechtsreform, insbesondere durch den *Law of Property Act* 1925 vereinfacht[152]. Seitdem gibt es als Herrschaftsrechte an Grundstücken nach dem *Common law* nur noch den

149 Romain, Das Mortgage, S. 3 f.; Hazeltine, Die Geschichte des englischen Pfandrechts, S. 43

150 Brink/Habel, Recht der Kreditsicherheiten, Teil IV: England, Anm. 242.

151 Hazeltine, Die Geschichte des englischen Pfandrechts, S. 44 ff..

152 Die Reformgesetzgebung von 1925 bestand weiterhin in den folgenden, den *Law of Property Act* ergänzenden Gesetzen: *Settled Land Act, Trustee Act, Administration of Estates Act* und *Land Registration Act.*

estate in fee simple absolute in possession (oder *freehold*) und ein *leasehold for a term of years absolute*. Nach der Terminologie des *Law of Property Acts* handelt es sich bei ersterem um einen *estate*, der ein Besitzrecht gibt, beim zweiten um ein *interest*[153], das gegenüber dem Inhaber des *estate* ein Recht an dem Grundstück verleiht. *Equitable estates* wurden ganz abgeschafft. An ihre Stelle ist das wesensgleiche *equitable interest* getreten[154]. Die Begriffe *estate* und *interest* werden dennoch häufig austauschbar gebraucht. All die *estates*, die vor der Reform noch als *legal estates* zugelassen waren, gibt es weiterhin als Rechte nach *Equity*[155]. Die Vielfalt der verschieden Grundstücksrechte ist daher erhalten geblieben[156] und für den kontinentaleuropäischen Juristen oft nur schwer verständlich[157].

Das *fee simple absolute* kommt wohl am ehesten dem deutschen Begriff des Volleigentums gleich[158]. Unter *fee*[159] ist ein Eigentumsrecht von theoretisch unbegrenzter Dauer zu verstehen. *Simple* steht für freie Vererblichkeit[160]. *Absolute* hat in etwa die Bedeutung von unbedingt. Damit handelt es sich um

---

153 Die weiteren *interests* nach dem *Law of Property Act* 1925 werden bei Brink/Habel, Recht der Kreditsicherheiten, Teil IV: England, Anm.251 kurz dargestellt.

154 S. 1(3) *Law of Property Act* 1925.

155 *Law of Property Act* 1925, 1st Sched., Part I, vgl. Rivington, Law of Property in Land, S. 34.

156 vgl. Halsbury's Laws of England, Vol. 16, para. 775; Rivington, Law of Property in Land, S. 33.

157 Das trifft auch auf schottische Betrachter zu. Ein schottischer MP bemerkte anläßlich der Diskussion über das *leasehold enfranchisement*:
„*Would my right honourable and learned Friend, who is a most sophisticated English silk, explain to a simple Scottish one why the English find it so difficult to do anything simply? In Scotland we either rent a house or buy a house. If we rent it, it belongs to the person who rents it; if we buy it, it belongs to us. We do not have freehold, leasehold or any of this nonsense.*"; Nicholas Fairburn (MP), HC Rep. v. 9.2.1993, Sp. 875.

158 vgl. Halsbury's Laws of England, Vol. 39, S. 274: „*An estate in fee simple approaches as near to absolute ownership as the system of tenure will allow.*" Brink/Habel, Recht der Kreditsicherheiten, Teil IV: England, Anm.249; Schönhöfer /Böhner, Haus- und Grundbesitz im Ausland II, H/L/10.

159 Das Wort „*fee*" stammt vom lateinischen Ausdruck für Lehen - *feodum* - ab.

ein dingliches Recht, das weder zeitlich begrenzt noch von der Erfüllung einer Bedingung abhängig ist.

Das *leasehold for a term of years* wird je nach Dauer mit einem verdinglichten Miet- oder Pachtrecht oder Erbbaurecht verglichen.[161] Anfänglich handelte es sich um ein rein schuldrechtliches Institut, das dem Inhaber das ausschließliche Besitzrecht während der Vertragszeit gab. Der *tenant* eines *term of years* hatte bei allen Beeinträchtigungen seines Nutzungsrechts nur die Möglichkeit, gegen den *landlord* auf Schadensersatz in Geld (*damages*) zu klagen. Aber gegen Ende des 15. Jahrhunderts erhielt es die an ein dingliches Recht angenäherte Rechtsstellung, indem ihm einklagbare Ansprüche auch gegen Dritte zugestanden wurden[162]. Das *term of years* wird regelmäßig auf die Dauer von 99 Jahren bestellt, kann aber allgemein eine beliebig vereinbarte Dauer bis zu 1000 Jahren haben. Deshalb kann die Ermittlung des Beleihungswertes große Schwierigkeiten machen[163]. Ist eine lange Frist vereinbart, kann es am ehesten mit dem deutschen Erbbaurecht verglichen werden, bei einer kurzen Frist gibt es größere Ähnlichkeiten mit Miete oder Pacht[164]. Wenn eine Dauer von 21 Jahren oder mehr vereinbart wird, so ist dies im Falle eines registrierten Grundstücks in das *land register* einzutragen[165]. Nach Ablauf der Zeit fällt das Recht an den Inhaber des *freehold* zurück, der daraus erneut ein *leasehold* „herausschneiden" und übertragen kann. Da dies ursprünglich dazu führte, daß

---

160 *„As long as the owner has heirs..."*.

161 vgl. Henrich, Englisches Privatrecht, S. 90; Romain, Das Mortgage, S. 8; Brink/Habel, Recht der Kreditsicherheiten, Teil IV: England, Anm. 250.

162 Gray, Elements of Land Law, S. 673 f..

163 Welter, Dingliche Sicherheiten zwischen Harmonisierung und gegenseitiger Anerkennung als Prinzipien des europäischen Binnenmarktes, S. 149.

164 Schönhöfer/Bohner, Haus- und Grundbesitz im Ausland II, H/L/11.

165 vgl. D.I.2.a).

über die Jahrhunderte hinweg Grundbesitzerfamilien großen Reichtum erwerben konnten, wurde nunmehr durch den *Leasehold Reform Act* 1967, erweitert durch den *Leasehold Reform Act* 1993, für die *leasehold*-Inhaber das Recht eingeführt, den *freehold* zu erwerben. Diese Rechtsneuschöpfung wird *leasehold enfranchisement* genannt[166]. Insgesamt unterliegen heute in Großbritannien fast ein Drittel aller Grundstücksflächen einem langfristigen *leasehold*[167]. Der *leasehold* besitzt einen geringeren Sicherungswert als das *freehold*, da der *lease* verfallen, beendet oder aufgeben werden kann[168]. Banken oder *Building Societies* bestehen daher idR. darauf, daß die Laufzeit des *leasehold* mindestens 25 Jahre länger sein muß als das Grundpfandrecht[169].

Daneben gibt es auch *equitable rights* am Grundstück, die belastet werden können. Eine wichtige Stellung nimmt der *trust of land* ein. Der Inhaber des *trust* (*trustee*) ist der förmliche Eigentümer, der Begünstigte (*beneficiary*) hat ein *equitable interest in land.* Bis zum 31.12.1996 als *trust of sale* entstandene Rechte wurden durch den *Trusts of Land and Appointment of Trustees Act* 1996 in *trusts of land* umgewandelt[170]. Beim *trust of sale* wurde der Treuhänder verpflichtet, das Eigentum zu verkaufen und den Erlös in der vom *trust* bestimmten Weise zu verkaufen. Das Land, auf das sich der *trust* bezog, wurde so behandelt, als sei es schon verkauft worden, so daß das Grundstück fiktiv bereits in den Gelderlös verwandelt worden war und daran das *equitable*

---

166 Ausführlich dazu Eisenhauer, Moderne Entwicklungen im englischen Grundstücksrecht, S. 63 ff..

167 Gray, Elements of Land Law., S. 70, Fn. 16.

168 Fisher and Lightwood's Law of Mortgage, S. 58.

169 Eisenhauer, Moderne Entwicklungen im englischen Grundstücksrecht, S. 26.

170 Schönhöfer/Bohner, Haus- und Grundbesitz im Ausland II, H/L/17.

interest entstand. Im Gegensatz hierzu besteht bei einem *trust of land* das *equitable interest* am Grundstück[171].

b) Sachenrechtliche Grundsätze

aa) kein sachenrechtlicher Typenzwang

Dem englischen Recht ist der sachenrechtliche Typenzwang grundsätzlich fremd[172]. Allein entscheidend sind für den Inhalt der Rechte die ihnen zugrundeliegenden Urkunden und Verträge[173].

bb) Unterscheidung von *real* und *personal property*

Das englische Recht unterscheidet weiterhin im Gegensatz zu den kontinentalen Rechtsordnungen nicht zwischen Rechten an beweglichen und an unbeweglichen Sachen. Statt dessen teilt es Rechte in *real* und *personal property* auf[174]. Grundsätzlich werden Eigentumsrechte an Grundstücken als *real property* bezeichnet, alle anderen Arten von Eigentum als *personal property*. Als *real property* zählt ein *freehold*. Obwohl das *leasehold* an einem Grundstück ein *estate* an einer unbeweglichen Sache ist, wurde es dennoch rechtlich als *right in personam* behandelt, da der feudale Status nicht berührt wurde. Eine *mortgage* fällt ebenfalls unter *personal property*. Auswirkungen hat dies z.B. bei der Erbfolge[175]. Hinterläßt der Erblasser, der Inhaber von einigen Grundpfandrechten ist, seine *personal property* X, seine *real property* Y, so erhält X die

---

171 Schönhöfer/Bohner, Haus- und Grundbesitz im Ausland II, H/L/17.

172 Gower, Gower's Principles of Modern Company Law, S. 409: „... *there is some doubt at the penumbrance as to what constitutes a security interest and, in particular, as to whether there is a numerus clausus of such interests*".

173 Schub, in: Handbuch des Realkredits, S. 720.

174 Henrich, Englisches Privatrecht, S. 88 f..

175 Smith & Keenan's English Law, S. 480 f..

Grundpfandrechte, da diese unter die *personal property* fallen[176]. Diese Unterscheidung wird allerdings im Bereich des internationalen Privatrechts nicht aufrechterhalten[177].

cc) Inhaber von Grundstücksrechten

Inhaber eines Grundstücksrechts können eine einzelne Person (*sole ownership*) oder mehrere Personen (*co-ownership*) sein. In letzterem Fall gehört ihnen das Grundstück entweder als *joint tenants* oder *tenants in common.*

Bei der *joint tenancy* haben die Miteigentümer keine Anteile, sondern ihnen gehört das Eigentum gemeinsam untrennbar als Gruppe. Voraussetzung ist, daß sie das Eigentum zur selben Zeit auf dieselbe Weise erworben haben, dieses Recht von derselben Dauer, Natur und Umfang ist und auch der Besitz übereinstimmt. Die *joint tenancy* ist die einzige mögliche Form von Miteigentum an einem *legal estate*[178].

Bei der *tenancy in common* hat jeder einzelne Inhaber einen eigenen (ungeteilten) Anteil an Grund und Boden, der gemeinsam gehalten wird. Die Anteile sind nicht ausdrücklich gekennzeichnet[179]. Voraussetzung ist nur der gemeinsame Besitz[180]. Die *tenancy in common* entsteht nur *in Equity*[181].

---

176 Das gilt nicht, wenn *legal rights* geltend gemacht werden; vgl. Ferid/Firsching/Henrich, Internationales Erbrecht, Bd. III: Großbritannien, Rn. 268.
177 vgl. M.I.2..
178 Schönhöfer/Bohner, Haus- und Grundbesitz im Ausland II, H/L/14, 16.
179 Smith & Keenan's English Law, S. 494.
180 Schönhöfer/Bohner, Haus- und Grundbesitz im Ausland II, H/L/15.

In der Praxis äußert sich diese Unterscheidung darin, daß nach dem Tod eines *tenant in common* dessen Anteil kraft gewillkürter oder gesetzlicher Erbfolge auf seinen Rechtsnachfolger übergeht, während der Anteil eines *joint tenant* an die übrigen *joint tenants* fällt. Die *joint tenancy* kann nicht Gegenstand eines Testaments oder gesetzlicher Erbfolge sein[182].

dd) Besitz (*Possession*)

Unter Besitz verstand das englische Recht ursprünglich nur die *actual possession*, d.h. die tatsächliche Sachherrschaft verbunden mit dem Willen, andere von der Sachherrschaft auszuschließen. Inzwischen ist anerkannt, daß im rechtstechnischen Sinne der Besitz auch fortbesteht, selbst wenn der Besitzer keine tatsächliche Sachherrschaft wie bei der Besitzlockerung ausübt. Es handelt sich dann um eine *constructive possession*. Eine zuverlässige Definition von *possession* hat das englische Recht jedoch bislang nicht gefunden[183]. Verglichen werden kann die *possession* daher nur mit dem unmittelbaren Besitz des deutschen Rechts, während dem englischen Recht das deutsche Konzept eines mittelbaren Besitzes unbekannt ist. Im Falle z.B. eines *mortgagee*, der das belastete Grundstück nicht tatsächlich besitzt, behilft man sich statt dessen damit, daß ihm ein Recht auf Inbesitznahme zusteht[184].

---

181 Schönhöfer/Bohner, Haus- und Grundbesitz im Ausland II, H/L/16.
182 Kommission der Europäischen Gemeinschaften, Das Sachenrecht in der Europäischen Gemeinschaft, S. 147.
183 Smith & Keenan's English Law, S. 482 f..
184 vgl. H.I.1.c).

c) allgemeine Publizitätserfordernisse

Um die *perfection*, d.h. die Wirksamkeit einer Sicherheit gegenüber Dritten zu erzielen, müssen bestimmte Publizitätserfordernisse erfüllt sein. Dritten, die mit dem *mortgagor* geschäftliche Beziehungen eingehen, insbesondere selbst einen Kredit mit der Belastung des fraglichen Grundstücksrechts zu sichern beabsichtigen, wird durch Herstellung der Publizität die Möglichkeit gegeben, von bereits hieran bestehenden dinglichen Rechten Kenntnis zu nehmen. Dies ist auch im Interesse der Inhaber dieser bereits vorhandenen Rechte, um einen Wegerwerb des Rechts oder einen Rangverlust zu verhindern[185].

Im englischen Recht kann Publizität von Grundstücksbelastungen auf dreierlei Weise bewirkt werden. Publizität wird erreicht durch Besitz (*possession*) des belasteten Grundstücks, Aufbewahrung der Grundstücksurkunden (*title deeds*) durch den Grundpfandrechtsnehmer oder Eintragung in ein Register.

aa) Besitz

Der tatsächliche, an die Sachherrschaft gebundene und der hypothetische, auch bei Lockerung der Sachherrschaft fortbestehende Besitz[186] (*actual and constructive possession*) der eingesetzten Sicherheit sind die älteste und sicherste Methode die für die *perfection* erforderliche Publizität zu erlangen.

[185] Zu beachten ist jedoch, daß nach strittiger Ansicht die Vorschriften über die Drittwirksamkeit nicht unbedingt zugleich die Fragen der Priorität mitregeln, obwohl dies faktisch häufig der Fall sein wird; vgl. zB. Goode, Legal Problems of credit and security, S. 37.

[186] Das englische Recht kennt die Rechtsfigur des mittelbaren Besitzes nicht, vgl. A.V.3.c).

Durch den Besitz wird einem künftigen Grundpfandrechtsnehmer die Kenntnis unterstellt, daß der Besitzende ein vorrangiges Recht an dem Grundstück hat[187].

Im Falle von Immobiliarsicherheiten spielt diese Methode jedoch eine geringe Rolle. Wie ausführlich erläutert wird[188], wohnt zwar der *legal mortgage* und kraft Gesetzes auch der *charge by way of legal mortgage* das Recht des *mortgagee* auf Besitz des beliehenen Grundstücks inne. Doch in der Praxis wird die Ausübung dieses Rechts soweit wie möglich beschränkt, sei es durch die Sicherungsvereinbarung oder angerufene Gerichte.

bb) Aufbewahrung der Grundstücksurkunden

Auch die Aufbewahrung der Grundstücksurkunden (*title deeds*) durch den Grundpfandrechtsnehmer erfüllt den Publizitätstatbestand. Bedeutung hat dies nur noch bei nicht im *land register* eingetragenen Grundstücken. Die Grundstücksurkunden werden grundsätzlich dem erstrangigen *mortgagee* übergeben. Dieser hat hierauf einen unabdingbaren gesetzlichen Anspruch[189]. Da die *title deeds* nur einmal vorhanden sind, kann der Grundstückseigentümer diese bei einer erneuten Kreditvergabe dem potentiellen Grundpfandrechtsnehmer nicht vorlegen. Für ihn ist das ein deutliches Indiz, daß bereits eine vorrangige Immobiliarsicherheit bestellt worden ist.

Seit 1.4.1998 gilt jedoch ein Eintragungszwang für bislang unregistrierte Grundstücke, an denen eine erstrangige *mortgage* durch Hinterlegung der

---

187 Goode, Commercial Law, S. 700.
188 H.I.1.c).
189 ss. 85, 86 *Law of Property Act* 1925.

Grundstücksurkunden bestellt wird[190]. Für alle nach diesem Zeitpunkt bestellten erstrangigen *mortgages* an unregistrierten Grundstücken, scheidet die Aufbewahrung der *title deeds* daher als alleiniger Publizitätstatbestand aus. Entscheidend ist für sie daher die (erstmalige) Eintragung in das *land register*.

cc) Registereintragung von Grundpfandrechten

Zur wichtigsten Methode, um Publizität herzustellen, hat sich aber aufgrund verschiedener Gesetzesänderungen die Registrierung des Grundpfandrechts entwickelt. Für nahezu alle Belastungen ist eine Registrierung vorgeschrieben, doch kann für ein und dasselbe Grundpfandrecht die kumulative Eintragung in verschiedene Register erforderlich sein. Für *mortgages* und *charges* kommen drei unterschiedliche Registersysteme in Betracht. Neben dem *land register* gibt es ein *land charges register* und auch ein *companies register*, für die jeweils unterschiedliche Anforderungen gelten und die daher nicht miteinander verwechselt werden dürfen[191].

Ein Großteil der Grundstücke in England sind inzwischen im *land register* eingetragen. Eintragungspflichtig ist dann auch eine an dem Grundstück bestellte Immobiliarsicherheit. Ist das Grundstück, das belastet wird, nicht in einem Grundstücksregister eingetragen, so muß es bei dem zuständigen *land charges register* angemeldet werden. Die beiden einschlägigen Gesetze, der *Land Registration Act* und der *Land Charges Act*, schließen einander aus[192]. Seit den *Land Registration Acts* von 1990 und 1997 muß ein Grundstück, über

---

[190] *Land Registration Act* 1997.
[191] vgl. dazu unten D.I.2..
[192] Brink/Habel, Recht der Kreditsicherheiten, Teil IV: England, Anm. 262.

das auf eine bestimmte Weise verfügt wird, im *land register* eingetragen werden. Darunter fällt auch die Bestellung einer erstrangigen *mortgage* nach dem 1.4.1998[193]. Dementsprechend hat seitdem das *land charges register* für die *mortgages* an Bedeutung verloren.

Weiterhin gibt es ein *companies charges register*, dem Belastungen am Vermögen einer *company* iSd. des *Companies Act* 1985 unterfallen. Eine Belastung ist auch dann eintragungspflichtig, wenn sie bereits in das *land register* bzw. *land charges register* eingetragen worden ist.

4. Überblick über das englische Bank- und Kreditsystem

Auf dem englischen Immobiliarsicherheitenmarkt gibt es mehrere professionelle Anbieter, mit denen deutsche Institute konkurrieren. Im Gegensatz zum bisher in Deutschland geltenden Universalbankensystem gibt es in Großbritannien das traditionelle Trennbankensystem, in dem sich Kreditbanken und Wertpapierbanken getrennt entwickelt haben und nebeneinander bestehen[194]. Neuerdings verschwimmen allerdings die Grenzen zwischen dem angelsächsischen Trennbankensystem und dem deutsche Universalbankensystem infolge der zahlreichen, auch grenzüberschreitenden Fusionen von Finanzinstituten.

Bei den *merchant banks* handelt es sich um Institute, die Außenhandelsfinanzierung betreiben und sich daneben noch mit Import- und Exportgeschäften befassen[195]. Die *clearing banks* sind Banken, denen das tägliche

---

193 vgl. dazu unten D.I.2.a).
194 Knapps Enzyklopädisches Lexikon des Geld, Bank- und Börsenwesens, Bd. 1, S. 848.
195 Gabler Bank-Lexikon, S. 511.

Clearing, d.h. der Austausch von Schecks und sonstigen Zahlungsanweisungen, unter den Mitgliedsbanken oder deren Korrespondenzbanken obliegt[196]. Daneben treten aber spezialisierte Kreditinstitute auf wie die *Building Societies* oder *Mortgage Companies*. Die Form der Hypothekenbank, wie es sie in Deutschland gibt, ist in Großbritannien unbekannt[197].

a) *Building Societies*

An erster Stelle sind die *Building Societies* zu nennen. Sie haben jahrzehntelang den englischen Markt für Wohnungsfinanzierungen beherrscht. Auch 1998 standen 23% der *mortgages* an Wohneigentum bei *building societies*[198] aus. Dabei handelt es sich um eine genossenschaftsähnlich strukturierte Rechtsform, also eine Gesellschaft auf Gegenseitigkeit (*mutual society*), deren Anteile von Sparern und Kreditnehmern gehalten werden. Die Sparer sind berechtigt, ihre Einlagen sofort oder nach einer kurzen Kündigungsfrist zurückzuerhalten[199]. Damit stellen sie eine Mischform aus Hypothekenbank auf der Aktivseite und Sparkasse auf der Passivseite dar[200]. Während ursprünglich ein direkter vertraglicher Zusammenhang zwischen der Sparleistung des Kunden und der Darlehensvergabe an ihn bestand, sind die Sparer und Darlehensnehmer heute idR. Mitglieder der Vereinigung und damit auch deren Miteigentümer. Insofern

---

196 Gabler Bank-Lexikon, S. 511.

197 Europäischer Hypothekenverband, Mortgage and Property Markets in the European Union and Norway, S. 4.

198 Europäischer Hypothekenverband, Mortgage and Property Markets in the European Union and Norway, S. 85.

199 Dies entspricht nicht dem Typus der deutschen Sparkasse, vgl. Klein, Die Bankensysteme der EU-Länder, S. 204.

200 Scholz, Der langfristige Kredit 1991, 516, 517.

sind *Building Societies* mit den deutschen Volks- und Raiffeisenbanken vergleichbar[201].

Bis 1998 wurde die Geschäftstätigkeit der *Building Societies* von einer speziellen Aufsichtsbehörde, der *Building Societies Commission*, überwacht. Diese Behörde geht nun mit allen anderen Aufsichtsbehörden des Finanzdienstleistungsbereichs in der *Financial Services Authority (FSA)* auf, die damit die Aufsicht über alle Finanzdienstleistungsinstitute in sich vereinigt[202].

1981, als Geschäftsbanken nach Aufhebung der quantitativen Kreditkontrolle erstmalig in der privaten Baufinanzierung tätig werden durften, verloren die *Building Societies* ihre vormalige Monopolstellung. 1986 wurde mit dem *Building Societies Act* daher ihr bislang auf die Hypothekarkreditvergabe beschränkter Geschäftsbereich auf alle Finanzdienstleistungen ausgedehnt, die auch von Banken angeboten werden können[203]. Sie besitzen aber weiterhin keinen Bankenstatus[204], soweit sie nicht auf Antrag eine Banklizenz erhalten haben[205]. Damit verbunden ist die Umwandlung in eine Aktiengesellschaft, wodurch die *Building Society* einer Bank gleichgestellt wird und den entsprechenden aufsichts- und bilanzrechtlichen Regelungen unterliegt[206]. Die Entwicklung des Wettbewerbs führte dazu, daß sie nun auch Gewerbeimmobilien

---

201 Steiner, Immobilienfinanzierung in den Ländern der Europäischen Gemeinschaft, S. 127.
202 Blair, William, J.I.B.L. 1998, 43.
203 von Köller, Die verschiedenen Hypothekarkreditsysteme und die bedeutendsten Hypothekarkreditgeber in den europäischen Ländern, S. 779 ff..
204 Scholz, Der langfristige Kredit 1991, 516, 517.
205 Klein, Die Bankensysteme der EU-Länder, S. 194, 204.
206 Scholz, Der langfristige Kredit 1991, 516, 517.

bis zu einer mittleren Größenordnung finanzieren[207]. Da der britische Bausparmarkt viel zu dicht besetzt ist, steht eine Marktbereinigung an[208].

Eine Besonderheit der *Building Societies* ist, daß sie Kredite grundsätzlich nur mit erstrangigen Grundpfandrechten absichern. Wohnungsbaudarlehen werden üblicherweise bis zu einem Betrag von 75 % bis 80 % des Objekt-Schätzwertes vergeben[209]. Traditionell gewähren sie langfristige Hypothekarkredite auf zinsvariabler Basis, ungeachtet dessen, daß in jüngerer Zeit auch festverzinsliche Hypothekarkredite an Bedeutung zugenommen haben[210]. Häufig anzutreffen sind Darlehen in Verbindung mit einer Lebensversicherung, wobei die Tilgungsraten des Darlehens als Beiträge für eine Versicherung gezahlt werden, die schließlich das Kapital ablöst (*endowment mortgage*[211]). Die Laufzeit von Wohnungsbaukrediten beträgt üblicherweise zwischen 20 und 25 Jahren. Sie werden in monatlichen Raten aus Tilgung und Zinsen zurückgezahlt, deren Höhe sich bei variablem Zinssatz jeweils ändert. Da bei Wohnungsbaukrediten eine vorzeitige Rückzahlung möglich ist, beträgt ihre Laufzeit im Durchschnitt etwa acht Jahre[212].

207 von Köller, Die verschiedenen Hypothekarkreditsysteme und die bedeutendsten Hypothekarkreditgeber in den europäischen Ländern, S. 784, vgl. zum Strukturwandel britischer Bausparkassen Ballay, Die Bank 1997, 34 und Klein, Die Bankensysteme der EU-Länder, S. 205 f..

208 vgl. Handelsblatt v. 22.02.1999, S. 37.

209 Brink/Habel, Recht der Kreditsicherheiten, Teil IV: England, Anm. 35; Beike, in Bausparkassen-Fachbuch 1997, S. 466, 468.

210 Klein, Die Bankensysteme der EU-Länder, S. 205.

211 Flesch, VW 2000, 127, 128.

212 Beike, in Bausparkassen-Fachbuch 1997, S. 466, 469.

b) Banken

Seit der Deregulierung des britischen Finanzierungssystems 1981 erstreckt sich der Tätigkeitsbereich der Geschäftsbanken auch auf die private Baufinanzierung. Zuvor war dieses Marktsegment für Geschäftsbanken wegen bilanzieller Einschränkungen nicht attraktiv[213]. In den Jahren zwischen 1981 und 1990 erreichten sie bereits Marktanteile zwischen 15% und 20%[214]. 1998 betrug der Marktanteil an ausstehenden Hypotheken und neuen Darlehenszusagen bereits 71%[215]. Besonders zu nennen sind hier die *clearing banks*. Aber auch die *merchant banks* sind im Immobiliengeschäft tätig[216].

c) *Mortgage Companies*

Seit 1986 hat sich einen neue, sehr erfolgreiche Gruppe von Anbietern herausgebildet, die sog. *Centralised Lenders*. Das sind von Banken, Versicherungen und anderen Kreditinstituten gegründete Spezialinstitutionen, die durch gut ausgestaltete Hypothekenprodukte besonders das Geschäft mit Kapitallebensversicherungen gesteigert haben. Das liegt daran, daß in England mehr als drei Viertel der privaten Grundpfandrechtskredite durch Kapitallebensversicher-

---

213 Europäischer Hypothekenverband, Mortgage and Property Markets in the European Union and Norway, S. 11.

214 Housing Finance, August 1991, S. 32.

215 Europäischer Hypothekenverband, Mortgage and Property Markets in the European Union and Norway, S. 11.

216 Klein, Die Bankensysteme der EU-Länder, S. 202.

ungen getilgt werden[217]. Diese Institute gelten nicht als Banken und unterliegen daher nicht deren Aufsichtsregeln[218].

Mortgage Companies haben zudem den Immobiliarsicherheitenmarkt weiterentwickelt. Sie verkaufen die Grundpfandrechtskredite idR. über Maklerfirmen und die Vetriebsnetze ihrer Gesellschafter. Dabei behalten sie die Grundpfandrechte nicht im Eigenbestand, sondern übertragen sie gebündelt an zu diesem Zweck gegründete *vehicle companies.* Diese geben dann auf Grundlage dieser Grundpfandrechte Obligationen aus, die unter der Bezeichnung *mortgage-backed securities* bekannt geworden sind[219].

Die *mortgage-backed securities* ersetzen in England das fehlende Pfandbriefsystem. Der Qualitätsstandard liegt aber unter dem der deutschen Pfandbriefe. Zum einen unterliegen die *vehicle companies* nicht der Bankenaufsicht, sondern einer Treuhänderüberwachung. Sie sind daher nicht verpflichtet, Eigenkapitalvorschriften oder auf Anlegerschutz ausgerichtete Beleihungsgrenzen einzuhalten. Zum anderen ist der Rechtsrahmen der *mortgage-backed securities* im Gegensatz zum deutschen Pfandrechtssystem nicht gesetzlich geregelt, sondern privatrechtlicher Natur. Desweiteren unterscheiden sich Pfandbrief und *mortgage-backed security* im Zweck. Das deutsche Pfandbriefsystem ist darauf angelegt, langfristige Finanzierungen auf Dauer im Bestand der emittierenden Bank als Sicherheitsmasse für die Anleger zu halten und trägt damit das Kredit-

---

217 von Köller, Die verschiedenen Hypothekarkreditsysteme und die bedeutendsten Hypothekarkreditgeber in den europäischen Ländern, S. 782; Hubbard, Securisation and Unitisation of Real Estate Worldwide, S. 209.

218 Steiner, Immobilienfinanzierung in den Ländern der Europäischen Gemeinschaft, S. 133.

219 von Köller, Die verschiedenen Hypothekarkreditsysteme und die bedeutendsten Hypothekarkreditgeber in den europäischen Ländern, S. 787 ff..

risiko. Bei *mortgage-backed securities* wird das Kreditrisiko letztendlich auf die Anleger übertragen, indem die Grundpfandrechtkredite nur kurzfristig in der Bilanz der *Mortgage Company*, d.h. des ursprünglichen Darlehensgebers, gehalten werden, um sie bald wieder herauszunehmen[220].

d) Sonstige Anbieter

Als sonstige Träger des Bodenkredits sind die Versicherungsgesellschaften (*insurance companies*) zu nennen[221]. Grundpfandrechte werden häufig in der Lebensversicherungsabteilung zur Absicherung von langfristigen Kreditvergaben verwendet. Die grundpfandrechtliche Belastung von Grundstücken als Sicherheit wird von ihnen ähnlich gestaltet wie bei den *Building Societies*[222].

---

220 Steiner, Immobilienfinanzierung in den Ländern der Europäischen Gemeinschaft, S. 133 ff..

221 Sonstige Finanzierungsinstitute sind die *Finance Corporation for Industry Ltd.*, die *Industrial and Commercial Finance Corporation Ltd.* sowie *The Agricultural Mortgage Corporation Ltd.*; vgl. Brink/Habel, Recht der Kreditsicherheiten in europäischen Ländern, Teil IV: England, Anm. 37 ff..

222 Brink/Habel, Recht der Kreditsicherheiten in europäischen Ländern, Teil IV: England, Anm. 36.

B. Historische Entwicklung der Grundpfandrechte
I. Mortgage
1. Die *Mortgage* des *Common law*

Die heute bekannte *legal mortgage* entwickelte sich aus dem Zusammenspiel von *Common law, Equity* und geschriebenem Recht. Für viele Regelungen im Zusammenhang mit englischen Immobiliarsicherheiten gilt, daß sie nur aus ihrem historischen Zusammenhang heraus verstanden werden können[223]. Im folgenden wird daher die Entwicklung gestrafft dargestellt.

Bereits im angelsächsischen Recht und dem *Domesday Book* von 1086, dem Reichsgrundbuch, lassen sich vor der Änderung des Grundstücksrechts im Zuge der normannischen Eroberung Formen von Immobiliarpfandrechten finden[224]. Sie waren zur Befriedigung der wirtschaftlichen Bedürfnisse geschaffen worden. Das landwirtschaftliche Leben der Angelsachsen hatte sich im frühen Mittelalter zum Städteleben mit seinem Gewerbe und seinem Handel und damit zur Geldwirtschaft hin entwickelt[225]. Gemeinsames Merkmal der damals üblichen Pfandformen war, daß dabei der Besitz an den Gläubiger übertragen wurde. Als Nutzpfandrecht gab es zum einen eine Totsatzung, bei der die Früchte für die Auslösung des Grundstückes verwendet wurden, zum anderen eine Zinssatzung, bei welcher die Früchte als Zinsersatz dienten und das Grundstück als Sicherheit für die Schuld eingesetzt wurde[226]. Daneben bestand die Form des Proprietätspfandes. Hierbei wurde das Eigentum am Grundstück als Sicherheit auf den Gläubiger übertragen, wodurch die Schuld sofort getilgt

---

223 Ellinger/Lomnicka, Modern Banking Law, S. 645.

224 Simpson, A History of the Land Law, S. 141; Hazeltine, Die Geschichte des englischen Pfandrechts, S. 140-145; Plucknett, A Concise History of the Common law, S. 603; Digby, An Introduction to the History of Real Property, S. 284.

225 Hazeltine, Die Geschichte des englischen Pfandrechts, S. 14.

wurde. Dennoch hatte der Schuldner das Recht, durch Zahlung der Schuld das Grundstück wieder einzulösen[227].

In dem auf die normannische Eroberung fallenden Zeitraum wurden vorerst keine Sicherheiten mehr bestellt, da der Verpfänder hierfür nun eine Zustimmung des Lehnsherren brauchte. Die Veräußerlichkeit und Verpfändbarkeit von Grundstücken wurde erst 1290 nach Niedergang des Lehnswesens gesetzlich wiederhergestellt[228].

Bis zum Ende des 13. Jahrhunderts waren dann Pfandrechte in Gebrauch, bei welchen die Sicherung des Kreditgebers in einer an den Besitz[229] gebundenen Nutzungsüberlassung oder auf bestimmte Zeit (*gage for a term of years*) bestand. Der Besitz des Sicherungsgläubigers wurde als notwendig erachtet, weil ansonsten der Schuldner dasselbe Grundstück an andere potentielle Sicherungsgeber verpfänden hätte können, ohne daß diese Kenntnis von der vorrangigen *gage* gehabt hätten[230]. Neben dem Besitz war weiteres charakteristisches Merkmal, daß der *gagee* die Erträge des Grundstückes erhielt[231]. Bekannt waren die Formen des *vivuum vaduum* (auch *live pledge*; Totsatzung) und des *mortuum vaduum* (auch *dead pledge*; Zinssatzung). Unter dem *vivuum*

226 Hazeltine, Die Geschichte des englischen Pfandrechts., S. 140 f..

227 Hazeltine, Die Geschichte des englischen Pfandrechts, S. 141 ff..

228 „*Statutum quia emptores*", 18 Edw. 1, c.1., Hazeltine, Die Geschichte des englischen Pfandrechts, S. 42; Milsom, Historical Foundations of the Common law, S. 113 ff.:
„*It shall be lawful to every free man to sell at his own pleasure his lands and tenements, or part thereof; so nevertheless that the feoffee shall hold the same lands and tenements of the same chief lord of the fee, and by the same services and customs as his feoffer held them before.*"

229 Doch gab es nach umstrittener Ansicht bereits damals *gages*, bei denen der Kreditgeber keinen Besitz erhielt, das Pfandrecht statt dessen in ein gerichtliches Register eingetragen wurde; vgl. Cornish, The Mortage of Land in English Law, S. 163.

230 Glanville, Tractatus de Legibus et Consuetudinis Regni Angliae, x.8; Plucknett, A Concise History of the Common law, S. 604.

vaduum war ein Pfandrecht zu verstehen, bei dem die Sachfrüchte des belasteten Grundstücks zur Amortisierung der Schuld beitrugen, während dies beim *mortuum vaduum* gerade nicht der Fall war. Hier dienten die Früchte dem Darlehensgeber als Zinsersatz[232]. Zinsen wurden aus religiösen Gründen als Wucher betrachtet; der Zinsersatz wurde aber dennoch im *Common law* als zulässig, da nicht illegal, angesehen[233]. Aus dem Begriff *mortuum vaduum* entwickelte sich „*mortgage*". Gemeinsam war den beiden Pfandrechtsformen, daß der Schuldner bei Nichtbegleichung der gesicherten Schuld am bestimmten Tag das *fee simple* an den Gläubiger verlor. Selbst wenn der Schuldner rechtzeitig zahlte, hatte er kein gesichertes Recht auf Rückübereignung des unbelasteten Grundstücks. Dies war ein Grund, weshalb von diesen Pfandrechtsformen immer weniger Gebrauch gemacht wurde. Ein weiterer Nachteil der damaligen *gage* lag darin, daß der Kreditgeber Besitz an der Sicherheit erhielt. Auf der anderen Seite führte diese konstitutive Bindung des Besitzes an den Bestand des Pfandrechts aber dazu, daß der *gagee*, der auf Veranlassung des Schuldners das Grundstück räumte, nun wieder die Stellung eines ungesicherten Gläubigers hatte[234].

Wann genau von der Benutzung dieser Formen des *mortuum vaduum* und *vivuum vaduum* endgültig Abstand genommen wurde, ist nicht bekannt[235]. Im

---

231 Plucknett, A Concise History of the Common law, S. 604.
232 Simpson, A History of the Land Law, S. 141.
233 Hazeltine, Die Geschichte des englischen Pfandrechts, S. 205 f.; Cornish, The Mortgage of Land in English Law, S. 164 ff.; Simpson, A History of the Land Law, S. 141; Plucknett, A Concise History of the Common law, S. 604 .
234 Glanville, Tractatus de Legibus et Consuetudinis Regni Angliae, x.11; Plucknett, A Concise History of the Common law, S. 604.
235 Williams, Coote's Treatise on the Law of Mortgages; Vol. I, S. 3; im 18.Jahrhundert ist die *mortgage* in der Form, daß der *mortgagee* zur Rückübertragung des Grundstücks bei Tilgung verpflichtet ist, nach Blackstone in der Praxis wesentlich üblicher als das *vivum vaduum*, Blackstone, Commentaries on the Laws of England, Vol. II, S. 157 f..

späteren Mittelalter entwickelte sich aber die Form eines besitzlosen Pfandrechts[236], nachdem man sich zuvor mit der Rückverpachtung des Landes, dessen Besitz zuerst der *mortgagee* erhalten hatte, an den *mortgagor* beholfen hatte [237].

Gegen Mitte des 14. Jahrhunderts hatte sich die *gage for a term of years* dahin entwickelt, daß der Darlehensgeber das Land bis zum Rückzahlungsdatum in der einem Pächter vergleichbaren Stellung besaß. Der *mortgagor* blieb währenddessen der Inhaber des *freeholds*. Erfolgte die Rückzahlung nicht fristgerecht, so wandelte sich der *term of years* in ein *estate of freehold* mit der Folge des Verfalls des Pfandrechts um[238].

Die Ausgestaltung des Pfandrechts veränderte sich im Laufe der Zeit weiterhin; der *mortgagee* erhielt weitere Vorteile. Die Vorstellung, daß der Erhalt eines *freehold* von der aufschiebenden Bedingung eines bloßen *term of years* abhängig gemacht werden konnte, stieß auf Ablehnung. Daher wurde nun im 15. Jahrhundert in der Regel der Sicherungsgegenstand, soweit es sich um ein *freehold* handelte, sofort übertragen. Das Recht am Land war nun auflösend bedingt mit der fristgerechten Darlehensrückzahlung. Konnte der *mortgagor* nicht rechtzeitig erfüllen, so erstarkte es zu einem Vollrecht[239]. Damit war die klassische *Common law mortgage* entstanden.

---

236 Hazeltine, Die Geschichte des Englischen Pfandrechts, S. 656 ff.; Turner, Equity of Redemption, S. 90 und Plucknett, Concise History of the Common law, S. 608 sind der Ansicht, daß eine besitzlose *mortgage* erst im 18. Jahrhundert ständige Praxis wurde.

237 vgl. Pollock/Maitland, The History of English Law before the Time of Edward I, II 123 f.; Hazeltine, Die Geschichte des englischen Pfandrechts, S. 656 ff. ist der Auffassung, daß sich die besitzlose Form aus Rechtsmitteln des *Common law* entwickelte, nach denen zur Befriedigung von Vollstreckungsschulden das Land anstelle von beweglichen Sachen in Besitz genommen werden konnte.

238 vgl. Bracton, Tractatus de Legibus, S. 268 f..

239 vgl. Littleton, Tenures, Rn. 332 f.: „*If a feoffment be made upon such condition, that if the feoffor pay to the feoffee at a certain day ... 40 pounds of money, that then the feoffor*

Daneben gab es eine zweite, v.a. im 17. Jahrhundert weit verbreitete Form. Dabei handelte es sich um eine *mortgage by demise*, bei der das Grundstück für einen langen Zeitraum verpachtet (*lease*) wurde, der Sicherheitengeber aber bis zur Schuldbegleichung Besitzer des Landes bleiben konnte. Zahlte er rechtzeitig, so wurde das *lease* nichtig. Diese Form hatte den Vorteil, daß sie sowohl für *freehold* als auch *leasehold* verwendet werden konnte[240]. Das Bedürfnis nach einem wirksamen Mittel zur Sicherung, das für den Schuldner bequemer zu handhaben war, weil der Gläubiger nicht sofort den Besitz übernahm, ist auf den Einfluß italienischer und jüdischer Kaufleute zurückzuführen. Die grundpfandrechtliche Belastung von Stapelplätzen in den Städten zur Sicherung der Ansprüche von Kaufleuten sollte nicht das Geschäft des Schuldners einschränken[241]. Er konnte den Stapelplatz weiter benutzen und so Geld einnehmen, mit dem er schließlich die gesicherte Schuld begleichen konnte.

Mit der Zunahme des Handels erschien es den Führern der Reformation in England angebracht, das bisherige Wucherverbot abzuschwächen und den Geldverleih mit niedrigen Zinsen zu gestatten[242]. Im zweiten Anlauf wurde 1571 ein Gesetz durchgesetzt, wonach ein Zinssatz bis zu 10% nicht mehr strafbar war[243]. 1854 traten die Wuchergesetze schließlich mit dem *Usury Laws Repeal Act*

may re-enter, ...,in this case the feoffee is called tenant in mortgage, which is as much to say in French as mortgage, and in Latin mortuum vaduum. And it seemeth that the cause why it is called mortgage is, for that it is doubtful whether the feoffor will pay at the day limited such sum or not, and if he doth not pay, then the land which is put in pledge upon condition for the payment of the money is taken from him for ever ... dead to him upon condition .... And if he doth pay money the pledge is dead as to the tenant."

240 Simpson, A History of the Land Law, S. 243 f..

241 Hazeltine, Die Geschichte des englischen Pfandrechts, S. 13, 277.

242 Cornish, The Mortgage of Land in English Law, S. 167.

243 37 H VIII c.9, 5 & 6 Ed. VI c.20. Einem ersten Gesetz von 1545, daß Zinsen zuließ, war nur kurze Dauer beschieden - es wurde 1552 wieder zurückgenommen; s. Simpson, A History of the Land Law, S. 513 f.. S. zu Zinsgesetzen auch Holdsworth, A History of English Law, Vol. VIII, S. 108 ff..

endgültig außer Kraft[244]. Damit verlor die an den Besitz gebundene Früchteziehung des *mortgagee* ihre Funktion als Zinsersatz. Folglich diente die *mortgage* von nun an nur noch als Sicherheit.

2. Der Einfluß der *Equity*-Rechtsprechung

An der Entwicklung der klassischen *mortgage* hatte die Rechtsprechung der *courts in equity* einen großen Anteil.

Erste Lockerungen der strengen Rechtsfolgen des *Common law* sind um die Mitte des 15. Jahrhunderts zu beobachten[245]. In der *Equity* hatte sich die Auffassung durchgesetzt, daß die *mortgage* nach dem Willen der Parteien lediglich der Sicherung eines Kredits dienen solle[246]. Der *Chancellor in equity* erkannte, daß der ungesicherte Rückübertragungsanspruch des Schuldners bei Amortisierung des Kredits zu einer für diesen untragbaren Rechtsstellung im *Common law* führte[247]. Im *Common law* wurden z.B. die Wertverhältnisse zwischen der gesicherten Forderung und dem belasteten Grundstück ebensowenig berücksichtigt wie besondere Härtefälle[248]. Deshalb wurde die *right to redeem*, d.h. das Ablösungsrecht des Pfandrechtsbestellers, entwickelt. Der Kreditnehmer konnte

244 Cornish, The Mortgage of Land in English Law, S. 171.

245 Turner, The Equity of Redemption, S. 21ff nennt *Bodenham v. Halle* (1456), Selden Society, Vol. 10, S.137 als ersten bekannten Fall.

246 Blackstone, Commentaries on the Laws of England, Vol. III, S. 342 f..

247 So führte Lord Haldane in *Kreglinger v. New Patagonia Meat and Cold Storage Co. Ltd.* [1914] A.C. 25, S. 35 aus: „... *what made the hardship on the debtor a glaring one was that the debt still remained unpaid and could be recovered from the feoffor notwithstanding that he had actually forfeited the land to his mortgagee.*"

248 Simpson, A History of the Land Law, S. 244; Williams, Coote's Treatise on Mortgages, Vol. I, S. 11 f..

nun auch nach Ablauf des Rückzahlungsdatums sein Grundstück wiedererlangen.

Zunächst war diese Regelung auf besondere Härtefälle beschränkt gewesen, doch ab dem 17.Jahrhundert wurde zudem die *equity of redemption* in jedem Fall gewährt[249]. Gegen Ende des Jahrhunderts hatte die *Chancery* das *right to redeem* zum Recht der *equity of redemption* fortentwickelt, das dem *mortgagor* über das Ablösungsrecht hinaus für sämtliche Rechte am Grundstück zusteht[250]. Im 18.Jahrhundert wurde das Konzept schließlich als ein Recht am Grundstück angesehen[251].

Um eine Aushöhlung des Rechts, z.B. durch Vertragsklauseln zugunsten des *mortgagee* zu verhindern, wurden diese bald für nichtig erklärt[252]. Befriedigt werden sollte der *mortgagee* vorrangig durch Geld und nicht durch sein Recht am Schuldnergrundstück[253].

Gleichzeitig wurde die Position des *mortgagee* dadurch gestärkt, daß er bei nicht fristgerechter Zahlung bei der *Chancery* erst ein *order of foreclosure*

---

249 *Emmanuel College v. Evans* (1625) 1 Ch. Rep. 18.

250 *„The equity of redemption accorded to the mortgagor came to enbody the rights he retained in the mortgaged property, and was a crucial aspect of Chancery's insistance that, whatever the appearance at law, the mortgagor retained ultimate title, while the mortgagee's interest was at root one of security."*; Cornish, The Mortgage of Land in English Law, S.172.

251 vgl. Simpson, A History of the Land Law, S. 245; *Casborne v. Scarfe* (1738) 1 Ch. Cas. 217.

252 vgl. Simpson, A History of the Land Law, S. 245.

253 Lord Nottingham in *Thornborough v. Baker* (1675) 3 Swan 628, S. 630 führte aus: *„In natural justice and equity the principal right of the mortgagee is to the money, and his right to the land is only as security for the money."*; vgl. auch Cornish, The Mortgage of Land in English Law, S. 172.

beantragen mußte, d.h. einen Antrag auf Verfallserklärung, und der Schuldner bis zur Verkündung der Gerichtsentscheidung Zeit für die Rückzahlung gewann[254]. Allerdings führte die Entwicklung der *Chancery*-Rechtsprechung im 17. Jahrhundert dazu, daß diese Rechte von den adeligen Großgrundbesitzer, wenn sie ihr Land als Sicherheit einsetzten, ausgenutzt wurden, um ihre Besitztümer zusammenzuhalten[255].

Durch die Entwicklung der *mortgage* in den beiden getrennten Gerichtszweigen war die Rechtsposition sowohl des Pfandrechtsbestellers als auch des Pfandrechtsinhabers unübersichtlich geworden und führte zu für beide Parteien unbefriedigenden Ergebnissen. Im 19. Jahrhundert wurde daher eine ganze Reihe von Gesetzen erlassen, mit denen die Rechte und Pflichten klar festgelegt werden sollten.

So wurden mit den *Judicature Acts* 1873/75 die bislang getrennten Gerichtszweige des *Common law* und der *Equity* in einem Spruchkörper vereint. 1881 und 1911 wurden *Conveyancing Acts* erlassen, mit denen die Schuldnerposition gestärkt wurde. So konnte der Schuldner bei Zahlung der Schuldsumme vom Gläubiger verlangen, die Forderung und den *legal estate* auf einen Dritten zu übertragen. Der Schuldner wurde dadurch in die Lage versetzt, die *mortgage* anderweitig als Kreditgrundlage zu benutzen und sparte dabei die bisher notwendige und kostspielige Formalität einer Grundstücksübereignung (*conveyance*)[256]. Daneben gab es noch eine Reihe weitere Gesetze, die sich u.a. auch mit der Rechtsstellung von *mortgagor* und *mortgagee* beschäftigten.

---

254 vgl. Cornish, The Mortgage of Land in English Law, S. 168.
255 Ward, Journal of Legal History 1991 S. 31 f..
256 Romain, Das Mortgage, S. 45.

Durch die Vielzahl der zu beachtenden Gesetze wurde die Rechtslage nicht gerade übersichtlicher.

Eine relativ einheitliche Regelung trat erst mit der Reformgesetzgebung des *Law of Property Act* von 1925 in Kraft. In ihm wurde die heute gebräuchliche moderne Form der *mortgage* relativ umfassend festgelegt.

II. Deutsche Grundpfandrechte

Die Geschichte der deutschen Grundpfandrechte geht bis auf das frühe Mittelalter zurück. Dem älteren deutschen Grundpfandrecht liegt der reine Sachhaftungsbegriff im Sinne des Einstehens für die Schuld zugrunde. D.h. das Grundstück wurde ähnlich wie der Einsatz bei einem Wettvertrag gesetzt. Das Recht konnte damals den Zweck, dem Gläubiger die Immobilie als Haftungsgegenstand zu verschaffen, nur in schwerfälliger Weise erfüllen. Da es in den Zeiten der reinen Naturalwirtschaft so gut wie kein Kreditwesen gab, wurde dem Gläubiger der Wertgegenstand als endgültiger Ersatz übertragen, wenn der Schuldner nicht leistete. Ursprünglich wurde daher das Grundstück auflösend bedingt übereignet[257].

Später wurde das Nutzungspfand, auch Zinssatzung genannt, entwickelt, bei dem dem Gläubiger als Ersatz für Zinsen die Nutzungsbefugnis eingeräumt wurde, ohne jedoch die Eigentumsverhältnisse zu ändern. Die Dauer hing oft von der gar nicht beabsichtigten Rückzahlung des Kredits ab. Die Nutzziehung

[257] Hübner, Grundzüge des deutschen Privatrechts, S. 402 f..

konnte daher die Höhe der Schuld nicht verringern. Nach kanonischem Recht widersprach dies dem Wucherverbot. Die Kirche befürwortete dagegen die in deutschen Gebieten weniger verbreitete Totsatzung, bei der die Nutzung des Grundstücks durch Früchteziehung zur allmählichen Amortisierung der Schuld beitrug. Beide Formen konnten mit einer bedingten Übereignung verknüpft werden, so daß sie dann den Charakter des Verfallpfandes trugen. Da aber hierbei eine zwischen Grundstückswert und Schuld bestehende Differenz nicht berücksichtigt wurde, entwickelte sich das Verkaufspfand, bei dem der Gläubiger das Grundstück mit gerichtlicher Ermächtigung verkaufen konnte und den etwaigen Mehrerlös an den Schuldner auskehren mußte[258].

Im Zuge des aufblühenden Städtewesens, das im elften und zwölften Jahrhundert einsetzte, entwickelte sich auch die Stadtwirtschaft. Es entstanden neue Formen der Bodennutzung, darunter des Bodenkredits[259]. Dem Gläubiger wurde nun am Grundstück ein bloß anwartschaftliches Recht zu Pfand eingeräumt. Die für den Schuldner lästige Besitzübertragung war nicht mehr erforderlich. Die Erklärungen gaben die Parteien vor Gericht oder Rat ab. Die Satzung wurde daraufhin in die öffentliche Bücher eingetragen[260].

Die rechtlichen Grundlagen für den modernen deutschen Hypothekarkredit wurden durch Landesgesetze geschaffen, die die Hypothek des römischen Rechts den deutschen Rechtsvorstellungen anpaßten[261]. Im Herzogtum Preußen wurden 1620 erstmals für Vertragshypotheken die Prinzipien der Spezialität,

---

[258] Hübner, Grundzüge des deutschen Privatrechts, S. 405 f..
[259] Mitteis/Lieberich, Deutsche Rechtsgeschichte, S. 208.
[260] Hübner, Grundzüge des deutschen Privatrechts, S. 407 ff..

der Publizität und der Priorität festgeschrieben. Mit dem Preußischen Allgemeinen Landrecht wurde der Grundsatz des öffentlichen Glaubens des Grundbuchs eingeführt[262]. Dieses Prinzip beruht auf der Kraft des Gerichtszeugnisses und der Gerichtsurkunde, mit denen im Mittelalter Grundstücke übereignet wurden[263]. Dem deutschrechtlichen System eigen ist auch das Prinzip der leeren Pfandstelle. Jedes Pfandrecht erstreckt sich auf einen bestimmten, fest umgrenzten Wertteil des Grundstücks, so daß dies auch im Grundbuch entsprechend ausgestaltet werden konnte[264]. Neben dem Allgemeinen Landrecht für die preußischen Staaten von 1794, das als Vorbild für die Gesetzgebung in Sachsen, Bayern und Württemberg diente[265], sind zu den wichtigsten Landrechten der sich an französisches Recht anlehnende, linksrheinisch geltende *Code Civil* von 1804 und das Badische Landrecht von 1809 zu zählen[266]. Während in manchen deutschen Staaten wie Lübeck oder Hamburg zur Rechtsänderung nur die Eintragung ins Grundbuch erforderlich war, wurde das materielle Konsensprinzip in einem preußischen Gesetz von 1872 festgeschrieben[267].

Die verschiedenen Partikularrechtsordnungen galten bis zum Inkrafttreten des rechtsvereinheitlichenden BGB am 01.01.1900 nebeneinander. Als der Gesetzgeber den Bereich der Grundpfandrechte im geplanten BGB zu vereinheitlichen

---

261 Die römische *hypotheca* war ein besitzloses Pfand, z.B. an einem Grundstück. Als Eigentumsnachweis gab es noch kein Grundbuch im heutigen Sinn; vgl. Roser, Kreditwesen 1998, 72, 77 f..

262 Schönmann, in Handbuch des Hypothekarkredits, S. 823, 826, Schlegelberger, Rechtsvergleichendes Handwörterbuch für der Zivil- und Handelsrecht des In- und Auslandes, Bd. III/Predari, S. 786 f..

263 Wolff/Raiser, Sachenrecht, S. 81.

264 Hübner, Grundzüge des deutschen Privatrechts, S. 418.

265 Schönmann, in Handbuch des Hypothekarkredits, S. 827.

266 Goedecke, Realkredit, S. 159; Hübner, Grundzüge des deutschen Privatrechts, S. 416.

267 Wolff/Raiser, Sachenrecht, S. 84.

beabsichtigte, konnte er sich nicht dazu durchringen, nur eine Immobiliarsicherheit zuzulassen. Statt dessen wurde zum einen die damals weitverbreitete Hypothek und zum anderen die Grundschuld aufgenommen. Der Gesetzgeber versuchte so den partikularen Eigenheiten Rechnung zu tragen. Beabsichtigt war, die Entscheidung über die Brauchbarkeit der beiden Rechtsformen den Anwendern zu überlassen[268]. Die Grundschuld ist eine Rechtsschöpfung der mecklenburgischen Großgrundbesitzer, auf deren Drängen sie schließlich auch im Preußischen Eigentumserwerbsgesetz von 1872 aufgenommen wurde. Sie entstand zur Zeit der Industrialisierung, als sich der Kurs der Hypothekenwerte nicht mehr gegen die Staats-, Industrie- und Eisenbahnpapiere behaupten konnte. Die Agrarier suchten daher nach entsprechenden Zirkulationspapieren, die ihnen den Zugang zum Kapitalmarkt erneut öffnen sollten. Mit der abstrakten Grundschuld fanden sie einen umlauffähigen Titel[269]. Anfänglich wurde die Hypothek noch der Grundschuld gegenüber bevorzugt, doch das Verhältnis kehrte sich im Laufe der Zeit um[270].

III. Vergleich

Englische und germanische Grundpfandrechte waren zur Zeit des frühen Mittelalters sehr ähnlich ausgestaltet. Dies ist auf den Einfluß des römischen Rechts auf der einen Seite, das insbesondere durch das kanonische Recht und die *Equity* auch auf das englische Recht einwirkte[271], und des germanischen Rechts

---

268 Buchholz, RabelsZ 50 (1986), S. 77, S. 101.
269 Buchholz, RabelsZ 50 (1986) S. 77, S. 99 f..
270 Buchholz, RabelsZ 50 (1986) S. 77, S. 102.
271 Plucknett, A Concise History of the Common Law, S. 297 f.; Romain, Das Mortgage,

auf der anderen Seite zurückzuführen. Die in England herrschenden Angelsachsen entstammten dem germanischen Rechtskreis. Sie bestimmten das englische Recht bis zur normannischen Eroberung[272]. Während sich jedoch das deutsche Recht von der Form der bedingten Übereignung bald löste, dauerte dieser Rechtszustand bei den englischen *mortgages* an Grundstücken noch bis 1925 fort, bei *mortgages* an Mobilien sogar bis heute. Die Entwicklung ist in beiden Ländern seit der normannischen Eroberung 1066 rechtlich nicht mehr parallel verlaufen.

Die Bedürfnisse der Kreditwirtschaft nach einem wirksamen und bequemen Sicherungsmittel, das in beiden Rechtsordnungen im gleichen Maße bestand, führte dazu, daß die Ausgestaltung des Grundpfandrechts entsprechend geändert wurde. In Deutschland geschah dies durch Anpassung des römischen Rechts verbunden mit den deutschen Prinzipien der Legalität, Spezialität und Publizität. In England kam es zu einem Zusammenspiel von *Common law* und römisch-rechtlich beeinflußter *Equity*.

S. 77 ff..

272 Caenegem, The Birth of the English Common law, S. 89; Romain, Das Mortgage, S. 15.

C. Rechtsnatur und Arten der Grundpfandrechte

I. Rechtsnatur und Arten der *Legal Mortgage* und *Charge by way of Legal Mortgage*

1. Rechtsnatur

Durch die *legal mortgage* wird auf den Gläubiger ein *legal interest* am Grundstück übertragen, um die Rückzahlung eines Kredits oder die Erfüllung einer anderen Pflicht zu sichern[273]. Der Gläubiger erhält seit der Reformgesetzgebung von 1925 jedoch nicht mehr sofort das absolute Eigentum, das *fee simple*, sondern erst und nur mit Verfall des Ablösungsrechts des Schuldners. Statt dessen wird ein Teil am Eigentum übertragen bzw. "herausgeschnitzt" (*carved out*) in der Form eines *term of years* oder einer *subdemise*[274]. Während die Sicherung vor 1926 in der Übertragung und Rückübertragung eines *interest* bestand, liegt das Wesen der *mortgage* nun in der Belastung des Grundstückes; es wird kein Eigentum daran mehr übertragen[275]. Wird dennoch eine Sicherheit durch sofortige Volleigentumsübertragung bestellt, wird sie als eine *mortgage* nach s. 85 *Law of Property Act* 1925 behandelt. Nach dem heutigen Recht hat daher der Pfandrechtsgeber weiterhin das *fee simple* oder ein *leasehold* und der Pfandrechtsnehmer daneben ein *legal interest* daran[276].

Der *mortgagor* ist zusätzlich noch Inhaber der *equity of redemption*. Obwohl die *equity of redemption*, welche nach der billigkeitsrechtlichen Rechtsprechung ein Recht am Eigentum darstellt und den *mortgagor* zum *equitable owner*

---

[273] „... *as a security for the payment of a debt or the discharge of some other obligation for which it is given.*"; *Santley v. Wilde* [1899] 2 Ch. 474; *London County and Westminster Bank Ltd. v. Tompkins* [1918] 1 K.B. 515.

[274] s. C.I.2.a).

[275] v. Bernstorff, Das Hypothekenrecht in den EU-Staaten, RIW 1997, S. 185.

[276] Goode, Commercial Law, S. 38.

macht, nun eigentlich überflüssig ist, ist sie bisher nicht abgeschafft worden[277]. Sie ist mit dem *legal estate* des *mortgagor* untrennbar verbunden und wird häufig mit diesem gleichgesetzt[278].

2. Formen der Bestellung

a) *Demise for a Term of Years Absolute*

Die Bestellung eines *term of years absolute* ist eine der beiden Standardformen der *mortgage*. Dabei handelt es sich um keine Neuschöpfung des englischen Gesetzgebers. Vom 16. bis Anfang des 19. Jahrhunderts war bereits ein Pfandrecht in Gebrauch, durch welches langfristige Pachtrechte eingeräumt wurden[279].

aa) *Freehold Land*

Wird ein *freehold land* belastet, behält der Kreditnehmer das *fee simple*. Es wird ein *leasehold* vereinbart, durch das der Kreditgeber ein *legal interest* erhält. Soweit es sich um den erstrangigen *mortgagee* handelt, beträgt die Dauer der Bestellung 3.000 Jahre[280]. Nachrangige Grundpfandrechte müssen jeweils für einen Tag länger als die ihnen im Rang vorgehende Sicherheit bestellt werden[281]: wenn die vorrangige *mortgage* auslaufen würde, könnte die nachrangige *mortgage* in den Rang vorrücken.

---

277 Anders ist der Fall dagegen bei einer *mortgage* an einer beweglichen Sache. Bei dieser geht wegen des Zusammenhangs von Eigentum und Besitz mit Bestellung der *mortgage* weiterhin das Eigentum vollständig über. Es gibt daneben kein *legal interest*. Dem Besteller bleibt nur die *equity of redemption*; vgl. Goode, Commercial Law, S. 38.

278 Snell's Equity, S. 393 f..

279 Romain, Das Mortgage, S. 47 f., Jenks, Stephen's Commentaries on the Laws of England, Vol. II, S. 1052; vgl. oben B.I.1..

280 s. 85 (2)(a) *Law of Property Act* 1925; Henrich, Englisches Privatrecht, S. 96.

281 s. 85 (2)(b) *Law of Property Act* 1925.

bb) *Leasehold Land*

Wird eine Sicherheit an einem *leasehold land* vereinbart, geschieht dies durch ein Unterpachtverhältnis (*subdemise*), das grundsätzlich genauso lange dauern kann wie das *leasehold.* Meist wird jedoch eine kürzere Laufzeit vereinbart, um die Bestellung nachrangiger Grundpfandrechte zu ermöglichen. Das können sowohl nachrangige *legal* als auch *equitable mortgage*s sein.

Darin liegt auch der gesetzlich bezweckte Vorteil gegenüber den vor 1925 üblichen *mortgages.* Da der Schuldner sein Grundstückseigentum als Sicherheit auf den Gläubiger übertragen hatte, konnte er keine weiteren *legal mortgages* bestellen. Ihm blieb nur die Möglichkeit *equitable mortgages* an der *equity of redemption* zu bestellen[282].

Wenn die Verlängerung eines belasteten *leasehold* vereinbart wird (*leasehold extension*), wird die Sicherheit automatisch mitverlängert[283]. Damit erhöht sich der Wert des Grundpfandrechts[284].

b) Charge by way of Legal Mortgage

Der *Law of Property Act* 1925 sieht weiterhin die Möglichkeit der *charge by way of legal mortgage* vor. Dabei wird vereinbart, daß das Grundstück mit einer *charge* belastet wird. Die Rechtsnatur der *charge* ist von der der *mortgage* verschieden. Sie besteht darin, daß das Grundstücksrecht für die Begleichung

---

282 Romain, Das Mortgage, S. 48; Waldock, The Law of Mortgages, S. 382.
283 s. 58 (4) *Leasehold Reform Act* 1993.
284 Eisenhauer, Moderne Entwicklungen im englischen Grundstücksrecht, S. 112.

einer Schuld verwandt wird, so daß ein Recht auf Verwertung durch gerichtlichen Prozeß im Falle der Nichtzahlung besteht[285]. Bei der *mortgage* hingegen wird das *legal estate* zu einem gewissen Grad auf den Gläubiger übertragen und der Pfandrechtsinhaber erhält grundsätzlich ein Besitzrecht, auch wenn dieses inzwischen häufig abbedungen wird. Da der *chargee by way of legal mortgage* dieses Recht ansonsten nicht haben würde, verleiht ihm der *Law of Property Act* 1925 die gleichen Rechte und Pflichten eines *mortgagee*[286]. In der Handhabung in der Praxis spielt jedoch die Unterscheidung zwischen *mortgage* und *charge* aufgrund ihrer Rechtsnatur keine Rolle, die Begriffe werden häufig sogar austauschbar verwandt. Die *charge* ist also praktisch als Unterform der *mortgage* zu betrachten[287].

Belastungsgegenstand können sowohl das *freehold* als auch das *leasehold* sein.

In der Praxis wird die *charge* im Vergleich zu den anderen Formen am häufigsten verwendet. Das Gesetz fingiert sogar, daß die Form der *charge by way of legal mortgage* gewählt worden ist, wenn die Parteien nicht ausdrücklich eine *mortgage* vereinbart haben. Ein Vorteil gegenüber der *mortgage* liegt darin, daß auch der juristische Laie den Sicherungszweck leichter erkennt[288]. Da die *charge* für *freehold* und *leasehold land* in gleicher Weise bestellt werden kann, bedeutet dies zudem, daß eine *charge*, die sich auf mehrere Grundstücke erstreckt und die z.T. *freehold land* und z.T. *leasehold land* sind, in einer

285 Die Unterschiede werden in der Entscheidung *Swiss Bank Corporation v. Lloyd's Bank Ltd.* [1982] A.C. 584, 594 ff. deutlich gemacht; zur Rechtsnatur auch Sykes, The Law of Securities (4th ed. 1986), Kapitel 1 und 24; Fisher and Lightwood's Law of Mortgage, S. 4 f..

286 ss. 87, 88 *Law of Property Act* 1925.

287 Snell's Equity, S. 389.

Urkunde aufgenommen werden können[289]. Schließlich wird in die Vereinbarung eines *leasehold* mit dem Inhaber des *freehold*, d.h. dem *landlord*, häufig die Bedingung aufgenommen, daß der Grundpfandrechtgläubiger nicht oder nur mit Zustimmung des Grundpfandrechtbestellers eine Unterverpachtung in Form einer *sub-lease* vornehmen kann. Der Grund liegt darin, daß bei der Verpfändung einer *mortgage* der Grundpfandrechtsbesteller einen weiteren Gläubiger hätte, mit dem er gar keine vertragliche Bindung eingegangen ist. Während die Bestellung einer *mortgage* an dem *leasehold* eine Verletzung dieser Vertragsklausel darstellen würde, geht man davon aus, daß dies bei der Belastung des *leasehold* mit einer *legal charge* nicht der Fall ist, da hier kein Grundstücksrecht „herausgeschnitzt" wird[290].

II. Rechtsnatur und Arten der *Equitable Mortgage* und *Equitable Charge*

Vor 1926 kam der *equitable mortgage* noch eine besonders wichtige Funktion zu. Da der Pfandrechtsschuldner dem ersten *mortgagee* seinen gesamten *legal estate* übertrug, konnte er keine nachrangigen *legal mortgages* bestellen. Es blieb ihm nur der *equitable estate* der *equity of redemption* als mögliches Sicherungsobjekt. Da daran keine *legal mortgage* bestellt werden kann, wurde das Recht mit einer *equitable mortgage* verpfändet[291]. Seit dem *Law of Property*

---

288 Brink/Habel, Recht der Kreditsicherheiten in europäischen Ländern, Teil IV: England, Anm. 272; Ellinger/Lomnicka, Modern Banking Law, S. 648, Fn.15.

289 Brink/Habel, Recht der Kreditsicherheiten in europäischen Ländern, Teil IV: England, Anm. 273; Ellinger/Lomnicka, Modern Banking Law, S. 648, Fn.15; Megarry/Wade, The Law of Real Property, S. 925.

290 Cheshire and Burn's Modern Law of Real Property, S. 668; Megarry/Wade, The Law of Real Property, S. 925.

291 Schlegelberger, Rechtsvergleichendes Handwörterbuch für der Zivil- und Handelsrecht des In- und Auslandes, Bd. III/Predari, S. 310.

Act 1925 hat der Schuldner die Möglichkeit, mehrere *legal mortgages* zu bestellen, da ja nicht mehr das *freehold* oder *leasehold* ganz übertragen werden. *Legal mortgages* werden von den Gläubigern im allgemeinen vorgezogen, da eine *legal mortgage* einer *equitable mortgage* gegenüber vorrangig ist und damit einen höheren Sicherungswert hat. Das ist der Hauptgrund, weshalb die praktische Relevanz von *equitable mortgages* stetig abgenommen hat. Diese Entwicklung wird dadurch begünstigt, daß etwa Bausparkassen überhaupt keine *equitable mortgages* als Sicherheit annehmen dürfen. Banken haben von *equitable mortgages* noch nach 1925 lange zur Absicherung von kurzzeitigen Darlehen Gebrauch gemacht. Inzwischen muß jedoch bei der Bestellung von *equitable mortgages* eine bestimmte Form eingehalten werden. Zudem wurde die Stempelpflicht (*stamp duty*) abgeschafft, die früher für *legal mortgages*, nicht aber für *equitable mortgages* galt[292]. In der Praxis wird die *equitable mortgage* aber noch im Rahmen von Baufinanzierungen angewandt. Soweit dem Bauherrn das *legal estate* noch nicht übertragen worden ist, was verschiedene Gründe haben kann, steht ihm bereits ein *equitable interest* zu, das er als Pfand einsetzen kann.

Neben der *equitable mortgage* gibt es auch noch die *equitable charge*. Der Unterschied zwischen *mortgage* und *charge* besteht darin, daß im ersten Fall das Eigentum zu einem gewissen Grad auf den Sicherungsnehmer übertragen wird, während dies bei der *charge* nicht der Fall ist und das Eigentum nur das Belastungsobjekt ist[293].

---

292 Ellinger/Lomnicka, Modern Banking Law, S. 649.
293 vgl. C.I.2.b).

III. Rechtsnatur und Arten deutscher Grundpfandrechte

Ihrer Rechtsnatur nach handelt es sich bei deutschen Grundpfandrechten um Grundstücksbelastungen, die ein dingliches Verwertungsrecht zum Inhalt haben. Damit hat der Eigentümer zugunsten des Gläubigers ein Recht von seinem Eigentum abgespalten[294]. Diesen Sicherungszweck trägt die akzessorische Hypothek bereits kraft Gesetzes in sich, während die Grundschuld erst durch einen schuldrechtlichen Sicherungsvertrag forderungsabhängig wird[295].

Im Gegensatz zur Vertragsfreiheit, die im Schuldrecht gilt, wird das Sachenrecht durch den sachenrechtlichen Typenzwang oder numerus clausus der Sachenrechte bestimmt[296]. Diese Bindung an bestimmte gesetzlich zugelassene Institute ist eine Folge der Absolutheit sachenrechtlicher Rechtspositionen. Sie wirken gegenüber jedermann, so daß aus Gründen der Rechtssicherheit und Berechenbarkeit die Typen der gesetzlich zugelassenen Rechte beschränkt werden müssen[297]. Es sind daher nur bestimmte Formen von Grundpfandrechten statthaft[298].

Deutsche Grundpfandrechte lassen sich zunächst nach dem Grad der Akzessorietät einteilen. Die Parteien können Grundstücke zur Sicherung von

---

294 Baur/Stürner, Sachenrecht, § 36 II 2 a; Reischl, JuS 1998, 125.

295 Auf die Rentenschuld (§§ 1199 ff. BGB), die eine besondere Form der Grundschuld darstellt, wird wegen ihrer fehlenden, praktischen Relevanz nicht eingegangen; hierzu Reischl JuS 1998, 125, 126.

296 Baur/Stürner, Sachenrecht, § 4.

297 Büdenbender, JuS 1996, 665, 666.

298 Wie bereits erwähnt, kennt das englische Recht keinen sachenrechtlichen *numerus clausus*, s.o. A.IV.3.b)aa); Gower, Gower's Principles of Modern Company Law, S. 409.

Forderungen entweder mit den in §§ 1113 ff. BGB geregelten akzessorischen Hypothekenformen oder einer nicht-akzessorischen Grundschuld belasten.

Die verschiedenen Typen unterscheiden sich weiterhin nach dem Grad der Zirkulationsfähigkeit. Das BGB sieht als Regelfall die Verkehrshypothek vor, deren Zirkulierbarkeit erleichtert ist. Daneben gibt es auch die streng akzessorische Sicherungshypothek[299]. Während letztere stets eine Buchhypothek ist, kann die Verkehrshypothek entweder eine Buch- oder eine Briefhypothek sein[300]. Sie unterscheiden sich in ihrem Publizitätsträger. Bei der Buchhypothek ist das Grundbuch der alleinige Publizitätsträger. Die Briefhypothek kann dagegen auch außerhalb des Grundbuchs durch Übergabe des Hypothekenbriefs übertragen werden[301].

Deutsche Grundpfandrechte werden zusätzlich nach der Anzahl der haftenden Grundstücke unterschieden. Regelmäßig kann für eine Forderung nur eine Immobiliarsicherheit an einem Grundstück bestellt werden, da es bei der Hypothek wegen des engen Zusammenhangs von Forderung und Hypothek nicht möglich ist, mehrere Hypotheken für eine Forderung zu bestellen. Statthaft ist es aber, entweder die Forderung aufzuteilen und für die Teilbeträge Hypotheken zu bestellen oder eine Gesamthypothek für eine Forderung an mehreren Grundstücken zu begründen[302].

Schließlich können die Grundpfandrechte auch nach der Person des Gläubigers unterschieden werden. Meist handelt es sich um sog. Fremdgrundpfandrechte,

---

299 §§ 184 Abs.1, 1185 Abs. 2 BGB.
300 §§ 1116 Abs.2, 1117 Abs. 1 BGB.
301 § 1154 Abs. 1 BGB.

bei denen der Eigentümer die Sicherheit zugunsten des Gläubigers bestellt hat. Das BGB sieht aber auch die Möglichkeit eines Eigentümergrundpfandrechts für die Fälle vor, in denen von vornherein ein Fremdgrundpfandrecht nicht oder noch nicht entstehen kann oder es später wegfällt, weil etwa die Forderung noch nicht entstanden oder erloschen ist. So kann die Rangstelle gewahrt werden[303]. Die Eigentümerhypothek wird vom Gesetz als Eigentümergrundschuld eingestuft und unterliegt daher den grundschuldrechtlichen Vorschriften[304].

Deutsche Grundpfandrechte werden auch nach den Modalitäten unterschieden. Die Tilgungshypothek ist zwar nicht ausdrücklich im Gesetz geregelt, aber sie ist dennoch zulässig, da sie sich sachenrechtlichen Regelungen zuordnen läßt. Die Forderung bleibt nicht bis zum Rückzahlungstermin in gleicher Höhe bestehen, sondern wird sukzessive durch regelmäßige Tilgungszahlungen des persönlichen Schuldners verringert[305].

IV. Vergleich

Zweck und Rechtsnatur von *mortgage*, *charge* und deutschem Grundpfandrecht bestehen im Ergebnis darin, daß das belastete Grundstück der Verwertung dient. Es handelt sich also um dingliche Verwertungsrechte. Aus diesem Grund wird

---

302 § 1132 BGB; Baur/Stürner, Sachenrecht, § 36 VI.

303 Der Eigentümer kann aber einem nachrangigen Grundpfandrechtsgläubiger gegenüber verpflichtet sein, das Eigentümergrundpfandrecht löschen zu lassen. Gem. § 1179 a BGB hat diese einen Anspruch auf Aufhebung des Grundpfandrechts, wenn sich dieses mit der Person des Eigentümers vereinigt; vgl. dazu Weber, Kreditsicherheiten, S. 233 f..

304 Baur/Stürner, Sachenrecht, § 36 V 1.

305 Büdenbender, JuS 1996, 665, 666; Palandt/Bassenge, § 1113 Rn. 23 ff..

vom Recht an dem Grundstück das Grundpfandrecht abgespalten und das Grundstück belastet.

Bis zur Reformgesetzgebung von 1925 war die englische *mortgage* ihrer Rechtsnatur nach noch eine Vollübertragung des Grundstücksrechts. Man erkannte jedoch, daß die *mortgage* tatsächlich als Sicherheit für eine Forderung diente und es sich lediglich um eine Belastung des Grundstücks handelte. Obwohl dieser Zweck inzwischen gesetzlich anerkannt wird, versucht man gerade hier die Unterscheidung zur *charge* festzumachen, bei der kein Grundstücksrechts übertragen oder ein Teil abgespalten wird, sondern lediglich mit dem Recht, die Zahlung aus dem Grundstück zu verlangen, belastet wird. Die *legal charge* wird aber kraft Gesetzes der *legal mortgage* gleichgestellt. Dagegen wirkt sich die unterschiedliche Rechtsnatur bei *mortgage* und *equitable charge* aus. Dem Inhaber einer *equitable charge* steht deshalb, auch soweit es keine anderweitigen Vereinbarungen gibt, eine wesentlich schwächere Stellung bei der Realisierung der Sicherheit zu.

Die englischen Grundpfandrechte werden entsprechend dem System des englischen Rechts nach der Art des von der *mortgage* belasteten Grundstücksrechts unterteilt. Zunächst ist zwischen *legal mortgages* oder der ihr gleichgestellten *legal charge by way of mortgage* und den *equitable mortgages* sowie *equitable charges* zu unterscheiden. Eine weitere Untergliederung ergibt sich bei der *legal mortgage* daraus, ob das Pfandrecht an einem *freehold* oder einem *leasehold interest* bestellt wird, bei der *equitable mortgage* sowie *charge* an einem *legal* oder *equitable interest*. Das deutsche Recht kennt hingegen den Dualismus von *Common law* und *Equity* nicht; die Grundpfandrechte werden üblicherweise nicht nach dem Pfandrechtsobjekt gegliedert, obwohl sie auch an verschiedenen Grundstücksrechten, d.h. Eigentum, Wohnungseigentum oder Erbbaurecht bestellt werden können.

Das englische Recht wiederum unterscheidet nicht nach dem Grad der Akzessorietät wie es im deutschen Immobiliarsachenrecht der Fall ist. Denn das englische Recht kennt keine nicht-akzessorische Rechtsfigur wie die Grundschuld, bei der das Entstehen nicht von der Existenz einer Forderung abhängt. *Mortgage* und *charge* sind in Entstehung und Erlöschen grundsätzlich akzessorisch zur gesicherten Forderung.

Außerdem existiert in der englischen Rechtsordnung kein dem Eigentümergrundpfandrecht vergleichbares Institut. Dabei handelt es sich wohl um einen Ausfluß der unterschiedlichen Handhabung der Rangfolge[306].

Vom Standpunkt der wirtschaftlichen Funktion aus betrachtet dienen *legal mortgage* und die ihr gleichgestellte *charge* sowie die Verkehrshypothek der längerfristigen Kreditsicherung, während Sicherungshypothek und früher auch die *equitable mortgage* eher kurzfristige Kredite absichern sollten. Infolge von bestimmten Gesetzesänderungen gibt es aber inzwischen keine Gründe mehr, die eine *equitable mortgage* für kurzfristige Kredite prädestiniert. Einen gewissen Anwendungsbereich hat sie noch bei Baufinanzierungen, wenn dem Bauherrn aus verschiedenen Gründen das *legal estate* noch nicht übertragen worden ist, er aber schon ein *equitable interest* hat.

---

[306] vgl. E.II..

D. Begründung des Grundpfandrechts

I. Begründung der *Legal Mortgage*

Voraussetzungen für die Begründung eines Grundpfandrechts sind im englischen Kreditsicherheitenrecht die *inter-partes*-Bestellung, das *attachment*, und die Wirksamkeit Dritten gegenüber, die *perfection*. Auch wenn also die Sicherheit zwischen den Parteien wirksam entstanden ist, muß noch ein Publizitätsakt hinzukommen, um die Sicherheit Dritten gegenüber geltend machen zu können, wie etwa weiteren Sicherungs-nehmern oder potentiellen Grundstückserwerbern. Diese Voraussetzungen sind für erstrangige und nachrangige Grundpfandrechte grundsätzlich identisch.

1. Inter-partes-Bestellung (*Attachment*)

Als *attachment* bezeichnet man den Zeitpunkt, ab welchem die Sicherheit zwischen Gläubiger und Schuldner wirksam wird[307].

Damit eine *legal mortgage* entsteht, muß sie nicht ausdrücklich als solche bezeichnet werden. Es gilt der Grundsatz „*once a mortgage, always a mortgage*", was bedeutet, daß eine *mortgage* immer dann geschaffen wird, wenn die beiden Parteien eine *mortgage* bestellen wollen. Entscheidend ist also der Wille[308]. Selbst dann, wenn die Parteien die Konsequenzen der *mortgage* umgehen wollten und als Sicherheit das Grundstück ohne jedes Einlösungsrecht

---

[307] Goode, RabelsZ 44 (1980) 674, 690.
[308] *Seton v. Slade* (1802) 7 Ves 265, 273.

des *mortgagor* übertragen worden ist, schreibt das Gesetz vor, daß dies automatisch als *mortgage* gilt[309].

a) Kreditschuld

Die Vereinbarung muß sich auf die Kreditschuld beziehen, für die die Sicherheit bestellt wird. Die Schuld ist daher für die Entstehung der *mortgage* unerläßlich. Es besteht eine Entstehungsakzessorietät. Ansonsten sind die Anforderungen an die Forderung sehr liberal. Es kann sich auch um eine zukünftige Forderung handeln, die auf Geld oder theoretisch auch eine sonstige Leistung gerichtet ist[310].

b) Parteien einer *Mortgage*

In Betracht kommt als Besteller der Alleininhaber des Grundstücksrechts, aber auch der Miteigentümer (*co-owner*). Der *mortgagor* muß nicht personenidentisch mit dem Schuldner der durch das Grundpfandrecht gesicherten Forderung sein[311].

Mortgagee kann im Grunde genommen jeder sein. In der Praxis sind es heutzutage jedoch vornehmlich die *Building Societies*, *Mortgage Companies* sowie andere Kreditinstitute[312], die gegen die Bestellung einer *mortgage* ein

---

309 s. 85 (2) *Law of Property Act* 1925; Riddall, Introduction to Land Law, S. 395 f..
310 Goode, RabelsZ 44 (1980) 674, 690.
311 Fisher and Lightwood's Law of Mortgage, S. 181.
312 vgl. A.IV.4.; für *Building Societies* gelten besondere Vorschriften für die Art der einsetzbaren *mortgage* und deren Bestellung; vgl. Cousins, The Law of Mortgages, S. 112 ff., Snell's Equity, S. 390.

Darlehen gewähren. Zwischen dem Gläubiger der gesicherten Forderung und dem *mortgagee* muß aber Personenidentität bestehen.

c) Verfügungsberechtigung des *Mortgagor*

Um eine *mortgage* bestellen zu können, muß der Besteller verfügungsberechtigt sein. Bei einer *legal mortgage* muß er daher den *legal title* am Grundstück oder eine Verfügungsbefugnis haben[313].

Ein *legal title* setzt nach dem *Common law* die Existenz des Sicherungsgegenstandes voraus. Eine antizipierte Verfügung über ein noch nicht erworbenes Grundstück ist daher unwirksam. Eine *legal mortgage* kann nur bestellt werden, wenn das Grundstück zum existierenden Vermögen des Bestellers gehört. Wird dennoch im voraus verfügt, so kann dies zur Entstehung einer *equitable mortgage* führen[314]. Dieser Fall tritt v.a. dann ein, wenn ein Grundstückskäufer bereits vor der Vollendung der Eigentumsübertragung (*conveyance*) das Grundstück verpfänden will. Da ihm aufgrund eines gültigen Kaufvertrags (*contract of sale*) ein *equitable interest* zusteht, kann er dieses belasten[315]. Als *equitable mortgage* geht sie allerdings im Rang etwaigen Pfandrechten am *legal estate* nach[316].

Bevor sich der Sicherungsnehmer das Pfandrecht bestellen läßt, überprüft er bzw. sein *solicitor* die Rechtsinhaberschaft bis er zu einer *„good root of title"*

313 Goode, Commercial Law, S. 41, 682.
314 Halsbury's Laws of England, Vol.4, para.604.
315 Keenan, Smith & Keenan's English Law, S. 507; Henrich, Englisches Privatrecht, S. 94, 96.
316 s.u. E.II.2.b).

kommt (*investigation of title*). Dabei handelt es sich um eine Urkunde, aus der sich ergibt, daß jemand über das Grundstück verfügt hat und wer damals Inhaber des *estate* war. Der Nachweis erfolgt in der Weise, daß dem Erwerber eines Grundstücksrechts ein Verzeichnis (*abstract of title*) übergeben wird, das die Ereignisse in historischer Reihenfolge aufzählt. Urkunde (*deed*) und Verzeichnis werden dann vom Erwerber bzw. seinem *solicitor* überprüft[317]. Die Erforderlichkeit dieses Vorgehens richtet sich grundsätzlich danach, ob ein registriertes oder ein nicht registriertes Grundstück belastet werden soll[318].

Für nicht registrierte Grundstücke, die es inzwischen ohnehin nur noch in verschwindend geringer Zahl gibt, mußten ursprünglich die Eigentumsverhältnisse der letzten 30 Jahre zurückverfolgt werden. Inzwischen wurde der Untersuchungszeitraum auf 15 Jahre verkürzt[319]. Der *solicitor* des potentiellen Grundpfandrechtsbestellers erstellt einen Auszug aus den Urkunden, aus denen der Verkäufer sein Eigentum ableitet (*abstract*). Der *solicitor* des potentiellen Kreditgebers überprüft die Urkunden auf Vollständigkeit, Formrichtigkeit und Schlüssigkeit (*requisitions on title*) sowie ihre Übereinstimmung mit den Originalurkunden[320]. Ist das Grundstück noch nicht als Sicherheit eingesetzt worden, befinden sie sich beim Inhaber des *freehold* oder *leasehold.* Ist am Grundstück bereits eine *mortgage* bestellt worden, befinden sich die *deeds* regelmäßig beim Inhaber dieser Sicherheit[321]. Um festzustellen, ob das

---

317 Henrich, Englisches Privatrecht, S. 94.

318 Die Publizitätserfordernisse werden unter D.I.2. ausführlich dargestellt.

319 Fassung von s. 23 des *Law of Property Acts* von 1969. Im 19.Jahrhundert verfolgte die Praxis die Kette der Erwerbsvorgänge der letzten 60 Jahre zurück; vgl. Hoffmann, Recht des Grundstückskaufs, S. 91. Auch s. 44 (1) des *Law of Property Acts* 1925 schrieb noch einen Zeitraum von 30 Jahren vor.

320 von Hoffmann, Das Recht des Grundstückskaufs, S. 91.

321 Ellinger/Lomnicka, Modern Banking Law, S. 646.

Grundstück mit weiteren Rechten belastet ist, muß der *solicitor* in das *Land Charges Register* Einsicht nehmen[322].

Bei im *land register* eingetragenen Grundstücken ist die oft mühsame *investigation of title* nicht in derselben Weise erforderlich. Der *solicitor* des Pfandrechtnehmers nimmt statt dessen Einsicht in das *land register*. Eine Überprüfung des *titles* erübrigt sich insofern. Die Inhaber von Immobiliarsicherheiten sollten aber zusätzlich auch die Besitzverhältnisse klären[323], da sie u.U. an nicht im Register eingetragene Rechte Dritter gebunden sind, die sich in Besitz des Grundstücks befinden und nicht mit dem *mortgagor* personenidentisch sind[324].

Wenn der potentielle *mortgagor* eine Kapitalgesellschaft (*company*) ist, ist zusätzlich in das *Companies register* Einsicht zu nehmen, um festzustellen, ob darin weitere Belastungen eingetragen sind[325].

d) Bestimmtheitsgrundsatz

Im englischen Sachenrecht gilt der Bestimmtheitsgrundsatz nur in begrenztem Umfang, d.h. dann, wenn vom Gesetz Bestimmtheit vorausgesetzt wird. Theoretisch wäre eine *floating mortgage* möglich[326]. Doch in der Praxis und nach der Rechtsprechung kann eine *mortgage* nur an einzelnen Sachen bestellt

---

322 Ellinger/Lomnicka, Modern Banking Law, S. 646.
323 Ellinger/Lomnicka, Modern Banking Law, S. 647.
324 vgl. E.II.2.d).
325 Ellinger/Lomnicka, Modern Banking Law, S. 646 f..
326 Goode, RabelsZ 44 (1980) 674, 686.

werden[327]. Das Gebot wird eingehalten, wenn der Sicherungsgegenstand im Zeitpunkt der Verfügung hinreichend bestimmbar ist[328]. Von diesem Moment an haftet die *mortgage* als *fixed charge* dem Grundstücksrecht an[329].

Dieser Zeitpunkt ist auch deshalb von Bedeutung, da das englische Recht mit der *floating charge* eine Rechtsfigur kennt, bei welcher der Sicherungsgegenstand im Zeitpunkt der Bestellung noch nicht bestimmbar sein muß. Sicherungsgegenstand ist das Vermögen oder Teile des Vermögens des Bestellers.

e) Formerfordernisse

Nach dem Grundsatz *„once a mortgage, always a mortgage"* ist es nicht erforderlich, daß die Sicherheit ausdrücklich als *mortgage* bezeichnet wird. Es kommt allein darauf an, daß nach dem Parteiwillen auf die Bestellung einer *mortgage* zu schließen ist. Die *mortgage* muß aber in der Form einer *deed*, d.h. einer gesiegelten Urkunde, bestellt werden[330]. S. 2 des *Land Registration Act* (*Miscellaneous Provisions*) 1989 schreibt für registrierte Grundstücke vor, daß die Vereinbarung in Schriftform gefaßt sein und von den beiden Parteien unterschrieben sein muß[331]. Andernfalls entsteht keine *legal mortgage*.

---

327 Die *floating charge* stellt eine Sicherheit am Vermögen des Bestellers dar.
328 Goode, Commercial Law, S. 677.
329 Goode, RabelsZ 44 (1980) 674, 687.
330 s. 52 Law of Property Act 1925; Halsbury's Laws of England, Vol. 9 (1), para. 621.
331 Ridall, Introduction to Land Law, S. 388 f..

2. Publizitätserfordernisse (*Perfection*)

Unter *perfection* ist die Vollendung aller Verfahrensschritte zu verstehen, die nötig sind, um einer vollstreckbaren Sicherheit Wirksamkeit dritten Personen gegenüber zu geben[332].

Im allgemeinen können materielle Vermögenswerte (*tangible assets*) ihre *perfection* entweder durch Inbesitznahme dieses Wertes bzw. der *documents of title* oder durch Eintragung in ein Register erhalten. Möglich ist auch die Kenntnisnahme (*notice*)[333].

Für *mortgages* ist die Anmeldung zu einem Register von besonderer Bedeutung. Im folgenden werden daher die Registersysteme, die Eintragungsvoraussetzungen und Folgen für ein Grundpfandrecht kurz dargestellt. Im englischen Recht gibt es nebeneinander drei verschiedene Register, die für die *perfection* einer Immobiliarsicherheit grundsätzlich in Frage kommen: das *land register*, das *land charges register* und das *companies register*[334]. Die Eintragung der *mortgage* in eines dieser Register ist zwar für die Entstehung insofern nicht konstitutiv, als es nicht Wirksamkeitsvoraussetzung zwischen dem Sicherungsnehmer und dem Sicherungsbesteller ist. Jedoch hat die Mißachtung einer Registrierungspflicht zur Folge, daß das Pfandrecht Dritten gegenüber, sei das der Konkursverwalter oder andere Sicherungsgläubiger, nicht wirksam ist. Damit kommt der Registrierung die Funktion einer Drittwirksamkeitsvoraussetzung zu. Handelt es sich bei dem Inhaber einer Sicherheit um eine

---

[332] Goode, RabelsZ 44 (1980) 674, 691.
[333] Goode, RabelsZ 44 (1980) 674, 691; vgl. oben A.IV.3.c).

Gesellschaft iSd. *Companies Act* 1985, so ist die Eintragung in zwei Register erforderlich, um einen umfassenden Schutz zu erreichen[335].

a) Im *land register* registriertes Grundstück

In allen Teilen des Landes wurde inzwischen ein *land register* eingerichtet. Obwohl noch nicht alle Grundstücke registriert sind, überwiegt die Bedeutung des *land register* gegenüber dem *land charges register* bei weitem und wird wegen der Eintragungspflichtigkeit bei bestimmten Verfügungen weiter zunehmen.

aa) Entwicklung des *land register*

Ein grundbuchähnliches System, das sog. *Shire-Boc* gab es bereits im Allodialrecht der vornormannischen Zeit[336]. Doch wurde es bei der Einführung des Feudalsystems durch Wilhelm den Eroberer aufgehoben. Es sollten einige Jahrhunderte vergehen, bis erneut Versuche unternommen wurden, ein Grundstücksregister einzuführen. Oliver Cromwell, dem das englische Liegenschaftsrecht ein Greuel war[337], blieb aber mit seinen Vorschlägen in den Jahren 1649 und 1659, ein Grundregister einzurichten, erfolglos[338]. Man nimmt an, daß sie zum einen am Widerstand der Berufsstände, die aus den Grundstücks-

---

334 Daneben gibt es noch ein *local land charges register*, in welches Belastungen zugunsten hoheitlicher Gebietskörperschaften (*local authorities*) eingetragen werden.

335 Gower's Principles of Modern Company Law, S. 441; Snell's Equity, S. 62; Fisher and Lightwood's Law of Mortgage, S. 190.

336 von Metzler, Das Anglo-Amerikanische Grundbuchwesen, S. 15; vgl. ausführlich hierzu Maitland, Domesday Book and beyond.

337 Er nannte es *„a tortous and ungodly jumble"*; vgl. Dowson/Sheppard, Land Registration, S. 7.

338 Stewart/Wallace, Introduction to the Principles of Land Registration, S. 25.

übereignungsgeschäften einen großen Teil ihres Einkommens bezogen, scheiterten, zum anderen am komplizierten materiellen Immobiliarsachenrecht[339]. Erst 1703 wurde für die Grafschaft *Yorkshire* eine *Deeds Registration* beschlossen und 1708 für die Grafschaft *Middlesex*. Damit sollte der Realkredit in der ansässigen Textilindustrie gefördert werden. Jedoch bezog sich die Registrierung lediglich auf die Urkunden, die *deeds*, und nicht auf die Verfügungen über das Eigentum. Deshalb war das System nicht geeignet, Wirkungen über die beiden Parteien hinaus auch auf Dritte zu entfalten[340].

bb) Das moderne *land register*

Das moderne Registersystem entstand mit dem *Land Registration Act*, der einen Teil der Reformgesetzgebung von 1925 bildet. Vom australischen *Torrens*-System[341] wurde die Technik übernommen, nach der ein Auseinanderfallen zwischen Buchberechtigten und materiell Berechtigten dadurch ausgeschlossen wird, daß die Eintragung für den Eigentumserwerb eines Grundstückes maßgeblich ist. Endgültig wird der Eigentumserwerb meist erst mit Inbesitznahme des Grundstückes[342]. Grundbuchberichtigungen sind im Einzelfall möglich. Derjenige, der dann aus seinem Eigentumsrecht verdrängt wird, kann aus einem

---

339 Spellenberg, in Festschrift für Werner Lorenz zum siebzigsten Geburtstag, S. 779, 782.

340 von Metzler, Das Anglo-Amerikanische Grundbuchwesen, S. 20; diese beiden Register waren noch bis ins 20.Jahrhundert im Gebrauch; Schlegelberger, Rechtsvergleichendes Handwörterbuch für der Zivil- und Handelsrecht des In- und Auslandes, Bd. III/Predari, S. 787; Brink/Habel, Recht der Kreditsicherheiten, Teil IV: England, Anm. 254.

341 Dieses System wurde 1858 von Sir Robert Torrens für Südaustralien entwickelt. Er hatte sich vom englischen Privatsystem der Grundeigentumsübertragung abgewandt und sich für die Entwicklung seines Grundbuchs die Register für Verfügungen an Schiffen zum Vorbild genommen, vgl. Hoffmann, Recht des Grundstückskaufs, S. 29 f..

342 Hoffmann, Das Recht des Grundstückskaufs, S. 43.

speziellen Versicherungsfond Entschädigung verlangen[343]. Das System gilt bis heute - abgesehen von einigen Änderungen - fort. Schon 1980 wurden ca. 65 % aller Verfügungen in das *land register* eingetragen; seine Bedeutung nahm gegenüber dem *land charges register* seit dem *Land Registration Act* 1989 noch weiter zu. Seit 1989 besteht eine Pflicht zur erstmaligen Registrierung (*compulsory first registration*) bisher nicht erfaßter Grundstücke, wenn eine bestimmte Verfügung vorgenommen wird. Zunächst galt das nur für die Veräußerung eines *freehold* oder eines *leasehold*[344]. Man ging davon aus, daß die Relevanz von unregistrierten Grundstücken im Rahmen der Kaufpreisfinanzierung weiterhin abnehmen würde. Nicht zu einer Eintragungspflicht führte nach allgemeiner Meinung noch die Bestellung einer *mortgage*[345]. Mit s. 1 *Land Registration Act* 1997, der seit 1.4.1998 in Kraft ist, wurde aber die Zahl der eintragungspflichtigen Tatbestände wesentlich erweitert. Darunter fallen nun auch erstrangige *mortgages*, die durch Hinterlegung der *title deeds* gesichert werden, soweit damit ein *freehold* mit einem *lease* von mehr als 21 Jahren Dauer oder ein *leasehold*, das noch ebenso lange andauert, belastet wird[346]. Man rechnet damit, daß das Registrierungssystem inzwischen fast ganz England und Wales abdeckt[347]. Für den Rechtsverkehr stellt die Eintragung in ein einheitliches Register eine erhebliche Erleichterung dar. Die sog. *root of*

343 Hoffmann, Das Recht des Grundstückskaufs, S. 33; Timothy, Wontner's Guide to Land Registry Practice, S. 18.

344 s. 123 *Land Registration Act* 1925 in der Fassung der s. 2 *Land Registration Act* 1989.

345 Timothy, Wontner's Guide to Land Registry Practice, S. 8.

346 Zu den eintragungspflichtigen Verfügungen gehören auch: beurkundete Schenkungen (*deeds of gift*), Übereignungen nicht im Rahmen eines Verkaufs, aber gegen eine Gegenleistung (*conveyances and assignments not for sale, but for consideration*), Übereignungen von belastendem Eigentum (*conveyances and assignments of onerous property*) oder aufgrund einer gerichtlichen Anordnung (Orders of Court); vgl. Press notice 7/98 v. 2.3.1998 von, www.open.gov.uk/landreg/home.html..

347 Ellinger/Lomnicka, Modern Banking Law, S. 647.

title, die zum Nachweis der Verfügungsberechtigung für die letzten 15 Jahre bei Verfügungen zurückverfolgt werden muß, wird nun durch den Eintrag ins *land register* bewiesen[348].

Das Register wird bei insgesamt zwanzig *District Land Registries* geführt[349]. Übergeordnet ist ihnen die Hauptverwaltung des *Her Majesty's Land Registry* als Behörde der Regierung mit Sitz in London. Das Grundregister ist grundsätzlich nicht öffentlich, so daß derjenige, der Einsicht nehmen möchte, zunächst eine Vollmacht des eingetragenen Eigentümers vorweisen muß[350].

Das Register ist für jedes Grundstück in drei Abteilungen aufgegliedert:

Abteilung A ist das *property register*. Darin wird das Grundstück unter Hinweis auf das Grundkataster beschrieben. Eingetragen ist auch die Art des Titels, d.h. ob es sich um *freehold* oder *leasehold land* handelt[351].

---

348 Dr. Stuart Hill, *Chief Land Registrar and Chief Executive*, sagte unter www.open.gov.uk/landreg/home.html. zum System der *land registration*: *„The registration of land provides a number of advantages for everybody: legal title is guaranteed; an accurate plan is provided, there is an up-to-date and authorative public record of ownership, rights, covenants and mortgages; simple forms replace complicated documents; disputes can be resolved more easily; repeated and lengthy examinations of title can be dispensed with; and, perhaps most importantly, dealings can take place with confidence. ... It leads the way to the eventual goal of a complete register of title to all land in England and Wales."*

349 Birkenhead, Coventry, Croydon, Durham, Gloucester, Harrow, Kingston-Upon-Hull, Leicester, Lytham, Nottingham, Peterborough, Plymouth, Portsmouth, Stevenage, Swansea, Telford, Tunbridge Wells, Wales, Weymouth und York.

350 Hypothekenverband bei der EG, Der Hypothekarkredit in der Europäischen Gemeinschaft, S. 427; durch den *Land Registration Act* 1988 wurde jedoch festgelegt, daß die Register an einem zu benennenden Tag im Jahr für die Öffentlichkeit einsehbar sein müssen.

351 Timothy, Wontner's Guide to Land Registry Practice, S. 15.

In der Abteilung B, dem *proprietorship register*, finden sich Angaben zum Inhaber des *title* und bestimmten Einschränkungen. Neben dem Namen, der Adresse und dem Datum der Eigentumseintragung sind auch Verfügungs-beschränkungen und Vormerkungen eingetragen[352].

In der Abteilung C, dem *charges register*, sind schließlich die Belastungen des Grundstückes eingetragen. Gibt es in dieser Abteilung keine Einträge, so wird dem Inhaber des Grundstückes auf Antrag ein *land certificate* ausgestellt. Damit kann er nachweisen, daß sein Recht unbelastet ist[353]. Insofern ist die Suche nach der *root of title* erheblich erleichtert. Denn im Falle von unregistriertem Land wird dieser Nachweis nur durch die *title deeds* erbracht, in denen lückenlos die Erwerbsurkunden der letzten 15 Jahre darzustellen sind[354]. Neben dieser Erleichterung kann dem *land register* wegen seiner (noch) nicht ganz umfassenden Geltung jedoch keine allgemeine Publizität beigemessen werden, wie das beim deutschen Grundbuch der Fall ist. Eine Eintragung in das Register hat keine Legitimationswirkung. Nach dem *Torrens*-System ist aber die Eintragung konstitutiv, ohne daß es auf die Wirksamkeit der Einigung ankäme[355]. Auf diese Weise wird der Konflikt zwischen unwirksamem Sicherungsvertrag und der Aussage im Register zugunsten der letzteren gelöst. Daher können materielle und formelle Rechtslage nur in einem Erbfall auseinanderfallen[356]; der im *land register* Eingetragene ist immer auch der materiell Berechtigte. Denn der Rechtswerb ist zB. bei Übereignung eines Grundstücks erst dann entgültig, wenn der Eingetragene auch das Grundstück in Besitz genommen

---

352 Timothy, Wontner's Guide to Land Registry Practice, S. 16.
353 Timothy, Wontner's Guide to Land Registry Practice, S. 16.
354 Snell's Equity, S. 61.
355 Spellenberg, in Festschrift für Werner Lorenz zum siebzigsten Geburtstag, S. 779, 783 ff.

hat[357]. Für denjenigen, der abgesehen von der Eintragung der wahre Berechtigte wäre, wird Ausgleich geschaffen, indem in bestimmten Fällen eine konstitutive Grundbuchberichtigung (*rectification*) zugelassen wird.

cc) Eintragung des Grundpfandrechts

Die *mortgage* muß in das *land register* gem. s. 26 *Land Registration Act* 1925 angemeldet werden, um als *registered charge* die Verfügung Dritten gegenüber zu vervollständigen. Unterläßt dies der *mortgagee*, erhält das Grundpfandrecht nicht die Stellung einer *registered charge* und wirkt, solange es nicht eingetragen ist, nur *in equity*[358]. Entscheidend für die Geltung gegenüber anderen Grundstücksrechten ist der Zeitpunkt der Eintragung[359].

Dem Eigentümer steht aber auch die Möglichkeit zu, das Grundstück so zu belasten, als ob es nicht registriert wäre[360]. Da die *unregistered mortgage* dann nur *in equity* gelten würde, muß sie als *minor interest* geschützt werden, um gegenüber Dritten Wirkung entfalten zu können. Hierfür ist die Eintragung einer *notice* erforderlich[361].

---

356 s. 37 *Land Registration Act* 1925; r. 170 *Land Registration Rules* 1925; Erdell, Übertragung des Eigentums an Grundstücken nach englischem Recht, S. 244.

357 s. 82 *Land Registration Act* 1925.

358 s. 106 (2)(a) *Land Registration Act* 1925; *Grace Rymer Investments Ltd. v. Waite* [1958] All ER 777; Cheshire and Burn's Modern Law of Real Property, S. 731.

359 vgl. E.II.2.d).

360 s. 106 *Land Registration Act* 1925, r. 223 *Land Registration Rules* 1925; Fisher and Lightwood's Law of Mortgage, S. 83.

361 s. 49 *Land Registration Act* 1925.

b) nicht im *land register* registriertes Grundstück

Bei einem nicht registrierten Grundstück kann die *perfection* entweder durch *notice* oder Eintragung ins *land charges register* hergestellt werden.

aa) Aufbewahrung der *title deeds*

Der *mortgagee* hat gem. s. 198 *Law of Property Act* 1925 das Recht, die *deeds* in Besitz zu nehmen. Will ein Dritter mit dem Grundpfandrechtsbesteller eine Verfügung über das betroffene Grundstück treffen, erhält er von der vorrangigen Belastung durch die Abwesenheit der *deeds* bei seinem Geschäftspartner Kenntnis[362].

Soweit es sich um eine erstrangige *mortgage* handelt, die auf diese Weise gesichert wird, besteht aber nach s. 1 *Land Registration Act* 1997 seit dem 1.4.1998 eine Pflicht, das Grundstück und die Belastung in das *land register* einzutragen. Die Verwahrung der Grundstücksurkunden spielt für die Publizität daher nur noch bei „Altfällen" eine Rolle.

bb) Eintragung ins *land charges register*

Nimmt der *mortgagee* die *deeds* nicht in seinen Besitz, wird sein dingliches Recht eintragungspflichtig. Er kann es gem. s. 415 *Land Charges Act* 1972 als sog. *puisne mortgage* anmelden. Eine Eintragungspflicht besteht, weil es eine spezielle Vorschrift gibt, die die Registrierung einer *floating charge* im

[362] Ellinger/Lomnicka, Modern Banking Law, S. 649.

Companies register mit der im *land charges register* gleichstellt[363]. Trägt er sein Recht nicht ein, hat das zwar nicht die Unwirksamkeit gegenüber dem *mortagor* zur Folge, aber er hat keinen Schutz gegenüber Dritten. D.h. die *mortgage* gilt einem später bestellten Pfandrecht, einem Käufer oder Konkursverwalter gegenüber als nichtig, soweit sie nicht durch Hinterlegung von Dokumenten geschützt ist[364]. Diese Wirkung tritt unabhängig davon ein, ob der Dritte positive Kenntnis von der nicht eingetragenen *mortgage* hatte oder sie hätte kennen müssen (*actual or constructive notice*)[365]. Gutgläubigkeit wird nur im Fall eines laufenden Konkursverfahrens zum Schutz der Insolvenzmasse gefordert[366].

c) Publizitätserfordernisse für Kapitalgesellschaften
aa) in England oder Wales gegründete Gesellschaften
(1) *Companies Registry*

S. 396 *Companies Act* 1985[367] verpflichtet in England oder Wales gegründete Gesellschaften (*incorporated companies*[368]), die eine Sicherheit in Form einer *charge* bestellen, zur Eintragung in das zentrale, allgemein einsehbare[369] *Companies registry* in Cardiff. Ein Zweck der Eintragung ist die *perfection* der

---

363 s. 3 (7) *Land Charges Act* 1972; vgl. Ellinger/Lomnicka, Modern Banking Law, S. 671.
364 Snell's Equity, S. 60.
365 *Hollington Bros. Ltd. v. Rhodes* [1951] 2 All E.R. 579, 580.
366 Snell's Equity, S. 59.
367 Abschnitt IV des *Companies Act* 1989 (ss. 92-107), der zu Änderungen bezüglich des Verfahrensablaufs geführt hätte, ist bislang noch nicht in Kraft getreten. Da ein *committee* mit der Überarbeitung der Vorschriften betraut worden ist, ist davon auszugehen, daß dieser Abschnitt des *Companies Act* 1989 überhaupt nicht in Kraft treten wird; vgl. zu den Änderungen Farrar's Company Law, S. 651 ff. und Furey, The Companies Act 1989, Kap.5.
368 *Incorporated companies* umfassen in erster Linie nach dem *Companies Act* 1985 gegründete und registrierte Privatunternehmen mit eigener Rechtspersönlichkeit. Ansonsten fallen unter diesen Begriff auch kraft Parlamentsakt gegründete öffentliche Wirtschaftsunternehmen (*statutory companies*) und Wohlfahrtsunternehmen aufgrund einer Verleihung durch die Krone (*chartered companies*).

Belastung, um den Inhaber der Sicherheit gegenüber später vereinbarten Sicherheiten zu schützen. Das Hauptanliegen ist jedoch, daß der potentielle Darlehensgeber oder Investoren die Möglichkeit haben sollen, sich über das Management und die Finanzlage der Gesellschaft zu informieren[370]. Insbesondere für potentielle ungesicherte Gläubiger soll die Kreditwürdigkeit der Gesellschaft erkennbar sein können[371]. Diese Publizität stellt einen Ausgleich zur beschränkten Haftung und Rechtspersönlichkeit von Gesellschaften her[372]. Seit 1862 sind Kapitalgesellschaften verpflichtet, in einem speziellen Register Belastungen aufzulisten[373].

Die Belastungen, die der Eintragungspflicht unterliegen, sind abschließend in einem *numerus clausus* aufgeführt[374]. Des Gesetz verwendet den Terminus *charge*, unter den gem. s. 396 (4) auch *mortgages* und *charges* fallen, die wie eine *mortgage* zu behandeln sind[375]. Die *charge* muß entweder von der *company* bestellt worden sein[376] oder aber an einem Recht bestehen, das die Gesellschaft erworben hat[377].

---

369 s. 401 (3) *Companies Act* 1985.

370 *Re Jackson and Bassford Ltd.* [1906] 2 Ch. 467, 476; *Esberger & Son Ltd. v. Capital and Counties Bank* [1913] 2 Ch. 366, 374.

371 *Luckins v. Highway Motel Pty. Ltd.* (1975) 50 A.L.J.R. 309; Gough, Company Charges, S. 203.

372 Diamond Report 6.2.1.

373 S. 43 *Companies Act* 1862 machte erstmals die Führung von Registern für *mortgages* zu einer Pflicht.

374 Dies wird kritisiert, da nicht alle Belastungen, die für potentielle Geschäftspartner der *company* von Interesse sind, eingetragen werden können, vgl. Diamond Report 6.4.5..

375 „*The following charges created by the company are registrable:*
... (d) a charge on land (wherever situated) or any interest in it, but not including a charge for any rent or other periodical sum issuing out of the land;... ."

376 ss. 395 (1), 396 *Companies Act* 1985.

377 ss. 400, 398 (1) *Companies Act* 1985: Eine Eintragungspflicht innerhalb der vorgeschriebenen Frist von 21 Tagen seit Erwerb ist nicht gegeben, wenn das belastete Eigen-

Eine Registrierungspflicht besteht unabhängig davon, ob die Sicherheit schon in ein anderes Register, d.h. *land register* oder *land charges register* eingetragen worden ist oder sich das Grundstück im Ausland befindet[378]. Abgestellt wird allein auf das Gründungsrecht der sicherungsgebenden Gesellschaft, nicht wie üblicherweise auf den Lageort der Sache. Ist also eine Kapitalgesellschaft in England gegründet worden, unterliegt sie dem *companies register*.

Eine Sicherheit muß innerhalb von 21 Tagen seit ihrer Bestellung bzw. ihrem Erwerb bei dem Leiter des *companies register* (*registrar*) im Register angemeldet werden. Die Frist beginnt mit der Bestellung oder dem Erwerb zu laufen, selbst wenn der gesicherte Kredit schon vor Bestellung der *mortgage* ausgezahlt worden ist oder zum Zeitpunkt der Bestellung noch nicht ausbezahlt worden ist[379]. Anzugeben sind die Einzelheiten der Bestellung (*particulars*) in dem hierfür vorgesehenen Formular Nr. 395. Die Bestellungsurkunde ist vorzulegen. Dementsprechend umfaßt der Registereintrag gem. s. 401 (1)(b) *Companies Act* 1985 den Zeitpunkt der Sicherungsvereinbarung, die Höhe der gesicherten Forderung, eine Beschreibung des Sicherungsgegenstandes und die Person des Sicherungsnehmers. Ein praktisches Problem besteht dabei darin, daß die Bestellungsurkunde innerhalb einer gewissen Frist auch beim *land registry* im Original oder ein Nachweis der Eintragung im *companies registry* vorgelegt werden muß[380].

---

tum weder im Vereinigten Königreich belegen ist noch die Belastung dort vereinbart worden ist.

378 Farrar's Company Law, S. 644.

379 *Re Colombian Fireproofing Co. Ltd.* [1910] 2 Ch. 120.

380 Halsbury's Laws of England, Vol.26, para. 1181; Diamond Report 6.2.3; Timothy, Wontner's Guide to Land Registry Practice, S. 103.

Anschließend wird gem. s. 401 (2) *Companies Act* 1985 von dem Eintrag eine Registerabschrift gefertigt, die entweder vom *registrar* unterschrieben oder mit seinem Amtssiegel beglaubigt wird. Damit wird die formelle[381] Richtigkeit der Eintragung unwiderlegbar vermutet[382]. Die Richtigkeit der materiellen Rechtslage kann hingegen nur durch Überprüfung der Sicherungsvereinbarung festgestellt werden[383]. Der Urkunde über die gesicherte Forderung ist eine Kopie der Registerabschrift beizulegen[384].

Die Eintragung bewirkt, daß Dritte, mit denen der *mortgagor* später eine Verfügung über den Sicherungsgegenstand trifft, oder *adminstrator* bzw. *liquidator* nicht die Unwirksamkeit des Pfandrechts geltend machen können. Sie führt aber nicht dazu, daß eine ohne Registrierung unwirksame *mortgage* wirksam, also geheilt wird[385].

Kommt die Kapitalgesellschaft ihrer Registrierungspflicht nicht nach, weil sie entweder die Anmeldungsfrist versäumt hat oder Antragsunterlagen fehlerhaft oder unvollständig waren, so unterscheiden sich die Rechtsfolgen je nachdem, ob der Verstoß beachtlich oder unbeachtlich war.

Hält das Gericht gem. s. 404 *Companies Act* 1985 die Verfehlung für versehentlich oder hinreichend entschuldigt und werden nach seiner Überzeugung die Interessen der Gläubiger und Aktionäre nicht beeinträchtigt, so kann es auf Antrag eine Nachfrist setzen oder die Anmeldungsunterlagen berichtigen. Die

381 Farrar's Company Law, S. 650; Goode, Commercial Law, S. 714.
382 s. 401 (2)(b) *Companies Act* 1985.
383 *Re Mechanisations (Eaglescliffe) Ltd.* [1964] 3 All E.R. 840 (Ch.D.).
384 s. 402 (1) *Companies Act* 1985.
385 Goode, Commercial Law, S. 715, 720.

verspätete Registrierung wird nur unter dem Vorbehalt gewährt, daß in der Zeit zwischen Entstehung der *charge* und Tag der tatsächlichen Eintragung bestellte Sicherheiten nicht als nachrangig gelten können[386].

Geht das Gericht dagegen von einem beachtlichen Verstoß aus, so ist die Sicherheit dem Konkursverwalter bzw. *administrator* oder den ungesicherten und gesicherten[387] Gläubigern gegenüber nach s. 395 (1) *Companies Act* 1985 nicht wirksam. Gleiches gilt für Vollstreckungsgläubiger. Wirksamkeit behält die *charge* gegenüber dem Käufer des betroffenen Vermögensgegenstandes, der diesen ausdrücklich mit der *charge* übernimmt[388], und auch gegenüber der Gesellschaft[389]. Dies gilt ebenso für später bestellte unregistrierte Belastungen[390]. Die Unwirksamkeit tritt auch dann ein, wenn die *company* die *charge* in das ebenfalls einschlägige *land register* bzw. *land charges register* wirksam hat eintragen lassen[391]. Die Unwirksamkeit hängt vom Eintritt eines besonderen Ereignisses (*relevant event*) ab[392]. Dieses Ereignis wird in Bezug auf den *liquidator* oder *administrator* als Beginn des Insolvenzverfahrens definiert. Im Falle des späteren Sicherungsgläubigers oder Käufers besteht dieses Ereignis in der Verfügung über das Grundstücksrecht[393]. Damit tritt die

---

386 „... *without prejudice to the rights of parties acquired during the period between the date of creation of the charge and the date of its actual registration.*", s. 404 *Companies Act* 1985.

387 Da das Register vornehmlich die Kreditwürdigkeit der Gesellschaft widerspiegeln soll, ist nicht ganz unumstritten, ob auch gesicherte Gläubiger geschützt werden sollen; Gough, Company Charges, S. 335.

388 s. 405 (1) *Companies Act* 1985.

389 Gower's Principles of Modern Company Law, S. 430.

390 s. 404 *Companies Act* 1985.

391 Der Diamond Report, 6.6.2, stellte die Frage, ob die Wirkung neben der der anderen Register aufrechterhalten werden sollte.

392 s. 399 (1) *Companies Act* 1985.

393 s. 399 (2) *Companies Act* 1985.

Unwirksamkeit nicht ein, wenn die *charge* vor diesem relevanten Ereignis verwertet wird[394].

Neben der Versagung der *perfection* führt eine Verletzung der Registrierungspflicht aber weiterhin zur Entstehung eines Bußgeldes (*penalty*)[395]. Zusätzlich wird das Darlehen, welches die *charge* absichern sollte, sofort rückzahlbar[396].

Die Nichtigkeitswirkung Dritten gegenüber tritt wiederum unabhängig von dessen Kenntnis oder dem Kennenmüssen des Bestehens der Belastung ein[397].

Die Eintragung in das Register erfüllt zwar die Drittwirksamkeitsvoraussetzung, doch erlangt die *charge* hierdurch nicht automatisch Priorität gegenüber später registrierten Belastungen[398]. Das gilt für den Fall, daß der Eintragungsantrag bereits gestellt, aber die *mortgage* noch nicht eingetragen worden ist, und ein später bestelltes Pfandrecht früher eingetragen worden ist.

(2) *Companies Charges Register*

Daneben ist von s. 407 *Companies Act* 1985 vorgeschrieben, daß jede Gesellschaft ein eigenes *register of charges* an ihrem Verwaltungssitz führen muß. Darunter fallen alle *charges*, auch solche, die im *companies register* nicht eintragungsfähig sind. Die doppelte Registrierungspflicht stellt einen Ausgleich dar für die geringen formalen Anforderungen an die Bestellung mancher

---

394 s. 405 (2) *Companies Act* 1985; vgl. Ellinger/Lomnicka, Modern Banking Law, S. 672.
395 s. 399 (3) *Companies Act* 1985.
396 s. 395 (2) *Companies Act* 1985; Furey, Companies Act 1989, S. 104.
397 *Re Monolithic Building Co.* [1915] 1 Ch. 643.

Sicherheiten wie z.B. der *floating charge* durch einfache Parteivereinbarung[399]. Einzutragen sind in das Register eine Beschreibung des Sicherungsguts, der Betrag der gesicherten Forderung und die Person des Sicherungsnehmers[400]. Das Register ist allgemein einsehbar, unentgeltlich jedoch nur für Gesellschaftsgläubiger und Gesellschaftsanteilsinhaber[401]. Ansonsten besteht eine Gebührenpflicht[402]. Eine fehlerhafte oder unterlassene Eintragung beeinflußt allerdings weder die Drittwirksamkeit der Belastung[403] noch den Rang der Sicherheit[404]. Ein Verstoß ist allenfalls bei Vorsätzlichkeit mit einem Bußgeld bewehrt[405].

bb) *Overseas Companies*
(1) *Companies Registry*

Die beschriebene Vorgehensweise bei Belastungen am Vermögen einer Kapitalgesellschaft gelten in gleicher Weise für Firmen, die im Ausland gegründet wurden[406], soweit kumulativ zwei Voraussetzungen erfüllt sind.

Sie müssen in Großbritannien als „*overseas company*" registriert sein. Außerdem muß der Sicherungsgegenstand in England oder Wales belegen sein (und

---

398 Diamond Report 6.2.2; in 6.5.1 wird vorgeschlagen, daß ein realistischeres Registrierungssystem Prioritätsvorschriften enthalten müsse.

399 Schulz-Trieglaff, Grundschuld und Floating Charge zur Absicherung von Unternehmenskrediten, S. 81.

400 s. 407 (3) *Companies Act* 1985.

401 s. 408 (1) *Companies Act* 1985.

402 s. 408 (2) *Companies Act* 1985.

403 *Joseph Wright and Grace Elizabeth Wright v. Horton and others* [1887] 12 A.C. 371 (H.L.).

404 *Re General South American Co.* [1876] 2 Ch.D. (C.A.).

405 s. 407 (3) *Companies Act* 1985.

406 s. 409 (1) *Companies Act* 1985: „*This Chapter extends to charges on property in England and Wales which are created, and to charges on property in England and Wales which is acquired, by a company (whether a company within the meaning of this Act or not) incorporated outside Great Britain which has an established place of business in England and Wales.*" In dieser Regelung kommt die Gründungstheorie des englischen Gesellschaftsrechts zum Tragen.

im Falle einer beweglichen Sache nicht innerhalb der 21-Tagesfrist außer Landes gebracht worden sein)[407].

Als problematisch kann sich die erste Voraussetzung erweisen. Eine *overseas company* ist registrierungspflichtig, wenn die Gesellschaft im Inland eine feste Geschäftsniederlassung (*established place of business*)[408] unterhält. Wann ein *established place of business* vorliegt, ist im Einzelfall schwer zu entscheiden, da eine Gesellschaft auch schon Geschäfte führen kann, ohne daß sich hierfür ein Sitz herausgebildet hat. Bejaht man einen *established place of business* besteht auch eine Pflicht, die Gesellschaft selbst und nicht nur die *charge* innerhalb eines Monats in Cardiff registrieren zu lassen[409]. Nach dem Gesetzeswortlaut muß nur eine in England oder Wales eingetragene Gesellschaft eine *charge* registrieren lassen. Es besteht daher an sich eine Lücke im Registersystem, wenn die ausländische Gesellschaft nicht eingetragen ist. Der *registrar of companies* führt jedoch die Praxis aus der Zeit vor der Änderung durch den *Companies Act* 1985 weiter. Im Fall *N.V. Slavenburg's Bank v. Intercontinental Natural Resources Ltd.*[410] wurde 1980 festgestellt, daß die Belastung einer *overseas company* dennoch eintragungspflichtig ist. Seitdem führt der *registrar* die Dokumente solcher nicht registrierter Gesellschaften in einem sog. *Slavenburg register*[411].

---

407 s. 703 d *Companies Act* 1985, in der Fassung des *Schedule* 15 d *Companies Act* 1989 geht davon aus, daß sich die Vermögenswerte in Großbritannien befinden.

408 Welche Anforderungen an eine solche Niederlassung gestellt werden, wurde z.B. in *Re Oriel Ltd.* [1985] 3 All. E.R. 216, 220 festgestellt: *„An established place of business is some more or less permanent location, ..., at least associated with it and from which its business is conducted habitually, or with some degree of regularity."*

409 s. 691 *Companies Act* 1985.

410 *N.V. Slavenburg's Bank v. Intercontinental Natural Resources Ltd.* [1980] 1 All E.R. 955.

(2) *Companies Charges Register*

Auch für ausländische Kapitalgesellschaften besteht eine Registrierungspflicht im gesellschaftseigenen *charges register*, mit der Maßgabe, daß dieses am Niederlassungsort geführt wird[412]. Es kann daher auf die eben gemachten Ausführungen verwiesen werden[413].

II. Begründung der *Equitable Mortgage* und *Equitable Charge*

1. *Equitable Mortgage*

Eine *equitable mortgage* hat unterschiedliche Entstehungsgründe. Das entscheidende Merkmal ist dabei, ob das zu belastende Recht ein *legal interest* oder ein *equitable interest* ist.

a) *Legal Interest*

Normalerweise entsteht eine *legal mortgage*, wenn eine Sicherheit an einem *legal interest* bestellt wird. Ausnahmsweise führt dies jedoch nur zur Begründung einer *equitable mortgage*. Das kann von den Parteien nicht gewollt oder ausdrücklich so beabsichtigt worden sein.

---

411 Informationsseite des *Companies register* im Internet (www.companies-house.gov.uk).
412 s. 409 *Companies Act* 1985.

aa) *Once a mortgage always a mortgage.*

Eine *equitable mortgage* entsteht schon dann, wenn sich die beiden Parteien auf die Bestellung einer *legal mortgage* geeinigt haben, ohne daß die weiteren formellen Wirksamkeitsvoraussetzungen für eine *legal mortgage* vorliegen. Dahinter steckt das Prinzip der *Equity „once a mortgage, always a mortgage"*; d.h. die *mortgage* soll so als gültig betrachtet werden, wie sie nach dem Willen der Parteien durchgeführt werden sollte. Jede Vereinbarung, die als *mortgage* ausgelegt werden kann, sei es an einem *equitable interest* oder *legal estate*, ist auch als *mortgage* zu behandeln.

bb) unbeabsichtigte Nichteinhaltung der zwingenden Formvorschriften für eine *legal mortgage*

Der wohl häufigste Grund, weshalb eine *equitable mortgage* entsteht, liegt darin, daß die für die *legal mortgage* zwingenden Formvorschriften nicht eingehalten worden sind, die *legal mortgage* damit also unwirksam (*imperfect*) ist. Das gilt insbesondere für den Fall, daß bereits eine Vereinbarung zur Bestellung einer *legal mortgage* getroffen worden ist, aber noch nicht alle förmlichen Voraussetzungen gegeben sind.

Seit dem 27. September 1989[414] müssen jedoch auch bei *equitable mortgages* gewisse Formalien beachtet werden, die in s. 2 *Law of Property (Miscellaneous Provisions)* 1989 festgelegt worden sind. Die Einigung muß in der Form eines

---

[413] vgl. D.I.2.c)aa)(2).

[414] Verfügungen, die vor 1989 getätigt wurden, müssen der Form der s. 40 *Law of Property Act* 1925 genügen.

Verfügungsvertrags über das Grundstückseigentum erfolgen. Das bedeutet, daß der Vertrag schriftlich abgefaßt sein muß und ihn beide Parteien unterschrieben haben müssen. Außerdem sind in dem Vertrag alle Vereinbarungen, die von ihnen getroffen worden sind, aufzunehmen[415]

cc) Aufbewahrung der Grundstücksurkunden

Bis 1989 konnte eine *equitable mortgage* an einem *legal interest* allein mit der Aufbewahrung der *title deeds* zum Zweck der Sicherheitsbestellung begründet werden. Diese Form der Begründung geht auf den Fall *Russel v. Russel*[416] zurück. Nach dieser Rechtsprechung war die Hinterlegung als eine teilweise Erfüllung (*part consideration*) beider Parteien anzusehen und bewirkte damit die Vollstreckbarkeit des Vertrages. Das brachte für den *mortgagee* den Vorteil mit sich, daß er durch diese Form der Bestellung die gleiche Rechtsstellung wie bei der *legal mortgage* erhielt. Obwohl auch s. 40 *Law of Property Act* 1925 weitere formelle Anforderungen an einen *mortgage*-Bestellung vorschrieb, behielt die Rechtsprechung bis zur Regelung des s. 2 des *Law of Property (Miscellaneous Provisions) Act* 1989 ihre Gültigkeit. Seitdem genügt eine mündlich vereinbarte *mortgage* nicht mehr den gesetzlichen Vorschriften. Für die Begründung einer *mortgage* ist nun ein unterschriebener, schriftlicher Vertrag zwingende Voraussetzung[417].

In der Praxis wird sich aber kein großer Unterschied zur bisherigen Bestellung zeigen. Denn regelmäßig werden die beiden Parteien eine *equitable mortgage*

---

415 s. 2 *Law of Property (Miscellaneous Provisions) Act* 1989.
416 *Russel v. Russel* (1783) 1 Bro. C.C. 269.
417 *United Bank of Kuwait plc v Sahib* (Times, June 24, 1994).

ohnehin mit einer *deed* bestellen. Das hat den Vorteil, daß der Sicherungsnehmer kraft Gesetzes teilweise die gleiche Rechtsstellung erhält wie ein *legal mortgagee*[418].

dd) *Equitable Mortgage* aufgrund ausdrücklicher Parteivereinbarung

Ausdrückliche Vereinbarungen der Parteien, eine *equitable mortgage* statt einer *legal mortgage* zu bestellen, sind rar geworden. Seit 1973 sind keine praktischen Vorteile mehr mit der Bestellung einer *equitable mortgage* verbunden. Ursprünglich wurde diese Sicherheitsform häufig verwendet, um Stempelgeld (*stamp duty*) und Registrierungsgebühren (*land registration fees*) zu sparen. 1971 wurde die *stamp duty* für *mortgages* jedoch aufgehoben[419]. Seit 1973 schließlich entsteht bei der Registrierung von *mortgages* keine Eintragungsgebühr mehr[420]. Der einzige Vorteil, absichtlich eine *equitable mortgage* zu vereinbaren, könnte daher allenfalls darin bestehen, bei registriertem Land die detaillierte Beschreibung des betreffenden Grundstücks gem. s. 25 (2)(a) *Land Registration Act* 1925 zu vermeiden[421].

b) *Equitable Interest*

Ein *equitable interest* kann nicht Sicherungsgegenstand einer *legal mortgage* sein. Damit das Recht dennoch als Sicherheit eingesetzt werden kann, haben die Gerichte der *Equity* die Bestellung einer *equitable mortgage* zugelassen.

---

[418] vgl. G.II.1..
[419] s. 64 *Finance Act* 1971.
[420] *Land Registration Fee Order* 1973, S:I.1973, No. 1009, para. 2.

aa) Arten von *Equitable Interests*

Um den Wert eines *equitable interest* als Sicherungsgegenstand einschätzen zu können, ist es angebracht, zunächst den Unterschied zu einem *legal interest* noch einmal kurz darzustellen.

Im Gegensatz zu den *legal interests* hat der Gesetzgeber von 1925 die Arten der *equitable interests* kaum beschränkt. Während also ein *legal estate* nur noch ein *fee simple absolute in possession* oder ein *term of years absolute* sein kann, besteht die Vielfalt der *equitable interests* fort[422]. Zudem kann ein *interest*, das vor dem *Law of Property Act* 1925 gültig als *legal* bestellt werden konnte, nun (nur noch) als *equitable interest* entstehen[423]. Diejenigen *estates*, die zum Zeitpunkt der Gesetzesänderung bereits bestanden haben, wurden automatisch in *equitable interests* umgewandelt[424]. Ein *equitable interest* stellen die *equity of redemption*, ein *estate tail* oder ein *life interest* dar.

Von besonderer Bedeutung ist der Fall, daß der Käufer eines Grundstücks den *legal estate* noch nicht erworben hat, aber ein *specifically enforceable contract for sale of land* vorliegt. Die *Equity* behandelt diesen Sachverhalt so, als ob diese Rechtslage schon eingetreten wäre. Es entsteht daher ein *equitable interest* an dem verkauften Grundstück, welches der Erwerber als Sicherheit einsetzen kann[425].

---

421 Law Com. No. 204, 2.8 (b), S. 6 .
422 Halsbury's Laws of England, Vol.16, para.775.; Rivington, Law of Property in Land, S. 33.
423 s. 4 *Law of Property Act* 1925.
424 *Law of Property Act* 1925, 1st Sched., Part I.

bb) Entstehung der *Mortgage*

Auch eine *equitable mortgage* an einem *equitable interest* kann zufällig oder kraft Vereinbarung entstehen.

Eine *equitable mortgage* entsteht zufällig, wenn der *mortgagor* glaubt, eine *legal mortgage* zu bestellen, aber nicht die Verfügungsberechtigung am *legal estate* hat, sondern nur ein *equitable interest* hat. Dann wird letzteres belastet, es entsteht eine *equitable mortgage*[426] Dieser Fall tritt z.B. ein, wenn einer von zwei Miteigentümern (*joint holder of a legal estate*) dem Gläubiger gegenüber sich wie der Alleineigentümer geriert oder etwa die gefälschte Unterschrift des Miteigentümers vorlegt[427].

Wenn eine *equitable mortgage* aufgrund ausdrücklicher Vereinbarung entsteht, ist sie genauso zu behandeln wie *mortgages* an beweglichen Sachen. Das bedeutet, daß das belastete *equitable interest* ganz auf den *mortgagee* übertragen wird unter der Bedingung der Rückübertragung bei Rückzahlung des Darlehens. Der Unterschied zu *mortgages* an anderen Rechten als an Land ist, daß diese Verfügung in Schriftform verfaßt werden muß und vom *mortgagor* oder seinem Vertreter zu unterzeichnen ist[428].

---

425 Hopkins, MLR 1998, 486.

426 Entweder aufgrund s. 63 *Law of Property Act* 1925 oder durch das *Equity*-Prinzip der teilweisen Erfüllung, vgl. *First National Securities Ltd. v. Hegerty* [1985] Q.B. 850 (C.A.).

427 Law Com. No. 204, 2.10 (a).

2. *Equitable Charge*

Auch eine *equitable charge* kann an einem *legal* oder *equitable interest* bestellt werden. Wie bereits dargelegt, ist die *charge* von der *mortgage* ihrer Rechtsnatur nach zu unterscheiden. Für die *equitable charge* gelten allerdings nicht die gleichen Formvorschriften. Es reicht aus, daß sie schriftlich vereinbart wird.

Materiell muß nach außen hin die Absicht der Parteien erkennbar sein, daß das Grundstücksrecht für die Schuld haften soll (*liable, or specially appropriated, to the discharge of a debt or some other obligation*[429]).

3. *Perfection*

Equitable mortgages oder *equitable charges* erlangen ihre Drittwirksamkeit durch Inbesitznahme der *deeds* beim *mortgagee/chargee* oder aber durch Eintragung in die jeweiligen Register. Im Falle von unregistrierten Grundstücken ergibt sich die Eintragungsfähigkeit als *general equitable charge* aus s. 2 (4)(iii) *Land Registration Act*[430].

Bei registriertem Land, soweit die *charge* am *legal estate* bestellt wird, erfolgt die *perfection* hingegen durch *notice, caution* oder *restriction*[431].

---

428 s. 53(1)(a) *Law of Property Act* 1925.
429 Fisher and Lightwood's Law of Mortgage, S. 15.
430 Ellinger/Lomnicka, Modern Banking Law, S. 650; Fisher and Lightwood's Law of Mortgage, S. 72.
431 ss. 41 (1)(c), 54, 58 (1) *Land Registration Act* 1925.

Unterfällt der Besteller dem *Companies Act* 1985 ist zusätzlich die Eintragung ins Companies Register erforderlich[432].

III. Exkurs: Unwirksamkeitsgründe

Die *mortgage* oder *charge* kann aus verschiedenen Gründen nichtig sein oder nicht ihre volle Wirkung entfalten. Im folgenden werden die wichtigsten Gründe kurz dargestellt. Auf einen Vergleich mit Unwirksamkeitsgründen allgemein im deutschen Recht wird verzichtet, da dies zu weit führen würde.

Zu unterscheiden ist zwischen den Unwirksamkeitsgründen, aufgrund denen das Grundpfandrecht Dritten gegenüber nicht wirksam wird und solchen Gründen, die auch die Unwirksamkeit zwischen den Parteien zur Folge haben.

1. Dritten gegenüber unwirksame Grundpfandrechte

a) *Imperfect Mortgage*

Bereits behandelt worden ist die nicht oder nur mangelhaft durchgeführte Eintragung von registrierungspflichtigen Grundpfandrechten[433]. Bei einem registrierten Grundstück führt es dazu, daß die *legal mortgage* nicht entsteht. Unter Umständen kann aber eine *equitable mortgage* entstehen.

---

[432] Fisher and Lightwood's Law of Mortgage, S. 72.
[433] vgl. D.I.2., D.II.1.a)bb).

b) Insolvenzanfechtung

In der Insolvenz stehen dem Verwalter des Massevermögens Anfechtungs- oder Aufhebungsrechte zu, wenn gewisse Tatbestände erfüllt sind. Es ist angebracht dies erst bei der Darstellung der Rechte des Sicherungsnehmers in der Insolvenz darzustellen[434].

2. Sonstige Unwirksamkeitsgründe

a) Sicherheiten, die eine Zwangslage des Bestellers ausnutzen (*securities of an oppressive nature*)

Darunter fällt insbesondere das später besprochene *clogging the equity of redemption*[435]. Alle Vereinbarungen, die das Durchsetzen des Ablösungsrechts zu sehr behindern, sind nichtig.

Die Rechtsprechung der *Equity* zählt hierzu auch solche Sicherheiten, die in Erwartung eines Erbes oder unter Ausnutzung einer finanziellen Zwangslage bestellt werden. Das Gericht wird die Unwirksamkeit dann annehmen, wenn es die Gegenleistung für unangemessen niedrig hält[436]. An die Stelle dieser Vereinbarung tritt dann eine dem tatsächlich geleisteten Kredit entsprechende Sicherheit[437].

---

434 vgl. J.I.2.b)aa)(3). Auf die Darstellung von s. 37 *Matrimonial Causes Act* 1973 und s. 10 *Inheritance (Provision for Family and Dependants) Act* 1975 wird verzichtet. Mit Hilfe dieser Vorschriften können Verfügungen angefochten werden, um finanzielle Unterstützung (*financial relief*) zu vermeiden oder zu verringern.

435 vgl. G.I.2.c).

436 *Croft v. Graham* (1863) 2 De GJ & Sm 155.

437 *Tyler v. Yates* (1871) 6 Ch. App. 665.

Für solche Sicherungsvereinbarungen, mit denen der Sicherungsgegenstand ohne Ablösungsbedingung veräußert und auch übereignet wird, muß die Vereinbarung in die Gewährung einer *mortgage* umgedeutet werden. Denn seit Inkrafttreten des *Law of Property Act* 1925 können Sicherheiten nur in der dort zugelassenen Weise bestellt werden. Dazu gehört nicht die bedingungslose Übereignung eines Grundstücks.

b) Sicherheiten erwirkt durch unzulässige Beeinflussung (*undue influence*)

Besonders häufig haben in den letzten Jahren Gerichte solche Verfügungen aufgehoben, die durch unzulässige Beeinflussung zustande gekommen sind. Die Tatsachen des Falles sind üblicherweise folgende: Ein Haus steht im Miteigentum von Ehemann und Ehefrau (*co-ownership*). Um ein Darlehen für seine Firma zu erhalten, will der Ehemann als Sicherheit das Haus einsetzen und überredet seine Frau unter Angabe falscher Tatsachen und Verschleierung der Art der Verfügung, den Vertrag zu unterzeichnen. Die Darlehensschuld kann nicht zurückgezahlt werden und die Bank will das Haus in Besitz nehmen. Die Ehefrau wendet dagegen ein, daß sie nur unter der unzulässigen Beeinflussung ihres Mannes unterschrieben hat, der dabei als Vertreter der Bank gehandelt hätte und die sich sein Handeln zurechnen lassen müsse. Folglich sei ihr Eigentumsanteil nicht wirksam belastet worden. Im Fall *Barclay's Bank plc v. O'Brien*[438] hat der *Court of Appeal* entschieden, daß der Mann nicht als Vertreter der Bank angesehen werden kann, da es die Bank dem Mann ganz überlassen hatte, die Art der Verfügung seiner Ehefrau zu erklären. Die Verfügung wurde aber dennoch aufgehoben, da die Bank nach billigkeitsrechtlichen Grundsätzen bei der Belastung von im Eigentum von Ehegatten stehenden Grundstücken verpflichtet ist, angemessene Schritte zu unternehmen, um dem anderen Ehepartner die Art der Verfügung verständlich zu machen. Bei *National Westminster Bank plc. v. Morgan*[439] war ein Vertreter der Bank dagegen anwesend gewesen, als der Ehemann der Ehefrau die Umstände falsch wiedergab. Hier wurde entschieden, daß sie von der Bank ebenfalls nicht in unzulässiger Weise beeinflußt worden sei.

c) Irrtum

Eine Partei, die eine Sicherungsvereinbarung unterzeichnet hat, wird diese nur ausnahmsweise wegen eines Irrtums anfechten können. Sie muß geltend machen und beweisen, daß zwischen dem Dokument, das sie unterschrieben hat und dem, was sie glaubt zu unterzeichnen, ein außergewöhnlich großer Unterschied besteht[440].

d) Gefälschte Unterschriften (*forged signatures*)

Nicht selten kommen auch Fälle vor, in denen ein Miteigentümer die Unterschrift des anderen Miteigentümers, häufig der Ehefrau, fälscht. Dieser Miteigentümer ist regelmäßig nicht an die gefälschte Unterschrift gebunden, wenn er das Grundstück bewohnt. In diesem Fall besteht bei registrierten Grundstücken ein *overriding interest* nach s. 70 (1)(g) *Land Registration Act* 1925. Da

---

438 [1992] 4 All ER 983; vgl. dazu Ridall, Introduction to Land Law, S. 396 f..

439 *National Westminster Bank plc. v. Morgan* [1985] AC 686; vgl. dazu Wilkinson, NLJ 1989, 479.

440 *Saunders v. Anglia Building Society* [1970] 3 All ER 961, HL; allgemein zu Irrtum vgl. Halsbury's Laws of England, Vol.9, para. 284.

das Register aber die Rechtsverhältnisse abschließend (*conclusive*) darstellt[441], sollte möglichst schnell ein Berichtigungsverfahren eingeleitet werden[442], um den Rang am *overriding interest* nicht zu verlieren[443]. Bei nicht registrierten Grundstücken ist die *charge* dem hintergangenen Miteigentümer gegenüber zwar ebenfalls nichtig, doch wenn sich sein Miteigentum nicht aus den Grundstücksurkunden ergibt, er also kein *legal estate* hat, läuft er die Gefahr, sein Recht an einen gutgläubigen Käufer (*bona fide purchaser*) zu verlieren[444].

IV. Begründung deutscher Grundpfandrechte

Der Typenzwang der Sachenrechte äußert sich darin, daß die Grundpfandrechte nicht beliebig ausgestaltet werden können, sondern bestimmten zwingenden Regelungen unterliegen. Das gilt insbesondere für die Begründung des Grundpfandrechts.

Ein deutsches Grundpfandrecht wird begründet durch Einigung und Eintragung im Grundbuch. Bei der Hypothek muß zusätzlich wegen ihrer Akzessorietät eine zu sichernde Forderung bestehen, die den Anforderungen des Bestimmtheitsgrundsatzes genügen muß. Dabei kann es sich aber auch um eine künftige oder bedingte Forderung handeln. Dann entsteht aber zunächst eine Eigentümergrundschuld, die sich erst mit Entstehung der Forderung in die Hypothek wandelt. Für die Entstehung der Grundschuld ist hingegen eine Forderung keine

---

441 ss. 25-27, 69 (1) *Land Registration Act* 1925.
442 s. 82 *Land Registration Act* 1925.
443 Walker, SoJo 1992, 342.
444 Walker, SoJo 1992, 342.

Entstehungsvoraussetzung. Das Grundpfandrecht kann aber schuldrechtlich mit der Forderung durch eine Sicherungsvereinbarung verbunden werden, welche jedoch nicht in das Grundbuch eingetragen werden kann und somit keine dingliche Wirkung entfaltet.

Aufgrund der Akzessorietät muß der Gläubiger der Forderung und der Hypothekengläubiger personenidentisch sein, während Forderung und Sicherheit bei der Grundschuld auf der Gläubigerseite auseinanderfallen können. Es ist in der deutschen Rechtsordnung nicht erwünscht, daß Sicherungsnehmer und Gläubiger der Forderung auseinanderfallen. Der Eigentümer soll seine Einwendungen gegen eine Person geltend machen können. Dabei handelt es sich um einen Ausfluß der Akzessorietät. Beim Schuldner der Forderung und Eigentümer des sichernden Grundstücks muß hingegen bei beiden deutschen Grundpfandrechtsformen keine Personenidentität vorliegen.

Die Einigung über die Bestellung eines Grundpfandrechts ist nach § 873 Abs. 1 BGB grundsätzlich formfrei möglich. Nach dem formellen Konsensprinzip ist aber für die Eintragungsbewilligung gem. § 19 GBO als einseitige Erklärung des eingetragenen Eigentümers nach § 29 GBO der Nachweis durch öffentlich oder öffentlich beglaubigte Urkunde zu erbringen. In der Praxis gibt der Eigentümer bei der Grundpfandrechtbestellung häufig auch eine Erklärung der Duldung der sofortigen Zwangsvollstreckung ab, für die § 794 Abs. 1 Nr. 5 ZPO eine vollstreckbare Urkunde, d.h. eine notariell beurkundete Form verlangt. Häufig wird die Erklärung mit der Bestellung in eine notarielle Urkunde aufgenommen. Mit diesen formellen Erfordernissen wird auch eine Warnfunktion erfüllt.

Der Besteller des Grundpfandrechts muß verfügungsberechtigt sein. Verfügungsberechtigt ist grundsätzlich der Eigentümer. Seine Legitimation ergibt sich aus dem Grundbuch. Der Eigentümer kann in seiner Verfügungsberechtigung beschränkt sein, z.B. wenn ein Insolvenzverwalter eingesetzt worden ist. Dies ist im Grundbuch einzutragen[445]. Das deutsche Grundbuchsystem arbeitet zwar grundsätzlich auch nach dem Grundsatz *nemo dat quod non habet.* Doch die Situation eines ungeschützten Erwerbers vom Nichtberechtigten wird als besonders prekär erachtet. Bei Wirksamkeitsmängeln vorheriger Übertragungen des Grundstückseigentums läßt das deutsche Recht daher auch den gutgläubigen Rechtserwerb vom Nichtberechtigten zu. Hintergrund ist das Vertrauen des Verkehrs auf die Wirkung des Publizitätsträgers Grundbuch. Dabei handelt es sich um ein Wesensmerkmal des deutschen Rechts[446]. Den Ursprung hat die Gutglaubenswirkung des Grundbuchs wohl im 19. Jahrhundert, als in Deutschland die Großagrarier eine erleichterte Kreditaufnahme mit einer verbesserten Verkehrsfähigkeit des Grundpfandrechts zu erreichen suchten[447]. Nur wenn der Vertragspartner positive Kenntnis davon hat, daß formelle und materielle Rechtslage nicht übereinstimmen, wird er nicht geschützt.

V. Vergleich

In beiden Rechtsordnungen einigen sich die Parteien über die Bestellung des Grundpfandrechts und lassen es in ein Register eintragen.

---

445 §§ 22-24 InsO.
446 Büdenbender, JuS 1996, 665, 668.
447 von Metzler, Das anglo-amerikanische Grundbuchwesen, S. 3 ff..

Sowohl *mortgage* als auch Hypothek sind anders als die Grundschuld in ihrer Entstehung akzessorisch zur zu sichernden Forderung. Die Forderung muß bestimmt genug sein. Dabei kann es sich aber auch um eine künftige oder bedingte Forderung handeln. In Deutschland ist der Bestimmtheitsgrundsatz aber insofern strenger ausgestaltet, als zunächst eine Eigentümergrundschuld entsteht, die sich erst mit Entstehung der Forderung in die Hypothek wandelt. Für die Grundschuld ist eine Forderung nicht entstehungsakzessorisch. Sie kann aber schuldrechtlich durch eine Sicherungsvereinbarung mit einer Forderung verbunden werden. Da die Vereinbarung nur schuldrechtliche Bedeutung hat, wird sie nicht ins Grundbuch eingetragen; sie hat keine dingliche Wirkung.

In beiden Rechtsordnungen müssen der Gläubiger der gesicherten Forderung und der Sicherungsnehmer personenidentisch sein, nicht jedoch Schuldner und Sicherungsgeber. Es ist nicht erwünscht, daß Sicherungsnehmer und Gläubiger der Forderung auseinanderfallen. Der Eigentümer soll Einwendungen gegen eine Person geltend machen können. Es handelt sich um einen Ausfluß der Akzessorietät. Bei der Grundschuld muß die Personenidentität auf der Gläubigerseite dagegen nicht vorliegen. Was die Person des Sicherungsnehmers betrifft, so sind es sowohl in England als auch Deutschland regelmäßig gewerbliche Kreditgeber, die spezielle Produkte anbieten.

Weiterhin muß in beiden Rechtsordnungen die Verfügungsberechtigung des Sicherungsgebers vorliegen. Der Umfang ihres Nachweises unterscheidet sich in England je nachdem, ob das Grundstück registriert ist oder nicht, durch Eintragung in ein Register bzw. Grundstücksurkunden, die über 15 Jahre zurückverfolgt werden müssen, in Deutschland nur durch Eintragung in das Grundbuch.

Die Einigung unterliegt in England einem Formerfordernis; sie wird in einer gesiegelten Urkunde aufgenommen. In Deutschland muß die Einigung zwar nach materiellem Recht nicht notariell beurkundet sein. Das formelle Grundbuchrecht erfordert aber, daß die Eintragungsbewilligung des Eigentümers in der Form einer öffentlichen oder öffentlich beglaubigten Urkunde nachgewiesen wird. Wegen der häufig zugleich mit der Grundpfandrechtbestellung abgegebenen Erklärung des Eigentümers der Duldung der sofortigen Zwangsvollstreckung, für die eine notarielle Beurkundung erforderlich ist, wird in der Praxis die Bestellung mit der Erklärung in eine notarielle Urkunde aufgenommen. Damit soll in beiden Fällen letztendlich eine gewisse Warnfunktion erfüllt werden.

Neben der Einigung ist zusätzlich ein Publizitätsakt erforderlich, um die dingliche Wirkung gegenüber Dritten herzustellen. Während in Deutschland Einigung und Eintragung zusammen vorliegen müssen, damit die Sicherheit entstehen kann, muß in England zwischen der Wirkung für die beiden Parteien und Dritten gegenüber differenziert werden. Während schon allein die Einigung in einer gewissen Form ausreicht, um zumindest eine *equitable mortgage* entstehen zu lassen, ist für die Wirksamkeit gegenüber Dritten bei registrierten Grundstücken allein die Eintragung konstitutiv.

Obwohl beide Rechtsordnungen den Grundsatz *nemo dat quod non habet* befolgen, gibt es einen großen systematischen Unterschied darin, wie mit

Wirksamkeitsmängeln der Bestellung umgegangen wird. Das deutsche Recht behandelt den eingetragenen Scheinberechtigten zugunsten des Vertragspartners als Berechtigten, soweit dieser nicht positive Kenntnis von der Nichtberechtigung hat. Das System des *land register* vermeidet etwaige Wirksamkeitsmängel beim Erwerb des Vormanns, indem allein die Eintragung der *legal mortgage* konstitutiv Dritten gegenüber wirkt. Register und wahre Rechtslage können daher nicht auseinanderfallen, mit der Folge, daß der Eingetragene stets der Berechtigte ist[448]. Aus diesem Grund kennt das englische Recht den gutgläubigen Rechtserwerb vom Nichtberechtigten nicht, was aus Gründen der Rechtssicherheit durchaus als Vorzug gewertet werden kann[449]. Die Motivationslage ist aber in beiden Fällen vergleichbar. Es soll der Vertragspartner und der Rechtsverkehr insgesamt geschützt werden. Dieses Ziel wird, wenn auch auf unterschiedliche Weise, erreicht, sieht man davon ab, daß in England das *land register* noch nicht ganz flächendeckend operiert[450].

Daneben gibt es in England zusätzlich das *Companies register*. Soweit eine der beiden Parteien eine Kapitalgesellschaft ist, muß das Grundpfandrecht in das Register eingetragen sein, um gegenüber Dritten Wirkung zu entfalten. Ein vergleichbares Register für Kapitalgesellschaften existiert in Deutschland nicht.

---

448 Spellenberg, in Festschrift für Werner Lorenz zum siebzigsten Geburtstag, S. 779, 794 ff..

449 Erdell, Übertragung des Eigentums an Grundstücken nach englischem Recht , S. 244, der allerdings zu Unrecht davon ausgeht, daß das englische Recht einen gutgläubigen Erwerb eines Grundstücksrechts ermöglicht.

450 Spellenberg, in Festschrift für Werner Lorenz zum siebzigsten Geburtstag, 779, 783.

E. Haftungsumfang und Rangverhältnisse
I. Haftungsumfang
1. Haftungsumfang des englischen Grundpfandrechts

Der Haftungsumfang von *legal* und *equitable mortgage* stimmen überein[451].

Umfaßt ist an erster Stelle das Grundstück. Wenn Belastungsgegenstand das *freehold* ist, kann der Sicherungsgläubiger grundsätzlich auch auf das *leasehold* durchgreifen. Voraussetzung ist jedoch, daß das *leasehold* der *mortgage* zeitlich nachgefolgt ist und der Sicherungsnehmer der Einrichtung eines *leasehold* nicht zugestimmt hat[452].

Ebenso haften Erträge des Grundstückes, z.B. Holz (*timber*), etwaige Forderungen gegen Versicherungen für das Grundstück und ein Miet- oder Pachtzins bei vermieteten Gebäuden bzw. verpachteten Grundstücken.

Da Haftungsgegenstand das Grundstück ist, müssen auch seine Bestandteile umfaßt sein[453]. Daher gehören die mit ihm verbundenen Gebäude und auch bewegliche Sachen (*chattels*), die mit dem Grundstück oder Gebäude verbunden sind, zum Grundstück (*fixtures*)[454]. Als Test haben die Gerichte lange Zeit ausschließlich den Grad der Verbindung (*degree of attachment*) berücksichtigt[455]. Es spricht eine Anscheinsvermutung dafür, daß die mit dem Grundstück verbundenen Sachen Bestandteile sind. Widerlegt werden kann die Vermutung,

---

451 Fisher and Lightwood's Law of Mortgage, S. 55.
452 Eisenhauer, Moderne Entwicklung im englischen Grundstücksrecht, S. 111 m.w.H..
453 Bennett/Davis, 110 LQR (1994) 448, 459.
454 Fisher and Lightwood's Law of Mortgage, S. 55, 89 ff.; Bennett/Davis, LQR 1994, S. 448 ff..
455 Smith, Property Law, S. 76.

indem dargelegt wird, daß die Sache mit dem Grundstück nicht oder nicht ausreichend verbunden ist[456]. Unter Umständen gilt aber auch eine bewegliche Sache aufgrund ihres Gewichts als mit dem Grundstück verbunden[457]. Die Gerichte stellen aber zusätzlich auf die Absicht desjenigen ab, der die bewegliche Sache mit dem Grundstück verbindet[458].

Die Haftung erstreckt sich nicht nur auf Gegenstände, die bereits im Zeitpunkt der Bestellung des Grundpfandrechts mit dem Grundstück verbunden waren[459], sondern auch auf solche, die erst später diese Stellung erlangt haben[460]. *Fixtures* werden auch unabhängig davon erfaßt, ob es sich bei dem Belastungsgegenstand um ein *leasehold* oder ein *freehold* handelt. Sind bewegliche Sachen, die der Grundstückseigentümer unter Eigentumsvorbehalt (*title of retention clause*) erworben hat, mit dem Grundstück verbunden worden, so gehören auch sie als *fixtures* zum Haftungsumfang. Ist jedoch die Verbindung vor der Bestellung der *mortgage* eingetreten, so gilt die Besonderheit, daß zugunsten des Eigentumsvorbehaltsverkäufers als Ausgleich für seinen Rechtsverlust ein *equitable interest* am Grundstück entsteht, dessen Vorrang durch Registereintragung geschützt werden kann[461].

---

456 Brink/Habel, Recht der Kreditsicherheiten in europäischen Ländern, Teil IV: England, Anm. 238.

457 Richter Blackburn führte in *Holland v. Hodgson* (1872) LR 7 CP 328, 335 (*Exchequer Chamber*) folgendes aus:
„Perhaps the true rule is, that articles not otherwise attached to the land than by their own weight are not to be considered as part of the land, unless the circumstances are such as to shew that they were intended to be part of the land ..., on the contrary, an article which is affixed to the land even slightly is to be considered as part of the land, unless circumstances are such as to shew that it was intended all along to continue a chattel ... ."

458 *Leigh v. Taylor* [1902] AC 157.

459 s. 62 (1) *Law of Property Act* 1925.

460 *Ackroyd v. Mitchell* (1860) 3 L.T. (N.S.) 236; Cousins, The Law of Mortgages, S. 31 f..

Von dieser Regel gibt es jedoch eine Ausnahme. Ein *fixture* ist nicht Teil des Haftungsverbandes, wenn es von einem Dritten als sein Eigentum auf das Grundstück gebracht worden ist und ihm ein Wegnahmerecht zusteht. So hat z.B. der Pächter (*tenant*), der das Grundstück gewerblich nutzt, ein Wegnahmerecht bezüglich der von ihm mit dem Grundstück verbundenen gewerblichen Gegenstände (*trade machinery*), soweit dies mit dem Wissen und Einverständnis des *mortgagee* geschehen ist[462]. Der *mortgagee* ist nicht zur Wegnahme berechtigt, soweit keine hiervon abweichende Vereinbarung getroffen worden ist. Er kann *fixtures* aufgrund des gesetzlichen Verkaufsrechts nicht getrennt vom Grundstück verkaufen[463]. Dies gilt insbesondere für *trade machinery*[464], die der gewerblichen Nutzung des Grundstückes dient. Der Grund für die besondere Behandlung von *trade machinery* ist wohl darin zu finden, daß sie für den Wert eines gewerblich genutzten Grundstücks von erheblicher Bedeutung ist[465].

Wertzuwächse während der Laufzeit der *mortgage* kommen dem *mortgagee* ebenso zugute wie die Einkünfte von neuen, durch den *mortgagor* eingegangen Pachtverträge[466].

Weitere Rechte gehören zum Haftungsumfang, wenn sie von den Parteien ausdrücklich in die Sicherungsvereinbarung aufgenommen worden sind[467].

---

461 Bennett/Davis, 110 LQR (1994) 448, 449 ff..
462 Halsbury's Laws of England, Vol.32, para. 487.
463 Halsbury's Laws of England, Vol.32, para. 715 und 731.
464 s. 5 *Bills of Trade Act* 1878.
465 Bennett/Davis, 110 LQR (1994) 448, 471.
466 Fisher and Lightwood's Law of Mortgage, S. 55.
467 Fisher and Lightwood's Law of Mortgage, S. 56.

2. Haftungsumfang deutscher Grundpfandrechte

Zum Haftungsumfang gehört neben dem Grundstück bzw. dem grundstücksgleichen Recht seine wesentlichen Bestandteile, § 94 Abs. 2 BGB, das Zubehör, § 97 Abs.1 BGB und Erzeugnisse des Grundstücks, soweit keine Enthaftung eingetreten ist, § 94 Abs.1 BGB. Ein Gegenstand ist dann Grundstücksbestandteil, wenn er mit dem Grundstück zumindest eine lose körperliche Verbindung aufweist und er bei zweckorientierter Betrachtung eine Sacheinheit darstellt, die nicht nur vorübergehender Art ist[468].

Die Rechtsprechung hat eine Kasuistik zur Abgrenzung von einfachen und wesentlichen Bestandteilen sowie von Scheinbestandteilen entwickelt. Für den Sicherungsnehmer ist es entscheidend, sich über die Rechtsqualität eines Gebäudes oder sonstiger mit dem Grundstück oder Gebäude verbundenen Gegenstände Klarheit zu verschaffen[469].

In der Kreditsicherungspraxis kommt dem dem Eigentümer gehörenden Zubehör eine große Bedeutung zu. Dabei handelt es sich um bewegliche Sachen, die dem wirtschaftlichen Zweck der Hauptsache dauerhaft zu dienen bestimmt sind und ein räumliches Verhältnis zum Grundstück aufweisen. Zubehör ist zB. ein Kraftfahrzeug, das auf dem Grundstück für den Abtransport notwendiger Rohstoffe und Betriebserzeugnisse verwendet wird[470] oder zum Transport zum Betriebsgrundstück und zur Auslieferung von Produkten[471].

---

468 Palandt/Heinrichs, § 93 Rn. 2.
469 Schimansky/Bunte/Lwowski, Bankrechts-Handbuch, Bd. II, § 94 Rn. 57.
470 BGH WM 1961, 668.
471 BGH WM 1980, 1383.

Der deutsche Gesetzgeber bezweckt damit, dem Eigentümer bis zur Beschlagnahme die Verfügungsfreiheit über sein Vermögen im Rahmen ordnungsgemäßer Wirtschaft zu erhalten. Daher entsteht allein durch die Belastung kein relatives oder absolutes Veräußerungsverbot[472]. Ausgeglichen wird diese Freieit durch Rechte des Sicherungsnehmers, mit denen er wertmindernde Eingriffe abwehren kann.

Nach der Beschlagnahme gem. §§ 20, 146 ZVG erhält der Sicherungsnehmer aber das Recht, sich aus dem Grundstück zu befriedigen[473]. Es entsteht ein relatives Veräußerungsverbot nach §§ 135, 136 BGB bezüglich des Haftungsobjektes, §§ 23 Abs. 1 S. 1, 146 Abs. 1 ZVG. Ausgenommen sind bei der Verwertung durch Zwangsversteigerung lediglich solche Gegenstände, die zu einer ordnungsgemäßen Wirtschaftsführung gehören, §§ 23 Abs. 1 S. 2, 148 Abs. 1 S. 2 ZVG. Eine entgegen des Verbotes vorgenommene Verfügung ist dem Sicherungsnehmer gegenüber relativ unwirksam.

Zum Haftungsumfang gehören aber gem. §§ 1120, 1191 Abs. 1, 1192 Abs. 2 BGB auch unwesentliche Bestandteile, soweit sie sich im Eigentum des Grundstückseigentümers oder im Eigentum des Eigenbesitzers des Grundstückes befinden. Das trifft ebenso auf die Zubehörstücke zu, die sich im Eigentum des

---

472 Eine Enthaftung tritt bezüglich Zubehörstücken oder Erzeugnissen des Grundstückes zudem gem. §§ 1121, 1122 mit der Entfernung vom Grundstück ein, wobei die Bös- oder Gutgläubigkeit des Erwerbers keine Rolle spielt.

473 Eine Beschlagnahme liegt in der Anordnung der Zwangsversteigerung nach § 20 Abs.1 ZVG oder der Anordnung der Zwangsverwaltung gem. §§ 146 Abs. 1, 20 Abs. 1 ZVG. Gleiches gilt für die Pfändung im Wege der Mobiliarvollstreckung, wenn diese aufgrund eines Vollstreckungstitels erfolgt, der auf Duldung der Zwangsvollstreckung nach § 1147 BGB, § 794 Abs. 1 Nr. 5, S. 2 ZPO lautet.

Grundstückseigentümers befinden oder an denen er nach Begründung des Grundpfandrechts Eigentum erlangt.

Sicherungsgegenstand sind ferner die Pacht- und Mietzinsforderungen, wenn das belastete Grundstück vermietet oder verpachtet ist, § 1123 BGB[474]. Die Haftung mit den Miet- und Pachtzinsforderungen ist ein Ausgleich dafür, daß die Verwertung der Sicherheit die Rechte von Mieter oder Pächter grundsätzlich nicht berühren. Dieser hat grundsätzlich ein Wegnahmerecht an der Einrichtung, mit der er die Sache versehen hat[475]. Es haften auch wiederkehrende Leistungen, die mit dem Grundstück verbunden sind, § 1126 BGB. Für den Fall, daß das Haftungsobjekt sich verschlechtert oder untergeht, sieht § 1127 BGB vor, daß an dessen Stelle als Surrogat die Versicherungsforderung tritt.

Bis das Grundstück beschlagnahmt worden ist, kann der Gläubiger auch in die mithaftenden Gegenstände getrennt vom Grundstück im Wege der Mobiliarzwangsvollstreckung vollstrecken. Davon ausgenommen ist Zubehör[476], da das Grundstück als wirtschaftliche Einheit erhalten bleiben soll.

3. Vergleich

Der Haftungsumfang bei deutschen wie auch englischen Grundpfandrechten erstreckt sich auf das Grundstücksrecht, Erzeugnisse, Miet- und Pacht-

[474] vgl. § 57 ZVG iVm. § 571 BGB. Nach § 1123 Abs. 2 BGB werden diese Forderungen jedoch ein Jahr nach Fälligkeit frei, wenn sie vom Sicherungsnehmer in dieser Zeit nicht beschlagnahmt worden sind, §§ 20, 146 ZVG.

[475] §§ 547 a, 591 a BGB.

forderung, gegebenenfalls Versicherungsforderungen und seine wesentlichen Bestandteile. Dabei ist die Definition eines Bestandteils in etwa vergleichbar. Die Bestandteile gehören deshalb zum Haftungsumfang, weil sie in bedeutendem Maße zum Wert eines Grundstücks beitragen können. Das deutsche Recht behandelt einen Gegenstand als Grundstücksbestandteil, wenn die Sache mit dem Grundstück zumindest eine lose körperliche Verbindung aufweist und sie bei zweckorientierter Betrachtung eines Sacheinheit darstellen. Letztere Voraussetzung ist im englischen Recht zwar nicht erforderlich. Aber wie im englischen Recht macht es keinen Unterschied, ob sie schon vor der Grundpfandrechtsbestellung Bestandteile waren oder es erst zu einem späteren Zeitpunkt geworden sind. Anders als im englischen Recht kommt es darauf an, daß der Gegenstand nicht nur vorübergehend mit dem Grundstück verbunden worden ist.

Ein relevanter Unterschied im Haftungsumfang besteht aber darin, daß sich die englische Immobiliarsicherheit nicht auf das Zubehör zum Grundstück erstreckt. In Deutschland hat die Rechtsprechung den Zubehörbegriff bei gewerblich genutzten Grundstücken so weit ausgedehnt, daß nahezu das gesamte Inventar eines Betriebsgrundstückes als Zubehör zum Haftungsverband gehört. Erklären läßt sich diese Differenz vielleicht damit, daß in England die Rechtsprechung die Rechtsfigur der *floating charge* entwickelt hat, mit der das gesamte Unternehmensvermögen inklusive Zubehör belastet wird. Es besteht also kein Bedürfnis, die Haftung auch auf das Zubehör auszudehnen. Beim englischen Grundpfandrecht ist das Haftungsobjekt daher enger begrenzt.

---

[476] § 865 Abs. 2 ZPO; Pander, JuS 1981, 565.

Ein weiterer Unterschied besteht darin, daß das englische Recht es nicht zuläßt, zum Haftungsverband gehörende Mobilien getrennt vom Grundstück zu verwerten, unabhängig davon, ob die Gegenstände Teil der wirtschaftlichen Einheit des Grundstückes sind. Dieser Grundsatz ist aber in erster Linie durch die Rechtsprechung zu *trade machinery* entstanden, die dem Grundstück ja wirtschaftlich dient. Nach dem deutschen Recht ist dagegen eine getrennte Verwertung vor der Beschlagnahme des Grundstücks zulässig. Ausgenommen sind jedoch Zubehörstücke, um die wirtschaftliche Einheit zu erhalten.

II. Rangverhältnisse

1. Bedeutung

Die Rangfolge ist entscheidend für die Reihenfolge der Verwertung der Sicherheit. Häufig spielt sie zwar nur eine Rolle, wenn der Grundpfandrechtsbesteller insolvent wird. Denn solange er über ausreichende Mittel verfügt, seine Schulden zu begleichen, würde auch das Erwirken eines Urteils ausreichen, mit dem er zur Zahlung verurteilt wird und aus dem vollstreckt werden kann[477].

Von Bedeutung ist die Rangfolge aber auch, wenn ein nachrangiger Sicherungsnehmer verwerten möchte, da am Verwertungsverfahren die vorrangigen Sicherungsgläubiger zu beteiligen sind. Ein potentieller Kreditgeber wird daher vor Bestellung einer Sicherheit nachprüfen wollen, ob bereits ein vorrangiges

---

[477] Goode, RabelsZ 44 (1980) 674, 692.

Recht besteht. Zusätzlich möchte er die Sicherheit so bestellen, daß sie nicht durch nachträgliche Verfügungen des Eigentümers beeinträchtigt wird[478].

2. Rangfolge bei *Mortgages*

Die Rangfolge von Sicherheiten wird im englischen Recht von mehreren Faktoren beeinflußt. Unterschieden werden müssen die Verhältnisse von *mortgages* an einem *legal estate* untereinander und von *mortgages* an einem *equitable interest.* Zudem spielt das jeweils einschlägige Registersystem ein große Rolle. Auch andere belastende Rechte können den Sicherungswert eines Grundpfandrechtes beeinträchtigen.

a) Rangverhältnis von *Mortgages* an einem *legal estate*

Die wichtigsten der heute geltenden Regeln über die Rangfolge wurden bereits durch das *Common law* und die *Equity*-Rechtsprechung entwickelt. Mit der Gesetzgebung von 1925 erfuhren sie durch Einführung des *land register* und des *land charges register* jedoch eine entscheidende Modifikation. Zudem kam noch das *company register* hinzu.

aa) Regeln ohne Berücksichtigung der verschiedenen Register

Zunächst werden die Regeln dargestellt, die ohne Berücksichtigung der Regeln der verschiedenen Register noch immer Anwendung finden.

---

478 Goode, Commercial Law, S. 705.

Entscheidend für die Regelung der Rangfolge bis zur Reformgesetzgebung ist die damals übliche Form einer *legal mortgage*. Da der *mortgagor* sein *legal estate* auf den *mortgagee* übereignete, konnte er folglich nur eine einzige *legal mortgage* an einem Grundstück bestellen. Natürlich konnte er weitere Immobiliarsicherheiten bestellen, doch waren diese notwendigerweise alle *equitable mortgages*, da er in der Regel nur noch die *equity of redemption* als verpfändbares Grundstücksrecht zur Verfügung hatte[479].

Die Rangfolge wurde von mehreren Grundsätzen bestimmt:

Nach der sog. *doctrine of notice* hat der *mortgagee* gegenüber anderen *mortgagees* einen höheren Rang, wenn er die Entstehung seines Rechts angezeigt (*notice*) hat. Dabei handelt es sich um einen Ausfluß des Grundsatzes, daß der Besteller über kein „besseres" Recht bzw. besseren Rang verfügen kann als er selbst inne hat (*nemo dat quod non habet*)[480]. Der Rang bestimmt sich nach dem Zugangszeitpunkt dieser *notice*, die insofern konstitutive Wirkung hat. Es gilt also die *mortgage* als vorrangig, deren *notice* zuerst beim Schuldner eingegangen ist. Die Anzeige erfolgte meist durch Hinterlegung der Grundstücksurkunden (*title deeds*). Es gilt das Prinzip, daß der Erwerber oder *mortgagee* eines Grundstückes so behandelt wird, als ob er tatsächliche Kenntnis von allen Rechten Dritter daran hat, die eintragungsfähig und auch eingetragen sind, wohingegen er die Rechte gutgläubig wegerwirbt, die zwar eintragungsfähig, aber nicht eingetragen sind[481].

---

479 Burn, Cheshire and Burn's Modern Law of Real Property, S. 709.

480 Goode, Commercial Law, S. 706; ders., Commercial Law, 1982, S. 764.

481 Smith & Keenan's English Law, S. 517, Aus s. 24 *Law of Property Act* 1969 ergibt sich allerdings ein gewisse Modifikation. Es wurde als ungerecht betrachtet, daß der Käufer häufig einen Vertrag abschließt, ohne vorher Nachforschungen im Register vorgenommen

Die *legal mortgage* hatte ebenso wie heute bereits vor 1926 immer Vorrang gegenüber der *equitable mortgage*[482]. Dabei handelt es sich um einen Ausfluß des Prinzips *„where equities are equal the law prevails"*[483]. Das bedeutet, daß der *legal mortgagee,* der die gleiche moralische Rechtsstellung wie der *equitable mortgagee* hatte, grundsätzlich im Rang vorangeht. Gestärkt wurde die *legal mortgage* zusätzlich durch die Prioritätsregel *„quia prior est tempore potior est iure"*[484].

Der *legal mortgage* steht jedoch nicht immer ein besserer Rang zu. Das ist der Fall, wenn *„...the equities are not equal"*. Der *equitable mortgage* kommt daher rangsichernde Wirkung zu, wenn sie vor der Bestellung der *legal mortgage* angezeigt worden ist und der *legal mortgagee* von ihr positive Kenntnis[485] hatte oder hätte haben müssen, weil er sich die Grundstücksurkunden, soweit sich diese bei dem *equitable mortgagee* befinden, vom *mortgagor* nicht hat zeigen lassen[486]. Das bedeutet, daß durch die *notice* ein gutgläubiger Rangerwerb für nachfolgende *mortgages* meist nicht mehr möglich ist.

bb) *Mortgages* an einem nicht registrierten Grundstück

Wenn es sich bei dem Sicherungsobjekt um ein nicht im *land register* eingetragenes Grundstück handelt, wird der Rang gegenüber nachfolgenden

---

zu haben, während der Verkäufer bestehende Belastungen oft verschweigt, der Käufer aber dennoch an die registrierten Rechte gebunden wird. Danach ist der Erwerber eines Grundstücksrechts gegenüber dem Veräußerer nur an diejenigen Belastungen gebunden, von denen er zum Zeitpunkt der Vereinbarung tatsächliche Kenntnis (*actual knowledge*) hatte. Gegenüber dem Inhaber der Belastung bleibt er gebunden.

482 *Plumb v. Fluitt* (1791) 2 Anst 432.

483 Burn, Cheshire and Burn's Modern Law of Real Property, S. 709.

484 Burn, Cheshire and Burn's Modern Law of Real Property, S. 710.

485 *Berwick & Co v. Price* [1905] 1 Ch. 632.

mortgagees entweder durch Hinterlegung der *title deeds* oder Eintragung im *land charges register* entschieden.

Ist der erste Grundpfandrechtnehmer ein *legal mortgagee*, bewahrt er in der Regel die *title deeds* auf. So bestimmt s.13 *Law of Property Act* 1925, daß sein Recht nicht nachteilig durch dieses Gesetz berührt wird. Auch der *Land Charges Act* 1972 stellt keine Rangfolgeregel für *mortgagees* in Besitz der *title deeds* auf. Statt dessen werden sie nur von der Registrierung im *land charges register* ausgenommen. Daraus folgt, daß im Verhältnis zu solchen Grundpfandrechtnehmern der vor 1926 geltende Grundsatz weiterhin uneingeschränkt Anwendung findet, wonach die Rangfolge vom Entstehungszeitpunkt bestimmt wird. Auf diese Weise wird das Verhältnis des ersten *mortgagee* in Besitz der Grundstücksurkunden zu den registrierten *land charges* bestimmt, jedoch nur für Grundpfandrechtsbestellungen, die vor dem 1.4.1998 vorgenommen worden sind. Neben anderen Verfügungen an bisher nicht registrierten Grundstücken unterliegt seitdem auch die Bestellung der ersten *mortgage* mit Hinterlegung der *title deeds* dem Eintragungszwang ins *land register*[487]. Damit ergibt sich die Rangfolge dann aus dem *land register*.

Handelt es sich um einen *equitable mortgagee*, der zu seinem Schutz die *title deeds* aufbewahrt, so findet hier zwar auch s. 13 *Law Property Act* 1925 Anwendung, doch gilt hier die *doctrine of notice*. Wenn ein späterer *legal mortgagee* seine Sicherheit erhält, ohne Kenntnis von der vorherigen *equitable mortgage* zu haben, geht der erstere im Rang vor. Eine Ausnahme besteht nur,

---

486 *Walker v. Linom* [1907] 2 Ch. 104.
487 s. 1 *Land Registration Act* 1997.

wenn er so grob fahrlässig gehandelt hat und keine Nachforschung bezüglich bereits bestehender *mortgages* gemacht hat, daß es dem ersten Grundpfandrechtnehmer gegenüber ungerecht wäre, seinen Rang zu verlieren[488]. Gegenüber nachrangigen *equitable mortgagees* dagegen ist wieder der Entstehungszeitpunkt entscheidend. Zu einem Rangverlust käme es nur, soweit ihm Betrug, Täuschung oder grobe Fahrlässigkeit (*fraud, misrepresentation or gross neglicence*) zur Last gelegt werden könnte. Grobe Fahrlässigkeit wird angenommen, wenn dem *mortgagee* die *title deeds* wegen mangelnder Sorgfalt abhanden gekommen sind[489].

Mortgagees, die nicht die *title deeds* aufbewahren, können zur Rangwahrung ihr Recht als *class C land charge* in das *land charges register* eintragen lassen. Eine *legal mortgage* wird als *class C (i) charge* eingetragen, eine *equitable mortgage* an einem *legal estate* als *class C (iv) charge*. Bei Nichteintragung ist die *legal mortgage* jedem späteren Erwerber eines Grundstücksrechts, auch einem späteren *mortgagee* gegenüber, unwirksam[490]. Bei der *class C (iv) charge* hat die Unterlassung die Folge, daß sie sämtlichen späteren Erwerbern eines Rechts am *legal estate* gegenüber nicht wirksam ist[491].

Ein Problem im Zusammenhang mit nicht registrierten Grundstücken ergibt sich aus dem Zusammenspiel von s. 97 *Law of Property Act* 1925 und s. 4 (5) *Land Charges Act* 1925. Nach der ersten Vorschrift ist für den Rang der Eintragungszeitpunkt im Register maßgebend. Nach der zweiten Vorschrift ist eine zuerst bestellte *mortgage* einer nachrangigen *mortgage* gegenüber unwirk-

---

488 *Oliver v. Hinton* [1899] 2 Ch. 264, 267.
489 *Taylor v. Russell* [1891] 1 Ch. 8, 17.
490 ss. 4 (5), 17 (1) *Land Charges Act* 1972.

sam, wenn im Zeitpunkt der Bestellung die erste *mortgage* noch nicht eingetragen worden ist. Danach wäre die zuerst bestellte *mortgage*, die aber noch vor der zweiten Belastung eingetragen würde, nachrangig. Dieser offensichtliche Widerspruch wird durch den Verweis gelöst, daß der *Land Charges Act* 1972 nach gesetzestechnischer Sicht dem *Law of Property Act* 1925 nachfolgt und daher seine Regelung Anwendung findet.

cc) *Mortgages* an einem registrierten Grundstück

Wie bereits ausgeführt, ist eine *mortgage* an einem im *land register* eingetragenen Grundstück erst dann Dritten gegenüber wirksam, wenn der Grundpfandrechtnehmer als Inhaber der Immobiliarsicherheit eingetragen ist. Der *Land Registration Act* bezeichnet Immobiliarsicherheiten als *registered charge*. Nicht als *registered charge* eintragungsfähig ist eine *equitable charge*[492]. Diese kann dennoch geschützt werden, indem für das untergeordnete Recht (*minor interest*) entweder eine *notice*[493] oder eine Vormerkung (*caution*)[494] in der Abteilung des Registers eingetragen wird[495], in dem das Grundstücksrecht des Sicherungsgebers eingetragen ist[496].

Die Rangfolge zwischen den verschiedenen Sicherheiten richtet sich grundsätzlich nach dem Eintragungszeitpunkt[497], nicht dem Entstehungszeitpunkt. Eine *registered charge* geht einer späteren *equitable charge* vor, einer zeitlich

491 s. 4 (6) *Land Charges Act* 1972.
492 ss. 18 (4), 21 (4) *Land Registration Act* 1925; Halsbury's Laws of England, Vol. 26, para. 1178 Fn. 1.
493 s. 49 *Land Registration Act* 1925.
494 s. 54 *Land Registration Act* 1925.
495 s. 109 (3) *Land Registration Act* 1925; Halsbury's Laws of England, Vol.26, para.1311.
496 s. 106 (3) *Land Registration Act* 1925.

vor ihr bestellten *equitable charge* dann, wenn sie nicht als *minor interest* oder eine *caution* eingetragen ist.

Soweit beide Sicherheiten *equitable charges* sind und beide bisher nicht registriert worden sind, gelten die alten Regeln, d.h. der Entstehungszeitpunkt ist maßgebend. Dies gilt selbst dann, wenn die zweite *equitable charge* noch eingetragen wird, während zu diesem Zeitpunkt die erste *charge* noch nicht registriert ist[498].

dd) *Company Charges*

Mangels abweichender Vereinbarungen wird die Rangfolge der *company charges* grundsätzlich von der Rangfolge der Eintragung im Register bestimmt[499]. Eine nicht registrierte *charge* gilt nicht gegenüber einem *liquidator*, *administrator* oder den übrigen Gläubigern[500].

Soll der Rang zweier nicht eingetragener *charges* bestimmt werden, so kommt wieder die traditionelle Regel des Entstehungszeitpunktes zur Anwendung.

Die Rangfolge von *company charges* wird auch entscheidend bestimmt von dem 21-Tageszeitraum, innerhalb dessen die *charge* seit ihrer Entstehung in das Register einzutragen ist. Ein Problem des geltenden Rechts liegt in der Fallgestaltung, in der die erste *charge* beispielsweise am 1.2. bestellt, aber erst am

---

497 s. 29 *Land Registration Act* 1925.
498 *Mortgage Corporation Ltd. v. Nationwide Credit Corporation Ltd.* (1992) Times, 27th July Ch.D..
499 Timothy, Wontner's Guide to Land Registry Practice, S. 103.
500 Furey, The Companies Act 1989, S. 104.

14.2. eingetragen wurde, während eine zweite *charge* am 7.2. vereinbart und bereits am 10.2. registriert wurde. Der Inhaber der zweiten *charge* weiß also wegen der fehlenden Eintragung eventuell nichts von der vorrangigen *charge*[501].

b) *Mortgages* an einem *equitable interest*

Im Verhältnis zwischen *equitable mortgages* an einem *equitable interest* ist der Empfang der *notice* für den Rang entscheidend nach der Regel der Rechtsprechung aus dem Fall *Dearle v. Hall*[502]. Bis 1925 war diese nur auf bewegliche Sachen anwendbar, wurde aber durch s. 137 (1) *Law of Property Act* 1925 auf Immobilien ausgedehnt. In der Entscheidung *United Bank of Kuwait v. Sahib*[503] wurde festgestellt, daß es der Regel nicht widerspricht, wenn das betroffene Grundstück nach den Maßgaben des *Land Registration Act* 1986 registriert ist[504].

c) Abweichung von den allgemeinen Rangfolgeregeln

Von den allgemeinen Rangfolgeregeln kann durch Vereinbarungen der betroffenen Parteien abgewichen werden.

---

501 Furey, Unterlagen zum Kurs Insolvency Law im Rahmen des LL.M.-Kurses an der University of Bristol 1994/1995.
502 *Dearle v. Hall* (1823) 3 Russ 1.
503 *United Bank of Kuwait v. Sahib*, Times, June 24, 1994.
504 Burn, Cheshire and Burn's Modern Law of Real Property, S. 733.

aa) Rangvereinbarungen

Es besteht die Möglichkeit, Rangvereinbarungen abzuschließen, mit denen die allgemeinen Prioritätsregeln ausgeschlossen werden. Ein erstrangiger *mortgagee* kann sich mit einem zweitrangigen *mortgagee* darüber einigen, daß letzterer im Rang vorgehen soll (*subordination*)[505]. Die Ränge werden getauscht. Die Zustimmung des *mortgagor* ist nicht erforderlich[506].

Fällt eine Sicherheit wegen Tilgung des gesicherten Darlehens weg, erhält automatisch die ihr im Rang nachfolgende Sicherheit den nun frei gewordenen Rang[507], soweit nicht ein *tacking* vorgenommen wird.

bb) *Tacking*[508]

Auch durch das sog. *tacking* kann von der allgemeinen Rangfolge abgewichen werden. Dabei wird die bereits getilgte Kreditschuld durch eine andere Kreditschuld ausgetauscht, die dann im Rang einer später bestellten *mortgage* vorgeht[509]. Diese Möglichkeit wurde im Zuge der Reform teilweise abgeschafft. Ob das *tacking* zulässig ist, hängt von dem für das Grundpfandrecht einschlägigen Registersystem ab.

Tacking bei einer *charge* an einem nicht registrierten Grundstück ist nur im Rahmen des s. 94 *Law* of *Property Act* 1925 statthaft. Wäre *tacking* ausnahms-

---

505 Goode, Commercial Law, S. 663, 707.

506 *Cheah Theam Stree v. Equiticorp Finance Group Ltd.* [1992] 1 AC 472.

507 Goode, Commercial Law, S. 707.

508 *Tacking* wird auch als „*the creditor's tabula in naufragio*", d.h. die rettende Planke im Schiffsbruch bezeichnet; *Brace v. Duchess of Marlborough* (1728) 2 P Wms 491.

los möglich, könnte sich der vorrangige *mortgagee* die Vorherrschaft über die Finanzierung des Schuldner vollständig sichern[510].

Das Gesetz nennt drei Fälle, die die Ausübung des *tacking*-Rechts zulassen.

Der *mortgagee* ist zum *tacking* berechtigt, wenn der nachrangige *mortgagee* damit einverstanden ist[511]. Die Zustimmung des *mortgagor* ist nicht erforderlich.

Die zweite Fall besteht darin, daß der *mortgagee* keine *notice* von der nachfolgenden *mortgage* erhalten hat. Sobald aber der nachrangige *mortgagee* die Bestellung der neuen Sicherheit angezeigt hat, ist *tacking* nur mit dessen Zustimmung zulässig[512]. Die bloße Eintragung verhindert das *tacking* dann nicht, wenn die *mortgage* ausdrücklich ein Kontokorrentverhältnis oder weitere Vorschüsse (*further advances*) sichert[513]. Dies ist besonders relevant für die Bank, mit der der *mortgagor* das Kontokorrentverhältnis hat, da die Bank jedesmal, wenn sie einen Scheck deckt, technisch gesehen einen weiteren Vorschuß gibt[514].

Im dritten erlaubten Fall ist der vorrangige Sicherungsnehmer sogar vertraglich zu weiteren Vorschüssen verpflichtet (*obligation to make further advances*)[515].

---

509 Goode, Commercial Law, S. 707.
510 *Hopkinson v. Rolt* (1861) 9 HL Cas. 514.
511 s. 94 (1)(a) *Law of Property Act* 1925; *Hopkinson v. Rolt* (1861) 9 H.L.Cas. 514.
512 s. 94 (1)(b) *Law of Property Act* 1925.
513 s. 94 (2) *Law of Property Act* 1925.
514 Burn, Cheshire and Burn's Modern Law of Real Property, S. 728.
515 s. 94 (1)(c) *Law of Property Act* 1925.

Dies gilt unabhängig davon, ob er von der nachrangigen Sicherheit Kenntnis hatte[516].

Obwohl s. 94 *Law of Property Act* 1925 nicht bei registrierten Grundstücken gilt[517], erzielt s. 30 *Land Registration Act* 1925 eine ähnliche Wirkung. Danach ist *tacking* statthaft, wenn die *mortgage* ausdrücklich weitere Vorschüsse sichern soll oder der *mortgagee* hierzu verpflichtet ist[518].

Im Falle einer *company charge* ist das *tacking* unter den gleichen Voraussetzungen zulässig, je nachdem ob es sich um ein registriertes oder nicht registriertes Grundstück handelt[519]. Umstritten ist jedoch, ob die Eintragung einer nachrangigen *charge* dem vorrangigen *chargee* gegenüber, der weitere Vorschüsse auszahlt, als *notice* gilt. Dem vorrangigen Sicherungsnehmer könne nicht die Verpflichtung auferlegt werden, jedes Mal, wenn er eine *advance* mache, das Register auf inzwischen bestellte *charges* zu durchsuchen. Allein die Eintragung in das *company register* bewirkt danach keine *notice*[520].

---

516 Burn, Cheshire and Burn's Modern Law of Real Property, S. 729.

517 Burn, Cheshire and Burn's Modern Law of Real Property, S. 732.

518 Cousins, The Law of Mortgages, S. 43; Snell's Equity, S. 437; Timothy, Wontner's Guide to Land Registry Practice, S. 104; Burn, Cheshire and Burn's Modern Law of Real Property, S. 732 f..

519 Es gibt keine Spezialregelungen für das *tacking* in Bezug auf *company charges*.

520 Goode, Legal Problems of Credit and Security, S. 23 f.; nach s. 103 *Companies Act* 1989, der jedoch nie in Kraft getreten ist, erhält ein *chargee* nur Kenntnis von den eingetragenen Belastungen im Zeitpunkt der Registrierung: Daraus folgt, daß dies nicht gilt, wenn dieser *chargee* später weitere Vorschüsse auszahlt; Palmer's Company Law, Vol. 2, 13.136/4.

d) Verhältnis zu anderen dinglichen Sicherheiten oder sonstigen dinglichen Rechten

aa) *Floating charge*

Eine Sonderposition nimmt das Verhältnis einer *mortgage*, d.h. einer *fixed charge*, gegenüber einer *floating charge* ein. Praktische Bedeutung hat die *floating charge* nur für Gesellschaften iSd. *Companies Act* 1985. Ist eine *floating charge* bestellt, aber die Konkretisierung noch nicht eingetreten, so kann in das *Companies register* eine nun vorrangige *fixed charge* eingetragen werden. Man versucht dem in der Praxis durch rangwahrende Vereinbarungen, den Konkretisierungsklauseln (*automatic crystallization clause*) zu begegnen, die es dem Besteller der *floating charge* verbieten sollen, weitere Belastungen auf den Sicherungsgegenstand einzugehen[521]. Da jedoch ein Charakteristikum der *floating charge* die bis zu ihrer Konkretisierung bestehende Verfügungsbefugnis des Bestellers ist, muß nach der Rechtsprechung die beschränkende Vereinbarung eng ausgelegt werden[522]. Unbeanstandet geblieben ist die folgende Formulierung im Sicherungsvertrag: „... *that the company is not to be at liberty to create any mortgage or charge in priority or pari passu with the charge hereby created.*"[523]. Diese Klausel gilt grundsätzlich aber nur zwischen den Vertragspartnern, nicht gegenüber Dritten. Diesen gegenüber entfaltet die Vereinbarung erst dann Wirkung, wenn sie von ihr positive Kenntnis[524] haben und sich gleichwohl eine Sicherheit haben bestellen lassen. Letztere ist dann gegenüber der *floating charge* nachrangig. Umstritten ist, ob allein die Eintragung einer *floating charge* ausreicht, um auf die Kenntnisnahme durch

---

521 Vach, Aspekte der Insolvenzrechtsreform von 1986 in England, S. 47 f..

522 *Re Horn and Hellard* (1885) 29 Ch. D. 736.

523 *Siebe Gorman & Co. v. Barclays Bank* (1979) 2 Lloyds Rep. 142.

524 *English and Scottish Mercantile Investment Co. v. Brunton* [1892] 2 Q.B. 700; *Siebe Gorman & Co. v. Barclays Bank* (1979) 2 Lloyds Rep. 142.

nachfolgende Sicherungsgläubiger schließen zu können[525]. Bislang muß eine derartige Konkretisierungsklausel jedenfalls noch nicht zwingend ins *Companies register* eingetragen werden. Vorgeschlagen wurde eine Änderung von s. 410 *Companies Act* 1985 mit dem Inhalt, daß der *Secretary of State* ermächtigt wird, eine entsprechende Vorschrift zu erlassen[526].

bb) *Overriding Interests*

Overriding interests bestehen kraft *Equity* und können sich unter Umständen auch ohne Registrierung durchsetzen. Nach s. 70 (1)(g) *Land Registration Act* 1925 gehen vor „*...the rights of every person in actual occupation of the land or in receipt of the rent and profits thereof, save where inquiry is made of such person and the rights are not disclosed*". Ein solches Recht hat v.a. der Ehepartner des Schuldners, der finanziell zum Erwerb des von beiden bewohnten Hauses beigetragen hat[527]. Das gilt nicht, wenn der Mitbewohner wußte oder hätte wissen müssen, daß für die Finanzierung das Grundstück mit einer *mortgage* belastet werden würde[528]. Das *overriding interest* setzt sich im Prozeß als Einwand (*estoppel*) durch, wenn der Erwerber eines Grundstücksrechts, z.B. einer *mortgage* nicht ausreichende Nachforschungen angestellt hat[529]. Hintergrund für die vorrangige Geltung solcher *overriding interests* ist, daß in solchen Fällen die betroffene Person als besonders schützenswert ein-

525 Goode, RabelsZ 44 (1980) 674, 693.
526 Ellinger/Lomnicka, Modern Banking Law, S. 672.
527 Cousins, The Law of Mortgages, S. 172 ff..
528 *Paddington Building Society v. Mendelsohn* (1985) 50 P&CR 244; vgl. auch Welstead, Law Society's Gazette 1990, 87 f..
529 *Williams & Glyn's Bank Ltd. v. Boland* [1981] AC 487; Duckworth, SoJo 1982, 715 f.; Beaumont, Conv. 53 (1989) 158 ff..

gestuft wird und Überrumpelungen verhindert werden sollen[530]. Um einen absoluten Schutz herstellen zu können, wurde daher vorgeschlagen, für derartige *overriding interests* eine Registrierungspflicht einzuführen[531].

3. Rangfolge deutscher Grundpfandrechte

Das Rangverhältnis unter mehreren Rechten, mit denen ein Grundstück belastet wird und die in der gleichen Abteilung des Grundbuchs eingetragen sind, wird von § 879 Abs. 1 S. 1 BGB bestimmt. Danach ist die räumliche Reihenfolge der Eintragung entscheidend, nicht das Eintragungsdatum[532]. Bei Eintragungen in verschiedenen Abteilungen ist die zeitliche Aufeinanderfolge nach der Tagesangabe maßgeblich[533].

Bei Erlöschen eines vorrangigen Rechts rücken die nachfolgenden Rechte gemäß dem Grundsatz der Rangmobilität regelmäßig vor. Das Prinzip wird jedoch durch das Gesetz durchbrochen. Unter bestimmten Voraussetzungen entsteht ein Eigentümergrundpfandrecht. Das hat den Vorteil, daß der Eigentümer es in ein Fremdgrundpfandrecht umwandeln kann.

Nach § 880 BGB kann das Rangverhältnis nachträglich geändert werden. Erforderlich ist neben der Einigung des Zurücktretenden und des Vortretenden sowie der Eintragung der Änderung in das Grundbuch auch die Zustimmung

---

530 Ridall, Introduction to Land Law, S. 454.
531 Duckworth, SoJo 1982, 715, 716.
532 MüKo/Wacke, § 879 Rn.17.
533 § 879 Abs.1 S. 2 BGB.

des Eigentümers gegenüber einem der Beteiligten oder dem Grundbuchamt. Die Zustimmung des Eigentümers ist deshalb erforderlich, weil sie sich auf eine künftige Eigentümergrundschuld auswirken kann.[534].

Weiß der Hypothekar, daß demnächst die gesicherte, bestimmte Forderung getilgt werden wird, er aber noch einen weiteren Anspruch gegen den Schuldner hat, für den er eine Sicherung haben möchte, kann er sich mit dem Eigentümer auf eine Forderungsauswechslung gem. § 1180 BGB einigen. Voraussetzung sind allein eine entsprechende Einigung des Gläubigers und des Eigentümers sowie Eintragung des veränderten Inhalts ins Grundbuch[535]. Die Zustimmung der nachrangigen Grundpfandrechtsgläubiger ist nicht erforderlich.

Eine ähnliche Wirkung kann erzielt werden, wenn der Eigentümer einen Rangvorbehalt gem. § 881 BGB eintragen läßt und der Gläubiger, dessen Grundpfandrecht getilgt worden ist, sich für eine andere Forderung ein Grundpfandrecht mit diesem Rang bestellen läßt.

Sollen dauernde Schuldverhältnisse, aus denen Forderungen entstehen, deren Höhe aber wegen der Leistungen des Schuldners schwankt, wie zB. bei Kontokorrentkredit- oder Warenkreditverhältnissen, abgesichert werden, wären Forderungsauswechslung oder Rangvorbehalt bei der Hypothek kaum von Nutzen. In diesem Fall können die Rangregeln durch Bestellung einer Höchstbetragshypothek gem. § 1190 BGB umgangen werden. Der Höchstbetrag muß in einer bestimmten Geldsumme angegeben werden, der Schuldgrund wird

---

534 Sie ist nicht erforderlich, wenn keine Eigentümergrundschuld entstehen kann, Palandt/Bassenge, § 880 Rn.4.

535 Palandt/Bassenge, § 1180 Rn. 2.

dagegen durch eine allgemeine Angabe des Rechtsverhältnisses zwischen Schuldner und Gläubiger ausreichend gekennzeichnet. Eine bestimmte Forderung im Sinne der Verkehrshypothek muß nicht festgelegt werden. Diese Form hat jedoch aus diesem Grund kaum Bedeutung, weil sich der Eigentümer nicht der sofortigen Zwangsvollstreckung unterwerfen kann[536]. Diese Probleme bestehen wegen der Nichtakzessorietät bei der Grundschuld nicht, weshalb sie bevorzugt für die Absicherung dauerhafter Schuldverhältnisse eingesetzt wird[537].

Das Verhältnis zu anderen dinglichen Rechten am Grundstück wird ebenfalls durch das Grundbuch geregelt. Dingliche Rechte an beweglichen Sachen, die zum Haftungsverband des Grundpfandrechts gehören, kann der Sicherungsnehmer teilweise nicht oder nur schwer feststellen. Aus dem Grundbuch ergibt sich zB. nicht, ob ein bestimmter Gegenstand schon an einen Dritten sicherungsübereignet worden ist. Der Grundpfandrechtsgläubiger kann dieser Gefahr nur begegnen, wenn er sich besonders wertvolle zum Haftungsverband gehörige Sachen zusätzlich sicherungsübereignen läßt.

4. Vergleich

Während für die Rangfolge deutscher Grundpfandrechte ausschließlich die Eintragung im Grundbuch maßgebend ist, kommt es bei englischen Immobiliarsicherheiten darauf an, ob das belastete Grundstück im *land register* registriert

536 Weber, Kreditsicherheiten, S. 239.
537 Weber, Kreditsicherheiten, S. 252.

ist oder nicht. Ist es nicht eingetragen oder eintragungsfähig gelten andere Rangfolgeregeln als die Reihenfolge nach der Eintragung im Register. Für vor dem 1.4.1998 bestellte erstrangige *mortgages* an unregistrierten Grundstücken ist insbesondere zu beachten, daß der Rang durch Hinterlegung der Grundstücksurkunden gesichert wird. Verkompliziert wird die Bestimmung der Rangfolge dadurch, daß eine zusätzliche Eintragung in das *companies register* erforderlich ist, wenn der Besteller der *charge* eine Gesellschaft ist. Die Uneinheitlichkeit der Rangfolgeregeln macht daher eine genaue Nachprüfung des tatsächlichen Ranges notwendig. Aber soweit es sich um registrierte Grundstücke handelt, besteht eine Ähnlichkeit zur deutschen Rechtslage. Die Rangfolgeregeln sind also, soweit sie von der deutschen Rechtslage abweichen, eine Konsequenz des bisher fehlenden einheitlichen, zwingenden Grundbuchsystems. Mit dem Eintragungszwang bestimmter Verfügungen an bisher nicht eingetragenen Grundstücken ist aber in naher Zukunft ein beinahe flächendeckendes Registrierungssystem zu erwarten.

Obwohl es im deutschen Recht das Problem von *overriding interests* am Grundstück nicht gibt, besteht doch insofern eine ähnliche Lage, als das Grundbuch nicht über alle Grundstücksverhältnisse und seinen Haftungsumfang Auskunft gibt. Das gilt vor allem für sicherungsübereignete, bewegliche Sachen, die dann nicht zum Haftungsverband gehören. Ebenso ergibt sich aus dem Grundbuch nicht, ob das Grundstück vermietet bzw. verpachtet ist.

Im Gegensatz zum deutschen Recht hält das englische Recht bei der nachträglichen Veränderung der Rangverhältnisse eine Zustimmung des Grundpfandrechtgebers nicht für erforderlich. Dessen Rechte werden ausreichend durch Anzeige der Rangänderung gewahrt, da das englische Recht kein der Eigentümergrundschuld vergleichbares Recht kennt. Im deutschen Recht ist daher bei Vornahme einer Rangänderung von Grundpfandrechten gem. § 880 BGB durch den zurücktretenden und den vortretenden Berechtigten die Zustimmung des Eigentümers, d.h. des Grundpfandrechtsschuldners erforderlich.

Das *tacking* hat kein Pendant im deutschen Recht. Von Bedeutung ist es vor allem bei Kontokorrentkreditverhältnissen, da das englische Grundpfandrecht zur Forderung akzessorisch ist. Seine Funktion wird im deutschen Recht vorzugsweise von der nicht-akzessorischen Grundschuld, aber auch von der Höchstbetragshypothek übernommen.

F. Verfügungen über das Grundpfandrecht
I. Verfügungen über die *Mortgage*

Der *mortgagee* kann sein Grundpfandrecht grundsätzlich jederzeit übertragen oder verpfänden.

1. Rechtsgeschäftliche Übertragung

Das Sicherungsgeschäft (*mortgage transaction*) besteht in der Regel aus zwei Elementen, dem schuldrechtlichen, d.h. der Rückzahlungsvereinbarung (*covenant to pay*) und dem dinglichen Teil, der *mortgage*. Die englische Immobiliarsicherheit ist grundsätzlich insofern ein akzessorisches Pfandrecht, als seine Entstehung und Erlöschen von der Existenz einer zu sichernden Schuld abhängt. Der gesicherte Kredit folgt dem Sicherungsrecht[538]. Forderung und *mortgage* werden daher grundsätzlich nur gemeinsam übertragen.

Dieser Grundsatz wird aber durch die Möglichkeit durchbrochen, die Sicherheit isoliert abzutreten. Dafür gibt es aber kaum einen Bedarf, da ein dauerhafter, enger Kontakt zwischen den Sicherungsparteien erreicht werden soll. Wird die Sicherheit aber doch übertragen, ohne daß gleichzeitig die Forderung abgetreten wird, dann trägt die *mortgage* zwar den Nutzen der Forderung in sich, da der *mortgagor* die *mortgage* nur dem Erwerber gegenüber tilgen kann. Doch dieser kann nicht aus dem schuldrechtlichen Teil gerichtlich vorgehen[539].

---

538 Fisher and Lightwood's Law of Mortgage, S. 266 und 495.
539 Fisher and Lightwood's Law of Mortgage, S. 266.

Die Erklärungen der Abtretung der Forderung und der Übertragung der *mortgage* werden für gewöhnlich in der *mortgage deed* aufgenommen[540]. Das Gesetz geht hiervon aus, soweit die Parteien nichts anderes bestimmt haben. Verfügungen über ein *equitable interest* müssen in schriftlicher Form gem. ss. 53 (1)(c), 118 *Law of Property Act* 1925 gefaßt werden. Im übrigen sind dieselben formellen Anforderungen, u.a. auch Eintragung im zuständigen Register, einzuhalten.

Wurde die *mortgage* wirksam übertragen, tritt der Erwerber in die Rechtsstellung seines Rechtsvorgängers ein. Die gleiche Rechtsstellung erhält der Zessionar aber nur, soweit aus der Vereinbarung zwischen dem ursprünglichen *mortgagee* und dem *mortgagor* kein gegenteiliger Willen erkennbar ist.

Die Sicherheit kann auch teilweise übertragen werden. Das Pfand kann jedoch nicht nur teilweise verwertet werden. Es gilt der Grundsatz, daß die Rechtsbehelfe des *mortgagee* nicht geteilt geltend gemacht werden können (*indivisibility of mortgagee's powers and remedies*)[541]. Wird dennoch nur ein Teil des Pfandrechts übertragen, so wird der ursprüngliche *mortgagee* für diesen Teil *trustee* für den Erwerber oder es wird eine *sub-mortgage* bestellt[542]. Mit Zustimmung des *mortgagor* kann auch die *mortgage* in zwei oder mehr Pfandrechte aufgeteilt werden[543].

Die Zustimmung des *mortgagor* muß grundsätzlich nicht eingeholt werden. Davon ausgenommen ist der Fall, daß es sich bei dem übertragenden Rechts-

---

540 s. 114 *Law of Property Act* 1925.
541 Fisher and Lightwood's Law of Mortgage, S. 267.
542 Hubbard, Securisation and Unitisation of Real Estate Worldwide, S. 228.

träger um eine *local authority* handelt[544]. Eine Besonderheit gilt weiterhin bei *Building Society mortgages*. Aufgrund der speziellen Beziehung zwischen *mortgagor* und *Building Society* kann im Regelfall ein Pfandrecht nicht übertragen werden[545].

Ein Sonderfall der rechtsgeschäftlichen Übertragung liegt vor, wenn bei Tilgung der gesicherten Summe der *mortgagor* die Übertragung an einen Dritten statt Tilgung der *mortgage* verlangt[546]. Dieses Recht wird jedoch beschränkt, wenn der *mortgagee* sich in Besitz befindet oder einmal befunden hatte (*in possession*) und hierfür bei Gericht keinen Beschluß eingeholt hatte[547]. Denn dann haftet der *mortgagee* für alle Handlungen jedes Erwerbers[548]. Das Verlangen des *mortgagor*, das Pfandrecht zu übertragen, schützt ihn nur diesem Erwerber gegenüber, nicht jedoch gegenüber zwischenzeitlich eingegangenen Belastungen, wenn er die Zustimmung der Inhaber nicht eingeholt hat[549].

Im Regelfall wird der *mortgagor/debtor* von der Übertragung durch den Erwerber in Kenntnis gesetzt. Es handelt sich zwar nicht um eine Wirksamkeitsvoraussetzung, doch geschieht dies im Interesse des Erwerbers. Der Schuldner kann zwar grundsätzlich seine Schuld nur noch dem Erwerber (*assignee*) gegenüber begleichen, doch wenn er keine Kenntnis von der Abtretung/Übertragung

543 Fisher and Lightwood's Law of Mortgage, S. 266.
544 s. 7 (1) *Local Government Act* 1986.
545 *Re Rumney and Smith* [1897] 2 Ch. 351, 359, CA; *Sun Building Society v. Western Suburban and Harrow Road Building Society* [1921] 2 Ch. 438, CA.
546 s. 95 (1) *Law of Property Act* 1925; vgl. dazu auch unten K.I.1.d).
547 s. 95 (3) *Law of Property Act* 1925.
548 *Hall v. Heward* (1886) 32 Ch.D. 430, 435.
549 *Re Magneta Time Co. Ltd.* (1915) 113 L.T. 986.

hat, kann er die Tilgung der *mortgage* auch gegenüber dem ursprünglichen *mortgagor* verlangen[550].

In den Sicherungsvereinbarungen aus jüngerer Zeit finden sich häufig Klauseln, mit denen das Recht des *mortgagee*, das Grundpfandrecht zu übertragen, beschränkt oder sogar ganz ausgeschlossen wird. Denn der Schuldner und Sicherungsgeber bezieht bei der Vergabe der Sicherheit in seine Überlegungen häufig die Person des Sicherungsnehmers ein und möchte nicht plötzlich mit seinem Grundstück für einen schwer kalkulierbaren Dritten haften[551].

2. Verpfändung (Bestellung einer *sub-mortgage*)

Der *mortgagee* kann seine *mortgage*, die ja einen *legal estate* bzw. *interest* darstellt, durch Bestellung einer *sub-mortgage* belasten. Belastungsgegenstand ist dann nicht das *freehold*- oder *leasehold*-Recht des (ersten) *mortgagor*, sondern das Grundpfandrecht. Es handelt sich also um eine *mortgage* der *mortgage*.

Die *sub-mortgage* wird bestellt, indem eine *sub-lease/sub-demise* oder einer *legal charge* gewährt wird[552]. Dazu ist der *mortgagee* berechtigt, da er ein *term of years* hat. Das Recht des Unterpfandgläubigers muß um einen Tag kürzer als des Recht des *mortgagee* bemessen sein. Daneben vereinbaren die Parteien regelmäßig eine *covenant to pay*, um auch einen persönlichen Haftungsgrund für die Forderung zu schaffen, die durch die *sub-mortgage* gesichert wird,

---

550 *Re Lord Southampton's Estate, Allen v. Lord Southampton* (1880) 16 Ch.D. 178.
551 Burgess, JBL 1996, 247, 248.
552 s. 89 *Law of Property Act* 1925.

sowie die Abtretung der Forderung der ursprünglichen *mortgage* unter der Bedingung der Ablösung der *sub-mortgage*[553].

Obwohl der *legal chargee* ansonsten dem *legal mortgagee* gleichgestellt wird, kann er, da er kein *term of years* inne hat, keine *sub-lease* erteilen. Behelfen kann er sich jedoch damit, daß er die *mortgage*-Forderung auf den *sub-mortgagee* abtritt unter der Bedingung eines Ablösungsrechts[554].

Durch die Bestellung einer *sub-mortgage* erhält der *sub-mortgagee* die Stellung eines Erwerbers der *mortgage*. Ihm stehen dessen Verwertungsrechte zu.

Handelt es sich bei dem zu verpfändenden Sicherungsrecht um eine *registered charge*, muß die *subcharge* in der gleichen Weise bestellt werden, muß also insbesondere registriert werden[555].

3. Übertragung kraft Gesetzes

Eine *mortgage* kann auch kraft Gesetzes übergehen.

a) Tod des *Mortgagee*

Stirbt der bisherige *mortgagee*, wird der Testamentsvollstrecker/ Nachlaß-verwalter (*personal representative*) kraft Gesetzes Inhaber der *mortgage*[556].

---

553 Fisher and Lightwood's Law of Mortgage, S. 273.
554 Burn, Cheshire and Burn's Modern Law of Real Property, S. 668.
555 r. 164 (1) *Land Registration Rules* 1925.
556 s. 1 (1), 3 (1)(ii) *Administration of Estates Act* 1925.

b) Insolvenz des *Mortgagee*[557]

Wird über das Vermögen einer natürlichen Person Konkurs eröffnet, gehen alle Rechte dieser Person einschließlich der Rechtsstellung als *mortgagee* auf den *trustee* über[558].

Wird hingegen eine Gesellschaft insolvent, bleibt diese grundsätzlich Inhaber dieser Rechte. Diese werden aber durch den *liquidator* ausgeübt. Ist die Gesellschaft aufgelöst worden (*dissolution*), wird die *mortgage* ein herrenloses Recht (*bona vacantia*), das der Krone zufällt[559].

Bei Insolvenzverfahren im weiten Sinn gilt, daß es nicht zu einem Wechsel der Rechtsinhaberstellung kommt. Der jeweils eingesetzte Verwalter hat jedoch das Recht, bei Vorliegen aller Voraussetzungen das Grundpfandrecht zu verwerten.

II. Verfügungen über deutsches Grundpfandrecht

1. Rechtsgeschäftliche Übertragung

a) Hypothek

Aufgrund ihrer Akzessorietät geht die Hypothek gem. § 1153 BGB mit der Abtretung der Forderung gem. §§ 398 ff. BGB auf den neuen Gläubiger über. Forderung und Hypothek können grundsätzlich nicht unabhängig voneinander übergehen, da das Koppelungsverhältnis zwingend vorgeschrieben ist. Verboten ist eine Abtretung der Forderung ohne die Hypothek. Die Hypothek selbst kann

---

557 Ausführlich wird das englische Insolvenzverfahren unter J.I.2. dargestellt.

558 s. 306 *Insolvency Act* 1989.

grundsätzlich nicht rechtsgeschäftlich übertragen werden; sie geht immer kraft Gesetzes auf den Erwerber der Forderung über[560].

Eine Ausnahme hiervon bildet der Fall, daß ein als Hypothekengläubiger eingetragener Nichtberechtigter die dem Berechtigten zustehende Forderung zusammen mit der Hypothek an einen gutgläubigen Erwerber abtritt; dieser erwirbt gem. § 1138 BGB mit der Hypothek die Forderung. Ansonsten käme es zu der unerwünschten Verdoppelung des Gläubigerrechts[561]. Der Grund liegt darin, daß sich das Öffentlichkeitsprinzip auch auf die Forderung erstreckt[562]. Auch bei der Höchstbetragshypothek kann gem. § 1190 Abs. 4 BGB die Forderung ohne die Hypothek übertragen werden[563].

Die Abtretungserklärung gem. § 1154 Abs.1, 2 BGB ist schriftlich zu fassen oder im Grundbuch einzutragen. Zusätzlich ist bei einer Briefhypothek die Übergabe des Hypothekenbriefs erforderlich. An die Stelle der Eintragung ins Grundbuch tritt eine Kette von beglaubigten Abtretungserklärungen. Bei einer Buchhypothek muß die Verpfändung im Grundbuch eingetragen werden, § 1154 Abs. 3 BGB. Eine gewisse Erleichterung besteht aber insoweit, als Zwischenerwerber nicht eingetragen werden müssen.

---

559 s. 654 *Companies Act* 1985.
560 § 1153 Abs. 2 iVm. § 1154 BGB; Staudinger/Wolfsteiner, § 1153 Rn. 1.
561 Palandt/Bassenge § 1153 Rn. 2.
562 Staudinger/Wolfsteiner, § 1153 Rn. 12.

b) Grundschuld

Wegen ihrer Nichtakzessorietät können Grundschuld und Forderung unabhängig voneinander übertragen werden. Anders als bei der Hypothek werden Verfügungen direkt über das dingliche Recht selbst getroffen[564]. Die Möglichkeit, die Grundschuld isoliert zu übertragen, macht sie für den Verkehr besonders wertvoll. Der Sicherungsnehmer ist aber aufgrund des Sicherungsvertrages häufig verpflichtet, vor Fälligkeit der Forderung nur beide gemeinsam zu übertragen. Ein Verstoß gegen diese schuldrechtlichen Verpflichtung führt zwar nicht zur Unwirksamkeit der Verfügung. Der Sicherungsgeber kann aber nach § 404 BGB die Einrede erheben, die Forderung nur Zug um Zug gegen Rückgewähr der Grundschuld zu erfüllen, sowie nach § 1157 BGB hinsichtlich der Grundschuld[565]. Erwirbt ein Dritter die Grundschuld gutgläubig, kann der Sicherungsgeber die Einrede nicht erheben. Häufig ist die Forderung aber nach dem Sicherungsvertrag von der Sicherheit abhängig. Der Gefahr für den Sicherungsgeber, wenn ein Dritter die Grundschuld gutgläubig erwirbt, wird durch eine schuldrechtliche Vereinbarung begegnet, nach der die isolierte Abtretung der Forderung nur mit Einverständnis des Sicherungsgebers statthaft ist. Bei einer Vertragsverletzung hat er einen Anspruch gegen den früheren Sicherungsnehmer.

---

563 Staudinger/Wolfsteiner, § 1153 Rn. 11, zu weiterer Ausnahme s. Rn. 17.

564 Staudinger/Wolfsteiner, Vorbem. zu §§ 1191 ff..

2. Verpfändung

Eine Hypothek wird auf die gleiche Weise verpfändet wie sie übertragen wird. D.h. die Verpfändung der Forderung bewirkt eine Verpfändung der Hypothek ebenso wie die Belastung der Hypothek mit einem Pfandrecht ohne die Forderung grundsätzlich nichtig ist.

Für die Grundschuld gilt wiederum, daß sie unabhängig von der Forderung verpfändet werden kann, wenn keine anderweitige Vereinbarung getroffen worden ist.

3. Übergang kraft Gesetzes

Mit dem Tod des Grundpfandrechtsinhabers geht die Immobiliarsicherheit als Teil der Erbschaft auf den oder die Erben nach §§ 1922 ff. BGB durch gesetzliche oder gewillkürte Erbfolge über.

Wird der Inhaber einer Immobiliarsicherheit insolvent und ein Insolvenzverwalter wird eingesetzt, so ist dieser zwar verpflichtet und befugt, gewisse Verfügungen über das zur Insolvenzmasse gehörende Vermögen vorzunehmen, aber er tritt nicht in die Rechtsstellung des Inhabers ein. Dies gilt unabhängig davon, ob es sich beim Konkursschuldner um eine natürliche oder eine juristische Person handelt.

---

[565] Baur/Stürner, Sachenrecht, S. 459.

III. Vergleich

Bei der Hypothek geht das Grundpfandrecht zwingend mit der Forderung über. Eine entsprechende Übertragungsakzessorietät gibt es bei der englischen Immobiliarsicherheit nicht. Das Recht kann anders als die Hypothek isoliert von der Forderung übertragen werden. Insofern besteht eine Ähnlichkeit mit der Grundschuld, die auch unabhängig von einer Forderung übertragen werden kann. Häufig ist die Forderung aber nach dem Sicherungsvertrag von der Sicherheit abhängig. Das gilt auch für die *mortgage*. Der Gefahr für den Sicherungsgeber, wenn ein Dritter die Grundschuld gutgläubig erwirbt, wird durch eine schuldrechtliche Vereinbarung begegnet, nach der die isolierte Abtretung nur mit Einverständnis des Sicherungsgebers statthaft ist. Bei einer Vertragsverletzung hat er einen Anspruch gegen den früheren Sicherungsnehmer.

Bei der Verpfändung des Grundpfandrechts, die einen Unterfall der Verfügung darstellt, gelten die gleichen Grundsätze. Beim Übergang kraft Gesetzes bei Eintritt des Erbfalls wird der Erbe als Rechtsnachfolger Inhaber des Grundpfandrechts. Wegen der unterschiedlichen Ausgestaltung des Insolvenzrechts tritt nur der englische Insolvenzverwalter einer natürlichen Person in die Reststellung des Konkursschuldners ein, während im deutschen Recht nicht nur eine juristische Person Inhaber der Vermögensgegenstände bleibt. Der Insolvenzverwalter kann aber faktisch diese Stellung ausüben, da er bestimmte Verfügungsbefugnisse über zur Masse gehörige Vermögensgegenstände hat.

G. Rechtsstellung des Sicherungsgebers
I. Rechtsstellung des *Legal Mortgagor*

Die folgenden Ausführungen zur Rechtsstellung des *legal mortgagor* gelten gleichermaßen für den Besteller einer *charge by way of legal mortgage* gem. s. 85 *Law of Property Act* 1925. Einige Rechte stehen dem *mortgagor* unabhängig von der Pfandreife zu, andere erst nach deren Eintritt.

1. Vor Eintritt der Pfandreife
a) Recht bezüglich der Grundstücksurkunden

Während der Laufzeit der *mortgage* hat der *mortgagor* dem *mortgagee* gegenüber, der die *title deeds* aufbewahrt, den Anspruch, diese einzusehen. Er kann auf eigene Kosten davon Kopien oder Auszüge machen[566].

b) Verpachtung bzw. Vermietung des Grundstückes bzw. eines Gebäudes

Vor dem Eintritt der Pfandreife hat der *mortgagor* kraft Gesetzes das Recht, das belastete Grundstück zu verpachten oder zu vermieten (*lease*)[567]. Da der *mortgagee* an den Vertrag gebunden ist, kann es zu Problemen bei der Verwertung des Grundstückes kommen. Die Vorschrift ist aber dispositiv[568]. In der Praxis wird daher häufig in die *mortgage deed* eine Klausel aufgenommen, wonach die Zustimmung des Pfandrechtsgläubigers zum Abschluß eines Pacht-

---

566 s. 96 (1) *Law of Property Act* 1925.
567 s. 99 *Law of Property Act* 1925.
568 Snell's Equity, S. 402.

oder Mietvertrages erforderlich ist oder dieses Recht des *mortgagor* ganz ausgeschlossen wird[569].

2. Nach Eintritt der Pfandreife

Die Pfandreife tritt ein, sobald die gesicherte Forderung nach den Bestimmungen der *mortgage deed* fällig wird. Dem *mortgagor* steht zum einen ein Ablösungsrecht aus dem Vertrag nach den Regeln des *Common law* zu. Zum anderen kann er sich auf das übervertragliche Ablösungsrecht berufen, das die *Equity*-Rechtsprechung geschaffen hat.

a) Gesetzliches oder vertragliches Ablösungsrecht (*Legal or Contractual Right to Redeem*)

Das gesetzliche Ablösungsrecht des *mortgagor* entsteht mit der Fälligkeit der zurückzuzahlenden Forderung und besteht nach dem *Common law* nur bis zu dem Tag, an dem die Frist für die Rückzahlung der Schuld abläuft. Dies gilt unabhängig davon, ob eine Frist schon bei Bestellung der *mortgage* festgelegt wurde oder erst auf Anfordern eine Frist gesetzt worden ist.

Häufig wird ein frühes Rückzahlungsdatum bestimmt. Üblich sind historisch bedingt sechs Monate, selbst wenn Hauptforderung und Zinsen auf Raten zu zahlen sind[570]. Da dem Schuldner ohnehin noch ein billigkeitsrechtliches

---

569 Forryan/Kolkemann/Ross, Vereinigtes Königreich, in: Der Realkredit in den Ländern der EG, hrsg. v. Welter/Breier/Ketzel, S. 303, 323; Brink/Habel, Recht der Kreditsicherheiten, Teil IV: England, Anm. 288.

570 Sheridan, Rights in Security, S. 31; Fisher and Lightwood's Law of Mortgage, S. 546.

Einlösungsrecht zusteht, wird eine längere Frist nicht für notwendig erachtet. Das gesetzliche Ablösungsrecht spielt deshalb auch keine große Rolle[571].

Wird in die Bestellung der *mortgage* kein Rückzahlungstermin bestimmt, so wird eine Klausel eingefügt, daß der Kredit auf Verlangen rückzahlbar ist. Das hat zur Folge, daß die Schuld erst zum Zeitpunkt des Verlangens fällig wird[572].

Hält der Schuldner den Rückzahlungstermin nicht ein, erlischt sein gesetzliches Ablösungsrecht, ohne daß es auf den Grund für den Verzug ankäme.

b) Billigkeitsrechtliches Ablösungsrecht (*Equitable Right to Redeem*)
aa) Entstehung

Ist das Ablösungsrecht nach *Common law* erloschen, bleibt dem *mortgagor* noch das *equitable right to redeem*. Es entsteht nicht bereits zusammen mit dem vertraglichen Ablösungsrecht, sondern erst, wenn dieses nicht mehr geltend gemacht werden kann. Beide Rechte schließen sich daher gegenseitig aus.

bb) Ausübung des Ablösungsrechts[573]

Da es sich um ein *equitable right* handelt, muß sich der *mortgagor* bei Ausübung des übervertraglichen Ablösungsrechts auch an die Grundsätze der *Equity* halten[574].

---

571 Brink/Habel, Recht der Kreditsicherheiten, Teil IV: England, Anm. 292.
572 Sheridan, Rights in Security, S. 31.
573 vgl. hierzu ausführlicher K.I.1a).

Zunächst muß der *mortgagor* den *mortgagee* von seiner Ablösungsabsicht eine angemessene Zeit vorher in Kenntnis setzen oder zum Ausgleich für den entsprechenden Zeitraum Zinsen zahlen. Damit soll dem *mortgagee* ausreichend Zeit geben werden, eine andere Anlagemöglichkeit zu finden. Welcher Zeitraum als angemessen anzusehen ist, hängt vom Einzelfall ab. Im Regelfall, in dem der Kredit auf Dauer angelegt ist, geht man von entweder sechs Monaten oder einer Zinszahlung für sechs Monate aus[575]. Ist die *mortgage* dagegen nur als vorübergehende Sicherheit gedacht, ist es nicht erforderlich den *mortgagee* zu benachrichtigen[576]. Das gleiche gilt, wenn der *mortgagee* zu erkennen gegeben hat, daß er die Rückzahlung des gesicherten Darlehens beansprucht[577] oder Schritte unternommen hat, um mit der Verwertung der Sicherheit zu beginnen[578].

Sobald die gesetzte Frist abgelaufen ist, kann der *mortgagor* von seinem Ablösungsrecht Gebrauch machen[579].

cc) *Consolidation*

Die *doctrine of consolidation* ist ein Grundsatz der *Equity*, der das billigkeitsrechtliche Ablösungsrecht beschränkt und bis zum *Conveyancing Act* 1881 automatisch zwischen den beiden Parteien galt[580].

---

574 Snell's Equity, S. 397.
575 *Johnson v. Evans* (1889) 61 L.T. 18; *Cromwell Property Investment Co. Ltd. v. Western and Toovey* [1934] Ch. 3244.
576 *Fitzgerald's Trustee v. Mellers* [1892] 1 Ch. 385.
577 *Edmondson v. Copland* [1911] 2 Ch. 301.
578 *Bovill v. Endle* [1896] 1 Ch. 648.
579 vgl. zur Ausübung des Ablösungsrechts K.I.1b).
580 Sheridan, Rights in Security, S. 36; Cheshire and Burn's Modern Law of Real Property, S. 706.

Nach dieser Regel kann ein Gläubiger, zu dessen Gunsten von demselben Schuldner zwei (oder mehrere) *mortgages* bestellt wurden, diese beiden Pfandrechte gegen den Schuldner zum Zweck der Ablösung verbinden. Das bedeutet, daß der *mortgagee* die angebotene Rückzahlungssumme und damit die Auslösung der einen *mortgage* so lange berechtigt verweigern kann, bis auch die andere *mortgage* abgelöst worden ist. Durch diese Regel wird dem *mortgagee* ein Ausgleich zum billigkeitsrechtlichen Ablösungsrecht des *mortgagor* gewährt. Die Rechtsprechung hat das *right to consolidate* ursprünglich für die Fälle entwickelt, in denen der Grundpfandrechtsbesteller zuerst das eine Grundstück ablösen wollte, dessen Wert gewachsen war, während ein anderes mit einer weiteren *mortgage* belastetes Grundstück, dessen Ablösung ebenfalls fällig war, an Wert verloren hatte[581].

Nach dem heute geltenden Recht ist ein *right to consolidate* ausge-schlossen, soweit nicht eine gegenteilige Absicht der Parteien erkennbar ist[582]. Klauseln, mit denen dieses Recht des *mortgagee* festgelegt wird, sind jedoch üblich. Aufgenommen worden sind entsprechende Bestimmungen insbesondere in den Richtlinien der *Building Societies*[583].

Nach der *doctrine of consolidation* müssen vier Bedingungen erfüllt sein, damit das Recht geltend gemacht werden kann. Zunächst muß bei beiden *mortgage*s die Frist für das gesetzliche Ablösungsrecht abgelaufen sein[584]. Weiterhin müssen die Grundpfandrechte von ein und derselben Person bestellt worden

581 Cheshire and Burn's Modern Law of Real Property, S. 704.
582 s. 93 (1) *Law of Property Act* 1925.
583 Sheridan, Rights in Security, S. 37; Snell's Equity, S. 400.
584 *Cummins v. Fletcher* (1879) 14 Ch.D. 699.

sein[585]. Außerdem muß sich aus mindestens einer der Bestellungsvereinbarungen die Absicht ergeben, daß eine Konsolidierung möglich sein soll[586]. Schließlich muß es einen Zeitpunkt gegeben haben, zu dem auf der einen Seite beide *mortgages* einer Person gehörten und auf der anderen Seite die *equities of redemption* einer Person zustanden[587]. Sie müssen also nicht ursprünglich zugunsten des betroffenen *mortgagee* bestellt worden sein. Es reicht aus, wenn dies bei Geltendmachen seines Rechts der Fall ist[588]. Daß der Inhaber der *equity of redemption* ein anderer als der *mortgagor* sein kann, wird damit begründet, daß im Zeitpunkt seines Erwerbs das *right to consolidate* bereits durchsetzbar war und dem Erwerber bekannt ist, daß die *equity of redemption* dieser Haftung unterliegt[589].

dd) Erlöschen

Das *equitable right to redeem* erlischt durch Veräußerung des Verwertungsgegenstandes, durch eine Verfallserklärung (*order for foreclosure absolute*)[590], durch Verzichtserklärung des Verpfänders und durch Verjährung[591]. Letztere tritt nach s. 7 des *Real Property Limitation Act* 1980 zwölf Jahre nach dem Zeitpunkt ein, zu dem der *mortgagee* das Grundstück in Besitz genommen hat. Schließlich erlischt das Recht auch, wenn der *mortgagor* die gesicherte Forderung getilgt hat[592].

585 *Sharp v. Rickards* [1909] 1 Ch. 109.
586 s. 93 *Law of Property Act* 1925.
587 *Pledge v. White* [1896] A.C. 187, 198; Sheridan, Rights in Security, S. 37.
588 Fisher and Lightwood's Law of Mortgage, S. 534 ff..
589 Cheshire and Burn's Modern Law of Real Property, S. 705.
590 vgl. unten H.I.2.b).
591 Goode, Commercial Law, S. 692.
592 vgl. unten K.I.1c).

c) kein Ausschluß des billigkeitsrechtlichen Ablösungsrechts (*no clog or fetter on the equitable right to redeem*)

Die *mortgage deed* darf aufgrund einer gefestigten *Equity*-Rechtsprechung keine Klausel enthalten, wonach das *equitable right to redeem* ausgeschlossen oder seine Ausübung praktisch unmöglich wird[593]. Damit sollen die Rechte des Grundpfandrechtsbestellers geschützt werden, da man ihn im Laufe der historischen Entwicklung der *mortgage* stets als die schwächere der beiden Parteien ansah[594]. Würde das Ablösungsrecht ausgeschlossen oder könnte es tatsächlich nicht ausgeübt werden, käme die Bestellung der *mortgage* der Übertragung am Grundstückseigentum gleich[595]. Ursprünglich gingen die Gerichte so weit, jeglichen Vorteil, der über die Rückzahlung des Darlehens mit Zinsen hinausging (*collateral advantage*), als ungültig zu betrachten[596]. Da der Zinssatz durch Wuchergesetze begrenzt war, wurde jeder zusätzliche Vorteil als eine Umgehung dieser Gesetze angesehen[597].

Diese Regel gilt nicht mehr uneingeschränkt. Die neuere Rechtsprechung ist zu einer eher restriktiven Handhabung übergegangen. Das *House of Lords* hat entschieden, daß es nun keine Regel der *Equity* mehr gäbe, die dem *mortgagee* verbieten könne, einen *collateral advantage* zu vereinbaren, vorausgesetzt dieser Vorteil ist (1) weder unfair und unzumutbar (2) noch seiner Natur nach eine Vertragsstrafe darstellt, mit der die *equity of redemption* gehemmt wird,

---

593 *Howard v. Harris* (1683) 1 Vern. 190; *Salt v. Marquis of Northampton* [1892] A.C. 1.
594 Gray, Elements of Land Law, S. 947.
595 Snell's Equity, S. 394.
596 *Kreglinger v. New Patagonia Meat and Cold Storage Co. Ltd.* [1914] A.C. 25.
597 Snell's Equity, S. 394.

(3) noch unvereinbar bzw. im Widerspruch mit dem vertraglichen und billigkeitsrechtlichen Ablösungsrecht ist[598].

Als zulässig werden demnach solche Einschränkungen angesehen, die nicht Teil der Grundpfandrechtsbestellung sind, sondern etwa eine Bedingung für den Erhalt des zu sichernden Darlehens darstellen[599]. Statthaft ist beispielsweise eine Vereinbarung, mit der sich der *mortgagor* eines Wirtshauses verpflichtet, für die Dauer der Sicherheit Getränke nur beim *mortgagee* abzunehmen[600]. Ungültig ist es nach Auffassung der Rechtsprechung hingegen, wenn die Getränkeabnahmeverpflichtung über die Dauer der *mortgage* hinausgeht[601]. Auch eine Kaufoption, die zur gleichen Zeit wie das gesicherte Darlehen vereinbart wird, ist ein *clog* (Hindernis)[602]. Erwirbt der *mortgagee* dagegen das Kaufrecht erst nach diesem Zeitpunkt, wird das billigkeitsrechtliche Ablösungsrecht nicht beeinträchtigt[603].

Bei einer Vereinbarung, mit der die Fälligkeit der Ausübung des Ablösungsrechts hinausgeschoben wird (*postponed*), die ja üblicherweise bereits sechs Monate nach Bestellung eintritt, hängt die Gültigkeit vom Einzelfall ab. Während die frühere Rechtsprechung einen Aufschub von maximal fünf oder sieben Jahre zuließ, hat der *Court of Appeal* später entschieden, daß jeder be-

598 „... *which precludes a mortgagee, whether the mortgage be made upon the occasion of a loan or otherwise, from stipulating for any collateral advantage, provided such advantage is either (1) unfair and unconscionable, or (2) in the nature of a penalty clogging the Equity of redemption, or (3) inconsistent with or repugnant to the contractual and equitable right to redeem*"; so Lord Parker in *Kreglinger v. New Patagonia Meat and Cold Storage Co. Ltd.* [1914] A.C. 25, 61.

599 *Kreglinger v. New Patagonia Meat and Cold Storage Co. Ltd.* [1914] A.C. 25; *Re Petrol Filling Station, Vauxhall Bridge Road, London* (1968) 20 P. & C.R. 1.

600 *Biggs v. Hoddinott* [1898] 2 Ch. 307.

601 *Noakes & Co. Ltd. v. Rice* [1902] A.C. 24.

602 *Samuel v. Jarrah Timber and Wood-Paving Corporation Ltd.* [1904] A.C. 323.

liebige Zeitraum statthaft ist, solange nur keine Umstände auf eine unzulässige Beeinflussung (*undue influence*) oder Nötigung (*duress*) hinweisen. In diesem speziellen Fall wurde ein Aufschub von vierzig Jahren zugelassen[604].

d) Verjährungsfrist

Nach dem *Real Property Limitation Act* 1980 unterliegt die *equity of redemption,* zu der auch das billigkeitsrechtliche Ablösungsrecht des Schuldners gehört, einer Verjährungsfrist von 12 Jahren. Die Frist beginnt in dem Zeitpunkt zu laufen, in dem das belastete Grundstück durch den *mortgagee* in Besitz genommen wird.

II. Rechtsstellung des *Equitable Mortgagor* und *Equitable Chargor*

Die Rechtsstellung des *equitable mortgagor* weicht nicht von der des *legal mortgagor* ab. Insbesondere wird auch ein vertragliches Ablösungsrecht vereinbart, auf das bei Fristversäumung das billigkeitsrechtliche Ablösungsrecht folgt.

Anders als bei der *charge by way of legal mortgage* überträgt das Gesetz auf den *equitable chargor* nicht die Rechte des *mortgagor.* In der Sicherungsvereinbarung wird jedoch ein Ablösungsrecht vereinbart. Da bei einer *charge* aber kein Teil des Grundstücksrechts bedingt von der *equity of redemption* übertragen wird, gibt es kein billigkeitsrechtliches Ablösungsrecht[605].

---

603 *Orby v. Trigg* (1722) 9 Mod. 2; *Reeve v. Lsile* [1902] A.C. 461.
604 *Knightsbridge Estates Trust Ltd. v. Byrne* [1939] Ch. 441.
605 Snell's Equity, S. 448.

III. Rechtsstellung des deutschen Sicherungsgebers

1. Vor Eintritt der Pfandreife

Der deutsche Sicherungsgeber kann bis zum Eintritt des Verwertungsfalles über das belastete Grundstück frei verfügen. Das heißt er kann es auch verpachten und den Pachtzins selbst einziehen. Die Grundpfandrechtshaftung erstreckt sich erst dann auf die Miet- und Pachtzinsforderungen, wenn der Sicherungsnehmer den Weg der Zwangsverwaltung wählt. Eine Zwangsversteigerung schränkt hingegen die freie Übertragbarkeit des Sicherungsgebers nicht ein[606]. Er kann auch Grundstückszubehör veräußern und vom Grundstück entfernen, solange die betroffenen Gegenstände vom Sicherungsnehmer noch nicht beschlagnahmt worden sind[607]. Überhaupt kann er das Grundstück genauso nutzen wie vor der Belastung, soweit nicht die Rechte des Sicherungsnehmers gefährdet werden. Diesem stehen dann aber bestimmte Rechte zu, damit er der Gefährdung seiner Sicherheit entgegenwirken kann[608].

2. Nach Eintritt der Pfandreife

Der Besteller eines deutschen Grundpfandrechts ist gem. § 1142 Abs.1 BGB berechtigt, die gesicherte Forderung zu befriedigen, sobald diese ihm gegenüber fällig geworden ist. Fällig wird die gesicherte Forderung entweder gemäß der Vereinbarung oder nachdem der Schuldner den Darlehensvertrag gekündigt hat[609]. Sind Schuldner und Eigentümer des belasteten Grundstücks nicht

606 § 21 Abs. 2 ZVG; Schimansky/Bunte/Lwowski, Bankrechts-Handbuch, Bd. II, § 94 Rn. 81

607 § 1120 BGB; §§ 20, 22, 27, 146 ZVG.

608 §§ 1133-1135 BGB.

609 § 1141 BGB.

identisch, entsteht das Befriedigungsrecht, sobald der persönliche Schuldner zur Leistung berechtigt ist.

Befriedigungsabreden sind nach § 1149 BGB unzulässig, solange die gesicherte Forderung nicht fällig ist. Damit soll die Handlungsfreiheit des Eigentümers geschützt werden. Das Befriedigungsrecht ist Teil des Eigentumsrechts. Dagegen ist eine Verfügungsverpflichtung, die nach Eintritt der Fälligkeit getroffen worden ist, statthaft[610].

Die Fälligkeit tritt bei Hypothek und gesicherter Forderung regelmäßig gleichzeitig ein. Die Hypothek wird fällig durch Zeitablauf oder Kündigung. Üblicherweise hat das gesicherte Darlehen eine bestimmte Dauer, z.B. zwölf, fünfzehn oder zwanzig Jahre. Bei der Grundschuld wird die Grundschuldsumme nach der Bestimmung in der Sicherungsvereinbarung gem. §§ 1193 Abs. 2, 1192 Abs. 1, 1147 BGB fällig. Handelt es sich nicht um eine sofort fällige Grundschuld, dann tritt die Fälligkeit erst nach vorheriger Kündigung nach. § 1193 Abs. 1 BGB ein. Die Kündigungsfrist beträgt sechs Monate. Möglich ist es aber auch, die sofortigen Fälligkeit zu vereinbaren. Dies muß aber ins Grundbuch eingetragen werden.

IV. Vergleich

Vor der Pfandreife können Sicherungsgeber in England wie in Deutschland grundsätzlich frei über das belastete Grundstück verfügen. Der Grundpfand-

---

610 Palandt/Bassenge, § 1149 Rn. 1.

rechtgeber kann das Grundstück auch grundsätzlich vermieten bzw. verpachten, ohne daß es der Zustimmung des Sicherungsnehmers bedürfte. In der englischen Praxis wird aber häufig eine Klausel eingebaut, die die Zustimmung des Sicherungsnehmers erfordert oder die Vermietung ganz ausschließt.

In beiden Rechtsordnungen erhält der Grundpfandrechtgeber die Gelegenheit, das als Sicherheit eingesetzte Grundstück wieder abzulösen. Ein Unterschied besteht aber insoweit, als das gesetzliche Ablösungsrecht in England dem Grundsatz nach schon sehr bald nach Bestellung des Grundpfandrechts entsteht und erlischt, während deutsche Immobiliarsicherheiten regelmäßig eine lange Laufzeit haben. Wann die Pfandreife eintritt richtet sich im englischen Recht nach der Vereinbarung in der *mortgage deed.* Zulässig ist ein Aufschub von bis zu 40 Jahren, so daß eine lange Laufzeit erreicht werden kann. Im deutschen Recht entsteht das Befriedigungsrecht mit Fälligkeit der Forderung, wenn also idR. der Darlehensvertrag gekündigt worden ist. Er kann daher den Zeitpunkt der Ablösung selbst wählen.

In England wird das kurze gesetzliche Ablösungsrecht ausgeglichen durch das billigkeitsrechtliche Ablösungsrecht, eine Schöpfung der *Equity*, die grundsätzlich nicht eingeschränkt werden darf. Auch das deutsche Befriedigungsrecht kann nicht durch Abreden beschränkt werden, die die Handlungsfreiheit des Eigentümers einschränken. Dagegen sind Verfügungen zulässig, die nicht Teil der Grundpfandrechtsbestellung sind. In England gilt dies für Abreden, die nach der Bestellung vereinbart worden sind, in Deutschland nur für nach Eintritt der Pfandreife getroffene Befriedigungsabreden. In dieser Hinsicht werden die Interessen des deutschen Sicherungsgebers stärker geschützt.

Ein dem *right to consolidate* vergleichbares Institut kennt das deutsche Recht nicht. Rechtlich besteht hierfür keine Notwendigkeit, da es sich um eine Folge des billigkeitsrechtlichen Ablösungsrecht handelt.

Damit ist die Rechtsstellung des Bestellers eines englischen und eines deutschen Grundpfandrechts weitestgehend vergleichbar.

H. Rechtsstellung des Sicherungsnehmers
I. Rechtsstellung des *Legal Mortgagee*

Die Ausführungen zur Rechtsstellung des *legal mortgagee* gelten kraft Gesetzes auch für den Inhaber einer *legal charge by way of legal mortgage*[611].

Das englische Recht hat eine recht liberale Einstellung gegenüber Selbsthilfemaßnahmen des *mortgagee*[612]. Von den verschiedenen Rechten (*remedies*), die dem *mortgagee* zur Verfügung stehen, ist grundsätzlich nur das Recht aus der Verfallserklärung (*foreclosure*) zwingend an ein gerichtliches Verfahren gebunden. Eine Ausnahme hiervon besteht aus Gründen des Verbraucherschutzes, soweit durch das Grundpfandrecht eine Forderung abgesichert wird, die unter den *Consumer Credit Act* 1974 fällt[613].

1. Vor Eintritt der Pfandreife
a) Recht auf Aufbewahrung der Grundstücksurkunden

Der erstrangige *mortgagee* eines nicht registrierten Grundstücks hat das Recht, die *title deeds* aufzubewahren und wird sogar deren Eigentümer[614]. Der Grund liegt darin, daß der *mortgagee* ansonsten der Gefahr ausgesetzt wäre, daß der *mortgagor* sein Grundstücksrecht entweder verkauft oder erneut belastet, ohne daß der Dritte von der bestehenden *mortgage* Kenntnis hätte[615]. Der Besitz der

---

611 ss. 87, 88 *Law of Property Act* 1925.
612 Goode, RabelsZ 44 (1980) 674, 691.
613 s. 126 *Consumer Credit Act* 1974, *Consumer Credit Regulations*, Ord. 49, r. 4 (11); vgl. Chitty on Contracts, Rn. 3793, 3800; Gray, Elements of Land Law, S. 964.
614 ss. 85 (1), 86 (1) *Law of Property Act* 1925.
615 Cheshire and Burn's Modern Law of Real Property, S. 703.

title deeds hat Auswirkungen auf den Rang der *mortgage* bei unregistrierten Grundstücken[616].

Im Falle eines registrierten Grundstücks gibt es keine *title deeds*. Für den *mortgagee* wird aber ein vergleichbarer Schutzeffekt erreicht[617]. Läßt der Eigentümer ein Grundpfandrecht zugunsten des *chargee* eintragen, muß er sein *land certificate* beim *Land Registry* hinterlegen[618]. Für den Inhaber des Grundpfandrechts wird daraufhin ein *charge certificate* ausgestellt[619].

b) Schutz der Sicherheit

In die *mortgage deed* wird üblicherweise das Recht des *mortgagee* aufgenommen, auch vor Eintritt der Pfandreife das belastete Grundstück untersuchen und gegebenenfalls Reparaturmaßnahmen durchführen zu können, um den Erhalt der Sicherheit zu schützen[620].

Die Rechtsprechung hat zudem die Doktrin der Substanzverletzung durch übermäßigen Gebrauch (*doctrine of waste*)[621] entwickelt. Danach kann der *mortgagee* mit einer gerichtlichen Verfügung (*injunction*)[622] verhindern, daß der *mortgagor* den Wert seiner Sicherheit mindert, indem er die Substanz des Grundstücks verschlechtert[623]. Eine Substanzverschlechterung wird insbe-

---

616 vgl. zur Wahrung der Rangfolge einer erstrangigen *mortgage* an einem nicht registrierten Grundstück und zum seit 1.4.1998 geltenden Eintragungszwang A.IV.3b) und E.II.2a)bb).
617 Gray, Elements of Land Law, S. 981.
618 Cousins, The Law of Mortgages, S. 201.
619 s. 27 *Land Registration Act* 1925.
620 Hapgood, Paget's Law of Banking, S. 580.
621 Halsbury's Laws of England, Vol.32, para.613.
622 *Usborne v. Usborne* (1740) 1 Dick. 75.
623 Cousins, The Law of Mortages, S. 206.

sondere angenommen, wenn Gegenstände entfernt werden, die zum Haftungsverband der Sicherheit gehören[624] und für die kein Wegnahmerecht besteht[625].

c) Recht auf Inbesitznahme (*Right of Possession*)
aa) Inhalt und Voraussetzungen

Das Recht, das Grundstück in Besitz zu nehmen, gehört ebenso wie das später beschriebene Verfallsverfahren (*foreclosure*)[626] schon seit mehreren Jahrhunderten zum Instrumentarium des *mortgagee*[627]. Traditionsgemäß wurde der Anspruch auf Inbesitznahme als absoluter Ausdruck der Rechte des *mortgagee* betrachtet[628].

Wird eine *legal mortgage* durch ein *term of years* bestellt, so erhält der *mortgagee* gem. ss. 85-87 *Law of Property Act* 1925 automatisch aufgrund der Vereinbarung des *lease* das Recht zur Inbesitznahme. Das Recht wohnt dem Pfandrecht inne, so daß grundsätzlich keine Beteiligung des Gerichts erforderlich ist. Es steht ihm sofort nach Begründung der *mortgage* zu, ohne daß diese fällig sein müßte oder etwa das Grundstück durch den Grundpfandrechtgeber gefährdet würde[629]. Gerichtlich durchgesetzt werden[630] muß das Recht nur dann, wenn es kraft Gesetzes oder häufig durch Vereinbarung angeordnet wird[631].

---

624 *Ellis v. Glover and Hobson Ltd.* [1908] 1 K.B. 388.
625 Gray, Elements of Land Law, S. 17 f..
626 vgl. unten H.I.2.b).
627 Smith, Property Law, S. 549; vgl. zB. Blackstone, Commentaries on the Laws of England, Vol. II, S. 158.
628 Bamforth, CLP 1996, 207, 232.
629 In dem Fall *Four Maids Ltd. v. Dudley Marshall (Properties) Ltd.* [1957] Ch. 317, 320 sagte Judge Harman, daß der *mortgagee* zur Inbesitznahme berechtigt ist, „... *before the ink is dry*."
630 Smith, Property Law, S. 549.

Das Besitzrecht muß vom *mortgagee* in gutem Glauben (*bona fide*) ausgeübt werden. Es darf von ihm z.B. nicht dazu benutzt werden, um auf diesem Wege Mieter hinauszukündigen, die an sich durch die Mietgesetzgebung (*Rent Acts*) geschützt werden[632].

Handelt es sich um eine *charge by way of legal mortgage*, liegt eigentlich kein *lease* vor, da dieser ja nur zusammen mit der *mortgage* vereinbart wird. Jedoch bestimmt s. 87 (1) *Law of Property Act* 1925, daß der *chargee* die gleichen Rechte wie der *mortgagee* hat.

Obwohl der *mortgagee* bereits mit der Bestellung des Pfandrechts das Grundstück in Besitz nehmen könnte, bleibt der *mortgagor* in der Praxis von mehr als drei Jahrhunderten regelmäßig der Besitzer[633]. Bemerkenswert ist, daß diese Tatsache nie gesetzlich anerkannt wurde[634]. Die Gerichte tragen jedoch der Erwartung der Pfandrechtsbesteller, im Besitz zu bleiben, Rechnung. So gestattet man dem *mortgagor*, sobald der *mortgagee* den Besitz beansprucht, schon vor der eigentlichen Entstehung des gesetzlichen Ablösungsrechts die Ablöse zu zahlen[635].

bb) Wirkungen

Macht der Gläubiger das Recht zur Inbesitznahme geltend, kann er das Grundstück entweder tatsächlich zur eigenen Nutzung in Besitz nehmen oder aber nur

---

631 *Western Bank Ltd. v. Schindler* [1977] Ch. 1.
632 *Quennell v. Maltby* [1979] 1 W.L.R. 318.
633 Turner, Equity of Redemption, S. 90; Blackstone, Commentaries on the Laws of England, Vol. II, S. 159.
634 Smith, Property Law, S. 550.

die Mieterträge und sonstigen Früchte aus dem Grundstück verlangen und so dem *mortgagor* tatsächlich die Kontrolle entziehen[636]. Der *mortgagee* kann jedoch nicht alle Mieteinnahmen verlangen. Dieses Recht erstreckt sich nur auf die Mietverträge, die bereits im Zeitpunkt des Abschlusses der Grundpfandrechtsbestellung bestanden oder die später mit seiner Zustimmung abgeschlossen wurden[637]. Behält der *mortgagor* den Besitz und hat er von seinem gesetzlichen Vermietungsrecht Gebrauch gemacht, so gilt der Mietvertrag als mit dem *mortgagee* abgeschlossen[638].

Die Einnahmen aus dem Grundstück sind vom *mortgagee* in der folgenden Reihenfolge anzuwenden. Zunächst werden von der Summe die Verwaltungskosten abgezogen[639]. Was dann übrig bleibt, dient der Befriedigung der Sicherungsschuld und der Zinsen[640].

cc) Einschränkung

Das Recht zur Inbesitznahme kann aus verschiedenen Gründen eingeschränkt oder sogar ausgeschlossen sein.

Einmal kann es durch den Pfandrechtsinhaber ausdrücklich oder stillschweigend im Vertrag ausgeschlossen worden sein[641]. Häufig wird das Inbesitznahmerecht für einen bestimmten Zeitraum oder bis der *mortgagor* in

---

635 Smith, Property Law, S. 550.
636 *Mexborough U.D.C. v. Harrison* [1964] 1 W.L.R. 733.
637 *Re Ind Coope & Co. Ltd.* [1911] 2 Ch. 223.
638 *Municipal Permanent Investment B.S. v. Smith* (1888) 22 Q.B.D. 70.
639 s. 18 *Law of Property Act* 1925.
640 Snell's Equity, S. 410.
641 *Western Bank Ltd. v. Schindler* [1977] Ch. 1.

Verzug gerät, eingeschränkt, wenn der gesicherte Kredit in Raten (*installments*) zurückgezahlt werden soll[642].

Früher enthielt die Vereinbarung einer *mortgage* an einem Wohnhaus häufig eine sog. *attornment clause*. Der *mortgagor* war bereits im Besitz des Hauses und sollte es auch bleiben. Mit der Klausel wurde ein nominelles Mietverhältnis zwischen Grundpfandrechtnehmer und -besteller hergestellt. Im Rahmen eines summarischen Verfahrens konnte er in einem *justices' warrant* die Kündigung durch seine Stellung als Vermieter auf schnelle und billige Weise erwirken. Der *mortgagee* mußte dem nominellen Mieter dann die Kündigung zustellen, bevor er das Recht zur Inbesitznahme ausüben durfte. Durch Änderung der Rechtslage ist die Klausel an sich obsolet geworden[643]. Der *Small Tenements Recover Act* 1838, wurde 1965 aufgehoben. Seitdem wurde den *mortgagees* die Möglichkeit eines summarischen Verfahrens allgemein eröffnet[644]. Dennoch wurde der Klausel auch später noch durch die Rechtsprechung Bedeutung für den Fall beigemessen, daß der *mortgagee* als Vermieter und Rechtsnachfolger des *mortgagor* (*assignees*) diesen aufgrund der *mortgage*-Vereinbarung verklagen kann[645]. Zudem findet sich die Klausel als Relikt noch immer in manchen *mortgage deeds*[646].

---

642 *Hinckley and South Leicestershire Permanent B.S. v. Freeman* [1941] Ch. 32; Snell's Equity, S. 406.

643 Fisher and Lightwood's Law of Mortgage, S. 54; Snell's Equity, S. 407.

644 ss. 35 (5), 52 (1) *Rent Act* 1965; 7th Sched., Pt. II; S. I. 1972 No. 1161.

645 Snell's Equity, S. 407.

646 Brink/Habel, Recht der Kreditsicherheiten, Teil IV: England, Anm.289.

Für den Fall, daß an dem Grundstück ein *overriding interest* besteht, das ein Besitzrecht zum Inhalt hat[647], schließt s. 70 (1) *Law of Property Act* 1925 eine Inbesitznahme aus.

Eingeschränkt werden kann das Recht auf Besitzergreifung auch durch ein Gericht[648]. Dieses hat entweder aufgrund einer allgemeinen Vorschrift das Ermessen, ein Verfahren, das vom Gläubiger eingeleitet wurde, vorläufig auszusetzen, oder muß sogar aufgrund spezieller Vorschriften selbst ein Verfahren in Gang setzen. In der Praxis ruft der *mortgagee* daher meist zuerst das Gericht an, auch wenn er dazu nicht verpflichtet ist. Denn es ist anzunehmen, daß der *mortgagor*, soweit er selbst in Besitz des Grundstückes ist, nicht ohne Rechtsstreit nachgeben wird[649]. Zudem will sich der *mortgagee* nicht dem Vorwurf eines Hausfriedensbruchs (*trespass*) aussetzen, weil er den Besitz durch Ausübung seines Rechts möglicherweise rechtswidrig an sich genommen hat[650].

Aber selbst wenn der *mortgagee* auf eigene Initiative das Gericht zur Einräumung des Besitzes einschaltet, kann er nicht ohne weiteres von einer Entscheidung zu seinen Gunsten ausgehen. Ein Gericht, das mit einem Verfahren auf Inbesitznahme eines belasteten Grundstücks befaßt ist[651], muß von Gesetzes wegen eingreifen, soweit sich auf dem Grundstück ein genutztes Wohnhaus (*dwelling-house*) befindet[652]. Das Gericht[653] kann dann nach seinem Ermessen

647 vgl. E.II.2d)bb).

648 Zuständig ist der *High Court* oder wenn es innerhalb dessen Streitgegenstandswerts liegt, auch der *County Court*.

649 Smith, Property Law, S. 559.

650 s.6 (1) *Criminal Law Act* 1977; Goode, Commercial Law, S. 690.

651 Das ist nicht der Fall, wenn es sich um ein *foreclosure*-Verfahren handelt, bei welchem auch *possession* beansprucht wird; vgl. Tyler, NLJ 1970, 829, 831.

652 s. 36 *Administration of Justice Act* 1970; vgl. hierzu Hapgood, Paget's Law of Banking, S. 581.

nicht nur das Verwertungsverfahren blockieren, indem es dem *mortgagee*[654] sein Recht verweigert, den Besitz des Grundstückes zu ergreifen, sondern auch die Vollstreckung eines Urteils aussetzen[655]. Voraussetzung ist jedoch, daß der *mortgagor* in absehbarer Zeit den Kredit zurückzahlen kann oder die Verletzung der *mortgage*-Vereinbarung beseitigen wird[656]. Es soll ihm also noch einmal die Möglichkeit gegeben werden, seinen Zahlungsverzug auszugleichen[657]. Mit dieser Regelung soll dem *mortgagor* Rechnung getragen werden, der sich nach englischer Auffassung in einer schwächeren Position befindet und vor der Härte des Inbesitznahmerechts geschützt werden soll[658].

In bestimmten Fällen ist die Anrufung eines Gerichts erforderlich. Das ist insbesondere dann der Fall, wenn die *mortgage* unter den *Consumer Credit Act* fällt[659], der den Schutz des Eigentümers bei Bestellung nachrangiger Grundpfandrechte bezweckt[660].

Das Recht auf Inbesitznahme wird nicht dadurch ausgeschlossen, daß der *mortgagor* einen aufrechenbaren Gegenanspruch geltend macht[661]. Wenn die sonstigen beschriebenen Gründe für eine Einschränkung nicht eingreifen, kann er nur noch einwenden, daß die Sicherheit nach *Common law* nichtig ist oder

---

653 Der *County Court* ist ausschließlich zuständig, soweit nicht eine in s. 37 *Administration of Justice Act* 1970 aufgeführte Ausnahme greift.

654 Unter *mortgage* ist auch eine *charge* zu verstehen; vgl. Tyler, NLJ 1970, 829, 830.

655 s. 36 (1), (2) *Administration of Justice Act* 1970.

656 s. 36 (3), (4) *Adminstration of Justice Act* 1970.

657 Tyler, NLJ 1970, 829.

658 *Habib Bank v. Tailor* [1982] 3 All E.R. 561.

659 ss. 8 (3), 15 (2), 189 (1), 126 *Consumer Credit Act* 1974.

660 Gray, Elements of Land Law, S. 964.

661 *Mobil Oil Co. Ltd. v. Rawlinson* (1981) 43 P & CR 221; *National Westminster Bank Plc v. Skelton* [1993] 1 W.L.R. 72.

nach den Grundsätzen der *Equity* wegen Betrug, unzulässiger Beeinflussung u.a. anfechtbar ist[662].

Das Recht zur Inbesitznahme kann auch aus Haftungsgründen praktisch eingeschränkt sein. Denn das Recht zur Inbesitznahme ist für den Inhaber des Pfandrechts auch mit Nachteilen verbunden[663]. Er schuldet dem Pfandrechtsbesteller und jedem, der ein Recht an der *equity of redemption* hat[664], Rechenschaft für die „ordnungsgemäße Verwaltung" des Grundstücks und unterliegt einer strengen Haftung (*strict duty to account*)[665]. Sie erstreckt sich nicht nur auf die tatsächlichen Mieteinnahmen und sonstigen Früchte, sondern darüber hinaus auch auf den Betrag, der aufgrund seiner Nachlässigkeit („*wilful default*") nicht erwirtschaftet worden ist[666]. Der *mortgagee* haftet also für den Ausfall, wenn er das Grundstück hätte verpachten können, es aber unterlassen oder aber nicht den vollen Mietbetrag von zahlungsfähigen Mietern eingefordert hat[667]. Die strenge Haftung, mit der die ordnungsgemäße Bewirtschaftung des Grundstückes abgerechnet wird und der Gläubiger für den Zustand des Grundstückes verantwortlich ist, läßt daher viele Inhaber von ihrem Recht Abstand nehmen[668]. Nimmt ein *mortgagee* sein Recht dann doch in Anspruch, dann regelmäßig erst bei Verzug des *mortgagor* mit der Rückzahlung des Kredits, d.h. erst mit Eintritt der Pfandreife. Von Nutzen ist das Recht zur Inbesitznahme insbesondere, wenn ein mit einem Wohnhaus bebautes Grund-

---

662 Miller/Klein, SoJo 1995, 1154.

663 vgl. die ausführliche Darstellung von Adeoye, JBL 1993, 544, 545 ff..

664 Dazu zählen insbesondere nachrangige *mortgagees*, von denen er Kenntnis hat; vgl. Hapgood, Paget's Law of Banking, S. 582.

665 *White v. City London Brewery* (1889) 42 Ch.D..

666 *Chaplin v. Young* (1864) 33 Beav 330, *White v. City of London Brewery Co.* (1889) 42 Ch. D. 237.

667 *Noyes v. Pollock* (1886) 32 Ch. D. 53, 61.

668 Hapgood, Paget's Law of Banking, S. 582.

stück zur Verwertung verkauft werden soll[669]. Der Grund hierfür ist offensichtlich. Es ist praktisch unmöglich, ein bebautes Grundstück zu verkaufen, das noch von Dritten bewohnt wird, da der Käufer an den Mietvertrag gebunden wäre[670]. Daher ist das *right of possession*, anders als das ebenfalls traditionsreiche *foreclosure*-Verfahren, immer noch von Bedeutung[671]

2. Nach Eintritt der Pfandreife: Verwertung der Sicherheit
a) persönliche Haftung (*Action on the Personal Covenant to Pay*)

Abgesehen von seinen Rechten aus der Stellung als *mortgagee* kann der Gläubiger auch regelmäßig einen Anspruch aus einem *covenant to pay* gerichtlich mit einer Klage durchsetzen und daraus vollstrecken. Dabei handelt es sich um eine Klausel, die häufig ausdrücklich in die *mortgage deed* aufgenommen wird, und mit der sich der *mortgagor* verpflichtet, für die Hauptschuld, d.h. die Darlehenssumme und die anfallenden Zinsen persönlich zu haften. Sobald das festgelegte Datum für die Rückzahlung abgelaufen ist und die Forderung damit fällig ist, kann der *mortgagee* klagen[672]. Die persönliche Forderung wird durch den *covenant* zu einer *specialty debt* gemacht, d.h. eine Schuld in der Form einer besiegelten Urkunde. Diese Form eröffnet die Möglichkeit zu einem besonders schnellen Vollstreckungsverfahren[673]. Bei registrierten Grundstücken geht das Gesetz von der Existenz einer solchen Klausel aus[674]. Ist daher der

---

669 Goode, Commercial Law, S. 690; Adeoye, JBL 1993, 544, 552 f..
670 Riddall, Introduction to Land Law, S. 407.
671 Smith, Property Law, S. 549.
672 Cheshire and Burn's Modern Law of Real Property, S. 690; Halsbury's Laws of England, Vol. 32, paras. 811 ff..
673 Schlegelberger, Rechtsvergleichendes Handwörterbuch für das Zivil- und Handelsrecht des In- und Auslandes, Bd. III, Predari, S. 309.
674 s. 28 (1) *Land Registration Act* 1925.

mortgagor nicht gewillt, zusätzlich eine persönliche Haftung einzugehen, muß er einen Ausschluß des *covenant* in das *land register* eintragen lassen[675].

Von Bedeutung ist die Aufnahme dieser zusätzlichen persönlichen Haftungsklausel insbesondere für den Fall, daß der *mortgagor* auch dann weiterhin dem *mortgagee* persönlich haftet, wenn er das belastete Grundstücksrecht an einen Dritten übereignet hat[676]. Sinnvoll ist die Klausel auch, soweit der *mortgagor* nicht identisch mit dem Schuldner der gesicherten Forderung ist. Die Aufnahme des *covenant* in die *mortgage deed* bewirkt dann, daß für den *mortgagor* auch eine persönliche Haftung hinzukommt, die ansonsten nicht bestehen würde.

Die persönliche Haftung des *mortgagor* aus der Klausel besteht bei Übertragung der *mortgage* nicht gegenüber dem Erwerber[677]. Er ist dem *mortgagor* sogar zur Entschädigung verpflichtet (*indemnification*), wenn der ursprüngliche *mortgagee* aus dem *covenant* vorgeht[678].

Das Recht aus dem *covenant to pay* steht dem *mortgagee* auch dann zu, wenn er mit dem Verkauf des Grundstücks nicht den vollständigen ihm geschuldeten Betrag erreicht hat[679]. Er kann in Höhe des finanziellen Verlusts klagen. Das ist nicht möglich, wenn das *foreclosure*-Verfahren[680] bereits abgeschlossen ist. Den fehlenden Differenzbetrag kann der *mortgagee* nur geltend machen, wenn er dem *mortgagor* ein Ablösungsrecht einräumt[681].

---

675 Hapgood, Paget's Law of Banking, S. 580, Fn. 20.
676 Cheshire and Burn's Modern Law of Real Property, S. 690.
677 *Re Errington* [1894] 1 Q.B. 11.
678 Snell's Equity, S. 415.
679 Gray, Elements of Land Law, S. 1026.
680 vgl. H.I.2.b).
681 Smith, Property Law, S. 548.

Häufig wird der *mortgagor* jedoch nicht in der Lage sein, den Kredit zurückzuzahlen. Deshalb wird der *mortgagee* in der Regel auf seine Verwertungsbefugnisse aus der *mortgage* zurückgreifen. Ihm stehen die *foreclosure*, die Verwertung durch Verkauf, Inbesitznahme des Grundstücks[682] sowie Bestellung eines Verwalters (*receiver*) zur Verfügung.

b) Rechte aus der Verfallserklärung (*Right of Foreclosure*)
aa) Inhalt und Entwicklung

Der *mortagee* kann das gerichtliche *foreclosure*[683]-Verfahren einleiten, um eine Verfallserklärung zu erreichen. Dadurch wird eine Ausschlußfrist für das *equitable right to redeem* bestimmt.

Das *right of foreclosure* war von der *Equity*-Rechtsprechung entwickelt worden, um das billigkeitsrechtliche Ablösungsrecht einzuschränken[684]. Da man den *mortgagor* als besonders schutzwürdig einschätzte, war das Ablösungsrecht so ausgestaltet worden, daß ohne die *foreclosure* dem *mortgagor* das Ablösungsrecht zeitlich beinahe unbegrenzt zugestanden hätte. Folglich hätte der *mortgagee* den Kredit niemals zurückerhalten, oder aber er hätte das belastete Grundstück nie erhalten, obwohl der *legal estate* ja schon auf ihn übertragen worden war.

---

682 Dieses besteht grundsätzlich unabhängig vom Eintritt der Pfandreife; vgl. H.I.1.c).

683 Das Wort „*foreclosure*" hat seinen Ursprung im rechtsfranzösichen Ausdruck "*forclos*". Es wurde zunächst benutzt, um den Ausschluß eines bestimmten Rechts von der Erbschaft zu beschreiben; vgl. Markson, NLJ 1979, 33.

684 Blackstone, Commentaries on the Laws of England, Vol. II, S. 159; Cousins, The Law of Mortgages, S. 11.

Anstelle des Rechts aus der Verfallserklärung wäre für die Verwertung ein Verkaufsrecht ausreichend. Für die *mortgage* war damals aber noch diese auflösend bedingte Eigentumsübertragung charakteristisch[685].

Sobald das billigkeitsrechtliche Ablösungsrecht entstanden war, konnte der Gläubiger bei Gericht als Ausgleich eine Verfallserklärung beantragen, mit dem Inhalt, daß das Ablösungsrecht beendet werden sollte. Sprach das Gericht dann ein *decree of foreclosure* aus, erhielt der *mortgagee* das unbedingte Eigentum am sichernden Grundstück. Statt eines *decree* wurde der Verkauf des Grundstückes angeordnet, wenn sein Wert die Höhe des Kredits wesentlich überstieg. Damit sollte verhindert werden, daß der *mortgagee* das *foreclosure*-Verfahren als Schikane benutzte. Überhaupt wurde das Recht zur *foreclosure* vom Gericht wegen seiner einschneidenden Folge besonders restriktiv gehandhabt[686].

Seit 1925 hat der Pfandrechtsinhaber nicht mehr das uneingeschränkte Eigentum am Grundstück, sondern lediglich im Falle eines *freehold* ein *long term of years* und im Falle eines *leasehold* ein Unterpachtverhältnis[687]. Die Konsequenz ist, daß die Anordnung einer Verfallserklärung alleine nicht mehr nur das billigkeitsrechtliche Ablösungsrecht ausschaltet. Ss. 88 (2) und 89 (2) *Law of Property Act* 1925 ordnen nun die Übertragung des vollständigen Rechts auf den Gläubiger an, ohne daß dem Pfandrechtsbesteller ein Ausgleich gezahlt werden muß.

---

685 Sykes, The Law of Securities, S. 46.

686 Markson, NLJ 1979, 33.

687 Anders hingegen bei einer *mortgage* an einer beweglichen Sache: hier erhält der Pfandrechtsinhaber das Eigentum, während dem Besteller weiterhin nur das *equitable interest* der *equity of redemption* bleibt.

bb) Verfahren

Der Gesetzgeber hat an einem gerichtlichen Verfahren festgehalten, da das Recht aus der Verfallserklärung für den *mortgagor* die drastischsten Folgen für ihn hat[688]. Das Verfahren setzt sich aus zwei Teilen zusammen.

Zuerst beantragt der *mortgagee* ein *decree of foreclosure* bei der *Chancery*-Abteilung des *High Court of Justice*[689]. Durch ein *order nisi* bestimmt das Gericht, daß die *equity of redemption* verfällt, wenn der *mortgagor* die Schuld innerhalb einer gewissen Frist, die meist sechs Monate beträgt, nicht zurückzahlt[690].

Ist dieser Fall eingetreten, so erläßt das Gericht im zweiten Teil des Verfahrens ein *order absolute*, mit dem das Eigentum am Grundstück auf den *mortgagee* übertragen wird[691]. Für registrierte Grundstücke ist das *foreclosure*-Verfahren erst mit der Löschung des eingetragenen Pfandrechts und Eintragung des Gläubigers als Alleineigentümer beendet[692].

cc) Entstehungsvorrausetzung

Das Verfahren kann nur eingeleitet werden, wenn als materielle Entstehungsvoraussetzung für das Recht auf eine Verfallserklärung die *mortgage* und die gesicherte Forderung fällig ist und der *mortgagor* mit der Zahlung in Verzug

688 Gray, Elements of Land Law, S. 1028.
689 Halsbury's Laws of England, Vol. 32, paras. 859 ff..
690 Halsbury's Laws of England, Vol. 32, paras. 884 ff.; Fisher and Lightwood's Law of Mortgage, S. 426.
691 Halsbury's Laws of England, vol. 32, paras. 880 ff..

gerät. Fälligkeit tritt meist ein, sobald der vertraglich vereinbarte Zeitpunkt der Rückzahlung verstrichen ist. Dieser Zeitpunkt ist regelmäßig auf sechs Monate nach der Bestellung des Pfandrechts festgelegt, selbst wenn die Hauptforderung in Raten zurückzuzahlen ist[693]. Das billigkeitsrechtliche Ablösungsrecht und die Berechtigung zur Verfallserklärung entstehen meist gleichzeitig mit Ablauf dieser Frist. Wurde vereinbart, daß die *mortgage* auf jederzeitiges Verlangen rückzahlbar ist, entsteht das Recht auf *foreclosure* mit der Geltendmachung des Rückzahlungsverlangens. Häufig hat der *mortgagee* sein Recht aber unter der Bedingung gestundet, daß der *mortgagor* die anstehenden Zinsen zahlt[694].

dd) Einschränkung

Die *foreclosure* kann durch das Gericht zum Schutze des *mortgagor* eingeschränkt werden. S. 91 *Law of Property Act* 1925 ermächtigt das Gericht zum Verkauf anstelle des Erlasses einer Verfallserklärung (*sale in lieu of foreclosure*). Ein Verkauf wird dann angeordnet werden, wenn der Wert der Sicherheit die gesicherte Schuld erheblich übersteigt[695]. Hat dagegen der Kredit einen höheren Wert als das Grundstück, dann kann der *mortgagee* den fehlenden Differenzbetrag nur geltend machen, wenn er dem *mortgagor* ein Ablösungsrecht zugesteht[696]. Ansonsten wird angenommen, daß mit der

---

692 s. 34 (3) *Land Registration Act* 1925.

693 Fisher and Lightwood's Law of Mortgage, S. 545.

694 *Bonham v. Newcomb* (1683) 1 Vern. 214.

695 s. 91 (2) *Law of Property Act* 1925; *Arab Bank plc. V. Mercantile Holdings plc.* [1994] 2 W.L.R. 307; vgl. auch Snell's Equity, S. 432; Cheshire and Burn's Modern Law of Real Property, S. 701.

696 Smith, Property Law, S. 548.

Verfallserklärung und Erwerb des Eigentums der Gläubiger ausreichend befriedigt ist[697].

Gem. s. 36 *Adminstration of Justice Act* 1970 in der Fassung von 1973 liegt es auch im Ermessen des Gerichts, das Verfahren aus anderen Gründen auszusetzen.

Selbst wenn der *mortgagee* ein *order absolute* erreicht hat, kann das Verfahren durch das Gericht unter Umständen wieder eröffnet werden. Dies wurde z.B. bei einer Schuld angenommen, die im Wert erheblich unter dem Wert des Grundstückes lag[698]. Das Verfahren wird sogar dann wieder eröffnet, wenn das Grundstück in der Zwischenzeit an eine dritte Person veräußert worden ist[699]. Für einen *foreclosed estate* werden sich daher zunächst kaum Käufer finden lassen. Ein vorausschauender *mortgagee* wird deshalb in den seltensten Fällen sein Recht auf *foreclosure* geltend machen[700].

Der praktische Wert eines *order absolute* wird weiterhin dadurch eingeschränkt, daß der *mortgagee* nicht automatisch den Besitz am Grundstück erhält. Er muß dann erst ein Räumungsverfahren anstrengen, soweit der *mortgagor* nicht freiwillig den Besitz am Grundstück aufgibt[701].

---

697 Goode, Commercial Law, S. 692.
698 *Lancashire Yorkshire Reversionary Interest Co Ltd v. Crowe* (1970) 114 Sol Jo 435.
699 *Campell v. Holyland* (1877) 7 Ch.D. 166.
700 vgl. auch Adeoye, JBL 1993, 544, 560.
701 Adeoye, JBL 1993, 544, 559.

War der *mortgagee* länger als zwölf Jahre in Besitz des Grundstückes, ohne das Verfahren in Gang zu setzen, geht das *right of foreclosure* durch Verjährung unter[702].

Vom *right of foreclosure* machen die Gläubiger nur noch selten, wenn überhaupt Gebrauch, da sich das Verfahren wegen der weitgehenden gerichtlichen Befugnisse häufig in die Länge ziehen würde[703]. Zudem ist es im Vergleich zu einem außergerichtlichen Verkauf oder Ernennung eines *receivers* kostenintensiver[704]. Da das Verfahren wieder eröffnet werden kann, verschafft es dem *mortgagee* oder dem Käufer des Rechts auch nicht unbedingt eine endgültige Rechtsstellung[705]. Die abnehmende Bedeutung der *foreclosure* hängt auch mit den Vorteilen des Verkaufsrechts zusammen[706]. Es wird daher diskutiert, ob das *foreclosure*-Verfahren nicht ganz abgeschafft werden soll[707].

c) Verkaufsrecht (*Power of Sale*)
aa) Inhalt und Entwicklung

Ursprünglich hatte der *mortgagee* weder nach *Common law* noch *Equity* ein Recht, das belastete Grundstücksrecht frei von Rechten des *mortgagor* zu verkaufen. Ihm blieb zwar die Möglichkeit, die *mortgage* zu veräußern, doch wenn der *mortgagor* bereits mit der Rückzahlung in Verzug war, ließen sich kaum Interessenten finden. Zwar gab es bereits das Recht aus der Verfallserklärung, aber wegen des zeit- und kostenintensiven Verfahrens war dies nicht recht

702 s. 16 *Real Property Limitation Act* 1980.
703 *Palk v. Mortgage Services Funding plc* [1993] Ch. 330, 336: „*...almost unheard of today...* ."
704 Snaith, Law of Corporate Insolvency, 7.32, S. 145.
705 Adeyoe, JBL 1993, 544, 559.
706 Sheridan, Rights in Security, S. 80.

befriedigend für den *mortgagee*. Daher wurde zunehmend ein Verkaufsrecht von den Parteien vereinbart[708].

Eine gesetzliche Grundlage fand das Recht, das Grundstück zu verkaufen, erstmals in ss. 101 (1), (3) *Law of Property Act* 1925. Daneben kann es auch weiterhin als vertragliches Recht vereinbart werden. In den meisten Fällen wird jedoch das gesetzliche Verkaufsrecht in Anspruch genommen, ohne daß ein Gericht eingeschaltet wird[709].

Der *mortgagee* kann zwischen Versteigerung und freihändigem Verkauf wählen. Er muß daher nicht erst eine entsprechende Anordnung des Gerichts abwarten. Eine Ausnahme gilt nur für den Fall, daß der *mortgagee* bereits ein *order nisi for foreclosure* erwirkt hat oder der *mortgagor* in Konkurs gefallen ist[710].

bb) Voraussetzungen
(1) Entstehen des Verkaufsrechts

Damit das Recht aus s. 101 (1) *Law of Property Act* 1925 entsteht, müssen folgende Voraussetzungen erfüllt werden:

Die *mortgage* muß durch eine *deed*, also eine gesiegelte Urkunde, bestellt worden sein. Die Rückzahlungsfrist für die Kreditschuld ist zudem ergebnislos

---

707 Law Com. No. 204, para. 7.27.
708 Hapgood, Paget's Law of Banking.
709 Cousins, The Law of Mortgages, S. 230.
710 s. 110 (1) *Law of Property Act* 1925.

abgelaufen. Aus der Urkunde ist auch keine abweichende Vereinbarung der Parteien ersichtlich.

(2) Ausübung des Verkaufsrechts

Geltend gemacht werden kann das Verkaufsrecht jedoch erst, wenn eine der in s. 103 *Law of Property Act* 1925 aufgeführten Bedingungen erfüllt ist:
Die Anzeige, mit der der *mortgagor* zur Zahlung aufgefordert wird, ist zugestellt worden, und innerhalb von drei Monaten nach Zustellung ist keine Zahlung erfolgt. Alternativ ist der *mortgagor* mit der Zinszahlung aus der *mortgage* im Verzug und diese Zinsen sind seit zwei Monaten fällig. Schließlich kann das Verkaufsrecht auch dann ausgeübt werden, wenn eine andere Regelung, die in die *mortgage deed* aufgenommen worden ist, oder eine Vorschrift des *Law of Property Act* 1925 nicht beachtet worden ist. In der *mortgage deed* können diese einschränkenden Voraussetzungen für die Geltendmachung des Verkaufsrechts zugunsten des *mortgagee* aber ausgeschlossen werden. Hiervon wird in der Praxis auch häufig Gebrauch gemacht[711].

Im Falle eines registrierten Grundstück ist weiterhin erforderlich, daß der *mortgagee* als Inhaber des Grundpfandrechts im *land register* eingetragen ist[712].

Eine praktische Voraussetzung für die Durchsetzbarkeit des Verkaufsrechts ist in aller Regel die Erlangung des Besitzes an dem Sicherungsgegenstand. Solange der *mortgagor* noch in Besitz des Grundstückes ist, wird die Voll-

711 Hapgood, Paget's Law of Banking, S. 583, Fn. 2.
712 *Lever Finance Ltd. v. L.N. and H.M. Needleman's Trustee* [1956] Ch. 375, 382; Hapgood, Paget's Law of Banking, S. 583, Fn. 2.

streckung erschwert. Daher werden diese beiden Vollstreckungsarten meist kombiniert angewandt. Dabei handelt es sich um die gängigste Art der Vollstreckung in das Vermögen eines Schuldners[713].

(3) Pflichten des *mortgagee* und Rückgängigmachung des Verkaufs

Nicht das Gesetz, sondern die Gerichte haben dem *mortgagee* Pflichten auferlegt, die er bei Ausübung seines Verkaufsrechts beachten muß. Sichergestellt werden soll der Ausgleich der Interessen des *mortgagee*, die Forderung so schnell wie möglich zu befriedigen, und des *mortgagor*, den vollen Preis für das Grundstück zu erlangen[714].

Zunächst muß der *mortgagee* nach Treu und Glauben (*in good faith* oder *bona fide*) handeln, soweit die Entstehungs- und Durchsetzungsvoraussetzungen für das Verkaufsrecht betroffen sind. Es trifft den *mortgagee* die Pflicht, gegenüber dem *mortgagor* Sorgfalt walten zu lassen. Darunter fällt insbesondere die Pflicht, das Grundstück mindestens zum Marktwert zu verkaufen[715]. Handelt es sich bei dem *mortgagee* um eine *Building Society*, muß sogar der bestmögliche Preis erzielt werden[716]. Allerdings soll der *mortgagee* nach der Rechtsprechung nicht verpflichtet sein, den Verkauf aufzuschieben, bis er einen höheren Erlös erhalten kann[717]. Ihn trifft auch keine Pflicht, das Grundstück öffentlich

---

713 Snaith, Law of Corporate Insolvency, 7.30, S. 144

714 Forryan/Kolkmann/Ross, Vereinigtes Königreich, in: Der Realkredit in den Ländern der EG, hrsg. v. Welter/Breier/Ketzel, S. 303, 327.

715 *Cuckmere Brick Co. Ltd. v. Mutual Finance Ltd.* [1971] Ch. 649; *Palk v. Mortgage Services Funding plc* [1993] 2 W.L.R. 415; Halsbury's Laws of England, Vol. 4 (1), para. 772.

716 *Building Societies Act* 1986, Sched.4, para. 1; vgl. auch *Bishop v. Bonham* [1988] 1 W.L.R. 742.

717 *Bank of Cyprus (London) Ltd. v. Gill* (1986) 279 Estates Gazette 1355; *China and South Bank Ltd. v. Tan Soon Gin* [1990] 1 A.C. 536.

versteigern zu lassen[718]. Solange der *mortgagee* also wie ein sorgfältiger Verkäufer (*prudent vendor*) vorgeht, das Grundstück wie dieser ordnungsgemäß bewerten läßt und auf dem Markt anbietet, verstößt er gegen keine Sorgfaltspflicht.

Der *mortgagee* kann das Grundstück nicht unmittelbar oder durch einen Vertreter erwerben, da er gegen die Sorgfaltspflicht verstoßen würde[719]. Ein solcher Kauf kann vom Sicherungsgeber wieder rückgängig gemacht werden[720]. Würde der *mortgagee* mit sich selbst einen Vertrag schließen, wären keine unabhängige Verhandlungen wie unter Dritten möglich[721]. Zulässig ist aber die Veräußerung an eine Firma, an der er beteiligt ist, soweit der Pfandrechtsinhaber gutgläubig handelt und einen angemessen hohen Preis erzielt[722].

Verstößt der *mortgagee* gegen diese Pflichten, ergeben sich folgende Konsequenzen. Hat er rücksichtslos (*careless*) gehandelt, indem er z.B. nicht ausreichend Sorgfalt hat walten lassen, um den Marktpreis zu erzielen, ist der *mortgagor* in Höhe der Differenz zu einem Schadensersatz berechtigt[723]. Hat der *mortgagee* mit Arglist (*equitable fraud*) gehandelt oder hat er zusammen mit dem Käufer des Grundstückes in Kollusion zusammengewirkt, kann die Übertragung sogar rückgängig gemacht werden[724]. Es reicht auch aus, wenn der

718 Hapgood, Paget's Law of Banking, S. 585.
719 Robinson, Conv. 53 (1989) 336, 337.
720 *Martinson v. Clowes* (1882) 21 Ch.D. 857.
721 *Farrar v. Farrars Ltd.* (1888) 40 Ch.D. 395, 404, 409.
722 *Tsi Kwong Lam v. Wong Chit Sen* [1983] 3 All E.R. 54 PC.
723 Gray, Elements of Land Law, S. 1026; s. 104 (2) *Law of Property Act* 1925; vgl. Hapgood, Paget's Law of Banking, S. 583.
724 *Tsi Kwong Lam v. Wong Chit Sen* [1983] 3 All E.R. 54 P.C.; Gray, Elements of Land Law, S. 1027.

Erwerber die Unrechtmäßigkeit des Verkaufs kannte[725]. Nach der Rechtsprechung muß der *mortgagor* die Auflösung des Vertrages allerdings unverzüglich verfolgen[726]. Das Gericht kann auch, statt die Veräußerung rückgängig zu machen, die Veräußerung des Grundstücks an den Käufer als Übertragung der *mortgage* und der gesicherten Forderung behandeln[727].

cc) Wirkungen

Durch die Übertragung des Grundstückes erlischt die *equity of redemption* des *mortgagor*[728]. Das Grundstückseigentum wird auf den Käufer vollständig übertragen. Obwohl der *mortgagee* selbst nur ein *term of years* an dem *estate* hatte, kann er *das fee simple* oder *leasehold* auf den Erwerber übertragen[729]. Dieser erhält das *estate* frei von Belastungen, die denen des verkaufenden *mortgagee* nachfolgen. Vorrangige, belastende Rechte bleiben bestehen[730]. Abgeschlossen wird der Verkaufsvorgang im Falle eines registrierten Grundstücks erst durch Eintragung wie dies auch bei einer Veräußerung durch den Eigentümer erforderlich gewesen wäre[731].

Für den Fall, daß das Verkaufsrecht zwar bereits entstanden ist, aber noch nicht die Voraussetzungen für seine Durchsetzung[732], kann der Käufer dennoch wirksam das Eigentum erwerben. Es trifft ihn keine Obliegenheit, die Rechtmäßig-

---

[725] *Lord Waring v. London & Manchester Assurance Co.* [1935] Ch. 310; *Property and Bloodstock Ltd. v. Emerton* [1968] Ch. 94.
[726] *Nott v. Eastern* [1900] 1 Ch. 29.
[727] *Selwyn v. Garfit* (1888) 38 Ch.D. 273.
[728] Snell's Equity, S. 415.
[729] Snell's Equity, S. 416.
[730] s. 104 (1) *Law of Property Act* 1925.
[731] Halsbury's Laws of England, Vol. 26, para. 1206.
[732] vgl. H.I.2.c)bb)(2).

keit des Verkaufs zu überprüfen. Der ehemalige *mortgagor* kann daher nur Regreß beim verkaufenden *mortgagee* suchen, der ihm schadensersatzpflichtig ist[733].

Bei einem registrierten Grundstück muß die Eintragung der *mortgage* gelöscht werden, damit der Erwerb durch den Dritten durch Eintragung vollendet werden kann[734].

An dem Überschuß des Verkaufserlöses entsteht ein Treuhandverhältnis (*constructive trust*) mit dem vormaligen *mortgagee* als Treuhänder (*trustee*)[735]. Ist nach Abzug der Veräußerungskosten und der durch die *mortgage* gesicherten Forderung noch ein Betrag übrig, so ist er an die nachrangigen Gläubiger gemäß ihrem Rang und zuletzt dem *mortgagor* auszuzahlen.

d) Einsetzung eines Verwalters (*Appointment of a Receiver*)
aa) Inhalt und Entwicklung

Der *mortgagee* ist gem. ss. 101 (1)(iii), 109 (1) *Law of Property Act* 1925 berechtigt, einen Verwalter (*receiver*)[736] einzusetzen, der die Einnahmen aus dem Grundstück für die Tilgung der gesicherten Forderung verwendet.

---

733 s. 104 (2) *Law of Property Act* 1925; vgl. Hapgood, Paget's Law of Banking, S. 583.

734 Gray, Elements of Land Law, S. 1026 ff..

735 s. 105 *Law of Property Act* 1925; *Banner v. Berridge* (1881) 18 Ch.D. 254; *Weed-Blundell v. Synott* [1940] 2 K.B. 107.

736 Damit es nicht zu Verwechslungen mit dem *administrative receiver* oder dem *administrator* nach dem *Insolvency Act* 1986 kommen kann, ist inzwischen die Bezeichnung „*Law of Property Act receiver*" üblich geworden; vgl. Hapgood, Paget's Law of Banking, S. 585 f..

Die Möglichkeit, aufgrund einer entsprechenden Klausel[737] einen *receiver* einzusetzen, hat die *Equity*-Rechtsprechung aufgrund von Gerechtigkeitserwägungen zugelassen. Damit sollte verhindert werden, daß der *mortgagor* das Land verfallen läßt, bevor der *mortgagee* es durch *foreclosure* verwerten konnte[738]. Das Recht wird nun gesetzlich durch den *Law of Property Act* 1925 festgelegt, der an die Stelle früherer Regelungen getreten ist[739].

bb) Voraussetzungen
(1) Ausübung des Einsetzungsrechts

Der *mortgagee* hat das Recht, einen Verwalter zu bestellen, sobald er auch berechtigt ist, von seinem Verkaufsrecht Gebrauch zu machen[740]. Bei einem registrierten Grundstück entsteht das Recht erst, sobald der *mortgagee* als Inhaber des Pfandrechts eingetragen worden ist[741].

(2) Pflichten des *mortgagee*

Die Sorgfaltspflichten des *mortgagee*, die er bei Ausübung seines Rechts einhalten muß, sind in etwa denen bei Geltendmachung des Verkaufsrechts vergleichbar[742].

---

737 Riddall, Introduction to Land Law, S. 407; Cousins, The Law of Mortgages, S. 220.
738 Adeoye, JBL 1993, 544, 553, 558.
739 Riddall, Introduction to Land Law, S. 407. Erstmals wurde das Recht, einen Verwalter einzusetzen, im *Power of Trustees, Mortgagees, etc. Act* 1860 festgeschrieben; vgl. Cousins, The Law of Mortgages, S. 220.
740 s. 109 (1) *Law of Property Act* 1925.
741 *Lever Finance Ltd. V. L.N. and H.M. Needleman's Trustee* [1956] Ch. 375, 382.
742 Hapgood, Paget's Law of Banking, S. 585.

cc) Wirkungen

Der *receiver* ist verpflichtet, alle Einnahmen aus dem belasteten Grundstück einzuziehen und auf die gesicherte Forderung zu verwenden[743]. Weiterhin muß er dafür Sorge tragen, daß aus dieser Summe alle Ansprüche im Zusammenhang mit der *mortgage*, wie Pacht, Steuer, Aufwendungen und Zinsen beglichen werden. Bleibt von den Einnahmen ein Überschuß übrig, steht dieser Restbetrag dem *mortgagor* zu.

Der Vorteil der Bestellung eines *receivers* liegt darin, daß der *mortgagee* anders als bei der Inbesitznahme keinem erhöhten Haftungsrisiko ausgesetzt ist. Der Zwangsverwalter wird zwar vom *mortgagee* bestellt, gilt aber nach s. 109 (2) *Law of Property Act* 1925 als Vertreter des *mortgagor*[744], soweit keine abweichende vertragliche Regelung getroffen wurde. Gäbe es keine gesetzliche Bestimmung, müßte der *mortgagee* für die Handlungen des *receivers* einstehen[745].

Der Unterschied zur Verfallserklärung und dem Verkauf des Sicherungsgegenstandes liegt darin, daß damit das Grundstück nicht endgültig verwertet wird. Es ist ein einstweiliges Mittel. Bezweckt werden soll, daß das Grundstück gesichert wird und die Zinszahlungen niedrig gehalten werden. Es handelt sich also meist um den ersten Schritt zur Realisierung der Sicherheit[746].

---

743 Hapgood, Paget's Law of Banking, S. 586.

744 Diese Regelung wurde von der Rechtsprechung entwickelt: *Gaskell v. Gosling* [1896] 1 Q.B. 669, 691.

745 Riddall, Introduction to Land Law, S. 408.

746 Adeoye, JBL 1993, 544, 558.

f) Verjährungsfrist

Nach dem *Real Property Limitation Act* 1980 unterliegen die Rechte des *mortgagee* einer Verjährungsfrist von zwölf Jahren. Diese Frist beginnt mit der tatsächlichen Inbesitznahme des Grundstückes durch den *mortgagee*[747].

II. Rechtsstellung des *Equitable Mortgagee* und *Equitable Chargee*

1. *Equitable Mortgagee*

Die Rechte des *equitable mortgagees* richten sich in erster Linie nach den Bestimmungen der Sicherungsvereinbarung (*terms of the mortgage agreement*). Da es sich bei der *mortgage* um ein *equitable interest* handelt, können ihm keine *legal rights* aus der Sicherheit zustehen[748].

a) Vor Eintritt der Pfandreife

aa) Recht auf Aufbewahrung der Grundstücksurkunden

Da der *equitable mortgagee* keinen *legal estate* bzw. *interest* hat, steht ihm grundsätzlich kein Recht auf die *title deeds* bzw. das *land certificate* zu, es sei denn, die Sicherungsvereinbarung enthält eine abweichende Klausel[749].

Auch ohne diese Klausel ist ein *equitable mortgagee*, bei dem die Grundstücksurkunden hinterlegt wurden, berechtigt, diese solange zurückzuhalten, bis die erste gesicherte Darlehensrate ausbezahlt worden ist[750].

---

[747] Cousins, The Law of Mortgages, S. 409 ff..
[748] Sheridan, Rights in Security, S. 23.
[749] Fisher and Lightwood's Law of Mortgage, S. 60.

bb) Recht auf Inbesitznahme

Ob auch ein *equitable mortgagee* ein Recht zur Inbesitznahme ohne Einschaltung eines Gerichts hat, ist umstritten. Dieses Problem besteht jedoch nur, wenn nicht schon im Sicherungsvertrag ein entsprechendes Recht eingeräumt worden ist[751]. Auf der einen Seite wird die Ansicht vertreten, daß ihm dieses Recht nicht zusteht. Begründet wird dies damit, daß das Recht auf dem *legal estate* beruht[752]. Auch die Rechtsprechung lehnt ein Recht auf Inbesitznahme ab[753]. Auf der anderen Seite ergibt sich nach der Gegenmeinung aus der Aussage des Falles *Walsh v. Lonsdale*[754], wonach der *equitable mortgagee* die gleichen Rechte hat wie der *legal mortgagee*, damit auch das Recht zur Inbesitznahme[755]. Da aber auch nach der ersten Ansicht das eingeschaltete Gericht dem *equitable mortgagee* durch ein *order* ein Recht zur Inbesitznahme einräumen kann, und ohnehin im Regelfall auch der *legal mortgagee* das Gericht anruft, hat der Streit kaum praktische Auswirkungen.

Der *equitable mortgagee* ist aber in jedem Fall verpflichtet, ob nun das Recht zur Inbesitznahme vereinbart oder kraft Gesetzes gilt, bei Gericht einen Antrag zu stellen, wenn er die Pacht für das eventuell verpachtete Grundstück beanspruchen möchte[756].

---

750 Fisher and Lightwood's Law of Mortgage, S. 61.
751 *Barclays Bank Ltd. v. Bird* [1954] Ch. 274, 280; Goode, RabelsZ 44 (1980) 674, 692.
752 Fisher and Lightwood's Law of Mortgage, S. 708.
753 *Garfitt v. Allen* (1887) 37 Ch. D. 48, *Barclays Bank Ltd. v. Bird* [1954] Ch. 274.
754 *Walsh v. Lonsdale* (1882) 21 Ch.D. 9.
755 Ridall, Introduction to Land Law, S. 420.
756 Ridall, Introduction to Land Law, S. 420.

b) Nach Eintritt der Pfandreife

aa) persönliche Haftung (*Action on the Personal Covenant to Pay*)

Ebenso wie bei der *legal mortgage* kann der *equitable mortgagee* den *mortgagor* aufgrund seiner persönlichen Haftung in Anspruch nehmen, wenn eine entsprechende Klausel vereinbart worden ist[757].

bb) Verkaufsrecht

Ein *equitable mortgagee* kann das belastete Grundstück unter bestimmten Voraussetzungen veräußern.

Ein gesetzliches Verkaufsrecht steht ihm zu, wenn die Sicherungsvereinbarung in der Form einer *deed* abgeschlossen wurde[758]. Weiterhin erforderlich ist eine gerichtliche Anordnung, da er kraft seiner Rechtsstellung den *legal estate* nicht an den Erwerber übertragen kann[759]. Es wird dem *equitable mortgagee* daher empfohlen, sich eine Vollmacht erteilen zu lassen, die es ihm ermöglicht, das Grundstück ohne gerichtliche Beteiligung wirksam zu veräußern[760].

cc) Einsetzung eines Verwalters

Der *mortgagee* ist berechtigt, einen Verwalter einzusetzen, ohne ein Gericht einzuschalten, wenn die *mortgage* in der Form einer *deed* bestellt worden ist[761]. Liegt keine *deed* vor, kann der *mortgagee* bei Gericht die Einsetzung eines

---

757 Fisher and Lightwood's Law of Mortgage, S. 708.

758 s. 101 (1)(i) *Law of Property Act* 1925.

759 Goode, RabelsZ 44 (1980) 674, 692.

760 Cheshire and Burn's Modern Law of Real Property, S. 707.

761 s. 101 (1)(ii) *Law of Property Act* 1925; vgl. Cheshire and Burn's Modern Law of Real Property, S. 708.

Verwalters beantragen[762]. Dies kann nur noch Altfälle betreffen, da *equitable mortgages* seit 1989 nur in der Form einer *deed* wirksam bestellt werden können.

dd) Rechte aus der Verfallserklärung

Das Recht auf Verfallserklärung steht einem *equitable mortgagee* ebenfalls nur unter besonderen Umständen zu.

Das ist zum einen der Fall, wenn der *mortgagee* die *title deeds* aufbewahrt und vereinbart worden ist, daß der *mortgagor* verpflichtet ist, eine *legal mortgage* auf Verlangen des *mortgagee* zu bestellen[763]. Zum anderen reicht auch schon die Aufbewahrung der *title deeds* aus, da dies als Beweis dafür gewertet wird, daß eine *legal mortgage* bestellt werden sollte[764]. Folglich müssen dem *mortgagee* auch die gleichen Rechte zustehen[765]. In jedem Fall muß wie bei der *legal mortgage* für die Verfallserklärung ein gerichtlicher Beschluß eingeholt werden[766].

2. *Equitable Chargee*

Ein *equitable chargee* hat der gesetzlichen Lage nach eine stark eingeschränkte Rechtsstellung, so daß es kaum einen Anreiz gibt, sich für diese Sicherheitsform

---

762 *Meaden v. Sealey* (1849) 6 Hare 620.
763 *York Union Banking Co. v. Artley* (1879) 11 Ch. D. 205.
764 *Parker v. Housefield* (1834) 2 Myl & K 419.
765 Seit Inkrafttreten des s. 2 *Law of Property (Miscellaneous Provisions) Act* 1989 kann eine *equitable mortgage* allerdings nicht allein durch Hinterlegung der Urkunden entstehen.
766 Goode, RabelsZ 44 (1980) 674, 692.

zu entscheiden[767]. Dem *chargee* steht weder das Recht zur Inbesitznahme[768] noch das Recht zur Verfallserklärung zu[769]. Denn bei der *charge* wird das Grundstücksrecht lediglich mit dem Recht des *chargee* belastet, die Zahlung einer bestimmten Forderung aus dem Grundstück zu erhalten, während bei einer *mortgage* ein Recht hieran übertragen wird[770]. Aus diesem Grund hat er kein gesetzliches Recht auf Inbesitznahme und da der *chargor* keine *equity of redemption* erhält, kann auch kein *foreclosure*-Verfahren durchgeführt werden[771]. Ihm steht aber eine Verwertungsmöglichkeit im Rahmen eines gerichtlichen Verfahrens zu. Er kann einen Beschluß beantragen, wonach der *estate* frei von Ablösungsrechten verkauft oder ein *receiver* eingesetzt werden kann[772]. Daneben besteht unter Umständen eine Recht auf Beschlagnahme (*power of distress*)[773].

Ist die *charge* durch eine *deed* bestellt worden, stehen dem *chargee* nach ss. 111, 205 (1)(xvi)[774] *Law of Property Act* 1925 bestimmte gesetzliche Rechte zu, ohne daß ein Gericht eingeschaltet werden müßte. Der *chargee* ist zum Verkauf und zur Einsetzung eines *receivers* berechtigt[775]. Ist die *charge* nicht in der

767 Fairest, Mortgages, S. 21.
768 *Garfitt v. Allen* (1887) 34 Ch. D. 48, 50.
769 *Tennant v. Trenchard* (1869) 4 Ch. App. 537, 542; *Re Owen* [1894] 3 Ch. 220.
770 Cousins, The Law of Mortgages, S. 6; vgl. auch C.I.2.b).
771 Cousins, The Law of Mortgages, S. 7; Fisher and Lightwood's Law of Mortgage, S. 708; Sheridan, Rights in Security, S. 25.
772 ss. 101 (1), 205 (1)(xvi) *Law of Property Act* 1925; Ellinger/Lomnicka, Modern Banking Law, S. 657; Sheridan, Rights in Security, S. 25.
773 Fisher and Lightwood's Law of Mortgage, S. 23.
774 S. 101 *Law of Property Act* 1925 gilt zwar nur für eine „*mortgage*", doch s. 205 (1)(xvi) *Law of Property Act* 1925 dehnt die Definition von „*mortgage*" auf „*any charge*" aus; vgl. Ellinger/Lomnicka, Modern Banking Law, S. 657, Fn.98.
775 Sheridan, Rights in Security, S. 24.

Form einer *deed* bestellt worden, richten sich die Rechte des *chargee* nach den Regelungen in der Sicherungsvereinbarung (*instrument of charge*)[776].

III. Rechtsstellung des deutschen Sicherungsnehmers
1. Vor Eintritt der Pfandreife

Vor Eintritt der Pfandreife hat der Gläubiger einen Anspruch darauf, daß ihm die für seine Forderung bestellte Sicherheit ohne Wertminderung erhalten bleibt. Gem. §§ 1133-1135 BGB ist er berechtigt, wertmindernde Eingriffe in die Substanz des Grundstückes und dem zum Haftungsumfang gehörenden Zubehör durch den Eigentümer oder Dritte abzuwehren. Ist eine Beeinträchtigung noch nicht eingetreten, so hat er einen Unterlassungsanspruch. Beseitigungs- bzw. Schadensersatzansprüche[777] stehen dem Inhaber des Grundpfandrechts bei einer Verschlechterung gegebenenfalls auch zu. Eine Verschlechterung liegt vor, wenn Grundstücksbestandteile vom Grundstück getrennt und entfernt werden[778].

2. Nach Eintritt der Pfandreife

Nach Eintritt der Pfandreife hat der Grundpfandrechtsinhaber die Möglichkeit, das Grundstück zu verwerten. Voraussetzung ist ein Vollstreckungstitel. Neben einem Urteil kommt als Titel häufig eine gerichtliche oder notarielle Urkunde

776 Sheridan, Rights in Security, S. 24.

777 Das Grundpfandrecht ist ein sonstiges Recht iSd. § 823 Abs.1 BGB; vgl. Palandt/ Thomas, § 823 Rn. 12. § 1134 ist ein Schutzgesetz iSd. § 823 Abs.2 BGB; vgl. BGH NJW 1976, 189.

778 Palandt/Bassenge, §§ 1133-1135 Rn. 1.

gem. § 794 Abs. 1 Nr. 5 ZPO in Betracht, mit der sich der Eigentümer der Duldung der sofortigen Zwangsvollstreckung in sein Grundstück unterwirft. Unterschieden werden muß im deutschen Recht zwischen der Immobiliarzwangsvollstreckung und der Mobiliarzwangsvollstreckung in bewegliche Gegenstände aus dem Haftungsverband.

Der Gläubiger hat grundsätzlich drei Möglichkeiten, die Immobilarzwangsvollstreckung gem. § 866 ZPO i.V.m. ZVG in das Sicherungsgut zu betreiben. Davon scheidet die Sicherungshypothek praktisch aus, da der Gläubiger bereits eine ranghöhere Hypothek hat[779]. Als Mittel zur Verwertung werden daher grundsätzlich nur die Zwangsversteigerung und/oder die Zwangsverwaltung eingesetzt. Als Alternative kann der Inhaber einer Grundschuld bei entsprechender Regelung in der Sicherungsvereinbarung diese gegen Entgelt an einen Dritten auch übertragen oder verpfänden[780]. Allerdings handelt es sich dabei nicht um eine Verwertung des Sicherungsgutes. Bei der Zwangsversteigerung kann auch der Inhaber des Grundpfandrechts mitbieten, da es sich um ein neutrales Verfahren handelt und die Gefahr nicht besteht, daß er den Preis drücken kann.

Abgesehen von den gesetzlichen Verwertungsarten haben die Parteien aber auch die Möglichkeit, den freihändigen Verkauf oder die Übereignung auf den Gläubiger zu vereinbaren. Allerdings kann diese Abrede erst getroffen werden, wenn das Grundpfandrecht fällig geworden ist. Andere Befriedigungsabreden

[779] Staudinger/Wolfsteiner, Sachenrecht, § 1147 Rn. 39.
[780] Hellner/Steuer, Bankrecht und Bankpraxis, Bd. 2, 4/2684.

sind gem. § 1149 BGB unzulässig. Damit soll die Handlungsfreiheit des Eigentümers geschützt werden[781].

In der Praxis häufig ist auch die Abgabe eines Schuldanerkenntnisses durch den Besteller einer Grundschuld.

Nach § 902 Abs.1 BGB können Ansprüche aus im Grundbuch eingetragenen Rechten, also auch Grundpfandrechten nicht verjähren. Die Forderung, die das Grundpfandrecht sichert, unterliegt zwar der Verjährung. Doch kann sich darauf nur der persönliche Schuldner berufen. Für den Hypothekenschuldner, der nicht zugleich persönlicher Schuldner ist, gilt dagegen § 223 Abs.1 BGB. Danach hindert die Verjährung des Anspruchs, für die die Hypothek bestellt worden ist, den Berechtigten nicht, seine Befriedigung aus den verhafteten Gegenständen zu suchen. Darin kann kein Widerspruch zur akzessorischen Natur der Hypothek gesehen werden, da eine verjährte Forderung fortbesteht[782].

IV. Vergleich

1. Vor Eintritt der Pfandreife

Im englischen wie im deutschen Recht stehen dem Sicherungsnehmer in bestimmten Fällen Rechte zu, vor der Realisierung der Sicherheit solche Handlungen zu unterbinden, die ihren Wert beeinträchtigen, ohne in irgendeiner Weise gerechtfertigt zu sein. Das ist der Fall, wenn eine Verschlechterung des Grundstückes bereits eingetreten ist oder bald eintreten wird. Beide Rechts-

---

781 Palandt/Bassenge § 1149 Rn. 1, 2.
782 Palandt/Heinrichs, § 223 Rn. 1, 2.

ordnungen nehmen eine Verschlechterung an, wenn Grundstücksbestandteile vom Grundstück getrennt und entfernt werden.

Im englischen Recht kann der Sicherungsnehmer den Schutz mit einer gerichtlichen Verfügung erreichen. Er kann das Grundstück aber auch zu diesem (oder einem anderen Zweck) in Besitz nehmen, ohne daß die Pfandreife eingetreten sein müßte. Allerdings muß er bei bewohnten Grundstücken zuvor eine gerichtliche Genehmigung einholen.

Der Inhaber eines deutschen Grundpfandrechts hat einen Unterlassungsanspruch oder, wenn die Beeinträchtigung bereits eingetreten ist, einen Beseitigungs- bzw. Schadensersatzanspruch. Obwohl es sich dabei um erheblich unterschiedliche rechtliche Instrumente handelt, kann das Ziel, die Sicherheit vor Verschlechterungen zu schützen, in gleicher Weise erreicht werden.

In der Praxis lassen sich die Sicherungsparteien häufig zusätzliche Prüfungs- und Auskunftsrechte einräumen, um eine effektive Verwertung des Grundpfandrechts durch den Sicherungsnehmer zu gewährleisten.

2. Nach Eintritt der Pfandreife

In beiden Rechtsordnungen tritt die Pfandreife mit Fälligkeit der gesicherten Forderung und des Pfandrechts ein.

Im Vergleich zur Stellung des Inhabers einer englischen Immobiliarsicherheit hat sein deutsches Gegenüber nach dem Gesetz weniger weitreichende Verwertungsmöglichkeiten. Gemeinsam, wenn auch unterschiedlich in ihrer Ausgestaltung, sind die Rechte, das Grundstück zu verkaufen sowie es von einem Zwangsverwalter verwalten zu lassen. Der englische Sicherungsgeber ist weiterhin berechtigt, aus dem *actual covenant to pay* vorzugehen, ein *foreclosure order* zu erwirken, durch das er Eigentümer wird und kann unabhängig von der Pfandreife das Grundstück in Besitz nehmen. So gesehen hat der Inhaber eines englischen Grundpfandrechts an sich weiterreichende Verwertungsmöglichkeiten. Anders als der deutsche Sicherungsnehmer benötigt regelmäßig keine gerichtliche Legitimation für die Verwertung. Er muß keinen gerichtlichen Titel erwirken. Der Unterschied wird dadurch modifiziert, daß der deutsche Sicherungsgeber sich der sofortigen Zwangsvollstreckung unterwerfen kann. Zur Durchsetzung seiner Verwertungsrechte muß der *mortagee* grundsätzlich nur im Falle der *foreclosure* ein gerichtliches Verfahren durchlaufen. Das deutsche Recht sieht hier die Einschaltung des Gerichts vor, um für den Eigentümer des belasteten Grundstücks eine gerechte Behandlung zu erreichen. Insgesamt werden die Rechte des *mortgagee* daher grundsätzlich liberaler gehandhabt.

Diese Beurteilung muß man aber einschränken, wenn man die Handhabung der einzelnen Verwertungsrechte betrachtet.

Nach dem *actual covenant to pay* unterliegt der ursprüngliche Sicherungsgeber weiterhin der Haftung, wenn er in der Zwischenzeit das Grundstück an einen Dritten übereignet hat. Dieses Ergebnis wird in der Praxis in Deutschland dadurch erreicht, daß der Sicherungsgeber ein Schuldanerkenntnis abgibt. Die gesicherte Forderung bleibt dabei jedoch unverändert.

Beim Verkaufsrecht ebenso wie beim Recht, einen Zwangsverwalter einzusetzen, müssen bestimmte enge Voraussetzungen erfüllt sein. Zusätzlich bestehen Modifikationen, die die billigkeitsrechtliche Rechtsprechung entwickelt hat. Auf der anderen Seite sind im deutschen Recht Befriedigungsabreden statthaft, die nach Eintritt der Pfandreife vereinbart wurden und die ebenfalls den freihändigen Verkauf ermöglichen. Weiterhin kann der deutsche Sicherungsnehmer vor Beschlagnahme des Grundstückes grundsätzlich auch eine Mobiliarvollstreckung in zum Haftungsverband gehörende bewegliche Sachen betreiben, während der *mortgagee* Grundstücksbestandteile nicht vom Grundstück trennen und verkaufen darf. Ein weiterer Unterschied bei der Ausgestaltung des Verkaufsrechts besteht darin, daß in England der Sicherungsnehmer das Eigentum am Grundstück nicht direkt erwerben kann, in Deutschland hingegen schon. Der Grund liegt darin, daß es in England nicht öffentlich versteigert werden muß, während dies in Deutschland der Regelfall ist. So wird das Interesse des Sicherungsgebers an einer fairen Behandlung in jedem Fall geschützt, da es sich um ein rein objektives Verfahren handelt, während in England die Gefahr bestünde, daß der *mortgagee* einen Preis zu seinen Gunsten durchsetzt.

Das Recht zur Inbesitznahme kann auch nach Eintritt der Pfandreife eingesetzt werden. Es hat im deutschen Recht kein vergleichbares Instrument. Da es aber in der Praxis regelmäßig nur gemeinsam mit dem Recht benutzt wird, einen Verwalter einzusetzen, das es auch in Deutschland gibt, wird eine ähnliche

Funktion verfolgt. Der Sicherungsgeber kann die Tilgung der gesicherten Forderung erreichen, ohne daß das Grundstück vollständig durch Verkauf als härtestes Mittel verwertet wird.

In der deutschen Rechtsordnung ist auch keine Rechtsfigur bekannt, die mit der *foreclosure*, also der Verfallserklärung, vergleichbar ist. Durch Erlaß des gerichtlichen Verfallsbeschlusses wird der englische Sicherungsnehmer Eigentümer des Grundstückes. Diese Möglichkeit sieht das im Gesetz vorgeschriebene Verwertungsverfahren zwar nicht vor. Doch es ist die Vereinbarung einer Befriedigungsabrede statthaft, in der sich die Parteien auf die Übereignung des Grundstückes einigen. Während also der Schutz des Grundpfandrechtbestellers im englischen Recht durch ein strenges, gerichtliches Verfahren gewährleistet wird, erreicht das deutsche Recht die gleiche Wirkung, indem es anderweitige Befriedigungsabreden erst nach Fälligkeit des Grundpfandrechts zuläßt.

Unterschiedlich geregelt wird die Frage der Verjährung des Verwertungsrechts aus dem Grundpfandrecht. Während sie in England zwölf Jahre nachdem das Grundstück in Besitz genommen worden ist, eintritt, unterliegen Hypothek und Grundschuld als eingetragene Rechte nicht der Verjährung. Die Verjährung der Forderung kann zwar der persönliche Schuldner entgegenhalten, nicht jedoch ein nicht mit ihm identischer Sicherungsgeber. Ein Grund für die unterschiedliche Regelung der Verjährung in beiden Rechtsordnungen ist in den unterschiedlich ausgestalteten Registersystemen zu suchen.

J. Rechtsstellung des Sicherungsnehmers bei Vollstreckung in das Vermögen des Sicherungsgebers

Auch Einzelzwangsvollstreckungsmaßnahmen in das Vermögen des Sicherungsgebers können den Sicherungsnehmer betreffen. Die Einzelzwangsvollstreckung spielt aber im Vergleich mit den möglichen Auswirkungen einer Gesamtvollstreckung auf die Rechtsstellung des Sicherungsnehmers nur eine kleine Rolle, so daß die Einzelzwangsvollstreckung hier nur kurz angerissen wird. Der Sicherungswert eines Grundpfandrechts zeigt sich erst im Rahmen eines Gesamtvollstreckungsverfahrens.

I. Rechtsstellung bei Vollstreckung in das Vermögen des Sicherungsgebers im englischen Recht

1. Einzelvollstreckung

Ist eine *mortgage* nicht nur *inter partes*, sondern auch Dritten gegenüber durch Registrierung wirksam geworden, dann kann ein anderer Gläubiger in diesen Sicherungsgegenstand nicht vollstrecken. Er gehört nicht zu dem Schuldnervermögen, zu dem andere Gläubiger Zugriff haben[783]. Durch ein staatliches Zwangsverfahren kann ein Grundstück auch nicht gutgläubig lastenfrei erworben werden. Das gilt nicht nur für das Grundstück, sondern auch für die Gegenstände, die zum Haftungsverband der *mortgage* gehören[784].

In den Sicherungsgegenstand kann ausnahmsweise dann vollstreckt werden, wenn dem der *mortgagee* zustimmt. Aus dem erzielten Erlös ist er zur

[783] Halsbury's Laws of England, Vol. 4 (1), para. 791.
[784] *Re Manufacturing Co.* [1891] 1 Ch. 627, 640 (C.A.).

vorrangigen Befriedigung berechtigt, so daß dem Vollstreckungsgläubiger nur der Mehrerlös bleibt.

2. Gesamtvollstreckung

a) Überblick

Hat der Sicherungsgeber seinen Unternehmenssitz, den Sitz einer Niederlassung oder einen Wohnsitz in England und wird er zahlungsunfähig, kann es in England zu einem Insolvenzverfahren kommen[785]. Daß es von besonderer Relevanz ist, die Stellung des Grundpfandrechtgläubigers darzustellen, ergibt sich schon allein aus der insgesamt wachsenden Zahl der Insolvenzen. In Deutschland, sind die Insolvenzen in den ersten sieben Monaten des Jahres 1998 um 4,6 % gegenüber dem Vorjahreszeitraum gestiegen[786]. Auch in Großbritannien gibt es eine zunehmende Anzahl an Unternehmenszusammenbrüchen[787].

Bevor nun im folgenden auf die Rechte des *mortgagee* als gesicherten Gläubiger in der Insolvenz des *mortgagor* eingegangen wird, wird zum besseren

---

[785] Die Frage, ob die Wirkungen des Verfahrens in Deutschland anerkannt werden, wird vom deutschen internationalen Insolvenzrecht geregelt; dazu vgl. M.III.2..

[786] Das Statistische Bundesamt meldete für diesen Zeitraum 20.256 Insolvenzen; FAZ v. 1.10.1998, S. 17. Damit nahm die Zahl der Insolvenzen gegenüber dem ersten Halbjahr 1997 um 2,9% zu; veröffentlicht unter der Internetadresse des Statistischen Bundesamtes; www.statistik-bund.de.

[787] FAZ v. 18.11.1998, S. 17. Bis 1996 liegen die folgenden Erhebungen des *Office for National Statistics*, www.ons.gov.uk/ vor: Die Konkurse von natürlichen Personen betrugen 1981 5.151, 1990 bereits 13.987 und erreichten ihren Höhenpunkt in den Jahren 1992 und 1993 mit 36.794 bzw. 36.703. 1995 war die Anzahl auf 26.319 und 1996 auf 26.271 gesunken. Ein ähnliches Bild zeigt sich bei Unternehmensinsolvenzen. Während es davon 1981 nur 8.596 gab, stieg die Zahl 1990 auf 15.051, 1992 gar auf 24.425. Seitdem haben die Unternehmensinsolvenzen stetig abgenommen. 1993 betrugen sie noch 20.708, 1995, waren es 14.536 und 1996 13.461. Erstmals seit der Rezession 1992 ist die Gesamtzahl der Insolvenzen wieder gestiegen: 1998 waren es 38,634; vgl. Guardian v. 2.1.1999, S.11. Im dritten Quartal 1999 gab es 7.422 Konkurse natürlicher Personen, während es im gleichen Zeitraum zu 3.481 Unternehmensinsolvenzen kam; Angaben auf der Internetseite des Department of Trade and Industry vom 10.11.1999.

Verständnis zunächst das englische Insolvenzverfahren und seine Grundsätze in einem Überblick dargestellt.

aa) Struktur und Grundprinzipien

Die Rechtslage wird hauptsächlich vom *Insolvency Act* 1986 geregelt, der von den *Insolvency Rules* ergänzt wird[788].

Zum ersten Mal wurden Regelungen über die Insolvenz natürlicher und juristischer Personen in einem Gesetzbuch aufgenommen. Obwohl die jeweiligen Vorschriften in weiten Teilen identisch sind, ist die historisch bedingte Aufteilung der Insolvenzen von natürlichen und juristischen Personen in der Gesetzesstruktur beibehalten worden[789]. Hintergrund der Unterteilung ist, daß der Konkurs bzw. Bankrott ursprünglich als Delikt angesehen wurde, weshalb sich das englische Insolvenzrecht zunächst nur auf natürliche Personen bezog. Es entzog sich der Vorstellungskraft, auch juristische Personen diesen Regelungen zu unterwerfen. Dem Schuldner sollte durch eine endgültige Schuldbefreiung durch *discharge* auch die Möglichkeit gegeben werden, eine neue Existenz aufzubauen. Dieser Zweck erschien nur für natürliche Personen, nicht jedoch für juristische Personen gerechtfertigt[790].

---

788 Durch den *Insolvency Act* wurde das bisherige englische Insolvenzrecht zum größten Teil abgelöst und vereinheitlicht, das von mehreren Gesetzen geregelt wurde, darunter dem *Bankruptcy Act* von 1914 und 1926, dem *Deeds of Arrangement Act* vom 1914 (zu diesen drei Gesetzen vgl. Aronson/Campling, Bankruptcy Acts 1914 and 1926 and Deeds of Arrangement Act 1914) und Teilen des *Companies Act* von 1948. Zu einem weiteren gesetzlichen Vorgänger vgl. Griffith, Bankruptcy Act, 1861. Zum Hintergrund der Reform, basierend auf dem *Cork Report* von 1982 (Final Report of the Insolvency Law Review Committee) vgl. statt vieler Fletcher, The Law of Insolvency, S. 13 ff..

789 Fletcher, The Law of Insolvency, S. 13.

790 Eckstein, Das englische Konkursrecht, S. 1 f.; Fletcher, The Law of Insolvency, S. 6 ff., insb. 10 ff..

Ein weiteres charakteristisches Merkmal des modernen englischen Insolvenzrechts liegt darin, daß es nicht mehr zwischen der Insolvenz von Kaufleuten und Nichtkaufleuten (*traders and non-traders*) unterscheidet. Bis 1861 war die Insolvenzgesetzgebung auf Kaufleute beschränkt[791]. Bis zu diesem Zeitpunkt galt der Konkurs als Privileg der Kaufleute, die vor der Schuldhaft geschützt werden sollten.

Die Konkursmasse wird nach dem Grundsatz des *pari passu* verteilt, d.h. sie ist an alle Konkursgläubiger gleichmäßig zu verteilen. Dieses Prinzip wird aber dadurch modifiziert, daß es nur innerhalb einer Klasse von Forderungen gilt. So sind dinglich gesicherte Gläubiger im Rang vor den übrigen Gläubigern, insbesondere auch bevorrechtigten Gläubigern (*preferential creditors*), zu befriedigen[792].

bb) Arten des Insolvenzverfahrens

Zu unterscheiden sind die Insolvenzverfahren im engeren Sinne von den regelmäßig der Sanierung dienenden Insolvenzverfahren im weiteren Sinn.

Die Insolvenz eines Schuldners tritt regelmäßig dann ein, wenn er unfähig ist, seine Schulden bei Fälligkeit zu begleichen (*inability to pay debts*)[793]. Damit dieser Status auch aus rechtlicher Sicht entsteht, ist jedoch ein förmliches Verfahren erforderlich. Dieses unterscheidet sich danach, ob der betreffende Schuldner eine natürliche oder eine juristische Person ist.

791 Goode, RabelsZ 44 (1980) 674, 676, Fn.6.
792 Goode, RabelsZ 44 (1980) 674, 676.
793 s. 123 (juristische Person), ss. 267, 268 (natürliche Person) *Insolvency Act* 1986.

In ersterem Fall spricht man von *bankruptcy*, die mit der Schuldbefreiung des Gemeinschuldners enden soll. Zur Verwaltung der Konkursmasse wird ein *trustee in bankruptcy* eingesetzt.

Bei juristischen Personen, also v.a. Gesellschaften, nennt sich das Verfahren *winding up* oder *liquidation*. Anders als bei der *bankruptcy*, die die Entlastung des Schuldners beabsichtigt, endet das *winding up* mit der endgültigen Auflösung der Gesellschaft, mit ihrer Liquidation. Nach dem Erlaß eines gerichtlichen *winding up order* wird ein *liquidator* eingesetzt, dem vergleichbare Pflichten auferlegt sind wie dem *trustee in bankruptcy*. Die Eröffnung des *winding-up*-Verfahrens können entweder die Gesellschafter beantragen - das sog. *voluntary winding up* - oder aber ein Gläubiger, die Gesellschaft selbst, im Falle eines zunächst freiwilligen *winding up* auch der *liquidator*; dann handelt es sich um das *compulsory winding up*.

Behandelt werden im folgenden auch die verschiedenen Verfahren, die das englische Recht für Insolvenzen im weiteren Sinne zur Verfügung stellt, wenn für die betroffene Person und ihre Gläubiger eine günstigere Lösung, insb. zur Sanierung, gesucht wird. Praktisch gesehen weist die Durchführung eines dieser Verfahren aber auf den Zustand der Zahlungsunfähigkeit hin und kann zu einem späteren Zeitpunkt zur *bankruptcy* bzw. *winding-up* führen. Auch hier ist wieder zwischen natürlichen und juristischen Personen zu unterscheiden.

Das englische Recht kennt für natürliche Personen das Verfahren des *individual voluntary arrangement* nach dem *Insolvency Act* 1986. Dabei wird eine Vereinbarung mit den Gläubigern gesucht, die für beide Seiten vorteilhaft sein soll. Für den Schuldner hat dieses Verfahren den Vorteil, daß er, bis eine Vereinbarung getroffen worden ist, vor den Gläubigern „Ruhe" hat, d.h. die Vollstreckung durch die Gläubiger nicht fürchten muß. Dies gilt auch für gesicherte Gläubiger. Statistiken haben zudem gezeigt, daß die Gläubiger aufgrund der geringeren Verwaltungskosten eine höhere Befriedigungsquote erhalten[794]. Anstelle dieser Möglichkeit kann auch ein *deeds of arrangement* nach dem *Deeds of Arrangement Act* 1914 durchgeführt werden.

Für juristische Personen gibt es drei verschiedene Möglichkeiten. Weit verbreitet ist die *administrative receivership*, die vom Inhaber einer *floating charge* angestrengt werden kann. Das Verfahren gibt ihm die Möglichkeit, einen Verwalter - *administrative receiver* - einzusetzen, um seine Forderung besser realisieren zu können. Durch dieses Instrument kann er auf die Vermögensgegenstände bzw. das Vermögen, welches seinen Anspruch sichert, Kontrolle ausüben. Die Einsetzung eines *administrative receiver* führt in aller Regel zu einem späteren Zeitpunkt zur Liquidation der Gesellschaft. Daher läßt das Gesetz der *administrative receivership* zu einem großen Teil die gleichen Folgen zukommen wie dem *winding up*.

Ein weiteres Insolvenzverfahren ist die *administration*, die erst 1986 mit dem *Insolvency Act* eingeführt worden ist. Es ermöglicht zahlungsunfähigen Gesellschaften, sich zu reorganisieren und zu sanieren[795], da sie während des Verfahrens vor Zugriffen ihrer Gläubiger weitestgehend geschützt werden. Das Gesetz läßt ein *administration*-Verfahren auch zum Zweck der Überleitung in

[794] Sealy/Milman, Annotated Guide to the Insolvency Legislation, S. 251 f..
[795] s. 8 (3)(a) *Insolvency Act* 1986.

ein *voluntary arrangement* zu, wovon in der Praxis häufig Gebrauch gemacht wird[796]. Mit der *administration* darf aber auch eine günstigere Verwertung als im Wege des *winding-up* beabsichtigt werden[797].

Schließlich gibt es als weitere Alternative das *voluntary arrangement*. Ziel eines *voluntary arrangement* ist die Sanierung eines Unternehmens. Es kann aber auch nur eine für die Gläubiger günstigere Verteilung bezweckt werden[798]. An der Stelle des *arrangement* nach dem *Insolvency Act* 1986 kann auch ein *scheme of arrangement* nach dem *Companies Act* 1985 vereinbart werden.

cc) Mögliche Auswirkungen auf das Grundpfandrecht

Betrachtet man die Insolvenz vom Gesichtspunkt des Gläubigers aus, so ist für ihn entscheidend, ob seine Forderung weiterhin befriedigt werden wird. Nach dem Grundsatz des *pari passu* wird das Vermögen unter den gleichrangigen Gläubigern zu gleichen Teilen verteilt. Entscheidend ist also der Rang des Gläubigers. Da der *trustee in bankruptcy* oder der *liquidator* die gleiche Rechtsstellung inne haben wie zuvor der Schuldner, müssen sie dingliche Sicherheiten an Vermögensgegenständen grundsätzlich gelten lassen. Diese Sicherheiten werden durch das Insolvenzverfahren dem Grundsatz nach nicht beeinträchtigt. Das Gesetz läßt aber Ausnahmen zu wie bei der *administration* oder *adminstrative receivership*[799] oder soweit abweichende Vereinbarungen getroffen werden. Dingliche Sicherheiten gehen daher prinzipiell im Rang den

796 s. 8 (3)(b) *Insolvency Act* 1986. Ein *administration order* kann auch, wenn es aus einem anderen Grund eingeleitet worden ist, noch in ein *voluntary arrangement*-Verfahren umgestaltet werden; vgl. *Re St. Ives Windings Ltd.* (1987) 3 BCC 634.

797 s. 8 (3)(d); Houghton/Atkinson, Guide to Insolvency in Europe, S. 325.

798 Houghton/Atkinson, Guide to Insolvency in Europe, S. 328.

ungesicherten Forderungen voraus[800]. Das Gesetz berechtigt die zur Verwaltung des jeweiligen Insolvenzverfahrens eingesetzten Personen, die Auflösung bestimmter dinglicher Verfügungen oder andere geeignete Maßnahmen zu beantragen, selbst wenn die Sicherungsrechte vor dem Beginn des Verfahrens bestellt worden sind. Dazu gehört auch die Bestellung eines Grundpfandrechts.

Bei Insolvenzverfahren im weiteren Sinne können die Gläubiger unter Umständen auch Beeinträchtigungen von gesicherten Forderungen gegen den Sicherungsnehmer vereinbaren. Und auch im Insolvenzverfahren im engen Sinn bleibt es zum einen dem Sicherungsgläubiger offen, auf die Durchsetzung seiner Sicherheit zu verzichten. Zum anderen kann die Insolvenz des Schuldners eventuell zu einer Veränderung der Rangfolge führen[801].

b) Insolvenzverfahren im engen Sinn
aa) *Bankruptcy*
(1) Ablauf des Verfahrens

Die Eröffnung eines *bankruptcy*-Verfahrens kann von einem Gläubiger beantragt werden, dem Gemeinschulder selbst, dem *supervisor* eines *voluntary arrangement* oder im Falle eines strafrechtlich verfolgten Konkurses von bestimmten Amtspersonen[802].

---

799 s. 15 bzw. s. 43 *Insolvency Act* 1986.

800 Goode, RabelsZ 44 (1980) 674, 675.

801 Goode, RabelsZ 44 (1980) 674, 692. So kann für eine *floating charge* in der *crystallization clause* die Insolvenz des Schuldners als kristallisierendes Ereignis bestimmt werden; zusätzlich kann eine Regelung vereinbart sein, nach der nach Bestellung der *floating charge* vereinbarte *mortgages* in der Rangfolge nachfolgen.

802 ss. 264 (1), 277 *Insolvency Act* 1986.

Weitere Voraussetzung für ein *bankruptcy order* ist neben der Zahlungsunfähigkeit des Schuldners[803] die internationale Zuständigkeit englischer Gerichte im *bankruptcy*-Verfahren nach s. 265 *Insolvency Act* 1986. Danach muß eine gewisse räumliche Beziehung zwischen dem Schuldner und der englischen Gerichtsbarkeit bestehen[804].

Ein englisches Gericht ist zuständig, wenn der Schuldner sein Domizil (*domicile*[805]) in England hat[806]. Dabei kann das *domicile* von seiner Funktion her dem deutschen Anknüpfungsmoment des Wohnsitzes gleichgesetzt werden, ohne jedoch identisch zu sein[807]. Auch der tatsächliche Aufenthalt (*personal presence*) des Schuldners in England am Tag der Stellung des Konkurseröffnungsantrages reicht aus, um die Zuständigkeit englischer Gerichte zu begründen[808]. Um einen exorbitanten Gerichtsstand zu verhindern, wenn es sich um einen zufälligen, vorübergehenden Aufenthalt handelt, steht die Entscheidung über die Annahme der Zuständigkeit aber im Ermessen des Gerichts[809]. Ein englisches Gericht ist auch zuständig, wenn der Schuldner innerhalb der letzten drei Jahre vor Stellung des Konkurseröffnungsantrages in England seinen gewöhnlichen Aufenthalts- oder Wohnort (*ordinary residence*

---

803 s. 267 (2), 268 *Insolvency Act* 1986.

804 *Re Brauch* [1978] Ch. 316; Sealy/Milman, Annotated Guide to the Insolvency Legislation, S. 327.

805 Das englische Recht unterscheidet zwischen dem *domicile of choice* (Wahldomizil), *of origin* (Geburtsort) und *of dependent persons* (Domizil abhängier Personen). Das „*domicile of choice*" wird begründet durch den tatsächlichen Aufenthalt und einer entsprechenden Absicht, nicht nur für einen im voraus festgelegten Zeitraum an diesem Ort zu bleiben, vgl. Firsching/v. Hoffmann, Internationales Privatrecht, § 5 Rn. 65, North/ Fawcett, Cheshire and North's Private International Law, S. 138 ff. und Smith & Keenan's English Law, S. 173 ff. Das englische Domizil kann daher nicht mit dem deutsche Rechtsbegriff „Wohnsitz" übersetzt werden.

806 s. 265 (1)(a) *Insolvency Act* 1986.

807 Firsching/von Hoffmann, Internationales Privatrecht, § 5 Rn. 63, 65.

808 s. 265 (1)(b) *Insolvency Act* 1986.

809 Cheshire and North's Private International Law, S. 909.

bzw. *place of residence*) hatte[810]. *Ordinary residence* setzt voraus, daß die betroffene Person ihren Aufenthalt freiwillig gewählt hatte und mit einem gewissen Grad an Kontinuität körperlich anwesend war[811]. Schließlich begründet die Vornahme von Geschäftstätigkeiten (*carrying on business*) innerhalb eines Drei-Jahres-Zeitraumes vor Antragsstellung eine Zuständigkeit der englischen Gerichtsbarkeit[812]. Darunter fallen die Aufnahme der Geschäftstätigkeit bis zu deren Beendigung, d.h. bis alle Schulden, die durch die Geschäftstätigkeit entstanden sind, bezahlt worden sind[813].

Sobald ein Antrag auf den Erlaß eines *bankruptcy order* gestellt worden ist, kann ein Gericht, bei dem Klagen oder Einzelzwangsvollstreckungsmaßnahmen gegen das Vermögen oder die Person des Schuldners anhängig sind, nach seinem Ermessen diese Verfahren aussetzen (*power to stay proceedings*)[814]. Dem liegt das allgemeine Prinzip zugrunde, daß mit Einleitung des Insolvenzverfahrens das Vermögen des Schuldners nicht mehr für Einzelzwangsvollstreckungsmaßnahmen zur Verfügung steht. Ab diesem Zeitpunkt müssen sich alle Gläubiger an einem kollektiven Verfahren zur Begleichung ihrer Forderungen beteiligen[815].

---

810 s. 265 (1)(c)(i) *Insolvency Act* 1986. Zu beachten ist, daß der Begriff *residence* unterschiedlich nach dem Zweck des jeweiligen Gesetzes definiert wird; vgl. Weisflog, Rechtsvergleichung und juristische Übersetzung, S. 108.

811 North/Fawcett, Cheshire and North's Private International Law, S. 169.

812 s. 265 (1)(c)(ii) *Insolvency Act* 1986.

813 *Re Mutton, ex parte Board of Trade* (1887) 19 Q.B.D., 102; *Theophile v. Solicitor-General* [1950] A.C. 186; vgl. Fletcher, Cross-Border Insolvency, S. 225.

814 s. 285 (1), s. 385 (1) *Insolvency Act* 1986.

815 Fletcher, The Law of Insolvency, S. 240.

Hat sich das Gericht davon überzeugt, daß die Voraussetzungen erfüllt sind, erläßt es ein *bankruptcy order*. Damit beginnt das *bankruptcy*-Verfahren. Es endet erst mit der Entschuldung (*discharge*) des Gemeinschuldners[816].

Nach Erlaß des *bankruptcy order* darf ein Gläubiger der Konkursmasse seine ihm ansonsten zustehenden Rechtsmittel gegen das Vermögen oder die Person des Gemeinschuldners nicht mehr ausüben. Ein gerichtliches Verfahren gegen den Gemeinschuldner kann nur noch mit Erlaubnis des Gerichts eingeleitet werden[817]. Diese Einschränkungen gelten jedoch grundsätzlich nicht für einen gesicherten Gläubiger[818].

Wenn das Gericht ein *bankruptcy order* ausspricht, ernennt es auch den *trustee in bankruptcy* für die Konkursmasse (*bankrupt's estate*) des Schuldners. Damit erhält er die Rechtsstellung des Schuldners[819], tritt also auch in dessen Stellung als Inhaber belasteten Eigentums[820]. Er erstellt eine Konkursbilanz (*statement of affairs*)[821], zieht sämtliche Aktivposten des Konkursschuldners ein, ermittelt seine Schulden, stellt die Reihenfolge der Gläubiger fest und befriedigt anschließend die Gläubiger in dieser Reihenfolge. Der Schuldner unterliegt während des Konkursverfahrens bestimmten Beschränkungen, von denen die Beschränkung in der Verfügungsbefugnis die wichtigste ist. Dennoch vom Gemeinschuldner vorgenommene Verfügungen, auch die Bestellung eines

---

816 s. 278 *Insolvency Act* 1986.
817 s. 285 (3) *Insolvency Act* 1986.
818 s. 285 (4) *Insolvency Act* 1986.
819 s. 283 (1) *Insolvency Act* 1986.
820 Dies gilt nicht ausnahmslos. So fällt gem. s. 382 (3)(a) *Insolvency Act* 1986 hierunter z.B. nicht Eigentum, das der Schuldner als Treuhänder hält, oder Gegenstände, die der Gemeinschuldner für die Ausübung seines Berufes oder im Haushalt benötigt, s. 283 (2) *Insolvency Act* 1986; vgl. Fletcher, The Law of Insolvency, S. 209.
821 s. 288 *Insolvency Act* 1986.

Grundpfandrechts, sind unwirksam, es sei denn, es wird eine gerichtliche Genehmigung erteilt[822]. Hintergrund dafür, daß Verfügungen des Schuldners in diesem Zeitraum grundsätzlich unwirksam sind, ist, daß die Konkursmasse nicht zu Lasten der Konkursgläubiger geschmälert werden soll[823]. Das Verfahren bezweckt die endgültige Befreiung des Schuldners von allen gegen ihn geltend gemachten Forderungen, so daß die ihm auferlegte Beschränkungen nach der *discharge* wieder aufgehoben werden können[824].

(2) Rechte des Sicherungsnehmers

Der Konkurs wirkt sich grundsätzlich nicht auf die *mortgage* aus. Das Pfandrecht gehört zum Vermögen des *mortgagee*, so daß diesem ein Absonderungsrecht am belasteten Grundstücks zusteht. Denn da nur das Konkursvermögen des Gemeinschuldners für die Befriedigung der Konkursforderungen herangezogen werden kann, sind dingliche Rechte Dritter nicht betroffen[825]. Sie gelten auch gegenüber dem Konkursverwalter. Hier zeigt sich deutlich der Unterschied, den das englische Recht zwischen dinglichen und obligatorischen Rechten (*real* und *personal rights*) macht. Für obligatorische, d.h. Dritten gegenüber nicht wirksam gesicherte Forderungen, steht dem Gläubiger kein Absonderungsrecht zu[826].

---

822 s. 284 (1) *Insolvency Act* 1986.
823 Sealy/Milman, Annotated Guide to the Insolvency Legislation, S. 169.
824 ss. 284 (3), 278 (b) *Insolvency Act* 1986.
825 s. 283 (1)(a) *Insolvency Act* 1986.
826 Goode, Proprietary Rights, S. 2 f..

Im Insolvenzfall[827] des Sicherungsgebers hat der *mortgagee* mehrere Möglichkeiten, sich zu verhalten.

Er kann seine Sicherheit vollständig aufgeben und statt dessen den vollen Betrag zur Konkursmasse anmelden[828]. Das Absonderungsrecht und die volle Konkursforderung können jedoch nicht nebeneinander beansprucht werden können[829]. Der Sicherungsnehmer wird daher nur selten seine Sicherheit vollständig aufgeben[830]. Der Verzicht auf die Sicherheit führt nicht dazu, daß nun möglicherweise vorhandene, nachrangige *mortgagees* im Rang vorrücken. An die Stelle des verzichtenden Pfandnehmers tritt der Konkursverwalter. Der Verzicht hat auch nicht die Ablösung zur Folge[831].

Der Sicherungsnehmer kann aber auch die Sicherheit bewerten und die danach verbleibende Restforderung (*balance of debt*) zur Konkursmasse anmelden. Der *trustee in bankruptcy* ist dann aber berechtigt, die Sicherheit zu dem vom Sicherungsnehmer angegebenen Wert abzulösen[832]. Ist der *trustee* der Ansicht, daß die Sicherheit zu hoch bewertet worden ist, kann er bei Gericht die Veräußerung des Sicherungsgutes beantragen[833]. Hat der Sicherungsnehmer seine Forderung in der Konkurstabelle anmeldet, aber die hierfür bestellte Sicherheit nicht offengelegt, ist sein Verhalten als Verzicht auf die Sicherheit zu

827 Die folgenden Aufführungen gelten für *bankruptcy* und *liquidation* gleichermaßen.
828 *Insolvency Rules* 1986, rr. 6.109 (2) (natürliche Person), r. 4.88 (2) (Gesellschaft).
829 argumentum e contrario *Insolvency Rules* 1986, r. 6.109.
830 Goode, Corporate Insolvency, S. 75.
831 *Bell v. Sunderland Building Society* [1883] 24 Ch.D. 618.
832 *Insolvency Rules* 1986, rr.6.117 (natürliche Person), 4.97 (Gesellschaft).
833 *Insolvency Rules* 1986, rr.6.118 (natürliche Person), 4.98 (Gesellschaft).

werten. Der gesicherte Gläubiger kann dann aber das Gericht einschalten, in dessen Ermessen es liegt, die Folge des Verzichts aufzuheben [834].

Schließlich kann der *mortgagee* von den Rechten Gebrauch machen, die ihm auch sonst aus seiner Stellung als gesicherter Gläubiger zustehen. Er ist grundsätzlich unabhängig von der Gesamtvollstreckung in das Vermögen des Insolvenzschuldners und kann seine Einzelvollstreckung fortführen[835]. Die Insolvenz kann sich auf eine Einzelvollstreckung, die beim *High Court* gerichtlich durchgeführt wird, aber insoweit auswirken, als das Verfahren auf die für Insolvenzverfahren zuständige *Chancery Division* übertragen werden kann und dann im Rahmen des Insolvenzverfahrens behandelt wird[836]. Allerdings wird das Verfahren nur dann übergeleitet, wenn das Einzelvollstreckungsverfahren einen die Insolvenz betreffenden Sachverhalt zum Gegenstand hat. Der *mortgagee* hängt deshalb nicht von der Gesamtzwangsvollstreckung ab, weil er mit dem Verfahren nicht gegen die insolvente Person vorgeht, sondern sein eigenes dingliches Recht geltend macht[837].

Auf Antrag des *mortgagee* kann das Konkursgericht den Verkauf des belasteten Grundstücks anordnen[838]. Der Verkaufserlös dient dann zuerst der Deckung der Aufwendungen des Konkursverwalters für den Verkauf und damit zusammenhängenden Kosten, in zweiter Linie der Bezahlung der Schuld, für die die

834 *Insolvency Rules*, 1986 rr. 4.96, 6.116; vgl. dazu Fletcher, The Law of Insolvency, S. 281.

835 Fisher and Lightwood's Law of Mortgage, S. 440; *Re Wherly, ex parte Hirst* (1879) 11 Ch.D. 278 (*bankruptcy*); *Re David Lloyd & Co., Lloyd v. David Lloyd & Co* (1877) 6 Ch.D. 339.

836 *Insolvency Rules* 1986, r. 7.15.

837 Fisher and Lightwood's Law of Mortgage, S. 440.

838 *Insolvency Rules* 1986, r. 6.197-6.199.

mortgage bestellt wurde. Bleibt ein Restbetrag übrig, fließt er in die Konkursmasse[839].

Ist bei der Realisierung im Wege der Einzelvollstreckung ein Verlust entstanden, hat der Sicherungsnehmer noch immer die Möglichkeit, diesen zur Konkursmasse anzumelden[840].

(3) Materiell-rechtliche Einschränkungen des Grundpfandrechts
(a) Anfechtung eines vor dem Eintritt der Insolvenz bestellten Grundpfandrechts

Bei Vorliegen bestimmter Voraussetzungen kann das angerufene Gericht die Anfechtung eines vor dem Eintritt der Insolvenz bestellten dinglichen Rechts anordnen. Das obligatorische Recht bleibt unberührt. Der *mortgagee* kann die nachträgliche Aufhebungsanordnung verhindern, indem er zuvor die Bestellung der Sicherheit gerichtlich für wirksam erklären läßt. Dies ist möglich im Zeitraum zwischen Stellung des Konkursantrages und Konkurseröffnungsbeschluß[841].

---

839 *Insolvency Rules* 1986, r. 6.199 (1):
The proceeds of sale shall be applied
(a) first in payment of the expenses of the trustee, of and occasioned by the application to the court, of the sale and attendance thereat, and of any costs arising from the taking of accounts, and making of enquiries.
(b) secondly, in payment of the amount found due to any mortgagee, for principal, interest and costs and the balance (if any) shall be retained by or paid to the trustee.

840 *Insolvency Rules* 1986, rr. 6.109 (natürliche Person), 4.99 (Gesellschaft).

841 Diese Möglichkeit wurde für eine *floating charge* zugelassen, vgl. *In re Park Ward and Company Ltd.* [1926] 1 Ch. 828 (H.L.), und kann bedenkenlos auf die *mortgage* übertragen werden.

(aa) Unterbewertete Verfügung und bevorzugte Gläubigerbehandlung *(Transaction at an undervalue* und *Preference)* [842]

Verfügt der Gemeinschuldner über einen Vermögensgegenstand, ohne als Gegenleistung einen entsprechenden Gegenwert zu erlangen, hat das zur Folge, daß das Vermögen, das später die Konkursmasse bildet, zu Lasten der anderen Gläubiger verringert wird[843]. Daher gewährt das Gesetz dem Konkursverwalter das Recht, einen Antrag bei Gericht zu stellen, damit dieses gegen die benachteiligende Verfügung vorgeht. Das Gericht kann eine Maßnahme anordnen, die es nach seinem Ermessen für geeignet hält, den verfügenden Schuldner so zu stellen, als ob die Verfügung nicht vorgenommen worden wäre. Darunter fällt als schärfstes Mittel auch die Anordnung, die Verfügung für unwirksam zu erklären.

Das Gesetz definiert die Voraussetzungen für eine *transaction at an undervalue*. Sie liegt vor, wenn der spätere Konkursschuldner der anderen Partei etwas schenkt oder sonst keine Gegenleistung erhält, die Vereinbarung getroffen wird, weil er mit der anderen Person verheiratet ist oder die Gegenleistung deutlich unter dem Wert der eigenen Leistung liegt[844]. Das ist zB. der Fall, wenn ein wertvolles Grundstück mit einer Sicherheit für eine um einiges geringerwertige Forderung belastet wird. Es ist zwar gerichtlich entschieden worden, daß die Schaffung einer Sicherheit über Vermögensgegenstände des Schuldners allein nicht ihren Wert entleert, weshalb keine *transaction at an*

---

842 Diese Möglichkeiten stehen in der Insolvenz juristischer Personen auch dem *liquidator* und dem *administrator* zu. Im folgenden werden daher auch die entsprechenden für sie geltenden Vorschriften zitiert.

843 Fletcher, The Law of Insolvency, S. 222.

844 ss. 238 (5) (Gesellschaft), 339 (4) (natürliche Person) *Insolvency Act* 1986; Sealy/ Milman, Annotated Guide to the Insolvency Legislation, S. 403.

undervalue vorliegen könne[845]. Diese Ansicht ist aber nicht unstrittig. Es wird angeführt, daß das Recht des Schuldners an seinen Vermögensgegenständen auf die *equity of redemption* beschränkt ist. Dessen Wert würde durch Bestellung einer *charge* sinken. Damit könne die Verfügung, soweit die Gegenleistung (hier die gesicherte Forderung) keinen entsprechenden Wert hat, angegriffen werden[846].

Das Gericht soll dann keine Maßnahme beschließen, wenn der Gemeinschuldner die Bestellung in gutem Glauben vorgenommen hat und damit bezwecken wollte, die Geschäfte fortzuführen. Zusätzlich müssen vernünftige Gründe vorliegen, die darauf schließen lassen, daß die Verfügung dem Gemeinschuldner Nutzen bringen würde[847].

Der Konkursverwalter hat ein inhaltlich gleiches Antragsrecht, wenn der Schuldner einem Gläubiger ein Recht auf bevorzugte Befriedigung (*preference*) verschafft hat. Solche Vereinbarungen sind angreifbar, da sie gegen das Prinzip des *pari passu* verstoßen[848]. Voraussetzung für eine *preference* ist, daß der Geschäftspartner bereits ein Gläubiger des späteren Konkursschuldners ist und durch diese Vereinbarung eine bessere Stellung im Konkurs erhält, als er sie ansonsten gehabt hätte. Durch Bestellung eines Grundpfandrechts erhält der Gläubiger eine bevorzugte Stellung. Weiterhin muß der Schuldner den Wunsch (*desire*) gehabt haben, dem anderen eine bevorzugte Befriedigung zu verschaffen[849]. Handelt es sich bei dem bevorzugten Gläubiger um eine

---

845 *Re MC Bacon Ltd.* [1990] BCLC 324, 340.
846 Bailey/Groves/Smith, Corporate Insolvency, S. 364.
847 ss. 238 (5) (Gesellschaft), 339 (4) (natürliche Person) *Insolvency Act* 1986.
848 Fletcher, The Law of Insolvency, S. 226.
849 ss. 239 (4) (Gesellschaft), 340 (3) (natürliche Person) *Insolvency Act* 1986.

nahestehende Person (*associate*[850]), d.h. um eine mit dem späteren Konkursschuldner verwandte, verheiratete oder mit dem Ehegatten des Konkursschuldners verwandte Person, wird beim Schuldner ein *desire* vermutet. Er muß das Gegenteil zu beweisen, um die Vermutung zu beseitigen[851].

Aus Gründen der Rechtssicherheit und des Vertrauensschutzes sind nicht sämtliche der benachteiligenden Verfügungen angreifbar. Das Gesetz schreibt vielmehr einen gewissen Zeitpunkt vor, nach dem das Geschäft abgeschlossen worden ist. Im Falle einer *transaction at an undervalue* beginnt die Frist fünf Jahre vor Stellung des Konkursantrages und endet mit diesem. Handelt es sich um eine *preference*, die nicht auch gleichzeitig eine *transaction at an undervalue* ist, gilt ein Zeitraum von sechs Monaten[852]. Ist derjenige, zu dessen Gunsten das Geschäft vorgenommen wird, ein *associate*, so verlängert sich der Zeitraum auf zwei Jahre[853].

Das Gericht kann anstelle der Unwirksamkeit des Grundpfandrechts auch die Ablösung oder Tilgung einer unter diesen Voraussetzungen bestellten Sicherheit anordnen[854]. Soweit ein Dritter inzwischen die Sicherheit oder ein Recht daran erworben hat, soll er von der Anordnung des Gerichts nur betroffen sein, wenn er selbst das Recht nicht gutgläubig und gegen eine angemessene Gegenleistung erworben hat[855].

---

850 s. 435 (2) *Insolvency Act* 1986.

851 s. 340 (3)(b) Insolvency Act 1986, Fletcher, The Law of Insolvency, S. 229.

852 Die Frist der *transaction at undervalue* geht vor, wenn gleichzeitig die Voraussetzung einer *preference* gegeben sind.

853 s. 341 (1), (2) *Insolvency Act* 1986; Fletcher, The Law of Insolvency, S. 223.

854 s. 342 (1) *Insolvency Act* 1986.

855 s. 342 (2), (2A) *Insolvency Act* 1986.

(bb) in betrügerischer Absicht vorgenommene Verfügung (*Transaction defrauding creditors*)[856]

Auch über den fünfjährigen Zeitraum vor Eintritt der Insolvenz hinaus kann der *trustee* bei *transactions at an undervalue*[857] unter bestimmten Voraussetzungen bei Gericht das Ergreifen geeigneter Maßnahmen beantragen. Soweit die fragliche Verfügung innerhalb des Zeitraums von fünf Jahren vorgenommen worden ist, bestehen beide Angriffsmöglichkeiten gegen eine *transaction at an undervalue* nebeneinander[858]. Antragsberechtigt sind neben dem Konkursverwalter auch die Opfer (*victims*) der Verfügung. Dazu zählen auch Gläubiger, die an ein nachteiliges *voluntary arrangement* gebunden sind, das im Ergebnis auch eine Verfügung darstellt[859].

Eine *transaction defrauding creditors* liegt vor, wenn der spätere Gemeinschuldner seinem Geschäftspartner ein Geschenk macht oder keine bzw. eine deutlich zu geringe Gegenleistung erhält oder aber er diese Vereinbarung aufgrund seiner Ehe mit dem Ehepartner trifft[860]. Weiterhin muß das Gericht zu der Überzeugung gelangen, daß er diese Verfügung in der Absicht gemacht hat, seine Gläubiger zu benachteiligen, indem er einen Teil seines Vermögens dem Zugriff seiner Gläubiger entzieht[861].

---

856 Die folgenden Ausführungen gelten auch für den *liquidator*, *adminstrator* und evtl. den *supervisor* eines *voluntary arrangement*; vgl. Sealy/Milman, Annotated Guide to the Insolvency Legislation, S. 485. Umstritten ist, ob auch der *administrative receiver*, der nicht ausdrücklich genannt ist, als *victim* nach s. 424 (1)(b) *Insolvency Act* 1986 antragsberechtigt ist; vgl. hierzu Furey, Kurs zum *Insolvency Law* im Rahmen des LL.M.-Kurses an der University of Bristol 1994/1995.

857 S. 424 (1) *Insolvency Act* 1986 ersetzt den bis zu diesem Zeitpunkt geltenden s. 172 *Law of Property Act* 1925.

858 Bailey/Groves/Smith, Corporate Insolvency, S. 404.

859 s. 424 (1)(b) *Insolvency Act* 1986.

860 s. 423 (1) *Insolvency Act* 1986.

861 s. 423 (3) *Insolvency Act* 1986; Bailey/Groves/Smith, Corporate Insolvency, S. 404.

Auch hier kann das Gericht u.a. die Löschung oder Tilgung der Sicherheit, also auch einer *mortgage* verlangen[862], die im kritischen Zeitraum bestellt worden ist. Die Rechte Dritter werden ebenso wie bei *transactions at an undervalue* oder *preferences* geschützt[863].

(cc) Wucherkreditgeschäft (*Extortionate credit bargain*)[864]

Das Gericht kann auf Antrag des Konkursverwalters zudem ein Wucherkreditgeschäft auflösen oder anpassen[865]. Darunter versteht man ein Kreditgeschäft, bei dem die Höhe der Rückzahlung unverhältnismäßig höher ist oder in ungewöhnlich hohem Maße gegen das Prinzip fairer Vertragsverhandlungen verstößt. Wann ein Verstoß vorliegt, ist vom Einzelfall abhängig. Unter Umständen stellt ein Zins von 48 % per annum keinen Wucher dar, wenn der Kredit sehr kurzfristig zur Verfügung gestellt wurde[866]. Mit einbezogen in das Kreditgeschäft ist auch die Bestellung des Grundpfandrechts. In den meisten Fällen wird es sich bei dem Wucherkreditgeschäft auch um eine *transaction at an undervalue* handeln[867]. Der Gläubiger muß beweisen, daß es sich nicht um ein Wucherkreditgeschäft handelt[868]. Dadurch wird die Stellung des *trustee* gestärkt[869].

---

862 s. 425 (1), (4) *Insolvency Act* 1986.
863 s. 425 (2) *Insolvency Act* 1986.
864 Die folgenden Ausführungen gelten auch für den *liquidator* und den *administrator*.
865 Ss. 244 (4) (Gesellschaft, 343 (4) (natürliche Person) *Insolvency Act* 1986; die Vorschriften sind ss. 137-*139 Consumer Credit Act* 1974 nachgebildet; vgl. Bailey/ Groves/Smith, Corporate Insolvency, S. 373; Fletcher, The Law of Insolvency, S. 230.
866 Bailey/Groves/Smith, Corporate Insolvency, S. 374.
867 Fletcher, The Law of Insolvency, S. 230.
868 ss. 244 (3) (Gesellschaft), 343 (3) (natürliche Person) *Insolvency Act* 1986.
869 Fletcher, The Law of Insolvency, S. 321.

Die Vereinbarungen sind angreifbar, wenn sie bis zu drei Jahre vor dem Beginn des Konkursverfahrens getroffen worden sind[870].

(b) Verzicht auf belastendes Eigentum (*Disclaimer of onerous property*)

Der Konkursverwalter ist berechtigt, auf belastendes Eigentum zu verzichten, ohne daß er eine gerichtliche Genehmigung einholen müßte[871]. Darunter fallen alle Verträge, bei denen kein Gewinn zu erwarten ist, oder Eigentum (*property*), das schwer verkäuflich ist[872]. Unter die Definition von *property* fallen neben Geld und beweglichen Sachen auch Grundstücke und Rechte, die daran bestehen[873]. Umfaßt ist also auch ein Grundstück, das mit einem Grundpfandrecht belastet ist[874]. Mit dem *disclaimer* werden Kosten eingespart, die ansonsten die zu verteilende Konkursmasse verringern würden. Es handelt sich daher um ein besonders wertvolles Recht des Konkursverwalters[875].

Mit dem *disclaimer* endet das Recht an dem Vermögensgegenstand zu dem Zeitpunkt, zu dem der Konkursverwalter eine *notice* bei Gericht eingereicht hat. Das Gericht erteilt ihm eine Abschrift der *notice*. Er muß innerhalb der nächsten sieben Tage den Personen eine Abschrift zukommen lassen, die ein Recht an

---

870 S. 243 (2) (natürliche Person) *Insolvency Act* 1986; im Falle einer Gesellschaft zählt der Erlaß des *liquidation* bzw. *administration* orders, s. 244 (2) *Insolvency Act* 1986.

871 Anders noch die frühere Rechtslage; durch den *Insolvency Act* 1986 wurden die Regeln für natürliche Personen und Gesellschaften erstmals harmonisiert, Fletcher, The Law of Insolvency, S. 237, 604.

872 s. 178 (Gesellschaft), s. 315 (natürliche Person) *Insolvency Act*.

873 s. 436 *Insolvency Act:*
„Property" includes money, goods, things in action, land and every description of Property wherever situated and also obligations and every description of interest, whether present or future or vested or contingent, arising out of, or, incidental to property.

874 Sealy/Milman, Annotated Guide to the Insolvency Legislation, S. 219.

875 Fletcher, The Law of Insolvency, S. 235.

dem fraglichen Vermögensgegenstand haben (*all persons with interests in the property*) [876] und damit auch des Sicherungsnehmers. In Höhe des ihnen entstehenden Verlusts durch den *disclaimer* können sie ihre Forderung in der Konkurstabelle anmelden[877]. Sie können aber auch bei Gericht innerhalb von drei Monaten ein *vesting order* beantragen, durch welches das Eigentum auf sie übertragen wird[878]. Hat das Gericht nach seinem Ermessen einen solchen Beschluß gefaßt, geht das Recht automatisch über[879]. Eine weitere Rechtshandlung (*conveyance*, *assignment* oder *transfer*) ist nicht erforderlich[880]. Die Rechtsübertragung wird bei der Berechnung des angemeldeten Verlusts berücksichtigt[881]. Wenn aber z.B. ein *mortgagee* sich mit den Bedingungen, unter denen das *vesting order* erlassen werden soll, nicht einverstanden erklärt, verfällt seine Sicherheit an dem Grundstück[882].

Wird im Falle eines z.B. aufgrund einer Grundpfandrechtbestellung entstandenen *leasehold* an einem Grundstück kein *vesting order* beantragt oder erlassen, kann das Gericht das Grundstück an eine Person übertragen, die für die Pflichten in der *lease*-Vereinbarung des *lessee* haftet[883]. Andere Personen werden vom *disclaimer* daher nur insoweit berührt, als es erforderlich ist, um

---

876 *Insolvency Rules*, r. 6.179; Bailey/Groves/Smith, Corporate Insolvency, S. 382.
877 s. 178 (4), (6) (Gesellschaft), s. 315 (3), (5) (natürliche Person) *Insolvency Act* 1986.
878 s. 181 (2), (3) (Gesellschaft), s. 320 (2), (3) (natürliche Person) *Insolvency Act* 1986.
879 s. 181 (6) (Gesellschaft), s. 320 (6) (natürliche Person) *Insolvency Act* 1986; Bailey/Groves/Smith, Corporate Insolvency, S. 385.
880 Sealy/Milman, Annotated Guide to the Insolvency Legislation, S. 222.
881 Sealy/Milman, Annotated Guide to the Insolvency Legislation, S. 385.
882 s. 182 (4) (Gesellschaft), s. 321 (4) (natürliche Person) *Insolvency Act* 1986; Fletcher, The Law of Insolvency, S. 238.
883 s. 182 (3) (Gesellschaft), s. 321 (3) (natürliche Person) *Insolvency Act* 1986.

den Gemeinschuldner und den Konkursverwalter von ihrer Haftung zu befreien[884].

Verzichtet der Konkursverwalter auf ein *leasehold*, wird die Wirkung des *disclaimer* aufgeschoben, bis er eine Abschrift des *disclaimer* jeder ihm bekannten Person, die Unterpächter (*underlessee*) oder *mortgagee* des Schuldners ist, hat zukommen lassen. Die Wirkung tritt erst dann ein, wenn innerhalb der 14 Tage seit Bekanntmachung des *disclaimers* gegenüber den *interested persons* kein Antrag auf ein *vesting order* gestellt worden ist oder trotz eines Antrages das Gericht den Eintritt der Wirkung beschlossen hat[885].

Der Konkursverwalter ist grundsätzlich an keine Frist gebunden, innerhalb der er den *disclaimer* erklären muß[886]. Eine Person, etwa ein *mortgagee,* die ein Recht an dem fraglichen Vermögensgegenstand hat, kann ihn jedoch auffordern, innerhalb der folgenden 28 Tage, den *disclaimer* zu erklären[887]. Kommt er der Aufforderung nicht rechtzeitig nach, kann das *disclaimer*-Recht nicht mehr ausgeübt werden[888].

---

884 s. 177 (3) (Gesellschaft), s. 315 (3) (natürliche Person) *Insolvency Act* 1986 Fletcher, The Law of Insolvency, S. 238.

885 s. 179 (Gesellschaft), 317 (natürliche Person) *Insolvency Act* 1986.

886 Fletcher, The Law of Insolvency, S. 605.

887 s. 178 (5) (Gesellschaft), s. 317 (5) *Insolvency Act* 1986.

888 Fletcher, The Law of Insolvency, S. 605.

bb) ***Liquidation***
(1) Ablauf des Verfahrens

Ist der *mortgagor* eine Gesellschaft im Sinne des *Companies Act* 1985[889], d.h. eingetragen im *Companies Register*, wird ein *winding-up*-Verfahren durchgeführt, für das englische Gerichte nach s. 117 (1) *Insolvency Act* 1986 zuständig sind. Darunter fallen auch Tochtergesellschaften einer ausländischen Muttergesellschaft. Ein Liquidationsverfahren kann nach Ermessen des Gerichts auch für die Fälle durchgeführt werden, in denen es sich um eine Niederlassung einer ausländischen Gesellschaft, die nach dem für sie gültigen Recht aufgelöst worden ist, oder eine nicht registrierte Gesellschaft handelt[890]. Der Grund hierfür ist, daß den Gläubigern der Zugriff zu in England gelegenen Massegegenständen ermöglicht werden soll[891]. Zu diesem Zweck wird das Bestehen der bereits liquidierten Gesellschaft fingiert[892].

Das Verfahren kann entweder von der Hauptversammlung der Gesellschaft selbst oder der Gläubigerversammlung (*members'* oder *creditors' voluntary winding up*) oder durch das Gericht (*compulsory winding up*) in Gang gesetzt werden. Mit dem Tag des Beschlusses gilt das *voluntary winding-up*-Verfahren als eröffnet[893]. Im weiteren Ablauf unterscheidet sich das Verfahren. Wenn der Vorstand der Gesellschaft eine Solvenzerklärung (*declaration of solvency*) abgeben hat, wonach voraussichtlich innerhalb der nächsten zwölf Monate die

---

889 s. 735: „*... 'company' means a company formed and registered under this Act, or an existing company; ... .*"
890 s. 221 (5) *Insolvency Act* 1986.
891 North/Fawcett, Cheshire and North's Private International Law, S. 901 f..
892 *Russian and English Bank v. Baring Brothers & Co.* [1936] 1 All E.R. 505.
893 s. 86, s.129 *Insolvency Act* 1986.

Verbindlichkeiten der Gesellschaft beglichen werden können, handelt es sich um ein *members' voluntary winding up*[894].

Bei einem *members' voluntary winding up* bestellt die Hauptversammlung den Konkursverwalter (*liquidator*). Dieser löst die Gesellschaft auf und verteilt das Vermögen. Mit seiner Bestellung erlöschen die Befugnisse des Vorstands, soweit die Hauptversammlung oder der Konkursverwalter nichts Abweichendes beschließt[895]. Der *liquidator* ist verpflichtet, eine Gläubigerversammlung einzuberufen[896]. Er muß eine Konkursbilanz (*statement of affairs*) erstellen, in der u.a. auch die Sicherheiten von Gläubigern zusammen mit ihrem Entstehungszeitpunkt anzugeben sind (*particulars of assets*)[897]. Damit erhält er die Möglichkeit, bei Gericht bestimmte Sicherheiten anzugreifen.

Bei einem *creditors' voluntary winding-up* ist der Vorstand verpflichtet, die Konkursbilanz zu erstellen[898]. Haupt- und Gläubigerversammlung nominieren nun einen Kandidaten für die Aufgabe des *liquidators*. Handelt es sich dabei um dieselbe Person, gilt dieser als bestellt. Ansonsten kann die Hilfe des Gerichts ersucht werden[899]. Ab dem Zeitpunkt der Bestellung des *liquidator* haben die Vorstandsmitglieder keine Befugnisse mehr, soweit dies nicht von den Gläubigern gebilligt wird[900].

---

894 s. 89 f. *Insolvency Act* 1986.
895 s. 91 *Insolvency Act* 1986.
896 s. 95 (2) *Insolvency Act* 1986.
897 s. 95 (4)(c), (d) *Insolvency Act* 1986.
898 s. 99 *Insolvency Act* 1986.
899 s. 100 *Insolvency Act* 1986.
900 s. 103 *Insolvency Act* 1986.

Bei der Verteilung des Gesellschaftsvermögens werden dinglich gesicherte Gläubiger, soweit die Sicherheit keine *floating charge* ist, vor allen anderen Gläubigern ausbezahlt[901].

Bei einem *compulsory winding up* wird auf Antrag der Gesellschaft, ihres Vorstands oder eines Gläubigers das Verfahren bei Vorlage bestimmter Umstände durch den *High Court* oder *County Court* eingeleitet[902]. Im Regelfall wird Anlaß die Zahlungsunfähigkeit der Gesellschaft sein[903]. Sobald der Antrag bei Gericht eingereicht ist, kann die Gesellschaft oder ein Gläubiger einen Antrag auf Aussetzung von Prozessen gegen die Gesellschaft stellen[904]. Ist das *winding-up*-Verfahren angeordnet worden, sind ab diesem Zeitpunkt jegliche Verfügungen über das Gesellschaftsvermögen ohne anderweitige gerichtliche Anordnung unwirksam, also auch die Bestellung von Grundpfandrechten[905]. Der Grund liegt darin, daß die Konkursmasse zum Nachteil der anderen Gläubiger nicht verringert werden darf[906]. Sobald ein *winding-up-order* erlassen worden ist, kann ohne Zustimmung des Gerichts kein Klageverfahren in Bezug auf das Eigentum der Gesellschaft begonnen oder fortgesetzt werden[907].

Der vom Gericht eingesetzte *liquidator* nimmt das Vermögen der Gesellschaft in seinen Gewahrsam (*custody*) und kann auch beantragen, in die Rechtsstellungen der Gesellschaft einzutreten[908]. Diese Erweiterung seiner Rechtsstellung wird nur ausnahmsweise in Betracht kommen, etwa dann, wenn es sich

901 Sealy/Milman, Annotated Guide to the Insolvency Legislation, S. 149.
902 ss. 117, 122, 124 *Insolvency Act* 1986.
903 ss. 124 f. *Insolvency Act* 1986.
904 s. 126 *Insolvency Act* 1986.
905 s. 127 *Insolvency Act* 1986.
906 Sealy/Milman, Annotated Guide to the Insolvency Legislation, S. 169.
907 s. 130 *Insolvency Act* 1986.

um eine ausländische Gesellschaft handelt, die in ihrem Heimatland bereits aufgelöst wurde[909].

(2) Rechte des Sicherungsnehmers

Ebenso wie bei der *bankruptcy* hat ein dinglich gesicherter Gläubiger verschiedene Möglichkeiten, wie er sich in der Insolvenz des Schuldners verhält. Es wird daher auf die dortigen Ausführungen verwiesen[910].

(3) Materiell-rechtliche Einschränkungen des Grundpfandrechts

In jedem *winding-up*-Verfahren hat der *liquidator* wie auch der *trustee in bankruptcy* im Konkurs einer natürlichen Person das Recht, sich von belastendem Eigentum zu entledigen (*disclaimer of onerous property*). Er kann auch beantragen, daß das Gericht geeignete Maßnahmen gegen *transactions at an undervalue*, *preference*, *transactions defrauding creditors* und *extortionate credit bargains* ergreift[911].

c) Insolvenzverfahren im weiten Sinn

aa) *Individual Voluntary Arrangement*

Das Gericht kann für den insolventen Schuldner ein Moratorium durch einstweilige Anordnung erlassen. Damit wird die Zwangsvollstreckung gegen sein Vermögen aufgeschoben, soweit nicht eine gerichtliche Erlaubnis eingeholt

---

908 ss. 144 f. *Insolvency Act* 1986.
909 Sealy/Milman, Annotated Guide to the Insolvency Legislation, S. 190.
910 vgl. J.I.2.b)bb).
911 vgl. J.I.2.b)cc).

wird, mit der Vollstreckung fortzufahren oder mit ihr beginnen zu können[912]. Diese Regelung soll verhindern, daß ein „egoistischer" Gläubiger einen für alle Gläubiger erfolgsversprechenden Lösungsvorschlag zerstört[913]. Die Lösung kann in einem Vorschlag für einen Vergleich (*composition)* oder einer Vergleichsregelung (*scheme of arrangement*) bestehen. Um die Durchführung zu überwachen, kann auf Antrag des Schuldners eine Aufsichtsperson (*supervisor*) eingesetzt werden. Solange der Antrag auf einstweilige Anordnung zwar anhängig, aber noch nicht über ihn entschieden ist, kann das Gericht jede Klage, Zwangsvollstreckung oder ein sonstiges Verfahren gegen das Eigentum des Schuldners aussetzen[914]. Eine einstweilige Anordnung gilt für 14 Tage[915]. In dieser Zeit soll eine Gläubigerversammlung einberufen werden, um eine Regelung zu treffen. Die Versammlung darf nicht einem Vorschlag zustimmen, der die Verwertungsrechte eines gesicherten Gläubigers ohne dessen Zustimmung beeinträchtigt[916]. Der von der Gläubigerversammlung mit Drei-Viertel-Mehrheit des Wertes der Forderungen der anwesenden Gläubiger[917] gefaßte Beschluß bindet alle Gläubiger, die mit einer *notice* zur Versammlung eingeladen worden sind[918] und deshalb ein Stimmrecht hatten[919]. Der Gläubiger einer gesicherten Forderung ist von der Abstimmung ausgeschlossen, wenn über seine Forderung beschlossen wird[920]. Ein *voluntary arrangement* wirkt sich auf die übliche Verwertung einer Sicherheit nur dann aus, wenn die Rechte

912 s. 252 (1), (2) *Insolvency Act* 1986.
913 Sealy/Milman, Annotated Guide to the Insolvency Legislation, S. 313.
914 s. 254 *Insolvency Act* 1986.
915 s. 255 (6) *Insolvency Act* 1986.
916 s. 258 (4) *Insolvency Act* 1986; Fletcher, The Law of Insolvency, S. 49.
917 *Insolvency Rules*, r. 5.18: „... *there must be a majority in excess of three-quarters in value of the creditors present in person by proxy and voting on the resolution.*"
918 *Bradford & Bingley Building Society v. A Debtor (No. 64 of 1992)* [1994] BCC 55.
919 s. 260 (1) (a) *Insolvency Act* 1986, r. 5.17 (1) *Insolvency Rules* 1986.
920 *Insolvency Rules* 1986, r. 5.18 (3) (b), (c).

des Sicherungsnehmers im Beschluß wirksam geändert worden sind[921]. Dem Schutz des Sicherungsnehmers wird dadurch Rechnung getragen, daß ohne sein Einverständnis die Versammlung Modifikationen seines Rechts, in den Sicherungsgegenstand zu vollstrecken, nicht annehmen darf. Das Ergebnis der Gläubigerversammlung muß in jedem Fall dem Gericht innerhalb von vier Tagen mitgeteilt werden. Auch der *Secretary of State*, der Register für *voluntary arrangements* führt, ist zu unterrichten[922].

Der Beschluß kann innerhalb von 28 Tagen angefochten werden, wenn dingliche Rechte eines Gläubigers in ungerechter Weise beeinträchtigt werden (*unfairly prejudiced*) oder eine sonstige materielle Unregelmäßigkeit (*material irregularity*) vorliegt[923]. Antragsberechtigt sind nur solche Gläubiger, die in der Gläubigerversammlung auch stimmberechtigt waren[924].

bb) *Deeds of Arrangement*

Anstatt ein *individual voluntary arrangement* nach dem *Insolvency Act* 1986 durchzuführen, gibt es auch die schon bisher bestehende Möglichkeit eines *scheme of arrangement* nach dem *Deeds of Arrangement Act* 1914. Die beiden Formen schließen sich gegenseitig aus[925].

Bei diesem Verfahren handelt es sich um rein private Verhandlungen zwischen Schuldner und Gläubigern, die in einer Vergleichsurkunde (*deed of arrange-*

921 s. 258 (4) *Insolvency Act* 1986; Fletcher, The Law of Insolvency, S. 50 f..
922 s.259 (1) *Insolvency Act* 1986, *Insolvency Rules* 1986, rr. 5.22, 5.23, 5.24 .
923 Fletcher, The Law of Insolvency, S. 51.
924 s. 260 (2) (b) *Insolvency Act* 1986.
925 s. 260 (3) *Insolvency Act* 1986.

ment) aufgenommen werden[926]. Die Gläubiger verzichten ganz oder teilweise auf ihre Forderung. Dafür überträgt der Schuldner sein gesamtes Vermögen auf einen *trustee* der Gläubiger[927]. Der Vergleich ist unwirksam, wenn er nicht innerhalb von sieben Tagen bei dem vom *Board of Trade* bestellten *registrar* angemeldet wird[928]und innerhalb einer 21-Tagesfrist ab Anmeldung von der Gläubigermehrheit mit der Mehrheit der Gesamtsumme der stimmberechtigten Forderungen angenommen worden ist[929]. Aus diesem Grund wurde von dem *deeds of arrangement*-Verfahren bereits vor Einführung des *individual voluntary arrangement* immer weniger Gebrauch gemacht[930].

cc) *Administrative Receivership*

Ein *administrative receiver* kann nicht von einem beliebigen Gläubiger, sondern nur vom Inhaber einer *floating charge* eingesetzt werden. Einem *mortgagee* stehen für die Einsetzung eines *receivers* die Vorschriften des *Law of Property Acts* 1925 zur Verfügung[931], dessen Rechte und Pflichten sich aber nur auf den Sicherungsgegenstand und nicht auf das ganze Vermögen des Schuldners erstrecken. Die Figur des *administrative receiver* entstand allerdings nach dem Vorbild des *receivers*[932].

---

926 Brink/Habel, Recht der Kreditsicherheiten in europäischen Ländern, Teil IV: England, Anm. 145.

927 Fletcher, The Law of Insolvency, S. 59.

928 s. 2 *Deeds of Arrangement Act* 1914.

929 Triebel/Hodgson/Kellenter/Müller, Englisches Handels- und Wirtschaftsrecht, S. 303; Brink/Habel, Recht der Kreditsicherheiten in europäischen Ländern, Teil IV: England, Anm. 152.

930 Fletcher, The Law of Insolvency, S. 59.

931 vgl. H.I.2.d).

932 Sealy/Milman, Annotated Guide to the Insolvency Legislation, S. 81.

Im Sicherungsvertrag der beiden Parteien (*debenture*) wird festgelegt, wann der *floating chargee* einen *administrative receiver* ernennen kann. Regelmäßig wird als Zeitpunkt die Fälligkeit des gesicherten Kredits gewählt. Fälligkeitsbestimmende Ereignisse sind z.B. eine schriftliche Zahlungsaufforderung, Zahlungseinstellung der Gesellschaft oder Einsetzung eines *administrative receiver*[933]. Als *administrative receiver* kann nur eine Person ernannt werden, die den gesetzlichen Anforderungen, wie Nachweis einer ausreichend bemessenen Nachversicherung, Sanierungspraxis und Lizensierung, genügt[934].

Der *administrative receiver* wird der Gesellschaft als Vertreter zugerechnet[935].

dd) *Administration*

Der *administrator* wird vom Gericht auf Antrag der Gesellschaft oder seiner *directors*, eines Gläubigers oder eines *clerk* des *Magistrate's Court* eingesetzt[936]. Der Inhaber einer *floating charge*, der über die Einleitung des *administration*-Verfahrens zu benachrichtigen ist, kann erreichen, daß die *administration* nicht eröffnet wird, wenn das Gericht zur Überzeugung gelangt, daß ein *administrative receiver* eingesetzt ist. Von diesem Recht wird in der Praxis aber meist kein Gebrauch gemacht[937].

---

933 Weitere fälligkeitsbestimmende Ereignisse werden von Lange, WM 1990, 701, 702, aufgezählt.

934 Part XIII des *Insolvency Act* gilt für *insolvency pracitioners*, zu denen auch der *administrative receiver* gezählt wird.

935 s. 44 (1) (a) *Insolvency Act* 1986.

936 s. 9 (1) *Insolvency Act* 1986.

937 S. 9 (2), (3) *Insolvency Act* 1986; dieses Recht steht dem *floating-charge*-Inhaber nur eine gewisse Zeit lang zu, in der Regel sind es fünf Wochentage, vgl. Houghton/Atkinson, Guide to Insolvency in Europe, S. 326.

Während das Gericht den Erlaß eines *administration order* erörtert, erläßt es eine einstweilige Anordnung (*interim order*), welches die Rechte der *directors* einschränkt. Auch die Rechtsstellung eines Gläubigers, der die Einsetzung eines *administrators* beantragt hat, unterliegt Beschränkungen[938].

Für den Zeitraum zwischen Einreichen des Antrags und Beendigung bzw. Ablehnung des Verfahrens tritt automatisch ein Moratorium ein[939]. Ein Sicherungsgläubiger darf seine Sicherheit nicht verwerten, ohne zuvor die Zustimmung des Gerichts eingeholt zu haben und auch dann nur nach der vom Gericht festgelegten Vorgehensweise[940]. Sobald dann ein *administration order* ergangen ist, wird aus diesem Aufschub ein absolutes Verwertungsverbot, das wiederum nur durch das Gericht im Einzelfall aufgehoben werden kann[941].

Da der *administrator* durch den Gerichtsbeschluß Vermögensverwalter der betroffenen Gesellschaft wird, ist er in der Lage, alle Maßnahmen zu ergreifen, die er für notwendig hält[942]. Das Gesetz gibt ihm auch ausdrücklich das Recht, belastetes Eigentum der Gesellschaft zu veräußern, wenn dies dem Zweck der *administration* dient (*power to deal with charged property*). Zuerst muß er aber eine gerichtliche Genehmigung einholen[943]. Als Ausgleich für den Inhaber der *charge* ist der Erlös (*net proceeds*) für die Erfüllung der Forderung zu ver-

938 s. 9 (4), (5) *Insolvency Act* 1986; Sealy/Milman, Annotated Guide to the Insolvency Legislation, S. 49.
939 Houghton/Atkinson, Guide to Insolvency in Europe, S. 325.
940 s. 10 (1)(b) *Insolvency Act* 1986.
941 s. 11 *Insolvency Act* 1986.
942 s. 14 (1)(a) *Insolvency Act* 1986.
943 s. 15 (1)(2) *Insolvency Act* 1986.

wenden, die vormals gesichert gewesen war. Eventuell steht ihm ein Anspruch in Höhe des Marktwertes zu, wenn ein geringerer Erlös erzielt wurde[944].

Der *administrator* muß für sein Vorhaben innerhalb von drei Monaten nach seiner Ernennung die Zustimmung der Gläubigerversammlung einholen[945]. Wird durch das Vorgehen des *administrator* ein Recht des Gläubigers auf ungerechte Weise beeinträchtigt, kann er innerhalb von vier Wochen nach der zustimmenden Gläubigerversammlung gerichtlichen Beistand beantragen. Dieses Recht steht einem Sicherungsgläubiger auch zu, wenn das Gericht die Veräußerung des mit der betreffenden Sicherheit belasteten Eigentums bereits genehmigt hat[946]. Erteilen die Gläubiger den Vorschlägen des *administrator* keine Zustimmung, steht es im Ermessen des Gerichts, das *administration order* aufzuheben oder eine sonstige Maßnahme zu erlassen, mit der es z.B. die Ablehnung der Gläubiger überstimmen kann[947].

Während seiner Amtszeit gilt der *administrator* als Vertreter der Gesellschaft[948]. Seine Ausgaben und von ihm eingegangene Verpflichtungen belasten daher das Gesellschaftsvermögen und sind vorrangig zu begleichen[949].

Wie bei der *bankruptcy* und der *liquidation* kann der *administrator* beantragen, daß das Gericht geeignete Maßnahmen gegen *transactions at an undervalue*,

---

944 s. 15 (5) *Insolvency Act* 1986.

945 s. 24 (1), (2) *Insolvency Act* 1986.

946 s. 27 (1), (5) *Insolvency Act* 1986; Sealy/Milman, Annotated Guide to the Insolvency Legislation, S. 81.

947 s. 24 (5) *Insolvency Act* 1986.

948 s. 14 (5) *Insolvency Act* 1986.

949 s. 15 (1) *Insolvency Act* 1986.

preferences, *transactions defrauding creditors* und *extortionate credit bargains* ergreift[950].

ee) *Voluntary Arrangement*

Das Verfahren[951] wird auf Initiative des Vorstandes (*directors*) eingeleitet[952]. Wurde bereits ein *winding-up-* oder *administration-*Verfahren in Gang gesetzt, können nur der *liquidator* oder der *administrator* ein *voluntary arrangement* beantragen[953].

Im ersten Fall müssen die *directors* einer ausführlichen Informationspflicht gegenüber Gericht und dem von ihnen für den Posten des *supervisors* Vorgeschlagenen (*nominee*) über das *arrangement* genügen[954]. Das Gericht kann einen anderen *nominee* vorschlagen. Wird das *voluntary arrangement* durch den *liquidator* oder *administrator* initiiert, ist notwendigerweise dieser der *nominee* und das Wahlverfahren nicht vorgeschrieben[955]. Der *nominee* muß dann für seinen Sanierungsvorschlag die Zustimmung der Mehrheit in den jeweiligen Mitglieder- und Gläubigerversammlungen einholen[956]. Die Versammlung kann ohne die Zustimmung des gesicherten Gläubigers keinen Vorschlag annehmen, der das Recht des gesicherten Gläubigers, seine Sicherheit zu vollstrecken,

---

950 vgl. J.I.2.b)cc).

951 ausführlich Rutstein, J.I.B.L. 2000, 47 ff..

952 s. 1 (1) *Insolvency Act* 1986.

953 s. 1 (3) *Insolvency Act* 1986.

954 s. 2 *Insolvency Act* 1986.

955 Sealy/Milman, Annotated Guide to the Insolvency Legislation, S. 29.

956 S. 4 (1)-(3) *Insolvency Act* 1986. Hierfür ist eine Dreiviertelmehrheit nach dem Wert der Forderungen erforderlich; vgl. Houghton/ Atkinson, Guide to Insolvency in Europe, S. 328.

modifiziert[957]. Wird der Vorschlag durch Mehrheitsbeschluß angenommen, dann bindet er sowohl die Gesellschafter als auch die Gläubiger, selbst wenn sie dagegen gestimmt haben[958]. Dies gilt nicht für solche Gläubiger, die nicht bei der Wahl abstimmen durften. Diese können sich auch nicht auf eine vorteilhafte Regelung des *arrangement* berufen[959].

Wird ein *voluntary arrangement* vereinbart, das die Interessen der Beteiligten in ungerechter Weise benachteiligt oder es liegt ein schwerwiegender Verfahrensfehler vor, kann der Beschluß innerhalb von 28 Tagen nach Berichterstattung über die Beschlüsse bei Gericht angefochten werden[960]. Nicht anfechtungsberechtigt ist, wer nicht stimmberechtigt war[961].

Im Februar 2000 hat das *Department of Trade and Industry* im Rahmen eines Gesetzesentwurfs[962] Änderungen des *voluntary arrangement* vorgeschlagen, um effektiver als bisher die Sanierung von kleineren Unternehmen zu ermöglichen[963]. Da die Gläubiger nach dem geltenden Verfahren darüber informiert werden müssen, wann die Gläubigerversammlung stattfindet, können sie in der Zwischenzeit noch ihre Rechtspositionen festigen und auch ihre Sicherheit realisieren, so daß letztendlich eine Sanierung nicht mehr möglich ist. Die *director* sollen daher bei Gericht ein Moratorium von 28 Tagen, maximal drei Monaten erreichen können. Darüber hinaus soll die Gesellschaft mit

957 S. 4 (3) *Insolvency Act* 1986.
958 s. 5 (2)(b) *Insolvency Act* 1986.
959 *R. A. Securities Ltd. v. Mercantile Credit Co. Ltd.* [1994] BCC 598.
960 s. 6 *Insolvency Act* 1986, *Insolvency Rules* 1986, Rule 1.25.
961 Sealy/Milman, Annotated Guide to the Insolvency Legislation, S. 37 f..
962 sog. Insolvency *Bill 2000*, veröffentlicht unter www.publications.parliament.uk/pa/ld199900/ldbills/028/2000028.htm
963 ausführlicher Steiner, J.I.B.L. 2000, 61, 64; Rutstein, J.I.B.L. 2000, 71, 72 f..

Genehmigung des Gerichts (oder des gesicherten Gläubigers) einen Sicherungsgegenstand veräußern können.

ff) *Scheme of Arrangement*

Anstelle des *voluntary arrangement* besteht auch die Möglichkeit eines *scheme of arrangement* gem. ss. 425-427A *Companies Act* 1985. Dabei handelt es sich um ein Verfahren, das von einer *company*, einem Gläubiger, *administrator* oder *liquidator* bei Gericht beantragt werden kann, um einen Vergleich zwischen Gläubigern und Gesellschaftern zu erreichen. Wird in der Versammlung, die drei Viertel der Rechte der abstimmenden Gesellschafter und Gläubiger repräsentieren muß, mit einer Mehrheit dem *arrangement*-Vorschlag zugestimmt, und wird der Vergleich vom Gericht genehmigt, tritt für und gegen alle Betroffene eine bindende Wirkung ein[964].

II. Rechtsstellung des Sicherungsnehmers im deutschen Recht

1. Einzelvollstreckung

Ein Gläubiger, der einen Titel erwirkt hat, kann in das gesamte Vermögen des Schuldners vollstrecken und seine Forderungen befriedigen. Davon ausgenommen sind nach dem Rangprinzip aber grundsätzlich Teile des Vermögens, auf die Dritte ein vorrangiges dingliches Recht haben. Dazu zählen auch die mit Grundpfandrechten anderer Gläubiger belasteten Grundstücke und die zum Haftungsumfang gehörenden Rechte.

Zugunsten eines persönlichen Gläubigers kann zwar eine Zwangshypothek bezüglich eines bereits mit Grundpfandrechten belasteten Grundstück nach §§ 866, 867 ZPO eingetragen werden, welche dann allerdings nachrangig ist. Bei Betreiben der Zwangsversteigerung durch den Inhaber der Zwangshypothek werden die vorrangigen Grundpfandrechte als bestehenbleibende Rechte im geringsten Gebot nach §§ 44, 52 ZVG berücksichtigt.

Auch eine Pfändung in das bewegliche Vermögen im Wege der Mobiliarzwangsvollstreckung ist gemäß § 865 Abs. 2 S. 2 ZPO grundsätzlich möglich. Das Zubehör eines Grundstückes ist allerdings nach § 865 Abs. 2 S. 1 ZPO unpfändbar.

2. Gesamtvollstreckung

Im Zuge der Insolvenzrechtsreform wurde mit der am 1.1.1999 in Kraft getretenen Insolvenzrechtsordnung[965] das Institut des einheitlichen Insolvenzverfahrens eingeführt. Nach § 1 InsO dient das Insolvenzverfahren dazu, die Insolvenzgläubiger gemeinsam zu befriedigen. Dies kann entweder durch Verwertung des Schuldnervermögens erreicht werden oder durch eine abweichende Regelung in einem Insolvenzplan, der zur Sanierung eines Unternehmens erstellt worden ist. Gemeinsam ist allen Insolvenzverfahren die Einleitung durch einen Insolvenzeröffnungsantrag. Je nachdem, ob als Ziel die endgültige Vermögensverteilung oder die Sanierung eines Unternehmens verfolgt wird,

---

[964] Gower, Principles of Modern Company Law, S. 694 ff.; Triebel/ Hodgson/Kellenter/ Müller, Englisches Handels- und Wirtschaftsrecht, Rn. 841, S. 311.

[965] BGBl 1994 I, 2866; BGBl. 1998 I, 2589; BGBl 1998 I, 3836.

kann man zwischen Insolvenzverfahren im engen und im weiten Sinn unterscheiden.

a) Insolvenzverfahren im engen Sinn

aa) Ablauf des Verfahrens

Ist ein Insolvenzverfahren in Gang gesetzt worden, können laufende Einzelvollstreckungsmaßnahmen im Verhältnis zum bisherigen Recht leichter eingestellt werden. Zwar können gem. § 49 InsO Grundpfandrechtsgläubiger als Inhaber eines Absonderungsrechts auch nach Eröffnung des Insolvenzverfahrens die Zwangsversteigerung bzw. Zwangsverwaltung fortsetzen. Doch nach §§ 30 d ff., §§ 153 b ff. ZVG i.d.F. des Art. 20 EGInsO kann das Vollstreckungsgericht auf Antrag des Insolvenzverwalters die Einzelvollstreckung in ein Grundstück einstellen, wenn die angemessene Verwertung der Insolvenzmasse durch seine Versteigerung wesentlich erschwert würde[966]. Dadurch werden die Möglichkeiten für das Vollstreckungsgericht, die Einzelvollstreckung einzustellen, gegenüber dem bisherigen Recht, wesentlich erweitert[967]. Dieser Nachteil wird dadurch ausgeglichen, daß der Gläubiger die vertraglich geschuldeten Zinsen[968] sowie Ersatz für den Wertverlust[969] fordern kann[970].

---

966 Vallender, ZIP 1997, 1993, 2001.

967 Hellner/Steuer, Bankrecht und Bankpraxis, Bd.2, 4/2771 f..

968 Bei der Zwangsversteigerung entsteht die Zinszahlungspflicht ab dem Berichtstermin gem. § 30 e Abs. 1 ZVG, für die Zwangsverwaltung sofort mit Einstellung gem. § 153 b Abs. 1 ZVG; vgl. Frings, Sparkasse 1996, 384, 385.

969 §§ 30 e Abs. 2, 153 b Abs. 2 ZVG.

970 Zinszahlung und/oder Wertausgleich fallen weg, wenn mit einer Befriedigung des Gläubigers aus dem Versteigerungserlös nicht gerechnet werden kann; vgl. Eilenberger, Bank- und finanzwirtschaftliche Aspekte der Insolvenzrechtsreform, S. 19.

Neu ist auch, daß die durch ein Grundpfandrecht gesicherten Gläubiger an den Verfahrenskosten beteiligt werden, die nur die Feststellung des Zubehörwertes betreffen[971] und pauschal 4% des ermittelten Wertes ausmachen[972], aber im Rang den Grundpfandrechten vorgehen[973].

Mit Eröffnung des Insolvenzverfahrens geht das Verfügungsrecht des Schuldners auf den Insolvenzverwalter gem. § 80 Abs. 1 InsO über. Alle nach diesem Zeitpunkt vorgenommenen Verfügungen des Schuldners über einen Gegenstand der Insolvenzmasse, auch die Bestellung eines Grundpfandrechts, sind unwirksam[974]. Es besteht aber die Möglichkeit, daß der Insolvenzverwalter an der Stelle des Schuldners erneut die Verfügung vornimmt.

bb) Materiell-rechtliche Einschränkungen der Grundpfandrechte: Anfechtungstatbestände

Zweck der Anfechtungstatbestände ist es, die Insolvenzmasse zu mehren, um das Grundprinzip der Gläubigergleichbehandlung gewährleisten zu können. Es soll verhindert werden, daß sich einzelne Gläubiger zu Lasten der Gläubigergesamtheit individuelle Vorteile verschaffen, z.B. durch dingliche Sicherung[975]. Da es seit Inkrafttreten der Insolvenzordnung das Institut des einheitlichen

---

971 Begründet wird die Kostenbeteiligung damit, daß die Insolvenzmasse bei Zubehörstücke umfassenden Grundpfandrechten mit zusätzlichen Kosten belastet wird, da sich deren Zugehörigkeit aus dem Grundbuch nicht ergebe; vgl. Beckers, WM 1990, 1177, 1178.

972 § 10 Abs. 1 Nr. 1 a ZVG. Von Banken ist diskutiert worden, ob man sich mit erhöhten Deckungsgrenzen auf die gesteigerten Kosten einstellen solle, da die Kostenbeiträge im Verwertungsfall den Sicherheitenerlös reduzieren; vgl. Pfeifer, DZWir 1997, 303, 304; Frings, Sparkasse 1996, 384, 385 f.; Beckers, WM 1990, 1177, 1178. Als problematisch könnte sich die Ermittlung des Wertverlustes erweisen, wodurch erneut Kosten entstehen; vgl. Eilenberger, Bank- und finanzwirtschaftliche Aspekte der Insolvenzrechtsreform, S. 18.

973 Obermüller, WM 1998, 483, 484.

974 § 81 Abs. 1 S. 1 InsO.

975 Breutigam/Tanz, ZIP 1998, 717.

Insolvenzverfahrens gibt, gilt das Insolvenzanfechtungsrecht unabhängig davon, ob das jeweilige Verfahren auf Liquidation oder Sanierung gerichtet ist[976].

Von den Anfechtungstatbeständen der InsO unterschieden werden müssen die Angriffsmöglichkeiten nach dem Anfechtungsgesetz. Danach kann ein Gläubiger die Anfechtung einer Verfügung unter bestimmten Umständen verlangen. Doch geht er dabei nicht zugunsten der Konkursmasse vor. Daher wird auf eine Darstellung verzichtet.

Die Anfechtungsarten haben sich zwar grundsätzlich gegenüber denen der Konkursordnung nicht geändert[977], doch wurden einige Vorschriften verschärft, die vor allem ahnungslose Gläubiger des Gemeinschuldners treffen[978]. Im folgenden werden kurz die Tatbestände dargestellt, die auch die Anfechtung von Grundpfandrechten ermöglichen, die zum Nachteil der anderen Insolvenzgläubiger bestellt worden sind.

(1) Kongruente Deckung

§ 130 Abs. 1 InsO regelt den Anfechtungstatbestand der kongruenten Deckung. Nach seiner Nr. 1 ist die Rechtshandlung anfechtbar, in diesem Fall die Grundpfandrechtsbestellung, die drei Monate vor Stellung des Eröffnungs-

---

976 Wimmer, Jahrbuch für Ostrecht 1997, 224. In der Vergleichsordnung war keine Anfechtungsmöglichkeit vorgesehen.

977 vgl. zur bisherigen Konkursanfechtung von Grundpfandrechten Lauer, Kreditsicherheiten im Insolvenzverfahren, S. 97.

978 Obermüller, ZBB 1992, 202, 204. Vor dem 1.1.1999 vorgenommene Rechtshandlungen sind nach Art. 106 EGInsO wegen des Prinzips des Vertrauensschutzes nur insoweit anfechtbar, als sie es auch nach altem Recht (§§ 29 ff. KO, 10 GesO) waren; vgl. Huber, JuS 1998, 924, 925.

antrags vorgenommen worden ist. Zu diesem Zeitpunkt muß der Schuldner bereits zahlungsunfähig gewesen sein, wovon der Gläubiger positive Kenntnis hatte. Damit wurde gegenüber den bisher geltenden §§ 30 Nr. 1, 2. Hs., 33 KO der anfechtungsrelevante Zeitraum vorverlagert[979]. Daneben kann nach § 130 Abs. 1 Nr. 2 InsO angefochten werden, wenn die Rechtshandlung nach Stellung des Eröffnungsantrages vorgenommen wurde und der Gläubiger positive Kenntnis von der Zahlungsunfähigkeit des Schuldners oder dem Eröffnungsantrag hatte.

§ 140 InsO bestimmt den Zeitpunkt der Vornahme der Rechtshandlung. Nach Abs. 1 ist eine Rechtshandlung vorgenommen, sobald sie alle ihre rechtlichen Wirkungen entfaltet. Für eintragungspflichtige Rechtsgeschäfte gilt jedoch die Sonderregel des Abs.2, wonach bis auf die beantragte Eintragung alle übrigen Wirksamkeitsvoraussetzungen bereits vorliegen. Der Sinn liegt darin, daß eine anfechtbare Rechtslage z.B. im Falle einer Grundpfandrechtsbestellung nicht allein wegen Verzögerungen des Grundbuchamtes entstehen soll. Aus §§ 91 Abs. 2 InsO i.V.m. § 878 BGB ergibt sich, daß es auf den insolvenzfesten Anwartschaftserwerb ankommt[980].

(2) Inkongruente Deckung

Daneben gibt es den Anfechtungstatbestand der inkongruenten Deckung (§ 131 InsO). Eine Deckung ist dann inkongruent, wenn sie dem Gläubiger eine Sicherung gewährt oder ermöglicht, auf die er nicht oder nicht in der Art oder

979 Danach betrug der relevante Zeitraum sechs Monate vor Eröffnung des Verfahrens bei Zahlungseinstellung durch den Schuldner.

980 Breutigam/Tanz, ZIP 1998, 717, 720 ff.; dies war beim bisher einschlägigen § 42 KO strittig; vgl. Lauer, Kreditsicherheiten im Insolvenzverfahren, S. 97.

nicht zu der Zeit einen Anspruch hatte. Dem Gläubiger wird z.B. ein Grundpfandrecht an einem Grundstück gewährt, das einen vergleichsweise höheren Wert als die damit gesicherte Forderung hat. Diese Rechtshandlungen sind aber nur innerhalb bestimmter Fristen anfechtbar: wenn die Handlungen im letzten Monat vor Stellung des Eröffnungsantrags vorgenommen wurden, innerhalb des zweiten oder dritten Monats vor dem Eröffnungsantrag und der Schuldner zu diesem Zeitpunkt bereits zahlungsunfähig war; schließlich wenn dem Gläubiger bekannt war, daß die Handlung die Insolvenzgläubiger benachteiligen würde. Für nahestehende Personen gilt die gesetzliche Vermutung, daß sie von der Gläubigerbenachteiligung Kenntnis hatten.

(3) Vorsätzliche Benachteiligung

Eine Rechtshandlung, die der Insolvenzschuldner in den letzten zehn Jahren vor dem Eröffnungsantrag oder nach diesem Antrag vorgenommen hat, in der Absicht seine Gläubiger zu benachteiligen, kann angefochten werden, wenn der bevorzugte Gläubiger den Vorsatz des Schuldners kannte, § 133 Abs. 1 S. 1 InsO. Diese Absicht wird bei nahestehenden Personen vermutet, § 133 Abs. 1 S. 2 InsO, oder wenn der Gläubiger die drohende Zahlungsunfähigkeit und Gläubigerbenachteiligung kannte, § 133 Abs. 1 S. 2 InsO. Ähnlich wie § 31 Nr. 1 KO wird dieser Vorschrift bei Kreditgeschäften der Banken keine große praktische Bedeutung zukommen[981].

---

[981] Gaiser, DZWir 1999, 446.

(4) Unentgeltliche Leistung

Nach § 134 Abs. 1 InsO kann eine unentgeltliche Leistung, die bis zu vier Jahre vor dem Eröffnungsantrag gestellt worden ist, angefochten werden. Nach § 32 Nr. 2 KO waren Schenkungen des späteren Insolvenzschuldners an seinen Ehegatten nur bis zu zwei Jahre vor Konkurseröffnung anfechtbar. Diese Vorschrift hat für das Kreditgeschäft keine große Funktion. Eine unentgeltliche Leistung des Kunden kann zB. nicht in der Besicherung seiner Verbindlichkeiten gesehen werden[982].

2. Insolvenzverfahren im weiten Sinn
a) Insolvenzplan

Mit dem Insolvenzplan, der dem Reorganisationsverfahren des *Chapter 11 Bankruptcy Code* der USA nachgebildet ist[983], soll die Sanierung ermöglicht werden[984]. Damit es nicht zur Betriebseinstellung kommt, muß das Anlage- und Umlaufvermögen weitgehend erhalten bleiben. Der Insolvenzplan wirkt sich daher notwendig auch auf die Behandlung von Kreditsicherheiten aus. Dies äußert sich im Aufschub der Verwertung der Sicherheit und sonstige Eingriffe in die Stellung der Absonderungsberechtigten[985].

---

982 Gaiser, DZWir 1999, 446.

983 Smid, DZWir 1997, 309; Funke, in Festschrift für Herbert Helmrich, S. 627 ff.; Hoßner, FAZ v. 10.8.1998, 23.

984 Der Insolvenzplan kann aber gem.§ 217 InsO auch abweichend von den gesetzlichen Vorschriften die Liquidation zum Gegenstand haben. Das Insolvenzplan-Verfahren tritt an die Stelle des Vergleichs; vgl. Eilenberger, Bank- und finanzwirtschaftliche Aspekte der Insolvenzrechtsreform, S. 33 f..

Der Insolvenzplan ermöglicht weiterreichende Eingriffe in die Rechtsstellung gesicherter Gläubiger als ein Liquidationsverfahren. Bis zur Rechtskraft über Ablehnung oder Bestätigung des Insolvenzplans kann die Sicherheitenverwertung ausgesetzt werden[986]. Auf Antrag des Schuldners oder des Insolvenzverwalters ordnet das Gericht gem. § 233 S. 1 InsO die Aussetzung der Verwertung oder Verteilung an, soweit durch die andauernde Verwertung oder Verteilung der Insolvenzmasse der Insolvenzplan gefährdet werden würde. Die endgültige Entscheidung über Fortführung oder Einstellung des Betriebs ist aber den Gläubigern überlassen[987]. Im Fall von Grundpfandrechten ist ein Beschluß des Vollstreckungsgerichts nach § 30 d ZVG erforderlich[988]. Soweit mit der Fortsetzung der Vollstreckung nicht eine erhebliche Gefahr für die Masse verbunden ist, kann das Gericht auch von der Aussetzung absehen, wenn der Verwalter mit der Zustimmung der Gläubigerversammlung die Fortführung der Verwaltung oder Verteilung beantragt[989]. Ansonsten kann die Verwertung fortgesetzt werden, wenn der Insolvenzplan abgelehnt wird[990].

Durch den Plan kann es zur Kürzung der Sicherheit über die im Liquidationsverfahren statthaften Kostenbeiträge hinaus kommen, wenn in die Stellung der Absonderungsberechtigten eingriffen wird. Der Eingriff kann in dem eben beschriebenen Aufschub der Verwertung bestehen, aber auch in der Aufgabe der Sicherheit oder dem Austausch des Sicherungsobjekts. Dieses Vorgehen ist sinnvoll, wenn ein Vermögenswert, z.B. ein Grundstück, von den bisherigen

985 Obermüller, WM 1998, 483, 484; Beckers, WM 1990, 1177, 1180.
986 Das bisher geltende Recht, weder § 30 c ZVG noch § 106 KO, ließ vor Verfahrenseröffnung eine einstweilige Einstellung zu.
987 § 157 InsO.
988 Begr. Rechtsausschuß (Ausschußbericht) zu § 277 EInsO.
989 § 233 S. 2 InsO.
990 Obermüller, WM 1998, 483, 486.

Belastungen freigemacht werden soll, um einen neuen Kredit aufnehmen zu können[991]. Über den Insolvenzplan stimmt die Gläubigerversammlung ab, die aus mehreren Gruppen gebildet wird. Die gesicherten Gläubiger können in einer Gruppe zusammengefaßt werden, kann aber auch nach der Art der Sicherheit gebildet werden[992]. Sie haben in der Gläubigerversammlung, die über die Annahme des Insolvenzplanes entscheidet, ein Stimmrecht als Absonderungsberechtigte gem. § 238 Abs. 1 InsO[993]. Greift der Insolvenzplan nicht in ein Absonderungsrecht ein, hat der betroffene Gläubiger auch kein Stimmrecht in der Gläubigerversammlung[994]. Liegt ein mit qualifizierter Mehrheit gefaßter Beschluß der Gläubigerversammlung vor, ist der Plan angenommen, selbst gegen den Willen der überstimmten Gläubiger[995]. Auch wenn nicht alle Gläubigergruppen zugestimmt haben, gilt die Zustimmung als erteilt, vorausgesetzt die ablehnende Gläubigergruppe wird durch die Regelungen des Plans nicht benachteiligt. Dies ergibt sich aus dem in § 245 InsO geregelten Obstruktionsverbot. Auch ein einzelner Gläubiger, der in seiner Gruppe überstimmt worden ist, wird davor geschützt, durch den Insolvenzplan schlechter gestellt zu werden, § 251 InsO[996]; er muß angemessen an dem nach dem Plan zufließenden Wert beteiligt werden[997].

---

991 Obermüller, WM 1998, 483, 486.

992 zur sachgerechten Gruppenbildung vgl. Hess/Weis, InVo 1998, 64 ff..

993 Soweit ein Absonderungsberechtigter auch persönlicher Gläubiger ist, hat er als Insolvenzgläubiger gem § 237 Abs. 1 S. 2 InsO ein Stimmrecht, wenn er auf sein Absonderungsrecht verzichtet hat oder bei der Befriedigung ausgefallen ist.

994 §§ 238 Abs. 2, 237 Abs. 2 InsO.

995 zu Strategien zur Mehrheitsgewinnung innerhalb und außerhalb der Gruppe vgl. Riggert, WM 1998, 1521, 1523.

996 Gaiser, DZWir 1999, 446, 450 f..

997 Was eine angemessene Beteiligung ausmacht, wird in § 245 Abs.1 InsO definiert.

Die Wirkungen des Insolvenzplans treten gem. § 254 Abs. 1 S. 1 InsO mit der Rechtskraft der erforderlichen gerichtlichen Bestätigung ein[998]. Gem. § 254 Abs. 1 S. 2 InsO werden jedoch nur Willenserklärungen durch den Plan ersetzt. Für den Verzicht auf zB. ein Grundpfandrecht ist noch die Eintragung ins Grundbuch erforderlich[999].

b) Gerichtliches Schuldenbereinigungsverfahren

Das Insolvenzgericht kann einstweilige Anordnungen treffen, um nachteilige Veränderungen in der Vermögenslage des Schuldners zu verhindern[1000]. Soll die Verwertung von Grundpfandrechten unterbrochen werden, bleibt jedoch gem. § 21 Abs. 2 Nr. 3 InsO das Vollstreckungsgericht zuständig.

Wie im Insolvenzplan muß sich ein durch eine dingliche Sicherheit an sich Absonderungsberechtigter mit der Mehrheitsentscheidung der Gläubigerversammlung abfinden, mit der er zu einer partiellen Aufgabe seiner Sicherheit gezwungen werden kann[1001]. Eine akzessorische Sicherheit wandelt sich automatisch in eine Eigentümergrundschuld um, während im Falle einer abstrakten Sicherheit wie der Grundschuld dem Sicherungsgeber ein Freigabeanspruch zusteht.

---

998 Die gerichtliche Bestätigung ist aus Minderheitenschutzgründen gem. § 251 InsO auf Antrag eines überstimmten Gläubigers zu versagen, wenn er unter Einhaltung bestimmter formeller Voraussetzungen glaubhaft macht, daß er durch den Plan schlechter gestellt wird.

999 Obermüller, WM 1998, 483, 488.

1000 §§ 306 Abs. 2, 21 InsO.

1001 Gaiser, DZWir 1999, 446, 453.

c) Außergerichtliches Schuldenbereinigungsverfahren, vereinfachtes Insolvenzverfahren und Restschuldbefreiungsverfahren[1002]

Weder das außergerichtliche Schuldenbereinigungsverfahren[1003] noch das vereinfachte Insolvenzverfahren[1004] oder das Restschuldbefreiungsverfahren[1005] lassen Eingriffe in Grundpfandrechte oder sonstige Kreditsicherheiten durch Entscheidungen der anderen Gläubiger zu. Soweit ein Sicherungsnehmer nicht sein Einverständnis zu einer Rechtsänderung gibt, bleibt es unabhängig von der Gläubigerentscheidung bestehen.

d) Materiell-rechtliche Einschränkungen des Grundpfandrechts

Da wie bereits ausgeführt die InsO ein vereinheitlichtes Insolvenzverfahren eingeführt hat, gelten die Anfechtungstatbestände grundsätzlich auch für die Insolvenzverfahren im weiten Sinn. Soweit das Verfahren durch einen Antrag auf Insolvenzeröffnung gem. § 27 InsO eröffnet wird, kann der Insolvenzverwalter, bevor das Verfahren in einem Insolvenzplan oder Schuldenbereinigungsplan mündet, gem. § 129 Abs. 1 InsO anfechten. Bei der Eigenverwaltung steht die Anfechtungsberechtigung dem Sachwalter gem. § 280 InsO zu, im vereinfachten Insolvenzverfahren jedem Insolvenzgläubiger gem. § 313 Abs. 2 S. 1 InsO. Dagegen kann der vorläufige Insolvenzverwalter nicht anfechten.

1002 Das Restschuldbefreiungsverfahren ist der *discharge* gemäß *Chapter 13 Bankruptcy Code* der USA nachempfunden, vgl. Smid, DZWiR 1997, 309.

1003 § 223 Abs. 2 InsO.

1004 §§ 306 Abs. 2, 21 InsO; zur Verwertung ist gem. § 313 Abs. 3 InsO nur der Gläubiger berechtigt.

1005 Obermüller, WM 1998, 483, 494.

III. Vergleich

1. Einzelvollstreckung

Ohne daß genauer in die verschiedenen Einzelvollstreckungsverfahren eingegangen worden wäre, kann aber als Gemeinsamkeit festgestellt werden, daß dritte Gläubiger im Ergebnis aufgrund des Rangprinzips in den Haftungsverband eines vorrangigen Grundpfandrechts keinen Zugriff haben.

Es wird aber darauf hingewiesen, daß im deutschen Recht zugunsten eines persönlichen Gläubigers z.B. eine den vorgehenden Grundpfandrechten nachrangige Zwangshypothek eingetragen werden kann, aus der der Gläubiger eine Zwangsversteigerung betreiben kann, wobei allerdings vorrangige Grundpfandrechte als bestehenbleibendes Recht im geringsten Gebot berücksichtigt werden müssen. Zudem bleibt die Mobiliarzwangsvollstreckung gem. § 865 Abs. 2 S. 2 ZPO möglich.

2. Gesamtvollstreckung

Gegenstand des Vergleichs sind nicht die Insolvenzverfahren in Deutschland und England an sich, sondern ihre Wirkung auf Immobiliarsicherheiten. Grundsätzlich kann man jedoch feststellen, daß *bankruptcy*, *liquidation* und das deutsche Insolvenzverfahren als Insolvenzverfahren im engeren Sinne gewertet werden können. Da nach dem neuen deutschen Insolvenzverfahren aber auch die Sanierung bezweckt werden kann, kommt insofern auch ein Vergleich mit dem *administration*-Verfahren in Betracht. Die anderen aufgezählten Verfahren zählen aber eindeutig zu den Insolvenzverfahren im weiteren Sinne.

In beiden Rechtsordnungen werden Grundpfandrechte, die der Sicherungsnehmer dem Sicherungsgeber bestellt hat, durch Insolvenzverfahren im engen Sinn grundsätzlich nicht betroffen. Der Sicherungsnehmer konkurriert mit den Konkursgläubigern nur insoweit, als er für die gesicherte Forderung mit seiner abgesonderten Befriedigung ausfällt. Anders verhält es sich, wenn der Inhaber des Grundpfandrechts auf die Verwertung im Wege der Einzelvollstreckung verzichtet und seine Forderung in voller Höhe anmeldet oder wenn er zwar vollstreckt hat, aber nicht in voller Höhe befriedigt worden ist und dann den Ausfall anmeldet.

Im deutschen Recht hat das Insolvenzgericht aber weitreichende Möglichkeiten, mit denen es die Verwertung der Sicherheit einstellen kann.

Gemeinsam ist beiden Rechtsordnungen, daß der Schuldner mit Verfahrenseröffnung seine Verfügungsbefugnis verliert. Bestellt er nach diesem Zeitpunkt ein Grundpfandrecht, ist die Verfügung nichtig. Der eingesetzte Insolvenzverwalter kann jedoch, wenn er es für erforderlich hält, zur Sicherung z.B. eines Sanierungskredits, eine Immobiliarsicherheit vereinbaren.

Soweit es sich um ein Insolvenzverfahren im weiten Sinn handelt, können Inhaber von Grundpfandrechten an von den Einzelvollstreckungsmaßnahmen abweichende Verwertungspläne gebunden werden. Dies geschieht entweder mit ihrem eigenen Einverständnis oder indem sie von der Mehrheit der Gläubiger des Gemeinschuldners überstimmt werden. Die Bindung kann jedoch aufgehoben werden, wenn ihr Interesse stark benachteiligt werden würde.

Ist ein Insolvenzverfahren eröffnet worden, steht dem eingesetzten Verwalter ein Instrumentarium zu, mit dem er nach oder vor Verfahrenseröffnung eingegangene dingliche Vereinbarungen wieder auflösen kann. Insgesamt hat der englische Verwalter größere Möglichkeiten, um die Insolvenzmasse zu vermehren. Zudem kann das englische Gericht nach seinem Ermessen auch andere Maßnahmen als die Aufhebung des Grundpfandrechts treffen.

Die Voraussetzungen der verschiedenen Anfechtungstatbestände sind teilweise vergleichbar. Gemeinsam ist ihnen, daß der Gläubiger, zu dessen Gunsten die Verfügung vorgenommen wurde, keine Kenntnis von der Zahlungsunfähigkeit oder der Insolvenz des Gemeinschuldners gehabt haben muß. In der Person des Gemeinschuldners müssen gewisse subjektive Voraussetzungen vorliegen, wonach er die benachteiligende Verfügung nicht gutgläubig bzw. mit Benachteiligungsabsicht gemacht hat.

Bei der *preference* erhält der Gläubiger eine bevorzugte Behandlung, die er sonst nicht hätte. Dies entspricht in etwa dem Tatbestand der kongruenten, aber eventuell auch der inkongruenten Deckung im deutschen Recht. Während die beiden deutschen Vorschriften aber nicht weiter zurückreichen als drei Monate vor Antrag auf Eröffnung des Insolvenzverfahrens, geht der englische Tatbestand grundsätzlich bis auf sechs Monate, bei einer Verfügung zugunsten einer nahestehenden Person sogar bis auf zwei Jahre zurück.

Die *transaction at an undervalue* kann teilweise mit dem Tatbestand der inkongruenten Deckung, aber auch mit dem der unentgeltlichen Leistung verglichen werden. Auch hier ist das englische Recht bezüglich des Zeitraums der anfechtbaren Verfügungen strenger. Die Verfügung kann fünf Jahre zurückliegen, im deutschen Recht sind es drei Monate bzw. vier Jahre.

Eine *transaction defrauding creditors* kommt am ehesten dem Tatbestand der vorsätzlichen Benachteiligung gleich. Während der deutsche Insolvenzverwalter Verfügungen anfechten kann, die zehn Jahre zurückliegen, besteht für den nach englischem Recht eingesetzten Verwalter keine Zeitbegrenzung.

Daneben wird im *Insolvency Act* 1986 auch der *extortionate credit bargain* aufgeführt. Danach kann eine Kreditvereinbarung aufgehoben werden, die auch das sichernde Grundpfandrecht umfaßt und eine unverhältnismäßig hohe Rückzahlungssumme vorsieht. Es liegt ein Vergleich mit § 138 BGB auf der Hand, der in Deutschland allerdings nicht zum speziell insolvenzrechtlichen Instrumentarium gehört. Da im englischen Recht idR. gleichzeitig eine *transaction at an undervalue* vorliegt, besteht eine gewisse Ähnlichkeit mit dem Tatbestand der unentgeltlichen Leistung.

Die Rechtsfigur des *disclaimer of property* kann mit keinem Instrument des deutschen Rechts verglichen werden. Es besteht keine zeitliche Begrenzung, soweit nicht ein Berechtigter den Verwalter zu einer Entscheidung auffordert.

Es schreiben also zwar beide Rechtsordnungen vor, daß nach Eröffnung des Insolvenzverfahrens im engen Sinn vom Gemeinschuldner eingegangene Verfügungen unwirksam sind. Doch soweit Verfügungen betroffen sind, die vor der Verfahrenseröffnung oder vor Stellung des Antrages auf Verfahrenseröffnung eingegangen worden sind, reichen die materiell-rechtlichen Angriffsmöglichkeiten des englischen Verwalters eines Insolvenzverfahrens weiter. Zum einen erstrecken sich die Zeiträume, in denen die Sicherheit bestellt worden ist, weiter zurück als bei den entsprechenden deutschen Vorschriften. Die Rechtsfigur des *disclaimer of property* findet im deutschen Recht kein Pendant.

Daraus kann geschlossen werden, daß Konflikte zwischen einem Sicherungsnehmer und den übrigen Insolvenzgläubigern im englischen Recht noch deutlicher zugunsten der Insolvenzmasse gelöst werden als im deutschen Recht. Der Grundsatz des *pari passu* soll so weit wie möglich eingehalten werden.

Während somit die Rechtsstellung des Grundpfandrechtnehmers außerhalb der Insolvenz des Sicherungsgebers stärker ausgestaltet ist als in Deutschland, wird das Ergebnis dadurch modifiziert, daß sich in der Insolvenz die Rechtslage zumindest teilweise umkehrt. Dann verfügt der Sicherungsnehmer über eine stärkere Position.

K. Erlöschen des Grundpfandrechts
I. Erlöschen der *Legal Mortgage*

Die *mortgage* kann aus verschiedenen Gründen erlöschen. Sie erlischt, wenn die *equity of redemption* untergeht, sei es durch *foreclosure*, Verkauf des Grundstücks oder Verjährung[1006]. Auch die Ablösung und das Zusammenfallen in der Person des Sicherungsgebers führen zum Erlöschen des Grundpfandrechts[1007]. Auf die beiden letzteren Erlöschensgründe wird nun im folgenden eingegangen.

1. Ablösung der *Legal Mortgage (Redemption)*
a) Ablösungsrecht

Wie bereits dargelegt worden ist[1008], ist das Ablösungsrecht das zentrale Recht des *mortgagor*. Es besteht unabhängig von Besitz oder Nichtbesitz des Grundstücks. Neben dem vertraglich vereinbarten Ablösungsrecht, für das ein Rückzahlungsdatum von regelmäßig sechs Monaten festgelegt[1009] wird und das daher auch regelmäßig versäumt wird, besteht das *equitable right to redeem*, wonach dem *mortgagee* weiterhin ein billigkeitsrechtliches Recht zur Ablösung zusteht. Die Ausübung dieses Rechts kann zwar nicht ganz ausgeschlossen, aber je nach Einzelfall unterschiedlich lange aufgeschoben werden.

[1006] vgl. hierzu G.I.2.b)dd) .

[1007] Auf die Erlöschensgründe des Schulderlasses oder Verzichts des *mortgagee* wird wegen fehlender praktischer Relevanz nicht eingegangen; vgl. hierzu Fisher and Lightwood's Law of Mortgage, S. 605 ff.. In dem Sonderfall, daß der Inhaber eines *leasehold enfranchisement* von seinem Recht Gebrauch macht und das *freehold* erwirbt, erlöschen jegliche Grundpfandrechte an einem Grundstück automatisch; er muß aber den Kaufpreis vorrangig an den bzw. die *mortgage*-Inhaber zahlen; ss. 12 (1), (2), 13 *Leasehold Reform Act* 1967; vgl. Smith & Keenan's English Law, S. 516.

[1008] vgl. hierzu G.I.2.b).

[1009] Fisher and Lightwood's Law of Mortgage, S. 546.

b) Vornahme der Tilgung
aa) Ablösungsberechtigte

Ein gerichtliches Ablösungsverfahren einleiten können alle, die ein *interest* an der *equity of redemption* haben. Das ist nicht nur der *mortgagor*. Beteiligte können auch seine Rechtsnachfolger sein, sei es kraft Erbfolge oder kraft Rechtsgeschäfts unter Lebenden. In Betracht kommen der Nachlaßverwalter (*personal representative*)[1010] des *mortgagor*, sein Vermächtnisnehmer, sein gesetzlicher Erbe, ein *tenant for life* oder ein sonstiger beschränkter Eigentümer (*limited owner*)[1011], ein nachfolgender Käufer oder *mortgagee* und der *trustee in bankruptcy*[1012]. Am Ablösungsverfahren ist auch ein Vollstreckungsgläubiger zu beteiligen, wenn das Gericht zu seinen Gunsten aufgrund ss.1 ff. *Charging Orders Act* 1979 eine Beschlagnahmeverfügung (*charging order*) an dem betrefflichen Grundstück erlassen hat. Die Verfügung wirkt wie eine *equitable charge*. Damit hat er die gleiche Stellung wie ein nachfolgender gesicherter Gläubiger. Ablösungsberechtigt ist ein Vollstreckungsgläubiger auch, wenn das Gericht einen Zwangsverwalter gem. s. 37 *Supreme Court Act, RSC Order* 51 eingesetzt hat [1013]. Der Ehegatte ist zur Ablösung berechtigt, wenn ihm ein Wohnrecht am verpfändeten Eigentum zusteht und er zur Tilgung der *mortgage* mit einer Teilzahlung beigetragen hat[1014].

Besondere Beachtung muß den Rechten nachfolgender Grundpfandrechtsgläubiger geschenkt werden. Ein nachrangiger *mortgagee* ist berechtigt, das

---

1010 ss. 1, 3 *Administration of Estates Act* 1925.
1011 *Pearce v. Morris* (1869) 5 Ch.App. 227.
1012 s. 322 *Insolvency Act* 1986.
1013 Fisher and Lightwood's Law of Mortgage, S. 556.
1014 vgl. s. 1 (5), (7) *Matrimonial Homes Act* 1983; vgl. Fisher and Lightwood's Law of Mortgage, S. 558; Snell's Equity, S. 430 f..

Ablösungsverfahren bezüglich einer ihm vorrangigen *mortgage* einzuleiten. Es gilt der Grundsatz „*Redemption up, foreclose down*"[1015]. Der nachrangige *mortgagee* muß ein Verfahren einleiten, an dem notwendig die vorrangigen *mortgagees* zu beteiligen sind[1016]. Weitere Parteien des Verfahrens sind aber auch die Inhaber nachrangiger Belastungen. Denn die Rechte aller Beteiligten sollen durch das *redemption*-Verfahren endgültig geklärt werden[1017].

Anstelle des *redemption*-Verfahrens kann jeder Berechtigte bei Gericht auch einen Verkaufsbeschluß (*order for sale*) beantragen[1018].

bb) Zahlung des Tilgungsbetrages (*price of redemption*)

Der Gesamtbetrag der zu tilgenden Summe wird *price of redemption* genannt. Der Großteil der Tilgungssumme besteht aus der Hauptforderung, der Rückzahlung des gesicherten Darlehens. Umfaßt sind auch die Zinsen, deren Höhe von der Vereinbarung abhängt[1019], sowie alle Kosten, die im Zusammenhang mit dem Grundpfandrechtsdarlehen entstanden sind, z.B. Kosten zum Schutz der *mortgage* oder Verwaltungskosten des *mortgagee in possession*[1020].

1015 Fisher and Lightwood's Law of Mortgage, S. 556 Fn. (n).

1016 Am *foreclosure*-Verfahren eines nachrangigen *mortgagee* müssen vorrangige Pfandrechtsinhaber nicht notwendig beteiligt werden, nachrangige *mortgagees* und der *mortgagor* jedoch schon („*foreclose down*"); Snell's Equity, S. 432.

1017 *Ramsbottom v. Wallis* (1835) 5 L.J.Ch. 92.

1018 s.91 (1) *Law of Property Act* 1925.

1019 Snell's Equity, S. 427 f.; zu weiteren Beteiligungsberechtigten vgl. Fisher and Lightwood's Law of Mortgage, S. 555 f..

1020 *Parker-Tweedale v. Dunbar plc* (No.2) [1990] 2 All E.R. 588; nicht dazu zählen die Kosten, die durch die Vereinbarung des Darlehens und des sichernden Grundpfandrechts entstanden sind, vgl. Snell's Equity, S. 429.

Die *mortgage* bleibt solange bestehen, bis der gesamte Betrag bezahlt und angenommen[1021] worden ist.

Bevor die Tilgung vorgenommen wird, hat jedoch der *mortgagee* grundsätzlich einen Anspruch gegen den *mortgagor* mit dem Inhalt, daß dieser seine Tilgungsabsicht ankündigt. Dem Sicherungsnehmer soll Zeit gegeben werden, eine andere Investitionsmöglichkeit zu suchen[1022]. Eine Frist von sechs Monaten ist angemessen[1023]. Möchte der *mortgagor* diese Frist nicht einhalten, muß er für diesen Zeitraum als Ausgleich Zinsen zahlen[1024]. Keinen Anspruch auf vorherige Ankündigung hat der *mortgagee*, der selbst von seinen Verwertungsrechten Gebrauch macht[1025]. Dafür reicht es aus, wenn der Sicherungsnehmer das Grundstück in Besitz genommen hat[1026]. Wird trotz der Anündigung nicht getilgt, entsteht der Ankündigungsanspruch des *mortgagee* erneut[1027].

Da dem *mortgagor* unter Umständen die Höhe der gesamten Tilgungssumme nicht bekannt ist, die sich ja neben der Hauptforderung auch aus den häufig variablen Zinsen zusammensetzt, hat er einen Auskunftsanspruch gegen den *mortgagee* über die Höhe des Tilgungsbetrages. Damit wird er überhaupt erst in

---

1021 Die einseitige Aufrechnung durch den *mortgagor* mit einer Gegenforderung bewirkt nicht die Ablösung der *mortgage*; vgl. *Samuel Keller (Holdings) Ltd. v. Martins Bank Ltd.* [1971] 1 W.L.R. 43.
1022 Fisher and Lightwood's Law of Mortgage, S. 562.
1023 *Cromwell Property Investment Co. Ltd. v. Western and Toovey* [1934] Ch. 3244.
1024 *Browne v. Lockhart* (1840) 10 Sim 420, 424; *Johnson v. Evans* (1889) 61 LT 18, CA.
1025 *Smith v. Smith* [1891] 3 Ch. 550; *Edmondson v. Copland* [1911] 2 Ch. 301.
1026 *Bovill v. Endle* [1896] 1 Ch. 648.
1027 *Bartlett v. Franklin* (1867) 36 LJ Ch. 671; *Edmondson v. Copland* [1911] 2 Ch. 301.

die Lage versetzt, die korrekte Summe zu begleichen. Der *mortgagee* erteilt dem *mortgagor* dann ein sog. *redemption statement*[1028].

Anschließend bietet der *mortgagor* die Zahlung der Tilgungssumme an. Anbieten kann nur eine Person, die berechtigt ist, am *redemption*-Verfahren teilzunehmen[1029]. Ab diesem Zeitpunkt fallen keine Zinsen mehr an[1030]. Falls der *mortgagee* die angebotene Summe nicht annimmt, muß die Summe bei Gericht oder auf einem gesonderten Konto hinterlegt werden[1031]. Liegen keine berechtigten Gründe vor, weshalb der *mortgagee* das Angebot nicht annimmt, muß er für die Kosten des Ablösungsverfahrens aufkommen und wird evtl. schadensersatzpflichtig[1032].

Soweit der *mortgagee* mehrere Forderungen gegen ihn offen hat, bestimmt der Schuldner, auf welche Schuld gezahlt wird. Nimmt der Schuldner keine Bestimmung vor, wird bei einem gesicherten Kontokorrentverhältnis (*current account*) vermutet, daß er auf dieses zahlen wollte[1033].

Nach der Ablösung ist der *mortgagee* verpflichtet, soweit er die *title deeds* aufbewahrt, diese entweder dem *mortgagor* oder dem nachfolgenden Grundpfandrechtnehmer zu übergeben[1034].

1028 Fisher and Lightwood's Law of Mortgage, S. 563.
1029 *Pearce v. Morris* (1869) 5 Ch. App. 227.
1030 *Edmondson v. Copland* [1911] 2 Ch. 301.
1031 *Barrat v. Gough-Thomas (No. 3)* [1951] 2 All E.R. 48.
1032 *Edmundson v. Copland* [1911] 2 Ch. 301.
1033 Diese Regel ergibt sich aus *Devaynes v. Noble, Clayton's Case* (1816) 1 Mer 529.
1034 Snell's Equity, S. 401.

c) Wirkung der Tilgung
aa) Möglichkeiten

In der Regel hängt die Wirkung der Tilgung des gesicherten Kredits vom Parteiwillen ab.

Wird der durch die *mortgage* gesicherte Kredit vom Sicherungsgeber zurückgezahlt, kann er vom Sicherungsnehmer eine Quittung für den Empfang der erfolgten Zahlung auf der Grundpfandrechtsbestellungsurkunde durch ein sog. *statutory receipt* verlangen. Der *mortgagor* kann auch die Abtretung der Schuld und des Pfandrechts an eine dritte Person fordern[1035]. Entscheidend ist der ausdrückliche oder konkludente Willen des *mortgagor*[1036]. Dies gilt jedoch nur, wenn keine anderen, der *mortgage* gegenüber nachrangigen Belastungen bestehen.

Liegen nachrangige Belastungen vor, so wird der Wille angenommen, die *mortgage* zur Rangwahrung aufrechtzuerhalten, da grundsätzlich nicht davon ausgegangen wird, daß der erstrangige *mortgagee* bei Ablösung das Nachrücken des zweitrangigen *mortgagees* in seinen Rang beabsichtigt[1037]. Ebenso wird beim erstrangigen *mortgagee*, der die *equity of redemption* einer zweitrangigen *mortgage* erwirbt, der Wille vermutet, deren Rang zu bewahren[1038].

Es gibt eine Ausnahme von der Vermutung, daß die Wirkung der Befriedigung des gesicherten Kredits vom Willen der Parteien abhängt. In *Otter v. Lord*

1035 s. 95 (1) *Law of Property Act* 1925.
1036 Snell's Equity, S. 424.
1037 *Whitely v. Delaney* [1914] A.C. 132.
1038 *Adams v. Angell* (1877) 5 Ch.D. 634.

Vaux[1039] wurde entschieden, daß der tilgende ursprüngliche *mortgagor* die *mortgage* nicht gegenüber anderen Belastungen erhalten kann. Wenn er also die durch die erstrangige *mortgage* gesicherte Schuld tilgt, rückt automatisch die nächstrangige *mortgage* nach. Dies wird damit begründet, daß der *mortgagor*, als er für den zweiten *mortgagee* ein Pfandrecht bestellte, bereits an die Vereinbarung mit dem erstrangigen *mortgagee* über das gesamte *interest* gebunden war. Anstelle dieses Pfandrechts kann er nicht nachträglich eine eigene Belastung setzen, da der Zweitrangige davon ausgegangen ist, bei Tilgung der erstrangigen Sicherheit in diesen Rang vorzurücken[1040]. Dies gilt nur für den ursprünglichen *mortgagor*; nicht jedoch zB. für den Erwerber der *equity of redemption*, der nicht persönlich für die Zahlung haftet[1041].

bb) Erlöschen durch Ausstellung einer Empfangsquittung

Seit 1925 muß bei Ablösung der *mortgage* das belastete Grundstücksrecht nicht mehr rückübertragen werden (*reconveyance*). Mit der Bestellung des Grundpfandrechtes wird nur noch ein *term of years* oder eine *subdemise* übertragen, die mit Zahlung erfüllt wird und von nun an nicht mehr existiert[1042]. Die Wirkung tritt durch Ausstellung der Empfangsbestätigung (*statutory receipt*) ein, die den Namen des Zahlenden enthalten sollte[1043] und vom *mortgagee*

1039 (1856) 6 De G.M. & G. 638; diese Regel wird von s. 115 (3) *Law of Property Act* 1925 anerkannt.

1040 *Adams v. Angell* (1877) 5 Ch.D. 634, 642.

1041 Snell's Equity, S. 425.

1042 s. 116 *Law of Property Act* 1925.

1043 Die Empfangsbestätigung ist auch wirksam, wenn der Name des Zahlenden nicht genannt wird; vgl. *Edwards v. Marshall-Lee* (1975) 235 E.G. 901. Es kann das Formmuster der 3rd Sched. *Law of Property Act* 1925 mit oder ohne Änderungen gewählt werden. Zusätzlich finden die Vorschriften der s. 115 (6),(8) *Law of Property Act* 1925 Anwendung. Dies gilt jedoch nicht für Belastungen, die dem *Land Registration Act* unterfallen, s. 115

ausgestellt ist. Eine Rückübertragung oder ein sonstiger Akt ist nicht nötig. Der *term* fällt mit der unmittelbaren Anwartschaft zusammen und damit erlischt die *mortgage*[1044]. Die Bestätigung befreit den *mortgagor* zudem von jeder Haftung und das sogar dann, wenn der *mortgagee* bei der Berechnung der Tilgungssumme einen Fehler gemacht hat[1045].

Das *receipt* führt aber nicht immer zur Befreiung. Wenn die Tilgungssumme aufgrund der Bestätigung von einer Person gezahlt wurde, die nicht direkt an der *equity of redemption* berechtigt ist, bewirkt das *receipt* die Übertragung der *mortgage* auf diese Person[1046]. Dies gilt aber nur, soweit keine abweichende Vereinbarung getroffen wurde[1047].

cc) Registerpublizität für Tilgung der gesicherten Forderung

Ist das Grundpfandrecht in ein Register eingetragen worden, hat der *mortgagor* gegen den *mortgagee* einen Anspruch auf Löschung im Register.

Für im *land register* eingetragene *charges* ergibt sich dies aus s. 35 *Land Registration Act* 1925. Der *mortgagor* kann vom eingetragenen Grundpfandrechtsnehmer das *charge certificate* herausverlangen.

---

(10). Spezialregelungen gelten für *mortgages* von *Building, Friendly, Industrial* oder *Provident Societies*.

1044 s. 115 (1) *Law of Property Act* 1925.

1045 *Erewash B.C. v. Taylor* [1979] C.L.Y 1831; wegen des Rests der Forderung kann der Gläubiger aber noch aus dem *personal covenant* vorgehen; Fisher and Lightwood's Law of Mortgage, S. 577.

1046 *Simpson v. Geoghegan* [1934] W.N. 232

1047 Snell's Equity, S. 426

Eine *charge* an einem nicht registrierten Grundstück wird auf Antrag des *mortgagee* gem. s. 18 (1), (3) *Land Charges Act* 1972 aus dem *land charges register* gelöscht, wenn sich der *registrar* von der Tilgung überzeugt hat.

Die Tilgung einer *company charge* (*memorandum of satisfaction*) wird gem. s. 403 *Companies Act* 1985 registriert. Voraussetzung für die Eintragung ist ein förmlicher Nachweis der Tilgung (*statutory declaration*). Es besteht zwar keine Eintragungsverpflichtung. Es ist aber im Interesse der Gesellschaft, deren Vermögen im Register danach weniger Belastungen aufweist.

dd) Wirkung der Tilgung gegenüber nachrangigen Grundpfandrechtsgläubigern

Das Grundstück kann dann nicht völlig frei von Belastungen werden, wenn nachrangige *mortgages* bestehen. Durch Tilgung der erstrangigen Immobiliarsicherheit kann der ursprüngliche *mortgagor* diese Rangstellung nicht gegen die nachfolgenden *mortgages* verwenden[1048], indem er für diesen Rang ein neues Grundpfandrecht bestellt. Die Tilgung führt vielmehr zu einer besseren Rangposition bei den übrigen *mortgages*.

d) Übertragung der *Legal Mortgage* auf einen Dritten anstelle des Erlöschens

Ursprünglich konnte der tilgende *mortgagor* vom *mortgagee* nur die Rückübertragung des Eigentum am Sicherungsgrundstück verlangen. Nach s. 95 (1) *Law of Property Act* 1925 ist er nun jedoch berechtigt, anstelle der *discharge*

[1048] *Whitely v. Delaney* [1914] A.C. 132.

die Übertragung der *mortgage* auf seine Anweisung an eine dritte Person zu fordern. Auf diese Weise kann der Rang erhalten werden, den der vorrangige *mortgagee* inne hatte. Es muß jedoch die Zustimmung der anderen betroffenen Rechtsinhaber, von denen der *mortgagee* Kenntnis hat, eingeholt werden[1049]. Denn im Grunde handelt es sich um eine Neuvalutierung des Grundpfandrechts.

Dieses Recht des *mortgagor* besteht nicht, wenn der *mortgagee* das Grundstück in Besitz genommen hat. Dies wird mit der Verantwortung des *mortgagee* für alle Handlungen des Erwerbers der *mortgage* begründet, wenn er sich im Besitz befindet[1050]. Geschützt ist er lediglich vor den Ansprüchen des *mortgagor*, der die Übertragung verlangt, nicht jedoch vor Forderungen anderer Inhaber von Belastungen[1051].

2. Vereinigung von *Legal Mortgage* und *equity of redemption* in einer Person (*merger*)

Mortgage und *equity of redemption*, die untrennbar mit dem Eigentumsrecht des *mortgagor* verbunden ist, können sich in einer Person vereinigen, wenn z.B. der Inhaber des einen Rechts das andere erwirbt. Das *Common law* bestimmt, daß in diesem Fall beide Rechte automatisch miteinander verschmelzen[1052]. Das hat das Erlöschen der beiden Rechte zur Folge. Die *Equity*-Rechtsprechung machte den *merger* jedoch vom Willen der Person abhängig, der die *mortgage* und die *equity of redemption* gehören. Wurde dieser Willen nicht ausdrücklich geäußert, so ging die *Equity* davon aus, daß die Rechte bei mutmaßlichem entgegen-

---

1049 *Re Magneta Time Co. Ltd.* (1915) 113 L.T. 986.
1050 *Hall v. Heward* (1886) 32 Ch.D. 430, 435.
1051 Snell's Equity, S. 433.
1052 *Re Bellville's S. T.* [1964] Ch. 163.

stehendem Willen nicht verschmelzen sollten[1053]. Da die Regeln der *Equity*[1054] vorgehen, fallen diese beiden Rechtspositionen nicht kraft Gesetzes zusammen, sondern es ist ein entsprechender Wille der betroffenen Person erforderlich[1055]. Es besteht dann die Möglichkeit, z.B. die *mortgage* weiterzuveräußern, sie also als Sicherheit für eine andere Forderung einzusetzen. Dafür muß jedoch die Zustimmung der nachrangigen Grundpfandrechtsgläubiger eingeholt werden.

II. Erlöschen der *Equitable Mortgage* oder *Equitable Charge*

Bei der *discharge* einer *equitable mortgage* oder *equitable charge* kann keine gesetzliche Empfangsbestätigung erteilt werden, weil der *mortgagee* über keinen *legal estate* verfügt. Statt dessen kann die Tilgung mit einer einfachen Bestätigung (*simple receipt*) quittiert werden. Ist die Sicherheit mit einem Rangvermerk (*priority caution*) im Register eingetragen, sollte der Inhaber des Eigentumsrechts den Eintrag im eigenen Interesse löschen lassen[1056].

III. Erlöschen des deutschen Grundpfandrechts

1. Ablösung

a) Hypothek

Die Tilgung wirkt sich unterschiedlich aus, je nachdem, ob auf die gesicherte Forderung oder auf die Hypothek gezahlt wird.

1053 *Capital and Counties Bank Ltd. v. Rhodes* [1903] 1 Ch. 631.
1054 s. 25 (4) *Judicature Act* 1873.
1055 s.185 *Law of Property Act* 1925.

Zur Ablösung berechtigt ist in erster Linie der Eigentümer des belasteten Grundstücks, § 1142 BGB. Ist er gleichzeitig auch der persönliche Schuldner, so leistet er regelmäßig auf die gesicherte Forderung. Das hat zur Folge, daß die Hypothek gem. §§ 1163, 1177 Abs. 1 BGB zur Eigentümergrundschuld wird. Ist er dagegen nicht der persönliche Schuldner, leistet er die Zahlung auf die Hypothek. Es entsteht eine Eigentümerhypothek, § 1177 Abs. 2 BGB.

Der persönliche Schuldner, der nicht zugleich Eigentümer ist, ist nur berechtigt, die Hypothek abzulösen, wenn er dies mit dem Eigentümer vertraglich vereinbart hat[1057]. Mit Tilgung der gesicherten Forderung entsteht eine Eigentümergrundschuld. Die gleiche Folge tritt ein, wenn die getilgte Summe auf die Hypothek verrechnet wird. Soweit er gegen den Eigentümer aber einen Ersatzanspruch hat, geht die Hypothek auf ihn über[1058].

Auch Dritte können ablösungsberechtigt sein. Wenn der Gläubiger aus dem Grundstück Befriedigung verlangt und Dritten ein Rechts- oder Besitzverlust am Grundstück oder mithaftenden Gegenständen droht, können sie den Gläubiger befriedigen. Neben dem unmittelbaren oder mittelbaren Besitzer hat auch ein nachrangiger Hypothekar ein Ablösungsrecht[1059].

Der Sicherungsgeber hat einen Anspruch auf eine löschungsfähige Quittung und eine Löschungsbewilligung. Handelt es sich um ein Briefrecht, so ist der Hypothekengläubiger zusätzlich zur Aushändigung des Briefes verpflichtet, § 1144 BGB. Die Hypothek erlischt erst mit Eintragung ins Grundbuch gem.

[1056] Fisher and Lightwood's Law of Mortgage, S. 579 Fn.(a).
[1057] Palandt/Bassenge, § 1142 Rn. 2.
[1058] § 1164 BGB.

§§ 875, 1183 BGB. Ist im Grundbuch ein nachrangiges Grundpfandrecht eingetragen, so hat dieser Gläubiger nach § 1179 a BGB einen Anspruch gegen den Schuldner auf Löschung der Eigentümergrundschuld, wobei sein Anspruch so gesichert ist, als ob eine Vormerkung eingetragen wäre[1060].

b) Grundschuld

Zahlt bei der Grundschuld der Eigentümer, der gleichzeitig Schuldner ist, auf die persönliche Forderung, hat dies keine direkten Folgen für den Bestand der Grundschuld. Der Sicherungsgeber erwirbt jedoch einen schuldrechtlichen Anspruch auf Rückgewähr der Grundschuld. Dies kann durch Abtretung, Löschung oder Verzicht geschehen.

Zahlt der Eigentümer auf die Grundschuld, entsteht eine Eigentümergrundschuld[1061], gegen die nachrangige Gläubiger wie bei der Hypothek einen gesicherten Löschungsanspruch haben.

Wenn ein ablösungsberechtigter Dritter auf die Grundschuld zahlt, erwirbt er die Grundschuld[1062].

Wie die Hypothek erlischt die Grundschuld erst mit Eintragung ins Grundbuch.

1059 §§ 1150, 268 Abs .3 S.1, 401, 412, 1153 Abs. 1 BGB; Weber, Kreditsicherheiten, S. 230.
1060 entsprechend bei Grundschuld, § 1196 Abs. 3 BGB.
1061 § 1143 BGB.
1062 §§ 268 Abs. 3, 1150, 1192 BGB.

2. Vereinigung von Grundpfandrecht und Grundstückseigentum in einer Person

Vereinigen sich Hypothek und Grundstückseigentum in einer Person, wirkt sich das auf das Grundpfandrecht aus. Ist der Eigentümer nicht zugleich Inhaber der gesicherten Forderung, z.B. weil sie erloschen ist, dann entsteht eine Eigentümergrundschuld[1063], die den Rang der Hypothek behält. Das gilt nicht, wenn er die Hypothek nachträglich durch Erbfolge erwirbt.

Fallen Eigentum und Forderung in einer Person zusammen, etwa weil die Forderung mit dem Nebenrecht abgetreten oder geerbt worden ist, so entsteht eine Eigentümerhypothek. Der Rang bleibt unverändert.

Will der Inhaber der Eigentümerhypothek bzw. -grundschuld das Recht veräußern und damit in ein Fremdgrundpfandrecht umwandeln, muß er nicht die Zustimmung der nachrangigen Grundpfandrechtsgläubiger einholen, § 1198 BGB.

Diese Ausführungen sind wegen der fehlenden Akzessorietät nicht auf die Grundschuld übertragbar.

IV. Vergleich

1. Erlöschen des Grundpfandrechts

Zur Ablösung berechtigt ist im englischen wie im deutschen Recht in erster Linie der Sicherungsgeber. Aber auch Dritte haben ein Ablösungsrecht, wenn ihnen ein dingliches Recht am Grundstück und seinen zum Haftungsverband gehörenden Gegenständen zusteht, und diesen durch die Verwertung ein Verlust droht.

Der englische Sicherungsgeber muß aber, bevor er ablösen kann, dem Gläubiger seine Absichten etwa sechs Monate im voraus ankündigen. Im Ergebnis die gleiche Funktion hat bei der Grundschuld die Kündigungsfrist von sechs Monaten bzw. bei der Kündigungshypothek die vereinbarte Frist[1064]. Rechtlich besteht der Unterschied darin, daß diese Frist im englischen Recht nicht die Fälligkeit der Ablösung, sondern nur ihre Durchsetzung hindert, während es sich im deutschen Recht um eine Fälligkeitsvoraussetzung handelt.

Mit Tilgung der gesicherten Forderung erlischt die *mortgage* je nach Parteiwillen und Umständen, ähnlich wie das deutsche Mobiliarpfandrecht. Bei Vorliegen nachrangiger Belastungen wird angenommen, daß die *mortgage* zur Rangwahrung aufrechterhalten wird. Wenn es sich allerdings um den ursprünglichen *mortgagor* handelt, rücken nachrangige Belastungen auf. Im Gegensatz zum englischen Recht entsteht im deutschen Recht eine Eigentümergrundschuld bzw.- hypothek, wobei die Rangwahrung allerdings durch den Löschungsanspruch eines nachrangigen Grundpfandrechtsgläubigers geschmälert wird. Eine vergleichbare Funktion schafft das englische Recht für den *mortgagor* dadurch, daß es ihm ermöglicht, bei Tilgung nicht die Rückübertragung an ihn

---

[1063] § 1177 Abs. 1 BGB.

[1064] Daneben ist die vorfällige Tilgung von Festzinskrediten möglich. Der BGH hat in BGHZ 136, 161, entschieden, daß der Kunde einen Anspruch auf vorzeitige Darlehensablösung hat, wenn berechtigte Interessen des Kreditnehmers und die Erhaltung seiner wirtschaftlichen Handlungsfreiheit dies erfordern. Der Kunde muß dann eine angemessene Vorfälligkeitsentschädigung zahlen; vgl. dazu Köndgen, NJW 2000, 468, 480 f..

selbst, sondern an einem von ihm bestimmten Dritten zu verlangen. Damit wird verhindert, daß die *mortgage* erlischt und ihr Rang verloren geht. Voraussetzung ist jedoch die Zustimmung der anderen betroffenen Rechtsinhaber, von denen der *mortgagee* Kenntnis hat. Dagegen muß der Inhaber eines deutschen Eigentümergrundpfandrechts nicht die Zustimmung nachrangiger Sicherungsgeber einholen, wenn er es in ein Fremdgrundpfandrecht umwandelt.

Während die Tilgung im englischen Recht weiterhin nur eine Empfangsbestätigung erfordert, ist die Löschung der *mortgage* im jeweiligen Register anders als im deutschen Recht nicht konstitutiv. Im Interesse des Sicherungsgebers wird die Immobiliarsicherheit aber regelmäßig gelöscht.

2. Vereinigung von Grundpfandrecht und Recht des Sicherungsgebers am belasteten Grundstück in einer Person

Mortgage und Hypothek, die mit dem belasteten Eigentum zusammenfallen, erlöschen nicht, sondern sie bleiben bestehen, um den Rang des Grundpfandrechts zu wahren. Der Rang kann dann genutzt werden, wenn die *mortgage* zur Sicherung einer anderen Forderung veräußert wird, wobei jedoch die Zustimmung der nachrangigen Sicherungsgläubiger erforderlich ist. Keine Zustimmung ist nach deutschem Recht erforderlich, wenn der Eigentümer das Eigentümergrundpfandrecht in ein Fremdgrundpfandrecht umwandelt. Damit hat der deutsche Verpfänder gegenüber dem Eigentümer eines englischen Grundstücks einen großen Vorteil. Er ist frei, über diese bestimmte Rangstelle zu verfügen. Zurückführen läßt sich dies auf das unterschiedliche Verständnis der Rangverhältnisse. Während im englischen Recht grundsätzlich bei Tilgung einer Sicherheit durch den ursprünglichen Pfandrechtsbesteller die nachrangigen Pfandrechte vorrücken, wird im deutschen Grundbuch der Rang freigehalten. Freilich wird dies durch den Löschungsanspruch nach § 1179 a BGB relativiert. Zudem hat der englische Sicherungsgeber die Möglichkeit, vom Sicherungsnehmer die Übertragung der *mortgage* auf eine dritte Person zu verlangen, wobei eine Forderungsauswechslung aber wieder von der Zustimmung nachrangiger Gläubiger abhängig ist.

L. Reformpläne in England

Englische Juristen sind sich darin einig, daß das gegenwärtige Immobiliarsicherheitenrecht dringend einer Reform bedarf. Dieser Auffassung verlieh schon Anfang des 20. Jahrhunderts Lord MacNoughton Ausdruck, als er feststellte, daß noch keiner die englische *mortgage* an Grundstücken verstanden hätte[1065]. Das in England und Wales gültige Recht hat sich über die Jahrhunderte hinweg entwickelt und ist dementsprechend komplex. Der Gesetzgeber versuchte zwar mit dem *Land Property Act* von 1925 eine Vereinfachung der Rechtslage herbeizuführen, doch eine grundlegende Reform blieb aus. So wurde zum Beispiel die *charge by way of legal mortgage* eingeführt, die die *legal mortgage* ergänzen sollte. Tatsächlich hat dieses neue Grundpfandrecht die *mortgage* weitgehend verdrängt, weil ihre Bestellung und Übertragung einfacher ist. Doch auf die *charge* sind die Vorschriften für die *mortgage* anzuwenden, so daß am Ende Kenntnisse dieses komplizierten Rechtsgebiets dennoch erforderlich sind.

1992 wurden die allgemeinen Reformdiskussionen durch einen Bericht der *Law Commission* zum Thema *Transfer of Land: Land Mortgages* unterstützt[1066]. Man kam zu dem erwarteten Ergebnis, daß die jetzige Rechtslage unbefriedigend sei, und machte einige Vorschläge zur Vereinfachung der Pfand-

[1065] *Samuel v. Jarrah Timber and Wood Paving* [1904] AC 323, 326.

[1066] Law Com No 204; Giles Frost berichtet hierüber ausführlich in SoJo 1992, 267 f. und SoJo 1992, 292 ff.; vgl. auch Cheshire and Burn's Modern Law of Real Property, S. 737 ff.. Die Vorschläge der *Law Commission* gehen auf das *Working Paper No. 99 on Land Mortgages* aus dem Jahre 1986 zurück, in dem bereits die Mängel des Grundpfandrechtssystems beschrieben wurden.

rechtstypen und ihrer Bestellung. Außerdem sollte der Verbraucherschutz verstärkt werden[1067].

Im Mittelpunkt der Vorschläge steht die Beschränkung der Sicherheiten auf die *formal land mortgage* und die *informal land mortgage*. Sie sollen an die Stelle von *charge*, *legal* und *equitable mortgage* treten. Die zur Zeit bestehende Vielfalt von Immobiliarsicherheiten dient nach Meinung der *Law Commission* keinem ersichtlich nützlichen Zweck mehr[1068]. In der Praxis hat sich die *legal mortgage* durch die billigkeitsrechtliche Beschränkung der eigentümerähnlichen Stellung des *mortgagee* immer mehr an die *legal charge* angenähert, die Begriffe werden häufig austauschbar gebraucht[1069]. Verwechslungsgefahr besteht auch bei der *equitable mortgage* im Verhältnis zur *equitable charge of legal estate*. In der Rechtsprechung geht die Tendenz dahin, zwischen den beiden Rechtsfiguren keinen Unterschied zu machen[1070]. Besondere Bedeutung hat dies, weil der *equitable chargee* nicht die gleichen weitgehenden Verwertungsrechte wie der *mortgagee* hat[1071].

Auch die förmlichen Anforderungen sollen Änderungen unterworfen werden, die vom Sicherheitentyp abhängen. Im Falle der *formal land mortgage* muß das Pfandrecht durch eine *deed* bestellt werden. Handelt es sich bei dem Sicherungsgegenstand um ein registriertes Grundstück, soll das Verfahren wie bisher bei der *legal charge* ablaufen. Wird dagegen ein nicht registriertes Grundstück belastet, so sind sie in Abteilung C(i) des *Land Charges Register*

1067 Frost, SoJo 1992, 267.
1068 Law Com No 204, 2.13.
1069 Law Com No 204, 2.14; Bamforth, CLP 1996, 207, 208.
1070 *Swiss Bank Corp. v. Lloyds Bank* [1982] A.C. 584; *Re Bank of Credit and Commerce International SA (No.8)* [1997] 4 All E.R. 568.

aufzunehmen[1072]. Für *informal land mortgages* wird vorgeschlagen, sie soweit möglich durch einen Vermerk (*notice*) oder eine Vormerkung (*caution*) in das Register aufzunehmen. Bei unregistrierten Grundstücken soll die Belastung in der Abteilung C (iii) des *land charges register* eingetragen werden[1073].

Von diesen Eintragungsregeln ausgenommen werden sollen nur *mortgages*, die an Nutznießungsrechten an einer Immobiliarvermögensverwaltung (*trust of land*) bestellt worden sind, solange das jetzige Registersystem unverändert bleibt[1074]. Ein solches Pfandrecht ist nach der heutigen Rechtslage nicht registrierungspflichtig.

Nach dem Willen der *Law Commission* soll die *perfection*, d.h. die Drittwirksamkeit, größtenteils überholt werden. Aus einer *informal land mortgage* heraus soll nicht vollstreckt werden können, solange sie nicht den Voraussetzungen einer *formal land mortgage* entspricht. Wie das genau vor sich gehen soll, hängt davon ab, aus welchem Grund die *mortgage informal* ist. Beabsichtigten die Parteien die Bestellung einer *formal mortgage*, liegen aber Formfehler vor, so würde die *perfection* schon mit Heilung der Fehler eintreten. Ist dagegen eine *informal land mortgage* gewollt, so würde eine Vollstreckung wie bei einer *formal mortgage* die Einwilligung des *mortgagor* voraussetzen. Es wird vorgeschlagen, daß die Vereinbarung von *informal mortgages* an nicht zu Wohnzwecken benutzten Grundstücken stets eine Vollmacht des *mortgagor* enthalten soll, damit der *mortgagee* dann nach Wunsch eine *formal mortgage*

1071 Law Com. No. 204, 2.15.
1072 Law Com No. 204, 3.5-3.8.
1073 Law Com No. 204, 3.14-3.17.
1074 vgl. A.V.3. a) bb).

bestellen kann. Bei bewohntem Land soll dagegen eine gerichtliche Genehmigung erforderlich sein, die ganz im Ermessen des Gerichts steht. Auch sonst sollen *mortgagors* von Wohnzwecken dienenden Grundstücken mehr geschützt werden als solche, die aus gewerblichen Zwecken diese Finanzierungstechnik wählen[1075].

Wichtige Unterschiede zum geltenden Recht betreffen die Verwertung der *mortgage.* Künftig sollen die Gerichte in höherem Maße als zuvor bei der Realisierung der Sicherheit einbezogen werden.

Damit der *mortgagee* ein bewohntes Grundstück überhaupt verwerten kann, soll er erst eine *enforcement notice* gegenüber dem *mortgagor* abgeben[1076]. Bei den übrigen *mortgages* ist keine vorherige *notice* erforderlich.

Das Recht auf Inbesitznahme soll nur noch dann geltend gemacht werden können, wenn eine *notice* erklärt wurde und zusätzlich ein Gerichtsbeschluß ergangen ist. Zulässige Zwecke für die Inbesitznahme sind allein der Schutz vor einer drohenden Wertminderung oder die Vorbereitung der Verwertung durch Verkauf[1077].

Das alte Recht der *foreclosure* soll ganz abgeschafft werden, zumal ihm kaum noch praktische Bedeutung zukommt. Statt dessen soll es dem *mortgagee* möglich sein, das Grundstück direkt selbst zu kaufen, soweit er die erforderliche gerichtliche Genehmigung eingeholt hat. Die Genehmigung soll nur dann erteilt

---

1075 Law Com No. 204, 4.1-4.9.
1076 Law Com No. 204, 7.12-7.15.
1077 Law Com No. 204, 7.28-7.38.

werden, wenn der Verkauf an den Sicherungsnehmer von allen Verwertungsmöglichkeiten die vorteilhafteste ist[1078].

Für das Verkaufsrecht wird vorgeschlagen, künftig allen *mortgagees* aufzuerlegen, für das Grundstück den bestmöglichen Preis zu erzielen[1079]. Dies gilt bisher gesetzlich zwingend nur für *Building Societies*[1080].

Von dem Recht, einen *receiver* zu bestellen, soll nur unter den auch für das Verkaufsrecht geltenden Voraussetzungen Gebrauch gemacht werden dürfen. Der Verwalter müßte zudem die gleiche Qualifikation wie ein *insolvency practitioner* haben, um sein Amt ausführen zu können. Hintergrund hierfür ist, daß sich beide Ämter in ihrer Funktion ähneln[1081].

Obwohl diese Reformvorschläge nun auch schon einige Jahre zurückliegen und Einigkeit über die Notwendigkeit einer Reform herrscht, sind den Worten bislang noch keine Taten gefolgt. Im Augenblick gibt es auch keine Anzeichen dafür, daß in nächster Zeit ein Reformgesetz erlassen werden wird.

1078 Law Com. No. 204, 7.26 und 7.27.
1079 Law Com No. 204, 7.5-7.25.
1080 *Building Societies Act* 1986, Sched.4, para. 1.
1081 Law Com No. 204, 7.39-7.46.

M. Aspekte des internationalen Zivilverfahrens-, Sachen- und Insolvenzrechts

I. Aspekte des internationalen Sachenrechts

1. Einleitung

Den Ausgangspunkt zur Darstellung der Aspekte des Internationalen Privatrechts bildet folgender Fall:

Eine Gesellschaft mit Sitz in Deutschland möchte auf einem in England gelegenen Grundstück eine Produktionsstätte errichten. Zur Finanzierung des Projekts benötigt sie einen Kredit und schließt einen Darlehensvertrag mit einer Bank, die ebenfalls ihren Sitz in Deutschland hat. Man kommt überein, die Immobilie in England als Sicherheit einzusetzen.

Insbesondere wenn wie hier beide Parteien ihren Sitz in Deutschland haben und demzufolge an das deutsche Rechtssystem gewöhnt sind, stellt sich die Frage, ob an dem in England belegenen Grundstück nicht ein Grundpfandrecht nach deutschem Recht bestellt werden könnte. Schließlich ist der einzige Bezug zu England das Grundstück. Die Antwort hängt davon ab, welche Rechtsordnung das deutsche Kollisionsrecht für anwendbar erklärt und was das berufene Sachrecht bestimmt. Das Kollisionsrecht kommt nur dann nicht zur Anwendung, wenn ein einheitliches Sachrecht bestehen würde.

Die grenzüberschreitende Kreditsicherung durch Grundpfandrechte in England und Deutschland berührt sowohl die Bereiche des Sachenrechts als auch des Schuldrechts. Das Grundpfandrecht und die grundpfandrechtlich gesicherte Forderung unterliegen grundsätzlich ihrem eigenen Statut und brauchen nicht übereinstimmen[1082]. Während das internationale Sachenrecht die Rechtsordnung für die Immobiliarsicherheit bestimmt, weist das internationale Schuldrecht das für die gesicherte Forderung geltende Recht zu. Die Art und Weise, wie die Sicherheit bestellt wird, ist dem internationalen Sachenrecht zuzuordnen.

2. Grundpfandrechtsstatut

Das internationale Sachenrecht wird weitestgehend vom nationalen Kollisionsrecht beherrscht. Bislang gibt es auf dem Gebiet der Grundpfandrechte keine vorrangigen Staatsverträge[1083]. Das deutsche internationale Sachenrecht kennt aber neben einigen eng begrenzten Spezialmaterien[1084] seit 1.6.1999 eine allgemeine geschriebene Regel im EGBGB[1085]. Nach Art. 43 Abs.1 EGBGB unterliegen die Rechte an einer Sache dem Recht des Staates, in dem sich die Sache zur Zeit des Eintritts der in Frage stehenden Rechtsfolge befindet. Die Anknüpf-

---

[1082] BGHZ 1, 109 = NJW 1951, 400; Palandt/Heldrich, Art. 43 Rn. 3; MüKo/Kreuzer, Nach Art. 38 Anh. I Rn.46.

[1083] Völkerrechtliche Verträge befassen sich bisher nur partiell mit Aspekten des Sachenrechts und dann auch nur mit beweglichen Sachen. Als Beispiele sind das Wiener Übereinkommen über Verträge über den internationalen Warenkauf vom 11.04.1980, das seit 1.1.1991 in Kraft ist, BGBl. 1989 II, 588, BGBl 1990 II, 1477 und im Bereich der EG die Richtlinie 93/7/EWG des Rates vom 15.03.1993 betreffend die Rückgabe von unrechtmäßig aus dem Hoheitsgebiet eines Mitgliedsstaates verbrachten Kulturgütern, ABl.EG Nr. L 74/74, zu nennen; zum Stand der Umsetzung dieser Richtlinie vgl. Jayme/Kohler, IPRax 1998, 417, 426 f., Junker, RIW 1998, 745, 749. Inzwischen ist die Richtlinie in Deutschland als Kulturgutsicherungsgesetz, BGBl. 1998 I 3162, umgesetzt werden. Vom EVÜ werden nur vertragliche Rechte, nicht aber das Sachenrecht behandelt; vgl. Bericht Guiliano/ Lagarde, BT-Drs. 10/503 v. 20.10.1983, S. 33.

[1084] Diese Spezialregelungen haben ihre Grundlage in völkerrechtlichen Verträgen. Sie betreffen international eingesetzte Transportmittel wie § 1 Abs. 2 des Gesetzes über Rechte an eingetragenen Schiffen und Schiffsbauwerken vom 15. 11.1940, RGBl. 1940 I, 1499 und §§ 103-106 des Gesetzes über Rechte an Luftfahrzeugen vom 26.2.1959, BGBl. 1959 I, 57; vgl. auch Spickhoff, NJW 1999, 2209, 2214. Auf dem Gebiet des Kulturgüterschutzes gibt es mit Art. 12 der Kulturgüterschutzrichtlinie, umgesetzt in § 8 des Kulturgüterrückgabegesetzes, BGBl. 1998 I 3162, 3163, eine Kollisionsregel zur Beurteilung der Rechtsverhältnisse.

[1085] BGBl 1999 I, 1026.

ung an den Lageort, die *lex rei sitae*, galt bereits gewohnheitsrechtlich[1086]. Abweichende Rechtswahlvereinbarungen durch die Parteien sind nicht zulässig[1087].

Gründe für diese Anknüpfung sind der Leitgedanke der stärksten und dauerhaftesten Beziehung und die Überlegung, daß so die Interessen des Rechtsverkehrs am besten geschützt werden können[1088]. Die Vorteile der Verweisung auf die *lex rei sitae* liegen in der Rechtssicherheit, daß das Sachstatut zuverlässig vorhersehbar ist. Weiterhin bringt sie die Durchsetzbarkeit einer Entscheidung und äußeren Entscheidungseinklang mit sich.

Schon Savigny knüpfte am Sitz des Rechtsverhältnisses an[1089]. Bei Immobiliarsicherheiten ist das stets der Lageort des Grundstücks. Zudem ist die Wahl des Belegenheitsortes vor dem Hintergrund der staatlichen Gebietshoheit verständlich. Das Territorialitätsprinzip wirkt durch das Belegenheitsprinzip im Sachrecht der gewählten Rechtsordnung fort.

Das Recht am Belegenheitsort bezieht sich nicht nur auf den Eigentumserwerb einer Sache, sondern auch auf die Begründung und den Inhalt dinglicher Grundstücksrechte. Dazu zählen auch Grundpfandrechte. Ein Grundpfandrecht wird definiert als ein Recht an einem Grundstück, das es dem Berechtigten gestattet, eine Geldforderung für den Fall ihrer Nichterfüllung durch Verwertung des belasteten Grundstücks, in der Regel in der Zwangsvollstreckung, zu begleichen.

1086 BGHZ 5, 239 = NJW 1969, 1760; BGHZ 52, 239 = IPRspr 1968-69 Nr.24, BGH NJW 1981, 59; OLG München NJW-RR 1989, 664 = IPRspr 1988 Nr. 15; Staudinger/Stoll, Internationales Sachenrecht, Rn. 218; von Bar, IPR II, S. 545; Spickhoff, NJW 1999, 2209, 2214.

1087 MüKo/Kreuzer, Nach Art. 38 Anh. I Rn. 35 und 67; von Bar, IPR II, S. 546 f., Kegel/Schurig, IPR § 19 I.

1088 Wagner, IPRax 1998, 429, 435.

Die *lex rei sitae* gilt also für die Bestellung der Grundpfandrechte und ihren Inhalt. Weiterhin erstreckt sie sich auf Grundstücksbestandteile, Zubehör und Versicherungsforderungen. Sie regelt, unter welchen Voraussetzungen ein Gegenstand aus dem Haftungsverband des Pfandrechts ausscheidet. Die deutsche Kollisionsregel verweist auch für die Art und Weise der Haftungsdurchsetzung, insbesondere die Gültigkeit einer Verfallsklausel auf das Recht am Belegenheitsort[1090]. Dem Sachenrechtsstatut unterliegt zudem die Frage, ob der Erwerb eines Grundstücksrechts von den Gläubigern des Veräußerers angefochten werden kann[1091]. Schließlich ergibt sich aus Art. 11 Abs. 5 EGBGB, daß auch die Form der Grundpfandrechtsbestellung vom Lageortrecht bestimmt wird[1092].

Das sachenrechtliche Einzelstatut gilt aber grundsätzlich nicht im Verhältnis zu den sog. Gesamtstatuten, die die dingliche Wirkung auf eine Sachgesamtheit erfassen. Geht es beispielsweise um die Frage, ob der geschäftsführende Gesellschafter verfügungsbefugt[1093] war, um ein Grundpfandrecht an einem im gesamthänderischen Vermögen gebundenen Grundstück zu bestellen, so ist diese gesellschaftsrechtlich zu qualifizieren. Ähnlich verhält es sich bei den Gesamtstatuten des Sorge-, Ehegüter- und Erbrechts. Es gilt im Prinzip der Vorrang des Gesamt- vor dem Einzelstatut[1094]. Die folgenden Ausführungen lassen

---

1089 MüKo/Kreuzer, Nach Art. 38 Anh. I Rn. 35 m.w.N..

1090 MüKo/Kreuzer, Nach Art. 38 Anh I Rn. 45; Staudinger/Stoll, Internationales Sachenrecht, Rn. 45.

1091 von Bar, IPR II, S. 562.

1092 Palandt/Heldrich, Art. 43 Rn. 4. Art. 11 Abs. 5 EGBGB bezieht sich nur auf die Verfügung, nicht den schuldrechtlichen Vertrag; vgl. Palandt/Heldrich, Art. 11 Rn. 21.

1093 Staudinger/Stoll, Internationales Sachenrecht, Rn. 110.

1094 von Bar, IPR II, S. 563. Wäre der Sicherungsnehmer englischer Staatsbürger würde Art. 25 Abs.1 EGBGB zunächst auf das britische Kollisionsrecht, dieses wiederum auf das Kollisionsrecht der englischen Teilrechtsordnung verweisen. Dieses geht von einer Nachlaßspaltung zwischen beweglichen und unbeweglichen Gegenständen aus. Die

die Gesamtstatuten außer Betracht und konzentrieren sich auf den Belegenheitsgrundsatz.

Im vorliegenden Fall hat das deutsche internationale Sachenrecht auf das Recht am Belegenheitsort verwiesen. Das ist Großbritannien. Es handelt sich nach der Grundregel des Art. 4 EGBGB um eine Gesamtverweisung, d.h. einer Rück- oder Weiterverweisung der als Sachstatut berufenen Rechtsordnung ist Folge zu leisten[1095]. Da Großbritannien aus mehreren Teilrechtsordnungen besteht, bestimmt nach Art. 4 Abs. 3 S. 1 EGBGB das Recht dieses Staates, welche Teilrechtsanordnung anzuwenden ist. Zwar gibt es im Bereich von Grundpfandrechten kein geschriebenes britisches interlokales Kollisionsrecht[1096], doch gilt in ganz Großbritannien der Grundsatz der *lex rei sitae*[1097]. Da das Grundstück in England belegen ist, ist die englische Teilrechtsordnung berufen.

Es steht nun fest, daß das deutsche IPR auf das englische IPR, nicht das englische Sachrecht verweist. Als nächster Schritt ist zu untersuchen, ob das englische Internationale Privatrecht die Verweisung annimmt.

Erbfolge richtet sich nach dem Recht am letzten Erblasserdomizil bzw. nach der *lex rei sitae*. Zu den unbeweglichen Gegenständen gehören Grundpfandrechte nur, wenn es sich um *legal rights* handelt; sonst sind sie als Bestandteil des beweglichen Vermögens anzusehen; vgl. Ferid/Firsching/Henrich, Internationales Erbrecht, Bd. III: Großbritannien, Rn. 267 f..

1095 Für den Bereich des internationalen Sachenrechts sah zwar der Referentenentwurf vom 15.5.84 zur Ergänzung des Internationalen Privatrechts den Ausschluß des *renvoi* vor, doch der überarbeitete Entwurf vom 1.2.1993 kehrte zur Grundregel der Gesamtverweisung zurück; vgl. Staudinger/Stoll, Internationales Sachenrecht, Rn.134.

1096 Kegel/Schurig, IPR, § 1 VII.1., S. 25, 34.

1097 für England: *Re Hoyles* [1911] 1 Ch. 179; Dicey & Morris Rule 114, 118; zur weltweiten Geltung: MüKo/Kreuzer, Nach Art. 38 EGBGB Anh. I Rn. 12; Schimansky/ Bunte/ Lwowski, Bankrechts-Handbuch, § 99 Rn. 13.

Die *lex rei sitae* bestimmt auch, ob eine Sache als beweglich oder als unbeweglich zu qualifizieren ist, da nur diese Rechtsordnung dies effektiv bestimmen kann[1098]. Englisches Recht qualifiziert die *mortgage* als unbewegliches Recht, da es den Schwerpunkt nicht auf den zu sichernden Kredit, sondern das dingliche Sicherheitsrecht legt[1099]. Ebenfalls dem Grundpfandrechtsstatut unterfallen etwa die formelle und materielle Wirksamkeit sowie die Verfügungsbefugnis des Grundpfandrechtsbestellers[1100].

Es gibt jedoch Unterschiede darin, wie weit das englische und das deutsche Kollisionsrecht die *lex rei sitae* anwenden. In England ist der Anwendungsbereich der *Situs*-Doktrin sehr weit. Sie erstreckt sich auch auf die rechtsgeschäftliche Fähigkeit der Beteiligten, ein Grundpfandrecht zu bestellen (*capacity*)[1101]. Anders jedoch das deutsche Recht: hier findet eine gesonderte Anknüpfung statt. Die Rechts- und Geschäftsfähigkeit, ein Grundstückssicherheit zu bestellen, unterliegt dem Personalstatut gem. Art. 7, gegebenenfalls Art. 12 EGBGB. Art. 19 Abs. 2 und 20 Abs. 2 EGBGB regeln Entsprechendes für die gesetzliche Vertretung von Minderjährigen[1102].

3. Forderungsstatut

Das internationale Schuldrecht ist bereits zu einem großen Teil in den Grenzen der EG-Mitgliedsstaaten harmonisiert worden. Das Europäische Vertragsrechts-

---

1098 Dicey & Morris, Rule 114 (1) und S. 899.
1099 *Re Hoyles* [1911] 1 Ch. 179.
1100 *Waterhouse v. Stansfield* (1852) 10 Hare 254; *Adams v. Clutterbuck* (1883) 10 Q.B.D. 403; Dicey & Morris, Rule 118 und S. 937, 939.
1101 *Bank of Africa, Ltd. v. Cohen* [1909] 2 Ch. 129, Cheshire and North's Private International Law, S. 787 f., Dicey & Morris, Private International Law, S. 937.
1102 Staudinger, Internationales Sachenrecht, Rn. 19.

übereinkommen (EVÜ)[1103] gilt auch in Deutschland[1104] und Großbritannien[1105]. Es finden daher für beide Vertragsstaaten dieselben Regeln Anwendung.

Die Forderung, für die die Sicherheit bestellt wird, wird durch das Forderungsstatut bestimmt. Es erstreckt sich auf Übertragung und Belastung der Forderung. Das Forderungsstatut gilt auch für die Voraussetzungen, unter denen bei der Veräußerung des belasteten Grundstücks die persönliche Schuld des Veräußerers übergeht. Die Forderung kann einer anderen Rechtsordnung als die Immobiliarsicherheit unterstehen. Dies ist evident für nicht-akzessorische Grundpfandrechte[1106] wie die deutsche Grundschuld. Aber auch bei akzessorischen Sicherheiten ist es nicht zwingend, daß für Forderung und Sachenrecht das gleiche Recht anwendbar ist[1107].

Welches Recht nun auf die Forderung Anwendung findet, bestimmt sich häufig durch entsprechende Vereinbarungen der beiden beteiligten Parteien. Eine Rechtswahl ist gem. Art. 27 EGBGB zulässig. Wurde eine Vereinbarung über die anzuwendende Rechtsordnung weder ausdrücklich noch konkludent getroffen, unterliegt gem. Art. 28 Abs. 1 S. 1 EGBGB der Darlehensvertrag dem Recht des Staates, mit dem er die engsten Verbindungen aufweist. In Art. 28 Abs. 2 S. 1 EGBGB wird die Vermutung aufgestellt, daß der Vertrag die engsten Verbindungen mit dem Staat aufweist, in dem die Partei, die die charakteristische Leistung erbringt, ihren gewöhnlichen Aufenthalt bzw. Haupt-

---

1103 ABL. EG L 266/1 v. 19.6.1980.

1104 Das Übereinkommen wurde in Deutschland in die Art. 27 ff. EGBGB inkorporiert; BGBl. 1986 II, 810.

1105 Für Großbritannien trat das Übereinkommen mit dem *Contracts (Applicable Law) Act* 1990 am 01.04.1991 in Kraft.

1106 Ferid, IPR § 7-50; Staudinger/Stoll, Internationales Sachenrecht, Rn. 245.

1107 RGZ 139, 76, 81; 152, 53, 63 f..

verwaltung hat. Wird das Darlehen von einer Bank gegeben, ist daher grundsätzlich der Sitz der Bank entscheidend[1108]. Diese Vermutung läßt sich gem. Art. 28 Abs. 5 EGBGB widerlegen, wenn der Darlehensvertrag eine engere Bindung zu einem anderen Staat aufweist. Das ist etwa beim wirtschaftlichen Schwerpunkt im Belegenheitsland anzunehmen[1109], oder wenn es sich um einen echten Realkredit handelt, bei dem der Grundstückswert maßgeblich ist. Wird dagegen beispielsweise mit dem Kredit ein englisches Feriendomizil finanziert und beide Parteien haben ihren Wohnsitz bzw. Sitz in Deutschland, bleibt es bei der Vermutung des Art. 28 Abs. 2 EGBGB[1110]. Auf den Darlehensvertrag nicht anwendbar ist die Vermutung des Art. 28 Abs.3 EGBGB, wonach bei einem Vertrag, der ein dingliches Recht an einem Grundstück zum Gegenstand hat, vermutet wird, daß die engste Verbindung mit dem Staat des Belegenheitsorts gegeben ist. Diese Vorschrift bezieht sich auf Miete, Pacht, Schenkung oder Kauf eines Grundstücks[1111]. Sie gilt auch für die Sicherungsvereinbarung[1112]. Der Darlehensvertrag hat aber nicht die Sicherheit zum Gegenstand; im Vordergrund steht die Auszahlung der Darlehensvaluta[1113].

Soweit das EVÜ nicht anwendbar ist, gilt nach dem englischen Kollisionsrecht grundsätzlich, daß das Forderungsstatut, wenn auch nicht notwendigerweise[1114], von der *lex rei sitae* bestimmt wird[1115]. Anwendungsvorrang hat daher für die

---

1108 Reithmann/Martiny, Internationales Vertragsrecht, Rn.1004; auch Giuliano-Lagarde, BT-Drs. 10/503, S. 52 f..

1109 Reithmann/Martiny, Internationales Vertragsrecht, Rn.1007.

1110 Schäfer, Grenzüberschreitende Kreditsicherung an Grundstücken, S. 103.

1111 Palandt/Heldrich, Art. 28 EGBGB, Rn. 5; Reithmann/Martiny, Internationales Vertragsrecht, Rn. 1007.

1112 Soergel, Anh. II Art. 38, Fn. 19.

1113 von Bar, IPR II, S. 380.

1114 Vgl. statt vieler *British South Africa Co. v. De Beers Consolidated Mines Ltd.* [1910] 2 Ch. 502 C.A.; *Re Helbert Wagg & Co.* [1956] Ch. 3232, 340; Dicey & Morris, S. 1255.

1115 Vgl. statt vieler *Loyd v. Guibert* (1865) L.R. 1 Q.B. 115, *Waterhouse v. Stansfield* (1852)

mortgage-Schuld ebenfalls das Recht, das von den Parteien ausdrücklich oder konkludent gewählt worden ist. Liegt keine ausdrückliche Wahl vor, so muß eine Verbindung mit dem Vertrag gegeben sein. Umstände, die dies indizieren, sind die Form, die Terminologie der Vereinbarung, Belegenheit des Gegenstandes (*subject matter*) und Aufenthaltsort der Parteien[1116]. Bei der *mortgage*-Schuld richtet sich die Belegenheit des Gegenstandes nach der Belegenheit der *mortgage deed*, da es sich um eine sogenannte spezielle Forderung (*specialty debt*) handelt. Eine gewöhnliche Forderung gilt als am Wohnort des Schuldners belegen. Da sich bei registrierten Grundstücken die *mortgage deeds* regelmäßig beim Register befinden, wird die Sicherungsschuld als am Registerort belegen behandelt[1117].

Das Auseinanderfallen von Forderungs- und Grundpfandrechtsstatut wirkt sich insbesondere aus, wenn die mit einem akzessorischen Grundpfandrecht gesicherte Forderung abgetreten wird. Die Forderung unterliegt dem Schuldstatut, das Grundpfandrecht dem Belegenheitsgrundsatz[1118]. Das hat zur Folge, daß die Wirksamkeitserfordernisse beider Statute erfüllt sein müssen, d.h. die des Forderungsstatuts für die Abtretung der Forderung und die des Sachenrechtsstatuts für die Übertragung der Hypothek, damit die gesicherte Forderung übergeht[1119]. Besteht also eine *mortgage* für eine dem deutschen Recht unterliegende Forderung an einem englischen Grundstück, entscheidet das englische Recht darüber, ob die Abtretung der Forderung auch die *mortgage* übergehen läßt[1120].

---

10 Hare 254.

1116 *Keiner v. Keiner* [1952] 1 All E.R. 643.

1117 Fisher and Lightwood's Law of Mortgage, S. 19 f..

1118 Staudinger/Stoll, Internationales Sachenrecht, Rn. 247; MüKo/ Kreuzer, Nach Art. 38 Anh. I Rn. 47.

1119 Ferid, IPR, § 7-46 f..

1120 Staudinger/Stoll, Internationales Sachenrecht, Rn. 247.

4. Einfluß des Rechts der Europäischen Gemeinschaft auf das internationale Sachenrecht

Bevor auf die Instrumente eingegangen wird, die der Europäischen Gemeinschaft zur Harmonisierung des Sachenrechts zur Verfügung stehen, ist die Frage voranzustellen, ob das geltende internationale und nationale Sachenrecht der Mitgliedstaaten mit dem EG-Vertrag in Einklang steht, inwieweit also der Binnenmarkt auf Immobiliarsicherheiten Einfluß ausübt.

a) Konflikt der *lex rei sitae* und des geltenden Sachenrechts mit dem EG-Vertrag

Die nationalen Kollisionsnormen können mit dem EG-Recht kollidieren. Unproblematisch ist ihr Verhältnis zueinander nur, wenn EG-rechtliche Kollisionsnormen existieren. Dann gilt das Vorrangprinzip. Schwieriger zu beantworten ist die Frage, ob das nationale Kollisionsrecht mit EG-Recht, insb. EG-Primärrecht vereinbart werden kann[1121].

Wie bereits ausgeführt herrscht in den nationalen Kollisionsrechten die Situs-Regel[1122]. Sie bestimmt, daß auf die Sache das Recht ihres Lageortes anzuwenden ist. Diese Doktrin gilt weltweit, insbesondere auch in England und in Deutschland[1123].

Als zwingende Folge ist das Sachrecht des Lageortes anzuwenden. Eine Rechtswahl ist nicht zulässig. Im allgemeinen sieht man darin einen Ausdruck des Territorialitätsprinzip. Die Situs-Regel setzt sich entsprechend im jeweiligen

---

1121 Sonnenberger, ZVglRWiss (1996) 3, 5 ff..
1122 vgl. hierzu M.I.2..

Sachrecht fort. Nur dieses bestimmt, ob und unter welchen Voraussetzungen ein dingliches Recht am Lageort entsteht. Anders als bei Mobiliarsicherheiten gibt es bei Grundpfandrechten nicht die Möglichkeit, daß Grenzen der Mitgliedsstaaten überschritten werden können, was dazu führen könnte, daß die Sicherheit verschiedenen Rechtsordnungen unterliegt. Allein das Recht am Lageort ist entscheidend. Obwohl ein Grundstück keine Grenze überqueren kann, ist dennoch nicht ausgeschlossen, daß die Grundfreiheiten des Binnenmarktes durch die internen sachenrechtlichen Vorschriften eines Mitgliedsstaates eingeschränkt werden.

Die Ziele des EG-Vertrages sind bei der grenzüberschreitenden Gewährung von Darlehen von den Mitgliedsstaaten zu beachten. Die entscheidende Vorschrift ist Art. 56 Abs. 1. Sie gewährleistet die Freizügigkeit des Kapitalverkehrs als Grundfreiheit des EG-Vertrags[1124]. Als Kapital zählt nicht nur Geld-, sondern auch Sachkapital[1125]. Das vorrangige Befriedigungsrecht aus einer Immobiliarsicherheit ist ein dingliches Vermögensrecht und als solches eine Erscheinungsform des Sachkapitals[1126]. Dies ergibt sich auch aus der Liberalisierungsrichtlinie, die als geschützte Kapitalwertübertragungen auch die grenzüberschreitende Bestellung von „Pfandrechten" auflistet[1127].

Unter den Schutz des Art. 56 EGV fallen aber nicht nur grenzüberschreitende Darlehensgewährungen, sondern auch Fälle, in denen das Darlehen zwischen

---

1123 MüKo/Kreuzer, Nach Art. 38 EGBGB Anh. I Rn. 12.
1124 *Casati* Rs. 203/80, Amtl. Slg. 1981, S. 2595 ff., 2614.
1125 *Svensson und Gustavsson Rs. C-484/93*, Amtl. Slg I (1995-11) 3971; von der Groeben/Thiesing/Ehlermann/-Kiemel, Kommentar zum EWG-Vertrag, Art. 67 Rn. 1.
1126 Wachter, WM 1999, 49, 54.
1127 Richtlinie 88/361/EWG des Rates vom 24.06.1988 zur Durchführung von Art. 67 des Vertrages, Anh. I, Ziffer IX, ABl. EG 1988 L 178/5.

den Parteien eines Mitgliedsstaates vereinbart wird und nur das Sicherungsobjekt in einem anderen Mitgliedsstaat liegt. Auch dabei handelt es sich um einen Aspekt der Kapitalverkehrsfreiheit. Als Grenzübertritt des Kapitalverkehrs kann man nicht nur den Kapitalverkehr zwischen Personen, sondern auch den zwischen Person und Sache verstehen. Denn Kapitalfreiheit kann nur konsequent hergestellt werden, wenn auch ein potentieller Sicherungsgeber sein in einem anderen EG-Staat belegenes Grundstück ebenso wie ein inländisches Grundstück zur Kreditsicherung verwenden kann[1128].

Von der Kapitalverkehrsfreiheit zu unterscheiden ist die Dienstleistungsverkehrsfreiheit des Art. 49 EGV. Teilweise wird argumentiert, daß sie professionell agierenden Kreditgebern die Möglichkeit eröffnet, ihre Leistungen in anderen Mitgliedsstaaten ebenso anzubieten wie in ihrem Heimatstaat. Dazu würde auch die Bestellung von Sicherungsrechten in einem anderen Land gehören[1129]. Diese Auffassung ist abzulehnen. Denn Art. 56 Abs. 1 EGV bezieht sich auf das gesamte Kapital, das unabhängig von der Staatsangehörigkeit des Kapitaleigners liberalisiert wird[1130].

Fraglich ist aber, wie weit der Schutz von Art. 56 EGV geht, ob also der Belegenheitsgrundsatz tatsächlich gegen den EGV verstößt, wie dies teilweise vertreten wird[1131].

1128 Wilmowsky, Europäisches Kreditsicherungsrecht: Sachenrecht und Insolvenzrecht unter dem EG-Vertrag, S. 83.

1129 Wolf, WM 1990, 1941, 1942 f..

1130 Schweitzer/Hummer, Europarecht, S. 370.

1131 Wilmowsky, Europäisches Kreditsicherungsrecht: Sachenrecht und Insolvenzrecht unter dem EG-Vertrag.

Diese Auffassung geht davon aus, daß eine grenzüberschreitende Sicherheit in der Art unter dem Schutz von Art. 56 EGV steht, daß die Parteien sie für ein in einem anderen Mitgliedstaat belegenes Grundstück auch ihr Heimatrecht anwenden können sollten. Angenommen, das englische Sachrecht schreibt bestimmte Beschränkungen für die Pfandrechtsbestellung vor, obwohl beide Parteien des zu sichernden Darlehens ihren Sitz in Deutschland haben; dann würde damit in die inländische Darlehensgewährung durch das Recht des anderen Mitgliedstaates eingegriffen werden[1132].

Die Kapitalverkehrsfreiheit wird aber nicht dadurch beschränkt, daß nur das von der Rechtsordnung des Belegenheitsstaates zugelassene Grundpfandrecht eingesetzt werden kann. Die Kapitalverkehrsfreiheit fordert nur, daß jeder Mitgliedstaat eine Immobiliarsicherheit zur Verfügung stellt, mit der Grundstücke für Kreditsicherungszwecke eingesetzt werden können. Außerdem müssen sie auch von Parteien aus anderen Mitgliedstaaten bestellt werden können. Wenn sie dabei den gleichen Einschränkungen unterliegen wie inländische Sicherheitenbesteller, kann darin kein Verstoß gegen Art. 56 EGV liegen[1133].

Ebenso wird in die Kapitalverkehrsfreiheit nicht eingegriffen, weil der Belegenheitsgrundsatz eine Rechtswahl nicht zuläßt. Ein Eingriff liegt nur dann vor, wenn mit Hilfe der freien Rechtswahl, die Unterschiede der betroffenen Sachrechtsordnungen überwunden werden könnten. Da jedoch die nationalen Sachenrechte sehr verschieden und daher kaum kompatibel sind, würde auch eine Rechtswahlfreiheit die Vergabe grenzüberschreitender Sicherheiten nicht

[1132] so im Ergebnis Wilmowsky, Europäisches Kreditsicherungsrecht: Sachenrecht und Insolvenzrecht unter dem EG-Vertrag, S. 81 ff..
[1133] Wachter, WM 1999, 49, 54.

wesentlich erleichtern. Bei der Wahl des deutschen Rechts für die Bestellung einer Sicherheit an einem englischen Grundstück müßte das Grundpfandrecht dennoch nach den englischen Publizitätsbestimmungen eingetragen werden. Die formelle Registerrechtsordnung paßt dann aber nicht auf das materielle Sachenrecht und müßte daher erst entsprechend geändert werden[1134]. Damit ergeben sich die Hemmnisse für den Kapitalbinnenmarkt nicht aus dem Belegenheitsgrundsatz, sondern aus den in jedem Mitgliedsstaat unterschiedlich ausgestalteten Bestimmungen. Diese Hemmnisse können behoben werden, indem man entweder die nationalen Sachenrechtsordnungen harmonisiert oder eine in allen Mitgliedstaaten zugelassene Sicherheit schafft[1135].

Selbst wenn man mit Wilmowsky zu dem Ergebnis gelangt, daß der Belegenheitsgrundsatz gegen den EGV verstößt, läßt sich die Anwendung des Lageortrechts gegenüber dem EG-Recht dennoch rechtfertigen, da zwingende Erfordernisse des Allgemeinwohls dafür sprechen.

Es ist die Notwendigkeit der Publizität, die die Anwendung des Lageortsrechts rechtfertigt. Mit der Publizität werden die Rechtsverhältnisse an einer Sache nach außen bekannt gemacht. Potentielle Sicherungsgeber können sich darüber informieren, wer Eigentümer des Grundstücks ist und mit welchen dinglichen Rechten es belastet wird. Dieses Anliegen kann letztendlich nur bei Grundstücken und Rechten an Grundstücken umgesetzt werden. Bei diesen besteht die Möglichkeit, ein Register zu führen, welches sämtliche Grundstücke und auf

---

[1134] Wachter, WM 1999, 49, 54.
[1135] dazu M.I.4.b).

diese bezogene Verfügungen erfassen kann[1136]. Am geeignetsten stellt sich daher der Lageort als Anknüpfungspunkt dar. Der Staat des Belegenheitsortes kann sein Interesse am nationalen Entscheidungseinklang also dadurch umsetzen, daß er die Rechtsverhältnisse am Grundstück mit einem Registersystem nach außen sichtbar macht. Aus der Rechtfertigung nationaler Publizitätsregelungen kann jedoch nicht gefolgert werden, daß nur die Registrierung inländischer Sicherungsrechte erforderlich sein kann. Auch nach fremdem Sachenrecht bestellte Belastungen müßten in einem Register oder Sachbrief publiziert werden können[1137].

Mit dem Belang der Publizität eng verbunden ist die Frage, welche Rechtsordnung den Erwerb vom Nichtberechtigten regeln soll. Auch hier ist das Recht des Lageortes geeignet, da an den Erwerb gewisse Publizitätsanforderungen gestellt werden. Verfügungen bezüglich des Grundstückes sind in der Regel in einem Grundbuch eingetragen. Damit bestimmt das Publizitätsstatut als Sachrecht das Recht am Lageort[1138].

Der Belegenheitsgrundsatz ist daher aus zwingenden Gründen gerechtfertigt, selbst wenn man annimmt, daß er mit der Kapitalverkehrsfreiheit kollidiert und damit unerwünscht ist[1139].

1136 Wilmowsky, Europäisches Kreditsicherungsrecht: Sachenrecht und Insolvenzrecht unter dem EG-Vertrag, S. 154.

1137 Wilmowsky, Europäisches Kreditsicherungsrecht: Sachenrecht und Insolvenzrecht unter dem EG-Vertrag, S. 171.

1138 Wilmowsky, Europäisches Kreditsicherungsrecht: Sachenrecht und Insolvenzrecht unter dem EG-Vertrag, S. 359.

1139 Aus rechtspolitischer Sicht mag es durchaus zweckmäßig sein, die Anknüpfung an die Belegenheit etwas zu lockern, da die Kreditinstitute in den Mitgliedsstaaten aufgrund der II. Bankrechtskoordinierungsrichtlinie die Darlehen auch durch Grundpfandrechte entsprechend dem Recht eines anderen Mitgliedsstaat absichern können; vgl. Sonnenberger, ZVglRWiss (1996) 3, 28 f..

b) Harmonisierung des Sachenrechts durch die Europäische Gemeinschaft

Mit zunehmender grenzüberschreitender Tätigkeit von Banken wird die Notwendigkeit immer deutlicher, innerhalb der EG eine Angleichung des Sachenrechts vorzunehmen. Durch den Gemeinsamen Markt muß der Verbraucher die Möglichkeit haben, die für ihn günstigste Finanzierungstechnik auszuwählen. Dies ist jedoch bisher nicht gewährleistet. Wegen der in den Mitgliedstaaten bestehenden z.T. erheblichen Unterschiede des Sachenrechts unterliegt der Verbraucher auch den unterschiedlichen Kreditbedingungen der Institute. Das führt zu einer mangelnden Transparenz und unbefriedigender Verteilung der Kostenlast.

aa) Instrumente

Eine Harmonisierung durch die EG kann entweder durch Rechtsangleichung oder durch Rechtsvereinheitlichung erreicht werden. Während die Rechtsangleichung nur die Änderung des nationalen Rechts bezweckt und das nationale Recht damit Rechtsgrundlage bleibt, wird durch die Rechtsvereinheitlichung einheitlich geltendes Gemeinschaftsrecht geschaffen[1140]. Vorrangig ist die Methode der Angleichung gem. Art. 2, 3 Abs. 1 lit. h EGV, da so zumindest formal die nationale Identität der Mitgliedsstaaten nicht berührt wird[1141]. Die Rechtsvereinheitlichung ist dem gegenüber subsidiär.

[1140] Schweitzer/Hummer, Europarecht, S. 375.

[1141] vgl. dazu Dreher, JZ 1999, 105 ff..

(1) Rechtsangleichung

Für die Rechtsangleichung ist das Instrument der Richtlinie besser geeignet als eine Verordnung, da so die Einheit der nationalen Rechtsordnungen der Mitgliedstaaten zumindest formal gewährleistet wird[1142]. Die Richtlinie ist an die Mitgliedsstaaten mit dem Rechtsbefehl adressiert, den Inhalt innerhalb der bestimmten Frist in ihr Recht umzusetzen.

Als Rechtsgrundlage für eine Richtlinie kommt Art. 56 EGV in Betracht. Diese Vorschriften betreffen die Freiheit des Kapitalverkehrs zwischen den Mitgliedstaaten. Darunter fallen auch grenzüberschreitend gewährte Grundpfandrechte. Die Inkompatibilität der nationalen Sachenrechtsordnungen stellen keinen Eingriff in die Kapitalverkehrsfreiheit dar, so daß kein Verstoß gegen das Beschränkungsverbot des Art. 56 Abs. 1 EGV vorliegt.

Eine rechtsangleichende Maßnahme kann aber auch auf Art. 95 EGV als spezielle Grundnorm für die Rechtsangleichung[1143] gestützt werden, die für die Gemeinschaft die Harmonisierungskompetenz eröffnet[1144]. Diese Vorschrift wurde durch die Einheitliche Europäische Akte eingefügt und hat die Binnenmarktfinalität zum Ziel. Das bedeutet, daß im Interesse des errichteten und funktionierenden Binnenmarktes Maßnahmen zur Rechtsangleichung getroffen werden können. Die Schaffung einer in allen Mitgliedsstaaten der EG anwend-

---

[1142] Rittner, JZ 1995, 849, 852.

[1143] Lenz/Röttinger, EG-Vertrag, Art. 100 a Rn. 3.

[1144] Dreher, JZ 1999, 105, 107 merkt kritisch an, daß auf diese Norm „... derzeit fast alle Rechtsvereinheitlichungsmaßnahmen der Gemeinschaft gestützt ..." werden.

baren Grundpfandrechtsform ist eine vorrangige Aufgabe und bildet einen wesentlichen Beitrag zur Integration der Kapitalmärkte nach Art.56 ff. EGV[1145].

Durch eine Angleichung würde Art. 295 EGV nicht angetastet, wonach der EGV die Eigentumsordnung in den verschiedenen Mitgliedstaaten unberührt läßt. Dadurch wird nicht der *status quo* des Eigentumsrechts garantiert. Das Gemeinschaftsrecht kann in Anbetracht der Grundfreiheiten Bestimmungen erlassen, die zu einer Einschränkung oder Ausgestaltung des Eigentums führen können[1146].

(2) Rechtsvereinheitlichung

Gegenüber der EG-autonomen Angleichung subsidiär ist die Rechtsvereinheitlichung durch die EG. Als Instrument kommt in diesem Fall nur eine Verordnung in Betracht, die ebenfalls auf Art. 95 EGV gestützt werden könnte.

Es ist bereits mehrfach erfolglos der Versuch unternommen worden, auf dem EU-Gebiet ein neben den nationalen Sicherheiten bestellbares Grundpfandrecht mit einer Verordnung einzuführen. Der Vorteil einer Verordnung liegt darin, daß sie in den Mitgliedsstaaten direkt wirkt und die nationalen Rechtsordnungen ohne die Gefahr großer Umsetzungsdifferenzen, wie sie bei der Richtlinie bestehen, vereinheitlicht werden. Diese Rechtsform wird auch bevorzugt eingesetzt, wenn neue Rechtsregeln oder -institute geschaffen werden sollen[1147].

[1145] Wehrens, WM 1990, 557, 562. Wachter, WM 1999, 49, 56 erwägt wegen seiner Bedeutung im Verbraucherschutzbereich auch Art. 153 EGV als selbständige Rechtsgrundlage.

[1146] Müller-Graff, NJW 1993, 13, 14; Lenz/Röttinger, EG-Vertrag, Art. 222 Rn. 4.

[1147] Rittner, JZ 1995, 849, 852.

bb) Die Eurohypothek[1148, 1149]

Schon früh erkannte man, daß ein in allen Rechtsordnungen der Europäischen Gemeinschaft existierendes Grundpfandrecht entscheidende Vorteile mit sich brächte.

Bereits in den Anfängen der EG gab es die ersten Bestrebungen zur Harmonisierung von Kreditsicherheiten. 1966 befaßte sich erstmals eine von der EG-Kommission eingesetzte Gruppe von Sachverständigen unter dem Vorsitz von Claudio Segré mit dem Aufbau eines europäischen Kapitalmarktes. Der Bericht[1150] kam u.a. zu dem Ergebnis, daß die Grundpfandrechte in den EG-Staaten zu harmonisieren seien und daß dieses Ziel am besten durch die Einführung eines einheitlich geregelten Grundpfandrechts erreicht werden könnte[1151].

1148 Diesen Begriff hat die Internationale Union des Lateinischen Notariats 1987 gewählt, um das Sicherungsrecht zu bezeichnen, welches in allen Mitgliedstaaten gleichermaßen bestellt werden kann.

1149 Wegen des großen Erfolgs des deutschen Pfandbriefs und der *asset-backed securities* wird z.Z. auch diskutiert, ob ein europäischer Pfandbrief eingeführt werden soll, der nach einheitlichen Regeln und von jedem beliebigen europäischen Kreditinstitut emittiert werden könnte; vgl. FAZ v. 26.02.1999, S. 16: Dies wird vom Verband Deutscher Hypothekenbanken abgelehnt, da es kaum eine Harmonisierung auf ähnlich hohem Niveau wie in Deutschland geben wird; vgl. Börsenzeitung v. 26.02.1999.

1150 Brüssel, November 1966, als Segré-Bericht bezeichnet.

1151 Zu diesem Zweck wurde das Max-Planck-Institut für ausländisches und internationales Privatrecht von der Kommission zur Erstellung eines ersten Teils eines Gutachtens beauftragt. Dieses legte 1971 die Länderberichte vor. Mit der Aufnahme von Großbritannien, Irland und Dänemark in die Staatengemeinschaft wurde das Gutachten 1976 ergänzt. Der zweite Teil des Gutachtens, der sich mit den Rechtsunterschieden und der Einführung neuer Kreditsicherheiten beschäftigen sollte, wurde jedoch nicht mehr erstellt.

Die EG-Kommission hat in der Folgezeit eine Hypothekarkreditrichtlinie[1152] vorgeschlagen, die jedoch trotz mehrfacher Änderung bisher nicht beschlossen worden ist. Vorgesehen war die Liberalisierung des freien Dienstleistungsverkehr auf dem Gebiet des Hypothekarkredits. Dies sollte durch das Prinzip der gegenseitigen Anerkennung von Zivilrechtsinstituten bewerkstelligt werden[1153], wobei der Realkreditbegriff aber nur auf die Verwendung für Wohnzwecke abstellte[1154]. Art. 4 des Richtlinienvorschlages sah vor: „Die Aufnahmeländer beseitigen ... alle Rechts- oder Verwaltungsvorschriften, die es Kreditinstituten ... mit Sitz in einem anderen Mitgliedsstaat schwierig oder unmöglich machen, in ihrem Hoheitsgebiet Tätigkeiten auf dem Gebiet des Hypothekarkredits nach Finanzierungstechniken auszuüben, die in ihrem Herkunftsland gesetzlich zugelassen sind, oder ändern solche Bestimmungen dahingehend, daß solche Techniken angewandt werden können".[1155]

An dem Prinzip der direkten Anerkennung wurde Kritik geübt. Ohne über den Umweg des Internationalen Privatrechts zu gehen[1156], würde dies zu „unübersehbaren Folgen für die Privatrechtsordnung"[1157] führen. Nicht abschließend geklärt ist, wieweit die gegenseitige Anerkennung gehen soll. Man könnte das Prinzip so verstehen, daß beispielsweise in England eine Hypothek nach deutschen Regeln bestellt werden oder umgekehrt nun ein deutsches Grund-

---

1152 Vorschlag für eine Richtlinie des Rates über die Niederlassungsfreiheit und den freien Dienstleistungsverkehr auf dem Gebiet des Hypothekarkredits, ABl. EG C 42/4 v. 14.2.1985 und geänderter Vorschlag, ABl. EG C 161/4 v. 22.5.1987.

1153 Der Gedanke der gegenseitigen Anerkennung ist dem *Cassis-de-Dijon*-Urteil des EuGH entnommen; vgl. Meinz, in: Perspektiven für den Europäischen Binnenmarkt, hrsg. v. Rehm, S. 227, 232.

1154 Die deutsche Seite forderte, daß auch der gewerbliche Realkredit eingeschlossen werden sollte; vgl. Meinz, in: Perspektiven für den Europäischen Binnenmarkt, S. 227, 234.

1155 ABl EG 1987 C 161/4.

1156 Wolf, WM 1990, 1941, 1942.

1157 Schneider, NJW 1991, 1985, 1992.

stück mit einer *mortgage* belastet werden könnte. Überhaupt könnten die Parteien dann eine Rechtswahlvereinbarung treffen. Daß dieser Vorschlag sich nicht durchgesetzt hat, ist nicht weiter verwunderlich. Es sind zu viele Belange betroffen, die in dem jeweiligen Mitgliedsstaat die Wahl eines anderen nationalen Grundpfandrechts unmöglich machen. Das spezielle nationale Sachenrecht ist bestimmt vom etwaigen sachenrechtliche Typenzwang, Konkurs- und Sozialrecht, usw.[1158].

Seit dem erfolglosen Versuch von 1987 wurde auf EG-Ebene kein Versuch mehr unternommen, eine Eurohypothek einzuführen. Das kann darauf zurückgeführt werden, daß die Tendenz, alles im EG-Gebiet harmonisieren zu wollen, im Interesse eines vermehrten Wettbewerbs deutlich abgenommen hat. Außerdem wollte man zunächst die Auswirkungen der II. Bankrechtskoordinierungsrichtlinie abwarten[1159].

Trotz der bisherigen Mißerfolge wird die Idee einer Eurohypothek in der Literatur weiterverfolgt. Für ihren Geltungsbereich und ihre Ausgestaltung gibt es unterschiedliche Vorschläge.

Es wird vertreten, daß eine Eurohypothek in allen Mitgliedsstaaten statt aller dort entwickelten nationalen Grundpfandrechte gelten soll. Dieser Vorschlag findet aber keinen großen Anklang, da die rechtliche Vielfalt verloren gehen würde und damit auch der Wettbewerb zwischen den einzelnen nationalen Zivilrechtsinstituten. wegfallen würde. Dem Verbraucher soll nicht die Wahl-

[1158] Schneider, NJW 1991, 1985, 1993.
[1159] vgl. M.I.4. b) cc).

möglichkeit genommen werden. Die zusätzliche Rechtsform sollte vielmehr der Akzeptanz des Marktes überlassen bleiben[1160]. Die Konzeption einer Eurohypothek ist primär für grenzüberschreitende Sachverhalte[1161] vorzuziehen[1162]. Sie soll daher nicht an die Stelle des jeweiligen nationalen Immobiliarsicherheitenrecht, sondern neben sie treten.

Zur Ausgestaltung einer Eurohypothek werden im wesentlichen zwei unterschiedliche Meinungen vertreten.

Nach der einen Auffassung, die auch von der Internationalen Union des Lateinischen Notariats[1163] in einem Vorschlag von 1987 geteilt wird, wird ein nicht-akzessorisches Grundpfandrecht befürwortet wegen der Vorteile, die dieses gegenüber einer akzessorischen Kreditsicherheit aufweist[1164]. Pate standen die deutsche Grundschuld und der vergleichbare schweizerische Schuldbrief. Mit letzterem Institut werden ein abstraktes Schuldversprechen, mit dem die persönliche Haftung für die Zahlung einer bestimmten Summe einschließlich Zinsen übernommen wird, mit der gleichzeitigen Bestellung einer Grundschuld, dem Schuldbrief, verbunden[1165]. Neben den in Deutschland

---

1160 Baur/Stürner, Lehrbuch des Sachenrechts, S. 375.

1161 Auch für die supranationalen Rechtsformen der EWIV und der noch nicht realisierten Europäischen Aktiengesellschaft ist ein grenzüberschreitender Sachverhalt Gründungsvoraussetzung.

1162 Für eine Eurohypothek, die vorerst nur auf grenzüberschreitende Sachverhalte beschränkt wäre, tritt auch Stöcker ein, Der langfristige Kredit 1991, 537, 539; ders., Die „Eurohypothek", S. 211 ff..

1163 Diese Kommission besteht seit 1967 und setzt sich aus Notaren und *Solicitors* der EU-Mitgliedsstaaten zusammen. Sie bearbeitet Rechtsfragen im Rahmen des Gemeinschaftsrechts.

1164 Stöcker, Der langfristige Kredit 1991, 537, 538; Wehrens, WM 1992, 557 ff.; Stürner, Das Grundpfandrecht zwischen Akzessorietät und Abstraktheit und die europäische Zukunft, in: Festschrift für Rolf Serick, hrsg. von Huber/Jayme, S. 377, 386 ff..

1165 Art. 793 ff., insb. Art. 842-846 und Art. 854-874 des schweizerischen Zivilgesetzbuches (ZGB).

bekannten Vorteilen eines nicht-akzessorischen Grundpfandrechts würde eine Ausgestaltung mit Wertpapier-Charakter den Vorteil der gesteigerten Verkehrsfähigkeit mit sich bringen. Auch die Kosten würden sich reduzieren. Da die Sicherheit bei Tilgung der gesicherten Forderung nicht erlöschen würde, könnte sie mehrmals verwendet werden. Weiterhin müßte eine Übertragung als Wertpapier nicht im Grundbuch registriert werden[1166]. Schließlich hätte man mit dem schweizerischen Schuldbrief als Vorlage bereits eine Kodifikation in drei der Gemeinschaftssprachen, was eine enorme Erleichterung bedeuten würde. Diese Rechtsform ist auf EU-Ebene jedoch aus rechtspolitischen Gründen kaum durchsetzbar. Denn bis auf Deutschland kennt kein Mitgliedstaat ein nicht-akzessorischen Grundpfandrecht. Demzufolge wird das „deutsche Modell" (bzw. schweizerische Modell) kaum die erforderliche Zustimmung finden[1167]. Jüngste Bestrebungen, ein nichtakzessorisches Grundpfandrecht einzuführen, beschränken sich hauptsächlich auf Mittel- und Osteuropa[1168].

Eher Erfolg beschieden sein könnte der Ausgestaltung der Eurohypothek als akzessorisches Grundpfandrecht[1169]. Es ist festgestellt worden, daß alle Rechtsordnungen der Mitgliedstaaten das Institut der Akzessorietät im Recht der Kreditsicherheiten kennen. Als Grund für diese Gemeinsamkeit sieht man die gemeinsamen Wurzeln aller europäischen Rechtssysteme im römischen Recht

---

[1166] Stöcker, Der langfristige Kredit 1991, 537, 538 f..

[1167] Einem Vorschlag wäre wohl das gleiche Schicksal beschieden wie etwa der nicht verabschiedeten Konzernrechtsrichtlinie, die daran krankte, daß sie auf das deutsche Konzernrecht gestützt war.

[1168] Der Arbeitskreis des VdH, ZBB 1998, 264 ff., hat für ein v.a. am deutschen und schweizerischen Recht orientiertes Grundpfandrecht Leitlinien sowie einen Gesetzentwurf aufgestellt. Auch die Länder im östlichen Mitteleuropa und Osteuropa haben sich aber bis auf Estland und Ungarn für ein akzessorisches Grundpfandrecht entschieden; vgl. Wächter, WM 1999, 49, 64.

[1169] vgl. auch Wachter, WM 1999, 49, 60 ff..

an[1170]. In Bezug auf das englische Recht ist dieser rechtshistorische Ursprung zwar noch nicht abschließend geklärt, doch in jüngerer Zeit wird in der Literatur vertreten, daß *Common law* und *Civil law* im römischen Recht gemeinsame Wurzeln haben[1171]. Einzug gehalten hat das römische Recht in England nicht zuletzt durch das kanonische Recht und die *Equity*[1172]. Der Vorteil einer akzessorischen Eurohypothek könnte daher in ihrer besseren Akzeptanz liegen.

cc) Zivilrechtliche Auswirkungen der II. Bankrechtskoordinierungsrichtlinie[1173]

Obwohl ein einheitliches Grundpfandrecht bisher gescheitert ist, kam es auf dem Gebiet der grenzüberschreitenden Kreditsicherung teilweise dennoch zu Harmonisierungen. Vor allem im Bankbereich sind Rechtsakte der Europäischen Gemeinschaft umgesetzt worden, die zwar nicht ausschließlich, aber zumindest in Teilbereichen Grundpfandrechte betreffen.

Die II. Bankrechtskoordinierungsrichtlinie, die inzwischen in allen Mitgliedstaaten umgesetzt ist und zum *acquis communautaire* gehört, erleichterte die Zulassungsbedingungen der Kreditinstitute[1174] und die Voraussetzungen für die Ausübung der Tätigkeit[1175] und damit den freie Niederlassungs- und Dienstleist-

---

1170 Habersack, JZ 1997, 857 ff..
1171 Zimmermann, ZEuP 1993, 4 ff.; Gordley, ZEuP 1993, 498 ff..
1172 vgl. A.V.2..
1173 Zweite Richtlinie 89/646 des Rates v. 15.12.1989 zur Koordinierung der Rechts- und Verwaltungsvorschriften über die Aufnahme und Ausübung der Tätigkeit der Kreditinstitute und zur Änderung der Richtlinie 77/780, ABl. EG L 386/1 v. 30.12.1989. Die Richtlinie ist inzwischen mit Art. 67 der Richtlinie 2000/12/EG des Europäischen Parlaments und des Rates vom 20. März 2000 über die Aufnahme und Ausübung der Tätigkeit der Kreditinstitute, ABl. EG L 126/1 v. 26.05.2000 aufgehoben worden und inhaltlich in ihr aufgegangen.
1174 Art. 4-7.
1175 Art. 10-17.

ungsverkehr[1176]. Kernstück der Richtlinie sind das Herkunftslandprinzip und das Prinzip der gegenseitigen Anerkennung von Finanzierungstechniken[1177].

Gemäß dem Herkunftslandprinzip sind die Mitgliedstaaten verpflichtet, den in ihrem Herkunftsland entsprechend den harmonisierten Bedingungen zugelassenen Kreditinstituten die Vornahme aller wesentlicher Bankgeschäfte zu gewähren. Im Annex wird ein Katalog dieser Bankgeschäfte aufgeführt; dazu zählt auch das Hypothekarkreditgeschäft, da in Punkt 2 („Ausleihungen") das Hypothekendarlehen ausdrücklich erwähnt ist. Die Bankgeschäfte können entweder durch Gründung von Zweigstellen in einem anderen Mitgliedstaat oder durch das bloße grenzüberschreitende Dienstleistungsangebot abgewickelt werden. Die Liberalisierung gilt lediglich für Kreditinstitute im Sinne dieser Richtlinie. Das sind aus deutscher Sicht Hypothekenbanken, Sparkassen, Bausparkassen, Landesbanken und herkömmliche Banken, nicht jedoch zB. Versicherungsgesellschaften, Pensionfonds oder Baufonds[1178].

Die Reichweite des Prinzips der gegenseitigen Anerkennung von Finanzierungstechniken ist umstritten. Einigkeit herrscht darüber, daß die Richtlinie primär die Harmonisierung des Bankenaufsichtsrechts bezweckt[1179]. Ob das Prinzip darüber hinaus auch zivilrechtliche, insbesondere auch dingliche Wirkungen entfalten soll, ist aber unklar[1180].

1176 Art. 18-21.

1177 Der Gedanke der gegenseitigen Anerkennung beruht auf dem *Cassis-de-Dijon*-Urteil des EuGH, der hier für den Dienstleistungsbereich übernommen worden ist; vgl. Meinz, in: Perspektiven für den Europäischen Binnenmarkt, hrsg. v. Rehm, S. 227, 232.

1178 Eilmansberger, EuZW 1991, 691, 693.

1179 Wolf, WM 1990, 1941; Müller-Graff, NJW 1991, 13, 15.

1180 Eine ausführliche Darstellung des Streits gibt Welter, Dingliche Sicherheiten zwischen Harmonisierung und Anerkennung als Prinzipien des europäischen Binnenmarktes, S. 5 ff..

Es wird vertreten, daß sich die Bestätigungsgarantie auch auf die jeweiligen zur Tätigkeit der Banken gehörende Rechtsinstitute beziehen würde. Ob die hemmenden Vorschriften dabei öffentlich-rechtlicher oder zivilrechtlicher Natur seien, müsse wegen ihrer gleichen Wirkung dahinstehen. Es gäbe daher nun für die im einzelnen in den Mitgliedstaaten entstandenen Rechtsformen eine Wahlmöglichkeit zwischen den verschiedenen Rechtsinstituten. Das würde zu einem Wettbewerb führen, der wohl von der kostengünstigsten Rechtsform gewonnen werden würde. Nur so könne die Dienstleistungs- und Niederlassungsfreiheit erfüllt werden[1181].

Dem ist aber zu entgegnen, daß die Richtlinie in erster Linie lediglich darauf abstellt, das Immobiliarsicherheitengeschäft durch eine aufsichtsrechtliche Gleichwertigkeitskontrolle grenzüberschreitend zu ermöglichen[1182]. Die Richtlinie hat nicht die Harmonisierung des Immobiliarsicherheitenrechts zum Ziel[1183]. Das jeweilige nationale Sachenrecht ist fest in den Traditionen der Mitgliedstaaten verwurzelt. Dies ist schließlich auch der Hauptgrund, weshalb bisher kein Konsens für ein einheitliches Grundpfandrecht oder die Hypothekarrichtlinie gefunden werden konnte. Daher sollte im Zuge der aufsichtsrechtlichen Bankrechtskoordinierung sicher nicht als unbeabsichtigtes Nebenprodukt die Harmonisierung des Immobiliarsicherheitensrechts entstehen. Auch die Äußerung der Kommission, sie wolle vor neuen Initiativen bezüglich einer Hypothekarkreditrichtlinie zunächst die praktischen Auswirkungen der II. Bankrechtskoordinierungsrichtlinie für den Bereich der Hypothekarkredite

---

1181 Wolf, WM 1990, 1941, 1945 ff.; auch Schneider/Troberg, WM 1990, 165, 169.
1182 Jayme/Kohler, IPRax 1992, 364, 348.
1183 Müller-Graff, NJW 1991, 13, 15.

abwarten[1184], deutet darauf hin, daß mit letzterer Richtlinie keine Harmonisierung beabsichtigt war[1185].

Würde man die deutsche Finanzierungstechnik ohne jegliche Anpassung in die anderen Mitgliedsstaaten übertragen, so würden die Banken zudem auf materiell-rechtliche Probleme stoßen. Der Ausschluß des Darlehenskündigungsrechts, der zur deutschen Finanzierungstechnik des langfristigen Festzinskredits gehört, könnte z.B. in Frankreich nicht vereinbart werden. Dort wird das außerordentliche Kündigungsrecht des Kreditnehmers als Ausfluß des Gemeinwohls behandelt, so daß die Vereinbarung nicht möglich wäre[1186].

Selbst wenn man davon ausgeht, daß die Richtlinie direkte Auswirkungen auf den schuldrechtlichen Teil eines Kreditgeschäfts hat, so kann hieraus aber keinesfalls eine gegenseitige Anerkennung des Sachenrechts gefolgert werden. Hierfür spricht, daß allgemein im Internationalen Sachenrecht eine Wahlfreiheit der Parteien ausgeschlossen ist. Zudem ist die Richtlinie nicht bestimmt genug, um Aussagen darüber zuzulassen, wie das jeweilige nationale Grundpfandrecht registerrechtlich und im Falle des Konkurses des Grundpfandrechtsgebers zu behandeln wäre[1187].

Auch wenn man sich dafür ausspricht, daß durch die Richtlinie die zivilrechtlichen Rahmenbedingungen anerkannt werden sollten, so kommt man doch zu dem Schluß, daß in vielen Fällen der Vorbehalt des zwingenden Allgemein-

---

1184 ABl. EG 1990 C 171, S. 44.
1185 vgl. etwa Bellinger, Der langfristige Kredit 1988, 567; Beutler, Die Bank 1989, 648.
1186 Schneider, NJW 1991, 1985, 1992; Bellinger, in: Handbuch des Realkredits, S. 661, 682 f..
1187 Stöcker, Die „Eurohypothek", S. 228.

interesses eingreift[1188]. Das trifft insbesondere auf Verbraucherschutzbestimmungen zu[1189].

Bislang ist die Reichweite der gegenseitigen Anerkennung noch nicht klargestellt worden. Sollte diese Frage Gegenstand eines Streits werden, so hat entweder die Kommission oder der EuGH eine Entscheidung im Rahmen eines Vertragsverletzungsverfahren nach Art. 226, 228 EGV herbeizuführen[1190].

II. Internationales Zivilprozeßrecht

1. Einleitung

Auch das Internationale Zivilprozeßrecht kann bei grenzüberschreitend bestellten Immobiliarsicherheiten eine Rolle spielen.

Eine Person mit Wohnsitz bzw. Sitz in Deutschland hat einer Bank mit Sitz in Deutschland in England eine *mortgage* bestellt, um ein in Deutschland vereinbartes Darlehen zu sichern. Es kommt zu Meinungsverschiedenheiten darüber, ob das Grundpfandrecht wirksam bestellt worden ist. Eine der Parteien erwägt, ein Gericht einzuschalten. Zu prüfen ist daher, welches Gericht für eine Rechtsstreitigkeit über das dingliche Recht international zuständig ist. Von besonderem Interesse wäre für beide in Deutschland ansässigen Parteien natürlich, daß ein deutsches Gericht international zuständig ist.

[1188] Eilmansberger, EuZW 1991, 691, 695; Schneider/Troberg, WM 1990, 165, 169.
[1189] Schneider/Troberg, WM 1990, 165, 169.
[1190] Bellinger, in: Handbuch des Realkredits, S. 661, 683.

2. Anwendung des EuGVÜ

a) Anwendungsbereich

Vor den allgemeinen gesetzlichen oder ungeschriebenen Regeln haben Staatsverträge den Vorrang. In Betracht kommt im vorliegenden Fall die Anwendung des Brüsseler EWG-Übereinkommens über die gerichtliche Zuständigkeit und die Vollstreckung gerichtlicher Entscheidungen in Zivil- und Handelssachen (EuGVÜ) vom 27.09.1968[1191]. An die Stelle des Übereinkommens soll nach den Plänen auf Gemeinschaftsebene eine Verordnung treten, die im wesentlichen dem Inhalt des EuGVÜ folgt. Diese wäre direkt und unmittelbar in den Mitgliedstaaten anwendbar und würde damit das internationale Verfahrensrecht weitgehend harmonisieren werden. Von der Kommission wurde 1998 ein entsprechender Entwurf für eine Verordnung erarbeitet[1192]. Solange hierüber noch keine Entscheidung herbeigeführt worden ist, gilt weiterhin das EuGVÜ.

Der räumliche Anwendungsbereich ist für England und Deutschland eröffnet. Im Verhältnis der beiden Vertragsstaaten gilt zeitlich das 3. Beitrittsübereinkommen vom 01.12.1991[1193].

Weiterhin ist zu prüfen, ob der sachliche Anwendungsbereich eröffnet ist. Es handelt sich um eine Zivilsache gem. Art. 1 Abs. 1 EuGVÜ; sie ist nicht nach Abs. 2 vom Anwendungsbereich ausgeschlossen.

1191 BGBl. 1972 II, S. 774.

1192 Entwurf der Kommission - COM (1999348final), veröffentlicht auf der Web-Seite der Kommission, europa-eu.int/eur-lex.

1193 BGBl. 1994 II, S. 3707. Demnächst tritt voraussichtlich das 4. Beitrittsübereinkommen in Kraft, mit dem Österreich, Finnland und Schweden dem EuGVÜ beitreten. Der Bundestag hat bereits das Ratifikationsgesetz verabschiedet; vgl. BR-Drs. 523/98. Nun steht nur noch die Ratifikation eines Beitrittsstaates aus; vgl. Wagner, RIW 1998, 590.

Weiterhin muß der persönliche Anwendungsbereich eröffnet sein. Aus Art. 2 Abs. 1 EuGVÜ ergibt sich, daß die Anwendbarkeit des EuGVÜ nicht davon abhängt, daß alle Beteiligten die Staatsangehörigkeit eines Vertragsstaates der EG haben. Teilweise wird jedoch gefordert, daß das EuGVÜ nur dann anzuwenden sei, wenn persönliche Beziehungen zu mehr als einem Vertragsstaat vorliegen[1194]; als immanente Anwendungsvoraussetzung müsse Gemeinschaftsbezug vorhanden sein. Dies wäre zu verneinen, da sich beide Parteien in Deutschland befinden. Man müßte dann auf die nationalen Regeln des internationalen Verfahrensrechts zurückgreifen.

Diese Meinung ist jedoch abzulehnen, da das EuGVÜ keinen allgemeinen Satz enthält, wonach der Rechtsstreit Beziehungen zu mehreren Vertragsstaaten haben müßte[1195]. Ob ein hinreichender Auslandsbezug gegeben ist, wird anhand der Zuständigkeitsregeln des EuGVÜ geprüft. Nur wenn alle für die Zuständigkeit relevante Tatsachen zu einer einzigen Rechtsordnung führen, liegt ein reiner Inlandssachverhalt vor und das EuGVÜ ist nicht anzuwenden[1196]. Diese Auffassung kann darauf gestützt werden, daß der Beklagte in den Fällen der Art. 4, 8 Abs. 2 und 13 Abs. 2 EuGVÜ seinen Sitz oder Wohnsitz nicht in einem Vertragsstaat haben muß[1197]. Im Fall der ausschließlichen Zuständigkeit des Art.16 EuGVÜ, der hier in Betracht kommt, reicht zudem der dort vorausgesetzte enge Berührungspunkt zu einem anderen Vertragsstaat aus, ohne daß es auf den Wohnsitz oder Sitz des Beklagten ankäme[1198].

1194 Vgl. OLG Frankfurt, FamRZ 1990, 748; OLG München, FamRZ 1992, 73.

1195 Geimer, IPRax 1991, 31; Kropholler, Europäisches Zivilprozeßrecht, vor Art. 2 Rn. 8.

1196 Firsching/von Hoffmann, Internationales Privatrecht, § 3 III.3.a).

1197 so wohl *Brenner u.a./Dean Witter Reynolds Inc.*, Rs.C-318/93, EWS 1994, 353 ff..

1198 Kropholler, Europäisches Zivilprozeßrecht, vor Art. 2 Rn. 7, Art. 16 Rn. 6.

Eine ungeschriebene Voraussetzung ist nach der herrschenden Ansicht schließlich, daß es sich um einen internationalen Sachverhalt handelt, also mindestens zwei Mitgliedstaaten betroffen sind[1199]. Das ist hier der Fall, da die Parteien in Deutschland sind und das Grundstück in England belegen ist.
Damit ist der Anwendungsbereich des EuGVÜ eröffnet.

b) Art. 16 Abs. 1 Nr. 1 a EuGVÜ

Zunächst sind die ausschließlichen Gerichtsstände zu prüfen. Anwendbar sein könnte Art. 16 Nr. 1 a EuGVÜ. Danach sind für Klagen, welche dingliche Rechte an unbeweglichen Sachen zum Gegenstand haben, die Gerichte des Vertragsstaates ausschließlich zuständig, in dem die unbewegliche Sache belegen ist. Grund hierfür ist die größere Sachnähe der Gerichte am Belegenheitsort[1200]. Schließlich werden die Eintragungen in den Grundstücksregistern an dem Ort durchgeführt, an dem das Grundstück belegen ist[1201].

Die Klage muß „darauf gerichtet sein, Umfang oder Bestand einer unbeweglichen Sache, das Eigentum, den Besitz oder das Bestehen anderer dinglicher Rechte zu bestimmen und den Inhabern dieser Rechte den Schutz der mit ihrer Rechtsstellung verbundenen Vorrechte zu sichern"[1202]. Die Klage muß also Ausfluß der Ausübung eines dinglichen Rechts an einer Sache sein[1203]. Was

---

[1199] Hüßtegge, Internationales Privatrecht, S. 36, Piltz, NJW 1979, 1071; a.A. Zöller/Geimer, ZPO, Art. 2 EuGVÜ Rn. 14, Jayme/Kohler, IPRax 1994, 405, 411, die ein restriktives Verständnis des EuGVÜ auf Grundlage ungeschriebener Anwendungsvoraussetzungen für problematisch halten.

[1200] Kropholler, Europäisches Zivilprozeßrecht, Art.16 Rn.11.

[1201] Jenard zu Art. 16 Nr. 1 EuGVÜ ; Bericht zum EuGVÜ vom 27.9.1968 und zum AuslProt. vom 3.6.1971, ABl. 5.3.1979 Nr. C 59, 1-70 = BT-Drs. 12/6838, 54-113.

[1202] *Reichert/Dresdner Bank*, Rs. C-115/88, Amtl. Slg. I [1990] 27, 41 f..

[1203] Kropholler, Europäisches Zivilprozeßrecht, Art. 16 Rn.15.

wiederum ein dingliches Recht ist, will der EuGH anhand einer vertragsautonomen Auslegung bestimmen und nicht mit Hilfe der *lex rei sitae*. Unumstritten ist, daß das dingliche Recht sich von einem persönlichen Recht dadurch unterscheidet, daß es gegenüber jedermann Wirkung entfaltet. Einigkeit herrscht hier, da die sechs Gründungsstaaten allesamt einen *numerus clausus* der dinglichen Rechte kennen und diesen Rechten eine absolute Wirkung zukommt. Schwierigkeiten gibt es aber für die Länder des *Common law*. In England und Irland wird zwischen *Common law* und *Equity* unterschieden mit der Folge, daß es neben den durch den *Law of Property Act* 1925 beschränkten *legal estates* oder *interests* eine unbeschränkte Vielfalt an *equitable interests* gibt[1204]. Problematisch ist dabei, daß letztere Rechte im Gegensatz zu den *legal rights* an sich nicht gegenüber jedermann gelten, sondern nur ein persönliches Recht darstellen. Im Vergleich zu anderen persönlichen Rechten kommt ihnen jedoch eine Sonderstellung zu, und sie werden in England dennoch in gewissen Maße wie dingliche Rechte behandelt, da sie Einschränkungen ausnahmsweise nur im Verhältnis zu bestimmten Erwerbern eines Grundstücks erfahren[1205]. So kann aufgrund vertraglicher Vereinbarungen auch eine *equitable mortgage* oder *equitable charge* größtenteils in der gleichen Weise verwertet werden wie eine *legal mortgage* oder *charge*[1206]. Zu dieser Problematik gibt es noch keine EuGH-Entscheidung. Nicht als dingliches Recht eingeordnet hat der EuGH die Stellung als *trustee* (Treuhänder)[1207].

1204 vgl. A.IV.2.
1205 Lasok/Stone, Conflict of Laws in the European Community, S. 237; Gough, Company Charges, S. 12.
1206 vgl. auch Schlosser, ABl. EG C 59/71 v. 5.3.1979 = BT-Drs. 10/61, 31 ff., para. 167; Dicey & Morris, S. 921.
1207 *Webb/Webb*, Rs. C 294/92, Amtl. Slg. I [1994] 1717; Besprechung von Vachek, WiB 1997, 157.

Neben Klagen aus dem Eigentum sind damit auch Klagen aus beschränkten dinglichen Rechten an unbeweglichen Sachen, wie zB. in Deutschland die des Hypothekengläubigers auf Duldung der Zwangsvollstreckung, vom Anwendungsbereich der Norm erfaßt[1208].

Welche Sache als unbeweglich gilt, wie etwa der „wesentliche Bestandteil" im Gegensatz zu „Zubehör" und welche Rechte ihnen gleichzusetzen sind, wie etwa Erbbaurechte, ist manchmal schwer festzustellen. Aufgrund der großen Unterschiede der jeweiligen nationalen Sachenrechtssysteme ist eine rechtsvergleichend-vertragsautonome Bestimmung nur schwerlich möglich. Es wird daher empfohlen, die Abgrenzung nach dem Belegenheitsgrundsatz durchzuführen und nach dem Lagerecht des betroffenen Grundstücks zu qualifizieren, da dessen Lage konstant und leicht zu ermitteln ist[1209].

Bedeutung hat die Frage nach der Abgrenzung z.B. für den Fall, daß sich die Parteien darum streiten, ob eine inzwischen in Deutschland befindliche, an sich bewegliche Sache zum Haftungsverband des englischen Grundpfandrechts gehört. In Betracht kommen sowohl der Belegenheitsort des Grundstücks als auch der in Frage stehenden Sache, die eventuell als unbeweglich anzusehen ist. Der EuGH mußte bislang keine Abgrenzung zwischen unbeweglichen und beweglichen Sachen durchführen, hat aber entschieden, den Begriff „Klagen, die dingliche Rechte an unbeweglichen Sachen ... zum Gegenstand haben", vertragsautonom auszulegen[1210]. Da aber der Belegenheitsort des Grundstückes sich nicht ändert, ist aus Gründen der Rechtssicherheit dieser für die Quali-

1208 Kropholler, Europäisches Zivilprozeßrecht, Art.16 Rn.16 f..
1209 Vachek, WiB 1997, 157, 158; Kropholler, Europäisches Zivilprozeßrecht, Art.16 Rn. 12 m.w.N..

fikation heranzuziehen[1211]. Läßt man die *lex rei sitae*, hier also das englische Recht, entscheiden, so würde die Sache als unbeweglich eingeordnet werden, wenn es sich um ein *fixture* handelt. Ist dies nicht der Fall, z.B., weil es sich um nicht mit dem Grundstück verbundene *trade machinery* handelt, so wäre der Gegenstand als beweglich zu qualifizieren und Art. 16 Nr. 1 EuGVÜ wäre nicht anwendbar.

Da es sich bei Art. 16 EuGVÜ um einen ausschließliche Gerichtsstand handelt, ist eine Prorogation oder Derogation nicht zulässig[1212].

c) Art. 6 Nr. 4 EuGVÜ

Daneben gibt es mit Art. 6 Nr. 4 EuGVÜ auch den dinglichen Gerichtsstand des Sachzusammenhangs. Wenn ein Vertrag oder Ansprüche aus einem Vertrag den Gegenstand des Verfahrens bilden und sie auch mit einer Klage wegen eines dinglichen Rechts an einer unbeweglichen Sache gegen dieselbe Person verbunden werden können, kann eine in einem Vertragsstaat wohnhafte Person vor dem Gericht des Belegenheitsstaates verklagt werden. Dieser Vorschrift liegen prozeßökonomische Erwägungen zugrunde. Für den Kläger bedeutet es v.a. dann eine Erleichterung, wenn der Beklagte seinen allgemeinen Gerichtsstand in einem anderen Staat als dem der belegenen Sache hat[1213].

1210 *Reichert/Dresdner Bank*, Rs. C-115/88, Amtl. Slg. I [1990] 27.

1211 Schlosser, ABl. EG C 59/71 v. 5.3.1979, para. 168; Kropholler, Europäisches Zivilprozeßrecht, Art.16 Rn.12; Dicey & Morris, S. 920, vertritt hingegen die Auffassung, daß dies autonom festgestellt werden sollte und führt an, daß dies auch implizit aus den EuGH-Urteilen *Sanders/Van der Putte*, Rs. 73/77, Amtl. Slg. II [1977] 2383 und *Rösler/Rottwinkel*, Rs. 241/83, Amtl. Slg. I [1985] 99, hervorgehe.

1212 Firsching /von Hoffmann, Internationales Privatrecht, § 3 Rn. 237.

Von Relevanz ist diese Regelung insbesondere für die Verbindung der dinglichen Klage aus einem Grundpfandrecht auf Duldung der Zwangsvollstreckung mit der Klage auf Erfüllung oder Feststellung der vertraglichen Forderung, v.a. wenn ein Grundstückseigentümer aus einer grundpfandrechtlich gesicherten persönlichen Schuld verklagt wird[1214].

d) *Modified Convention*

Nachdem britische Gerichte nach dem EuGVÜ international zuständig sind, ist noch die Frage zu klären, in welcher der drei Teilrechtsordnungen die Gerichtsbarkeit international zuständig ist.

In Großbritannien wurde das EuGVÜ zu diesem Zweck kopiert und als sog. *Modified Convention*[1215] erlassen. Voraussetzung für ihre Anwendung ist, daß Gerichte im Vereinigten Königreich zuständig sind. Das ist zum einen der Fall, wenn nach dem EuGVÜ britische Gerichte international zuständig sind, zum anderen ist die *Modified Convention* in Fällen anzuwenden, die nur Berührungspunkte mit Großbritannien aufweisen[1216]. Weiterhin muß der sachliche Anwendungsbereich nach Art. 1 EuGVÜ eröffnet sein und der Beklagte entweder

---

[1213] Kropholler, Europäisches Zivilprozeßrecht, Art. 6 Rn. 43.

[1214] Kropholler, Europäisches Zivilprozeßrecht, Art. 6 Rn. 44.

[1215] *„The Modified Convention shall have effect for determining for each part of the United Kingdom, whether the courts of law of that part ... have jurisdiction in proceedings where (a) the subject-matter of the proceedings is within the scope of the 1968 Convention as dermined by Article 1 (whether or not that or any other Convention has effect in relation to the proceedings), and*
(b) the defendant ... is domiciled in the United Kingdom or the proceedings are of a kind mentioned in Article 16 of the 1968 Convention";
Civil Jurisdiction and Judgments Act 1982, Schedule 4; nach s. 50 sind England und Wales, Schottland und Nordirland umfaßt.

[1216] Berührungspunkte nur mit Großbritannien hat zB. der Fall, daß ein Schotte einen Engländer wegen des Verkaufs eines in England belegenen Grundstücks verklagt.

seinen Wohnsitz bzw. Sitz in Großbritannien haben oder aber der Sachverhalt fällt unabhängig vom Wohnsitz unter Art. 16 EuGVÜ[1217]. Nach dem entsprechenden Art. 16 der *Modified Convention* ist bei einem Rechtsstreit über eine unbewegliche Sache der Belegenheitsort entscheidend. Damit weist die *Modified Convention* den englischen Gerichten die internationale Zuständigkeit zu.

III. Internationales Insolvenzrecht

1. Einleitung

Um die Bedeutung einer grenzüberschreitenden Insolvenz auf ein Grundpfandrecht zu verdeutlichen, wird der Ausgangsfall weitergeführt:

Der Sicherungsgeber wird in Deutschland zahlungsunfähig. Es wird ein deutsches Insolvenzverfahren eingeleitet. Nach der ersten Alternative handelt es sich um eine natürliche Person mit Wohnsitz in England, nach der zweiten Alternative um eine Gesellschaft mit einer Niederlassung oder Betriebsstätte in England. Unter den in England belegenen Vermögenswerten ist auch ein mit einem Grundpfandrecht belastetes Grundstück.

Bei grenzüberschreitenden Kreditsicherungen kann sich die Frage stellen, wie sich ein deutsches Insolvenzverfahren gegen den insolventen Schuldner im Verfahrensstaat auf das Grundpfandrecht im Ausland, hier England, auswirkt. Dabei handelt es sich um ein kollisionsrechtliches Problem.

[1217] Cheshire and North's Private International Law, S. 335.

Es kann zu einer Diskrepanz zwischen dem Grundpfandrechtsstatut und dem Insolvenzstatut kommen, d.h. der Rechtsordnung des Staates, in dem das Insolvenzverfahren eröffnet worden ist. An sich ist das keine spezifisch insolvenzrechtliche Fragestellung, sondern eine Angelegenheit des internationalen Sachenrechts, das die für Entstehen und Bestand einer Kreditsicherheit geltende Rechtsordnung festlegt[1218]. Dennoch ist eine Überlagerung durch das internationale Insolvenzrecht möglich. Für Inhaber oder Besteller der Kreditsicherheit stellt sich nun die Frage, ob das deutsche Insolvenzverfahren auch in England einen Wirkungsanspruch hat, ob etwa der deutsche Insolvenzverwalter zugunsten der Masse ein Grundpfandrecht verwerten oder ein vom Gemeinschuldner bestelltes Grundpfandrecht anfechten kann. Entsprechend stellt sich für das englische Recht die Frage, ob und inwieweit es diesen eventuell weltweiten Geltungsanspruch des Insolvenzrechts des Verfahrensstaates, hier Deutschland, anerkennt, indem es dessen Recht für anwendbar erklärt[1219].

Vereinheitlichte Anerkennungsregeln, die sowohl für Deutschland als auch England Geltung hätten, treten erst am 31.05.2002 in Kraft[1220]. Das EuGVÜ schließt ausdrücklich „... Konkurse, Vergleiche und ähnliche Verfahren ..." gem. Art. 1 Abs. 2 Nr. 2 von seinem Anwendungsbereich aus[1221]. Dieses

---

1218 Summ, Anerkennung ausländischer Konkurse in der Bundesrepublik Deutschland, S. 77.

1219 Wilmowsky, WM 1997, 1461, 1462.

1220 Art. 47 der Verordnung (EG) Nr. 1346/200 des Rates vom 29. Mai 2000 über Insolvenzverfahren, ABl. EG L 160/1 v. 30.6.2000; vgl. M.III.4.b). Neben internationalen Lösungsansätzen schlägt Paulus, ZIP 1998, 977 ff. vor, grenzüberschreitende Insolvenzen nach den insbesondere im anglo-amerikanischen Ausland entwickelten privatrechtlichen Vereinbarungen, sog. „*protocols*", abzuwickeln. Für ein praktisches Beispiel aus dem anglo-amerikanischen Rechtskreis vgl. ZIP 1998, 1013 ff..

1221 Im englischen Text gilt der Ausschluß für „... *bankruptcy proceedings, proceedings relating to the winding up of insolvent companies or other legal persons, judicial arrangements, compositions and analogous proceedings...*".

Rechtsgebiet wird vom EU-Übereinkommen über Insolvenzverfahren behandelt und soll sich nach dem Willen der Verfassers des EuGVÜ an dieses fast nahtlos anfügen lassen. Das Übereinkommen, obschon bereits vom Europäischen Rat am 23.11.1995 verabschiedet, konnte bislang aber nicht in Kraft treten, da Großbritannien es als einziger Mitgliedsstaat noch nicht unterzeichnet hat[1222]. Ebenso wie das EuGVÜ soll der Inhalt des EU-Übereinkommens über Insolvenzverfahren nun in eine Verordnung aufgenommen werden, so daß dieselben Regeln in allen Mitgliedstaaten direkt und unmittelbar anwendbar wären[1223]. Großbritannien, Irland und Dänemark sind allerdings nicht verpflichtet, sich dem Rechtsakt anzuschließen[1224].

Wie bereits angedeutet, müssen „Konkurse, Vergleiche und ähnliche Verfahren" nach Art. 1 Abs. 2 Nr. 2 EuGVÜ, die auch zur Liquidation einer Gesellschaft führen könne, streng vom Gegenstand der „Auflösung der Gesellschaft" abgegrenzt werden, der sogar eine ausschließliche Zuständigkeit gem. Art. 16 Nr. 2 EuGVÜ begründet. Wird eine Gesellschaft in einer kontinentalen Rechtsordnung liquidiert, weil sie in Konkurs gefallen ist, sind Gerichtsverfahren über die „Auflösung der Gesellschaft" nur insofern vorstellbar, als über die Zulässigkeit oder das Vorgehen bei der Durchführung des Konkursverfahrens gestritten wird[1225].

1222 Kropholler, Europäisches Zivilprozeßrecht, Art.1 Rn.31; vgl. dazu M.III.4.b).

1223 Art. 65 lit. c) EGV.

1224 Art. 69 EGV, Protokoll über die Position des Vereinigten Königsreichs und Irland.

1225 Bericht Schlosser Nr.59. Der EuGH hat im Fall *Goudain/ Nadler,* Rs. C-133/78, EuGHE 1979, 733, entschieden, daß ein Vorstandsmitglied, welches aufgrund einer französischen Vorschrift in die Insolvenzmasse einer in Liquidation befindlichen Gesellschaft eine Geldzahlung leisten muß, unter den Ausschluß fällt.

2. Deutsches Internationales Insolvenzrecht

Das deutsche internationale Insolvenzrecht wurde auch in der Insolvenzrechtsreform im Hinblick auf das 1994 noch erwartete Inkrafttreten des Europäischen Übereinkommens über Insolvenzverfahren nicht umfassend kodifiziert. Die schon zuvor lückenhafte Regelung wird in Art. 102 EGInsO fortgeführt.

Insolvenzstatut ist die *lex fori concursus*, d.h. es findet die Rechtsordnung des Staates Anwendung, in dem das Insolvenzverfahren eröffnet wird[1226].

Das Insolvenzstatut gilt grundsätzlich für alle insolvenzspezifischen Fragen. Insolvenzrechtlich zu qualifizieren ist eine Regelung dann, wenn sie den Zwecken des Insolvenzverfahrens dient und nur im Insolvenzverfahren eingreift[1227]. Dem Verfahren unterfallen alle aktiven und passiven Vermögenswerte, darunter auch Kreditsicherheiten, ohne daß es auf die Belegenheit dieser Werte ankäme[1228]. Die *lex fori concursus* bestimmt weiterhin die Rechtsstellung der Gläubiger im Insolvenzverfahren und die Verwertungs- und Verteilungsordnung, welche die Rangordnung der Gläubiger festlegt[1229].

a) Zuständigkeitsvoraussetzungen

Wann ein deutsches Gericht international zuständig ist, um ein Insolvenzverfahren zu eröffnen, ist für den Regelfall nicht ausdrücklich bestimmt. Nur für

---

1226 Geimer, IZPR Rn. 3373.
1227 Trunk, S. 89.
1228 BGHZ 95, 256; Art.102 Abs. 1 S. 1 EGInsO entsprechend.
1229 Reithmann/Martiny, Internationales Vertragsrecht, Rn. 1828.

sog. Partikularinsolvenzen bestimmt Art. 102 Abs. 3 S. 1 EGInsO indirekt, daß im Inland ein gesondertes Insolvenzverfahren eröffnet werden kann, welches nur das im Inland befindliche Schuldnervermögen erfaßt. In allen übrigen Fällen leitet man daher die internationale Zuständigkeit aus den Normen über die örtliche Zuständigkeit ab[1230]. International zuständig ist nach § 3 InsO das Gericht, in dessen Bezirk der Schuldner seinen allgemeinen Gerichtsstand[1231] hat oder in dessen Bezirk der Mittelpunkt einer selbständigen Tätigkeit des Schuldner liegt, wenn dieser Ort nicht identisch mit dem Wohnort ist.

Sowohl nach dem bis zum 31.12.1998 geltenden als auch nach dem seit 1.01.1999 anwendbaren deutschen internationalen Insolvenzrecht gilt das Universalitätskonzept, wonach das deutsche Insolvenzverfahren grundsätzlich eine extraterritoriale Wirkung entfaltet[1232].

Entsprechend werden ausländische Insolvenzverfahren grundsätzlich anerkannt, denen diese Rechtsordnungen extraterritoriale Wirkung beimessen[1233]. Voraussetzung ist, daß das ausländische Gericht in entsprechender spiegelbildlicher Anwendung des deutschen Rechts international zuständig wäre und der deutsche *ordre public* gewährleistet wird[1234].

1230 Reithmann/Martiny, Internationales Vertragsrecht, Rn. 1793.
1231 §§ 12-17 ZPO.
1232 Dies ergab sich aus § 238 KO, jetzt aus Art.102 EGInsO.
1233 BGH ZIP 1997, 39; Art.102 Abs. 1 S. 1 EGInsO.
1234 Art. 102 Abs. 1 S. 2 EGInsO.

b) Auswirkungen auf ein englisches Grundpfandrecht

Nach Art. 102 Abs.1 S.1 EGInsO umfaßt das ausländische Insolvenzverfahren grundsätzlich nur das im Inland befindliche Vermögen. Das Universalitätsprinzip gilt nicht für das ausländische Insolvenzverfahren. Bei einem englischen Insolvenzverfahren ist es also unerheblich, ob es sich um ein bewegliches oder unbewegliches dingliches Recht handelt[1235]. In jedem Fall befindet sich das Grundstück, an dem das Grundpfandrecht bestellt wird, in England und nicht in Deutschland.

Ein gegenständlich auf das Inlandsvermögen des Schuldners beschränkte Sonderverfahren hat zwingend keinen extraterritorialen Wirkungsanspruch[1236]. Entsprechend gilt dies, wenn in Deutschland das Hauptverfahren eröffnet wurde, aber umgekehrt in einem anderen Land ein beschränktes Insolvenzverfahren über das dort befindliche Schuldnervermögen eingeleitet wird. Dies kann mit der Anerkennung des insoweit geltenden Regelungsanspruchs des Auslands begründet werden[1237].

Dieser Grundsatz wird zusätzlich vom BGH erheblich eingeschränkt. Über die bereits entschiedenen insolvenzrechtlichen Fragestellungen der Beschlagswirkung, der Prozeßführungsbefugnis und insolvenzrechtliche Statthaftigkeit der Aufrechnung hinaus ist der Wirkungsbereich des Universalitätsmodells fraglich. Umstritten sind insbesondere die Folgen für ausländische Kreditsicher-

---

1235 Anders noch § 390 Abs. 2 EGInsO, BT-Drs. 1/92 v. 03.01.1992 = BT-Drs. 12/2443 v. 15.04.1992, der speziell die Wirkungen auf inländische Immobilien behandelte, indem er die Wirkungen des Auslandskonkurses auf die im deutschen Recht vorgesehenen Wirkungen beschränkte; vgl. Trunk, KTS 1994, 33, 43.

1236 § 238 Abs. 1 KO; Art. 102 Abs. 1 S. 1 EGInsO.

1237 Hanisch ZIP 1992, 1125, 1135.

heiten. Eine Lösung hierfür ergibt sich weder aus Art. 102 Abs. 1 EGInsO noch mußte sich der BGH bislang mit dieser Fragestellung auseinandersetzen. Die verschiedenen Lösungsmöglichkeiten werden daher in aller Kürze dargestellt.

Zunächst gibt es die Auffassung, nach welcher der Universalitätsgedanke auch gegenüber ausländischen Sicherungsrechten anzuwenden ist[1238]. Damit ergeben sich etwaige Einschränkungen des Grundpfandrechts nach dem Verfahrensstaat. Es wäre also deutsches Recht anzuwenden.

Andere vertreten den Territorialitätsgrundsatz. Danach ist diejenige Rechtsordnung maßgebend, in der die Kreditsicherheit entstanden ist[1239]. Es ist daher das Sicherungsrechtsstatut für die insolvenzbedingten Beschränkungen von Sicherungsrechten anzuwenden. Damit würde hierfür das englische Insolvenzrecht gelten.

Daneben gibt es sog. Kumulationslösungen. Nach deren wichtigsten Variante ergeben sich die insolvenzbedingten Einschränkungen aus dem Insolvenzstatut, wobei diese jedoch durch das Sachrecht des Sicherungsrechtsstatuts eingeengt werden[1240].

Eine neuere Ansicht tritt dafür ein, den kollisionsrechtlichen Anknüpfungsgegenstand aufzuspalten. Für die Einschränkungen der Verwertungsbefugnisse

---

1238 Kuhn/Uhlenbruck-Lüer, Konkursordnung, §§ 237, 238 Rn. 76, 92.

1239 Münchener Kommentar-Ebenroth, Bd.7, nach Art.10, Rn. 360; Hanisch, ZIP 1992, 1125, 1130, 1135.

1240 Drobnig, Security Rights in Cross-Border Insolvencies, in: Cross-Border Insolvency: Comparative Dimensions, 216, 218 f.; auch der deutsche Gesetzgeber folgte mit § 390 Abs. 2 RegE-InsO der Kumulationslösung und sah vor, daß die Eröffnung des auswird die Geltung des Insolvenzstatuts empfohlen. Dagegen sollen die Beschränkungen der Verteilung, also des Befriedigungsvorrechtes Sache des Staates sein, in dem die Gläubiger anwesend sind[1241].

3. Englisches Internationales Insolvenzrecht

Da das deutsche internationale Insolvenzrecht grundsätzlich vom extraterritorialen Wirkungsanspruch des in Deutschland eröffneten Insolvenzverfahrens ausgeht, ist noch zu prüfen, wie das englische internationale Insolvenzrecht hierauf reagiert. Der extraterritoriale Wirkungsanspruch bezieht sich in diesem Zusammenhang darauf, ob und wie ein deutscher Insolvenzverwalter mit einem in England bestellten Grundpfandrecht verfahren kann.

Das englische Recht unterscheidet die Wirkungen zunächst, wie überhaupt allgemein im englischen Insolvenzrecht, danach, ob es sich um ein Verfahren gegen eine natürliche oder juristische Person handelt[1242]. Zu unterscheiden ist auch zwischen der Anerkennung von Insolvenzverfahren im engeren und im weiteren Sinn.

Das englische internationale Insolvenzrecht zeichnet sich durch eine bereits seit dem 18. Jahrhundert anerkennungsfreundliche, auf internationale Gläubigergleichbehandlung ausgerichtete Rechtspraxis aus. Der Grund wird in der weitreichenden Handelstätigkeit der ehemaligen Kolonialmacht gesehen[1243].

---

ländischen Insolvenzverfahrens auf inländische Grundstücksrechte keine Wirkung entfalten sollte; Regierungsentwurf von 1992, BR-Drs. 1/92.

1241 Wilmowsky, EWS 1997, 295,298 ff; ders., WM 1997, 1461, 1464 ff..

1242 Reinhart, Sanierungsverfahren im internationalen Insolvenzrecht, S. 95.

1243 Riesenfeld, in Festschrift für Gerhard Kegel, S. 433, 437.

a) Insolvenzverfahren im engeren Sinn
aa) Konkurs einer natürlichen Person
(1) Anerkennungsvoraussetzungen

Bei dem ausländischen Verfahren muß es sich zunächst um ein anerkennungswürdiges Konkursverfahren handeln. Das ist nur dann der Fall, wenn dessen Eröffnung eine echte Insolvenzsituation zugrunde lag, da nur diese den staatlichen Eingriff in die Rechtsstellung der Verfahrensbeteiligten entschuldigen[1244]. Das Verfahren muß so gestaltet sein, daß es die Verteilung des Vermögens des Gemeinschuldners unter gerichtlicher Aufsicht an die Gläubiger regelt[1245].

Weiterhin muß das ausländische Eröffnungsgericht aus englischer Sicht international zuständig sein[1246].

Traditionell werden Verfahren anerkannt, die in dem Land stattfinden, in dem der Schuldner nach den Regeln des englischen Rechts zum Zeitpunkt der Verfahrenseinleitung sein *domicile*[1247] hat[1248]. Aufgrund von Präzedenzfällen kam als weiterer Anerkennungsgrund hinzu, daß sich der Schuldner in dem betreffenden Land dem Verfahren freiwillig unterworfen hat, entweder indem er selbst das Verfahren eingeleitet hat oder sich an dem eröffneten Verfahren durch Erscheinen oder Erheben von Rechtsmitteln beteiligt hat[1249]. Obwohl es

---

1244 Florian, Das englische internationale Insolvenzrecht, S. 57.
1245 Dicey & Morris, S. 1119.
1246 Florian, Das englische internationale Insolvenzrecht, S. 57 f.. Die internationale Zuständigkeit eines schottischen oder nordirischen Gerichts wird nicht geprüft, vgl. Dicey & Morris, Rule 164 (1).
1247 Dicey & Morris, Rule 164 (2)(a).
1248 *Re Blithman* (1866) L.R. 2 Eq.23.
1249 *Re Davidson's Settlement Trusts* (1873) L.R. 15 Eq. 383; *Re Lawson's Trusts* [1861] 1 Ch. 175; *Re Anderson* [1911] 1 K.B. 896; *Bergerem v. Marsh* (1921) 125 L.J. 630;

keine weitere Rechtsprechung gibt, wird vertreten, daß ein Verfahren anerkannt werden sollte, wenn der Schuldner in dem Staat seinen gewöhnlichen Aufenthalt (*habitual residence*) hat oder im Zeitpunkt der Verfahrenseröffnung ein Geschäfte getätigt hat (*carrying on business*)[1250]. Es wird auch geäußert, daß ein ausländischer Konkurs immer dann anerkannt werden müßte, wenn er sich auf dieselben Zuständigkeitsvoraussetzungen wie das englische Recht stützt[1251]. In letzter Zeit wird daher zunehmend die Forderung laut, die vergleichsweise restriktive Anerkennungspolitik gegenüber der im Vergleich wesentlich weiteren internationalen Zuständigkeitsregeln für englische Gerichte zumindest teilweise aufzugeben[1252]. Anerkennung wird auch gefordert, wenn der Schuldner eine tatsächliche und substantielle Verbindung zu dem Land des Konkursverfahrens hat[1253].

Weitere Anerkennungsvoraussetzung ist, daß das ausländische Recht für sein Verfahren Universalität in Anspruch nimmt. Denn das englische Recht kann

---

Schemmer v. Property Resources Ltd. [1975] Ch. 273, 285 f., vgl. auch Dicey & Morris, Rule 164 (2)(b). Diesem Konzept, das auch für die internationale Zuständigkeit englischer Gerichte und Anerkennung fremder Urteile gilt, liegt der *estoppel*-Gedanke zugrunde. Danach kann sich der, der sich selbst der ausländischen Gerichtsbarkeit unterwirft, hinterher nicht auf fehlende Zuständigkeit berufen. Ob allein ein Schuldnerantrag die internationale Zuständigkeit begründen soll, ist allerdings fraglich, da hierdurch das *forum shopping* ermöglicht würde. Der Schuldner könnte das für ihn günstigste Konkursverfahren auswählen, vgl. Florian, Das englische internationale Insolvenzrecht, S. 50 ff..

1250 Dicey & Morris, S. 1117. Smart, Philip St. J., (1989) 9 O.J.L.S. 557. Es gibt auch zwei schottische Präzedenzfälle: *Obers v. Paton's Trustees* (1897) 24 R. 719 und *Home's Trustee v. Home's Trustee* 1926 S. L.T. 214.

1251 Fletcher, The Law of Insolvency, S. 718.

1252 Fletcher, Cross-border Insolvency, Comparative Dimensions, S. 233.

1253 In *Schemmer v. Property Resources Ltd.* [1975] Ch. 273, 285 f. ging Richter Goulding im Falle der Liquidation einer juristischen Person davon aus, daß in dem Fall keine ausreichende Verbindung gegeben war. Vgl. auch Steven, Bases of Recognition of Foreign Insolvency Decrees by English Courts, *dissertation* im Rahmen des *Master of Laws*-Kurses an der *University of Bristol* 1994/95, S. 29.

dem ausländischen Verfahren nicht einen größeren Geltungsanspruch verleihen, als es ihn tatsächlich hat[1254].

Schließlich ergibt sich aus den internationalen Zuständigkeitsregeln englischer Gerichte, daß kein englisches Verfahren vorliegen darf[1255]. Handelt es sich um *concurrent bankruptcies* liegt es im Ermessen des englischen Gerichts, ob es ein englisches Verfahren zuläßt bzw. einstellt[1256].

Ein gesondertes Anerkennungsverfahren ist für die Anerkennung eines ausländischen Verfahrens nicht erforderlich[1257].

(2) Auswirkungen auf englisches Grundpfandrecht

Wird das ausländische Verfahren anerkannt, so erstreckt sich seine Wirkung auch auf in England befindliche bewegliche Vermögensgegenstände[1258]. Das Universalitätsprinzip gilt hingegen nicht für unbewegliche Gegenstände, zu denen im internationalen Privatrecht auch Grundpfandrechte zählen[1259]. Inso-

---

1254 Dicey & Morris, S. 1119; Florian, Das englische internationale Insolvenzrecht, S. 56.
1255 Florian, Das englische internationale Insolvenzrecht, S. 56.
1256 Fletcher, The Law of Insolvency, S. 727 f..
1257 Florian, Das englische internationale Insolvenzrecht, S. 66.
1258 Dicey & Morris, Rule 166. Seit dem 18. Jahrhundert gilt das Prinzip, daß ein in England befindlicher beweglicher Gegenstand automatisch auf den Konkursverwalter mit Eröffnung des Insolvenzverfahrens übertragen wird, vorausgesetzt, das ausländische Recht beansprucht die Universalität seines Verfahrens; vgl. *Solomons v. Ross* (1764) 1 Hy Bl 131; *Ex parte Melbourn* (1870) L.R. 6 Ch. App. 64. Obwohl dieser Grundsatz des *mobilia sequuntur personam* für das Konkursrecht keine Bedeutung mehr hat, bildet das *domicile* auch heute noch einen ausreichenden Anerkennungsgrund, vgl. Florian, Das englische internationale Insolvenzrecht, S. 59.
1259 *Waite v. Bingley* (1882) 21 Ch. D. 674, 681 f.; *Re Levy's Trust* (1885) 30 Ch. D. 119, 123; Dicey & Morris, Rule 167 S. 1. Insolvenzverfahren, die in Schottland oder Nordirland eröffnet wurden, sind hiervon ausgenommen; vgl. Dicey & Morris, The Conflict of Laws, Rule 165. Das ergibt sich auch aus s. 426 (1) *Insolvency Act* 1985, wonach ein

weit hat der Belegenheitsgrundsatz Vorrang[1260]. Die Wirkung tritt erst dann für unbewegliche Gegenstände ein, wenn die Entscheidung eines englischen Gerichts herbeigeführt worden ist. Wenn aber nach seinem Ermessen ein angemessener Fall - *proper case* - vorliegt, überträgt das Gericht entweder das Eigentum an dem Grundstück bzw. dem Grundstücksrecht auf den ausländischen Konkursverwalter durch ein *vesting order*[1261] oder es ernennt ihn zum Verwalter (*receiver*) des in England befindlichen Schuldnervermögens. Ein wichtiger Faktor für die Kooperation der englischen Gerichte ist in diesem Zusammenhang, daß der ausländische Konkursverwalter nach der *lex fori concursus* entweder wie in England in die Rechtsstellung des Schuldners eintritt oder zumindest das Recht erhält, das Schuldnervermögen in seinem Namen zu verwerten[1262]. Dann erhält er in der Praxis sogar die Befugnis, das Grundstück zu verkaufen und den Erlös gemäß den Regeln der *lex concursus* aufzuteilen[1263]. Faktisch ist daher doch meist das ausländische Konkursrechtsstatut anwendbar.

bb) Konkurs einer juristischen Person

Die Wahrscheinlichkeit, daß die Insolvenz einer juristischen Person ein internationales Element aufweist, ist höher als bei natürlichen Personen[1264].

Gerichtsbeschluß, der in einem Teil des Vereinigten Königreichs ergangen ist, in den anderen Teilen so zu vollstrecken ist, wie wenn er dort ergangen wäre.

1260 Gottwald, Insolvenzrechts-Handbuch, § 122 Rn. 62.

1261 Dem deutschen Rechtssystem ist diese Konstruktion des Rechtsüberganges fremd. Die Befugnisse des ausländischen Konkursverwalters werden von den englischen Gerichten dennoch als auf dem Vermögensübergang beruhend beurteilt, vgl. In *Re A Debtor* (1981) Ch. 384, 401, 404.

1262 Fletcher, The Law of Insolvency, S. 722.

1263 *Re Kooperman* [1928] W.N. 101; vgl. auch Dicey & Morris, Rule 167 S. 2. Florian, Das englische internationale Insolvenzrecht, S. 68, vertritt die Auffassung, daß sich nach englischem Recht die Befugnisse des Konkursverwalters nach der *lex rei sitae* richteten und nicht nach der *lex fori concursus*.

1264 Fletcher, The Law of Insolvency, S. 683.

(1) Anerkennungsvoraussetzungen

Einem ausländischen Insolvenzverfahren gegen eine juristische Person kommt nach englischem Recht dann ein Geltungsanspruch zu, wenn es im Staat der Gründung der Gesellschaft eröffnet worden ist[1265]. Damit wird die Anerkennung eines Gesellschaftskonkurses an sich aus dem englischen internationalen Gesellschaftsrecht gerechtfertigt. Das hat zur Folge, daß ein Verwalter eines in Deutschland eingeleiteten Verfahrens über eine Gesellschaft mit Sitz in Deutschland, die aber in einem anderen Staat gegründet wurde, nicht anerkannt werden würde[1266].

In der Literatur wird kritisiert, daß allein das Verfahren im Inkorporationsstaat anerkennungsfähig ist[1267]. Daher wird auch vertreten, daß eine Anerkennung stattfinden könnte, wenn im umgekehrten Fall für englische Gerichte die internationale Zuständigkeit für ein Insolvenzverfahren gegeben wäre[1268]. Als Argument wird angeführt, daß gegen eine ausländische Gesellschaft, selbst wenn sie in ihrem Gründungsstaat bereits liquidiert worden ist, doch ein Verfahren wie gegen eine nicht in England registrierte Gesellschaft (*unregistered company*) eröffnet werden kann, wenn sie in England Geschäfte getätigt hat und diese

---

1265 *Bank of Ethiopia v. National Bank of Egypt* [1937] 1 Ch. 513; *Banco de Bilbao v. Sancha* [1938] 2 K.B. 176 C.A.; Dicey & Morris, Rule 171: „*The existence or dissolution of a foreign corporation duly created or dissolved under the law of a foreign country is recognised in England*". Aus der Kommentierung, S. 1129, ergibt sich dann explizit, daß es sich um das Recht des Gründungsstaates (*law of its place of incorporation*) handeln muß. Das deutsche internationale Gesellschaftsrecht vertritt hingegen die Sitztheorie; vgl. Bar, Internationales Privatrecht, S. 464 ff..

1266 Florian, Das englische internationale Insolvenzrecht, S. 61.

1267 Dicey & Morris, S. 1137; Rajak, Insolvency Law - Theory and Practice, S. 214; Smart, Cross-Border Insolvency, S. 104 f..

1268 Fletcher, The Law of Insolvency, S. 760.

Tätigkeit nun einstellt[1269]. Die Rechtsprechung steht dem Vorschlag aber ablehnend gegenüber, andere Verfahren als die im Inkorporationsstaat durchgeführten anzuerkennen[1270].

Es wird weiterhin die Meinung vertreten, daß anstelle des Gründungsstaates auch das Verfahren des Staates, in dem die Gesellschaft ihren Hauptverwaltungssitz hat, anerkannt werden müßte. Angedeutet wurde dies auch in einer Gerichtsentscheidung, in der bei der Erwägung der verschiedenen Zuständigkeitsmöglichkeiten auch darauf hingewiesen wurde, daß die beklagte Gesellschaft ihre Hauptverwaltung nicht in den U.S.A. hatte[1271]. Dieses Argument kann durch den Vergleich mit der Anerkennung ausländischer Individualkonkurse bekräftigt werden. Dort wird auch die *residence* als ausreichend angesehen und es ist kein Grund ersichtlich, warum nicht Entsprechendes für die Gesellschaftsinsolvenz gelten soll. Denn bei einer juristischen Person befindet sich die *residence* dort, wo sie ihren Hauptverwaltungssitz hat[1272]. Außerdem ist gem. s. 42 *Civil Jurisdiction and Judgments Act* 1982, mit dem Art. 53 Abs. 1 EuGVÜ umgesetzt wurde, der Verwaltungssitz und der Gründungsstaat zur Begründung internationaler Zuständigkeit als gleichwertig zu behandeln[1273].

1269 s. 225 *Insolvency Act* 1925; Fletcher, Cross-border Insolvency, Comparative Dimensions, S. 234; Wahrscheinlich würde sich aber die Wirkung des Verfahrens nur auf das Vermögen erstrecken, das sich im Bezirk des Verfahrens befindet, so daß der Insolvenzverwalter in seinen Befugnissen stark eingeschränkt wäre; vgl. *North Australian Territory Co. Ltd. v. Goldsborough, Mort and Co. Ltd.* (1889) 61 L.T. 716.

1270 Das Argument der gegenseitigen Anerkennung wurde zwar in Ehesachen angewandt; vgl. z.B. *Travers v. Holley* [1953] P. 246; *Merker v. Merker* [1963] P. 283, 296. Doch die Rechtsprechung hat sich gegen eine Ausdehnung dieser Praxis auf wirtschaftliche Urteile oder Urteile, in denen der Status einer juristischen Person betroffen ist, ausgesprochen; vgl. z.B. *Re Trepca Mines Ltd.* [1960] 1 W.L.R. 1273, C.A., 1281; *Schemmer v. Property Resources Ltd.* [1975] Ch. 273.

1271 *Schemmer v. Property Resources Ltd.* (1975) Ch. 273, 287.

1272 Dicey & Morris, Rule 173, S. 1: „*A corporation is resident in the country where its central management and control is exercised*".

1273 Florian, Das englische internationale Insolvenzrecht, S. 64 f..

(2) Auswirkungen auf englisches Grundpfandrecht

Im Gegensatz zu den Fällen, in denen gegen eine natürliche Person ein Insolvenzverfahren eröffnet wurde, gibt es im englischen Recht für juristische Personen keine Regel, nach der das ausländische Verfahren auf die Eigentumsverhältnisse außerhalb des Verfahrensstaates Einfluß hätte[1274]. Der Grund liegt darin, daß im englischen Insolvenzrecht der *liquidator* mit dem *winding-up*-Beschluß nicht in die Rechtsstellung der Gesellschaft eintritt, wie dies beim *trustee in bankruptcy* der Fall ist. Die Gesellschaft bleibt mangels anderweitiger Anordnung weiterhin Vermögensträgerin[1275]. Das englische Recht erkennt aber unter Umständen die *authority* des fremden Insolvenzverwalters an[1276]. Der ausländische Insolvenzverwalter kann bei einem englischen Gericht den Antrag stellen, alle zum Schuldnervermögen in England gehörenden Gegenstände entsprechend dem Belegenheitsrecht[1277], also englischem Recht, zu verwerten[1278]. In seiner Ermessensentscheidung berücksichtigt das Gericht auch eventuell für die englischen Gläubiger entstehenden Nachteile, wenn diese ihre Forderungen mangels Masse nun im ausländischen Verfahren anmelden müßten, anstelle auf in England belegenes Vermögen zurückgreifen zu können. Gegen eine Verwertung durch den ausländischen Verwalter wird sich das Gericht daher etwa dann aussprechen, wenn die inländischen Gläubiger in diskriminierender Weise davon abgehalten werden, ihre Forderungen anzu-

---

1274 *New Zealand Loan and Mercantile Agency Co. Ltd. v. Morrison* [1898] A.C. 349 P.C.; Fletcher, The Law of Insolvency, S. 763.
1275 Fletcher, Cross-border Insolvency, Comparative Dimensions, S. 235.
1276 Dicey & Morris, Rule 178.
1277 Fletcher, The Law of Insolvency, S. 764.
1278 Fletcher, The Law of Insolvency, S. 765.

melden[1279]. In diesem Fall folgt dann konsequenterweise ein auf in England befindliches Schuldnervermögen beschränktes Insolvenzverfahren[1280].

b) Insolvenzverfahren im weiten Sinn

Ein besonderes internationales Recht, das sich auf die Anerkennung von Insolvenzverfahren im weiten Sinn, d.h. Sanierungsverfahren, richtet, besteht dagegen nicht, weder für natürliche noch für juristische Personen. Mit solchen Sachverhalten befaßte englische Gerichte griffen in ersterem Fall auf die Regeln zur Anerkennung der Restschuldbefreiung im *bankruptcy*-Verfahren, die sich nach dem Forderungsstatut richtet[1281], zurück, in letzterem Fall auf die Rechtsprechung zum internationalen Liquidationsrecht[1282].

4. Internationale Lösungsansätze

Bereits im ersten Drittel des 20. Jahrhunderts wurden internationale Lösungsansätze für die Behandlung grenzüberschreitender Insolvenzen entwickelt. So hat die Haager Konferenz 1925 ein Modellabkommen[1283] entworfen, nach dem ein in einem Vertragsstaat eröffnetes Insolvenzverfahren in allen andere

1279 *Felixstowe Dock and Railway Co. v. U.S. Lines Inc.* [1988] 2 All E.R. 77.

1280 Fletcher, Cross-border Insolvency, Comparative Dimensions, S. 235.

1281 Florian, Das englische internationale Insolvenzrecht, S. 97 ff.; Flessner, in Festschrift für Theodor Heinsius zum 65.Geburtstag am 25.September 1991, 111, 123, kritisiert, daß damit „... die einheitliche Beurteilung von Forderungsherabsetzungen verhindert, dadurch gerichtliche Vergleiche zur Unternehmenserhaltung, die eine Gleichbehandlung der Gläubiger voraussetzen, erheblich erschwert..." werden.

1282 *New Zealand Loan and Mercantile Agency Company Ltd.* [1898] A.C. 349; Dicey & Morris, rule 169 f., insb. S. 1125, 1127. So wurde in der jüngeren Entscheidung *Felixstowe Dock and Railway Co. v. United States Lines Inc.* [1988] 2 All ER 77, in der es um die Wirkung eines amerikanischen Reorganisationsverfahrens auf in England belegenes Vermögen ging, ebenfalls auf das internationale Liquidationsrecht Bezug genommen.

1283 Text abgedruckt in Nadelmann, S. 336 ff..

Vertragsstaaten mit seinen Wirkungen anerkannt worden wäre. Das Abkommen wurde jedoch von keinem einzigen Land ratifiziert. Mehr Erfolg beschieden war hingegen der nordischen Konkurskonvention von 1933. Sie trat zwischen Dänemark, Island, Norwegen Schweden und Finnland in Kraft.

Auf Gemeinschaftsebene wurde 1963 parallel zum EuGVÜ der Auftrag für ein eigenes Insolvenzübereinkommen aufgegeben. Der 1970 veröffentlichte Entwurf[1284] wurde von den Mitgliedstaaten ebenso abgelehnt wie der zweite Entwurf 1980[1285]. Gemeinsam mit dem Europäischen Kommitee für rechtliche Zusammenarbeit - einem Organ des Europarates - erarbeitete dann die Kommission das am 5.6.1990 zur Ratifizierung ausgelegte sog. Istanbul-Abkommen des Europarates[1286]. In der Folge hat auch die Kommission ein Insolvenzübereinkommen für die Gemeinschaft entworfen, welches letztendlich zu einer EG-Verordnung führte. Daneben sind auf internationaler Ebene auch die UNCITRAL-Modellbestimmungen über grenzüberschreitende Insolvenzverfahren vom 15.12.1997 zu beachten.

a) Istanbul-Abkommen

Das noch nicht von allen Vertragsstaaten ratifizierte[1287] Abkommen des Europarats - Europäisches Übereinkommen über bestimmte internationale Aspekte des

---

[1284] RabelsZ 36 (1972), 734 ff..

[1285] Entwurf eines EG-Übereinkommens über Konkurs, Vergleiche und ähnliche Verfahren; EG-Bulletin, Beil. 2/82. Er sah eine sehr weitgehende Universalität vor und wurde daher nicht von allen Mitgliedstaaten akzeptiert; Strub, EuZW 1996, 71. 1984 wurde eine revidierte Fassung vorgelegt; vgl. Summ, Anerkennung ausländischer Konkurse in der Bundesrepublik Deutschland, S. 81.

[1286] abgedruckt bei Fletcher, Cross-border Insolvency, Comparative Dimensions, S. 297 ff.;

[1287] Das Abkommen liegt seit dem 05.06.1990 zur Unterzeichnung durch die Mitgliedsstaaten aus.

Konkurses - baut auf der Parallelität von Haupt- und Sekundärverfahren auf. Das Prinzip der Eröffnung eines einzigen Hauptverfahrens mit abkommensweiter Geltung wurde in der Endfassung nicht aufrechterhalten und die Eröffnung von Sekundärverfahren gestattet[1288].

Das Abkommen gibt dem Verwalter des Konkurseröffnungsstaates grundsätzlich diejenigen Befugnisse, die er nach dem Recht dieses Staates hat[1289]. Ob er diese Befugnisse auch in den Vertragsstaaten durchsetzen kann, in denen sich Gegenstände des Schuldners befinden, wird jedoch vom Belegenheitsstaat bestimmt. Für in England belegene Grundstücke oder die an ihnen bestehenden Rechte, wie etwa Grundpfandrechte, würde das bedeuten, daß die Befugnisse des deutschen Konkursverwalters zwar durch den Konkurseröffnungsstaat begründet werden, d.h. nach deutschem Recht, doch nur nach den Vorgaben des Belegenheitsstaates durchgesetzt werden können[1290].

Das Abkommen regelt ausdrücklich, daß Sicherungsrechte an unbeweglichen Sachen, die in einem anderen als dem Verfahrensstaat belegen sind, von den Befugnissen des Konkursverwalters nicht berührt werden[1291]. Es bleibt aber jedem Vertragsstaat überlassen, ihm mehr Rechte zu verleihen[1292].

[1288] Strub, EuZW 1996, 71.
[1289] Art. 10 Abs. 1.
[1290] Hanisch, ZIP 1992, 1125, 1137.
[1291] Art. 14 Abs. 2 a.
[1292] Hanisch, ZIP 1992, 1125, 1138.

b) EU-Insolvenzübereinkommen und Verordnung über Insolvenzverfahren[1293]

Mit grenzüberschreitenden Insolvenzverfahren beschäftigte sich auch das Übereinkommen über Insolvenzverfahren. Rechtsgrundlage des Abkommens war Art. 293 lit. 4 EGV, wonach die Mitgliedstaaten zur „... Vereinfachung der Förmlichkeiten für die gegenseitige Anerkennung und Vollstreckung richterlicher Entscheidungen und Schiedssprüche... " Verhandlungen einleiten können. Es wurde am 23.11.1995 verabschiedet und von allen Mitgliedstaaten mit der Ausnahme Großbritanniens gezeichnet[1294]. Nachdem die festgelegte Zeichnungsfrist verstrichen war und das Übereinkommen ohne einstimmige Änderung des Vertragstextes nicht mehr in Kraft treten konnte, hatte das Europäische Parlament die Kommission aufgefordert, einen Vorschlag für eine Richtlinie oder eine Verordnung nach dem Vorbild des Insolvenzübereinkommens vorzulegen[1295]. Dieser Rechtsakt würde auf der Grundlage von Art. 65 EGV ergehen, der „... Maßnahmen im Bereich der justiziellen Zusammenarbeit in Zivilsachen mit grenzüberschreitenden Bezügen..." vorsieht, unter anderem die „... Beseitigung der Hindernisse für eine reibungslose Abwicklung von Zivilverfahren, erforderlichenfalls durch Förderung der Vereinbarkeit der in den Mitgliedstaaten geltenden zivilrechtlichen Verfahrensvorschriften"[1296]. Nach Art. 69 EGV gelten in diesem Zusammenhang allerdings

---

[1293] Das Abkommen wurde am 25.09.1995 von den fünfzehn Mitgliedstaaten der EU paraphiert. Der Text ist abgedruckt in ZIP 1996, 976.

[1294] Kropholler, Europäisches Zivilprozeßrecht, Art. 1 Rn. 31.

[1295] Entschließung des Europäischen Parlaments zum Übereinkommen über Insolvenzverfahren, ABl. EG C 279/499 v. 01.10.1999.

[1296] Art. 65 c) EGV. Gem. Art. 67 EGV kann der Rat während eines Übergangszeitraums von fünf Jahren nach Inkrafttreten des Amsterdamer Vertrages [01.05.1999] einstimmig auf Vorschlag der Kommission oder auf Initiative eines Mitgliedstaates und nach Anhörung des Europäischen Parlaments gesetzgebend tätig werden und so die im Insolvenzübereindie Bestimmungen des Protokolls über die Position des Vereinigten Königreichs und Irlands und des Protokolls über die Position Dänemarks. Diese Mitgliedstaaten werden durch auf der Grundlage von Art. 61-69 EGV getroffene Maßnahmen grundsätzlich nicht gebunden, können aber mitteilen, daß sie sich an der Annahme und Anwendung der Verordnung beteiligen möchten[1297].

Am 29. Mai 2000 hat nun der Rat der Europäischen Union die Verordnung (EG) Nr. 1346/2000 des Rates über Insolvenzverfahren verabschiedet[1298]. Sie tritt am 31. Mai 2002 in Kraft[1299]. Im Gegensatz zu Dänemark haben das Vereinigte Königreich und Irland mitgeteilt, daß sie sich an der Annahme und Anwendung der Verordnung beteiligen möchten[1300].

In weiten Teilen orientierte sich das EU-Übereinkommen und damit nun die Insolvenzverordnung am Istanbul-Abkommen, insbesondere am Gedanken der Parallelität von Haupt- und Sekundärverfahren. Zwar kann ein einziges Hauptverfahren gemeinschaftsweit Wirkung entfalten, doch dürfen weitere Verfahren in anderen Mitgliedstaaten eröffnet werden[1301]. Damit geht die Verordnung davon aus, daß wegen der großen Unterschiede im materiellen Recht der Mitgliedstaaten ein einziges Insolvenzverfahren mit universaler Geltung zur Zeit nicht realisierbar ist. Die ausnahmslose Anwendung der *lex fori concursus*

---

kommen enthaltene Materie entsprechend regeln; vgl. Entschließung des Europäischen Parlaments, ABl. EG C 279/499 v. 01.10.1999.

1297 Sie können aber nach Durchführung des in den Protokollen geregelten Verfahrens diese Maßnahmen auf ihren Wunsch hin anwenden.

1298 ABl. EG L 160/1 v. 30.6.2000.

1299 Art. 47.

1300 Verordnung (EG) Nr. 1346/2000 des Rates über Insolvenzverfahren, Erwägungsgrund (32), (33).

1301 Strub, EuZW 1996, 71.

würde häufig zu Schwierigkeiten führen, insbesondere bei den sehr unterschiedlich ausgeprägten Sicherungsrechten[1302].

Nach Art. 1 ist der Anwendungsbereich für solche Gesamtverfahren in den Mitgliedstaaten als Hauptinsolvenzverfahren eröffnet, für deren Eröffnung die Insolvenz des Schuldners erforderlich ist und das Verfahren zu einem Beschlag des Schuldnervermögens führt[1303]. Außerdem muß ein Verwalter bestellt werden. Vom Anwendungsbereich sind Insolvenzverfahren ausgenommen, die das Vermögen bestimmter Finanzdienstleistungsunternehmen betreffen, d.h. Kreditinstitute, Versicherungsunternehmen, gewisse Wertpapierinstitute und Investmentfonds[1304].

Ein mitgliedstaatliches Gericht kann nur ein Hauptinsolvenzverfahren eröffnen, wenn es international zuständig ist. Nach Art. 3 Abs. 1 muß sich im Gerichtsstaat der Mittelpunkt des hauptsächlichen Interesses des Schuldners befinden. Bei einer juristischen Person oder Gesellschaft wird der Mittelpunkt am Ort des satzungsmäßigen Sitzes vermutet.

Zulässig ist aber auch die Eröffnung eines Sekundär- oder Territorialverfahrens am Ort einer Niederlassung des Schuldners, Art. 3 Abs. 2. Als Niederlassung

---

1302 Verordnung (EG) Nr. 1346/2000 des Rates über Insolvenzverfahren, Erwägungsgrund (11).

1303 Nach Anhang A der Verordnung (EG) Nr. 1346/2000 des Rates über Insolvenzverfahren sind das für Deutschland: das Konkursverfahren, das gerichtliche Vergleichsverfahren, das Gesamtvollstreckungsverfahren und das Insolvenzverfahren, für das Vereinigte Königreich: *winding-up by or subject to the supervision of the court, creditors' voluntary winding-up, administration, voluntary arrangements under insolvency legislation, bankruptcy or sequestrion.*

1304 Für diese Finanzdienstleistungsunternehmen soll eine eigene Regelung getroffen werden.

wird jede wirtschaftliche, nicht nur vorübergehende Tätigkeit definiert, die den Einsatz von Personal und Vermögenswerten voraussetzt, Art. 2 lit. h. Das Territorialverfahren verdrängt die Wirkungen des Hauptinsolvenzverfahrens[1305].

Art. 16 bestimmt, daß die Entscheidung des nach Art. 3 Abs. 1 international zuständigen Gerichts, das Insolvenzverfahren zu eröffnen, in allen anderen Mitgliedstaaten anerkannt wird, sobald die Entscheidung im Staat der Verfahrenseröffnung wirksam ist. Es bedarf daher keiner Exequatur oder eines vergleichbaren Verfahrens. Die Wirkungen des Verfahrens treten dort nach Art. 17 Abs. 1 automatisch ohne irgendwelche Förmlichkeiten ein und richten sich grundsätzlich nach dem Recht des Eröffnungsstaates. Darüber hinaus dürfen gem. Art. 17 Abs. 2 die Wirkungen eines Sekundärinsolvenzverfahrens eines nach Art. 3 Abs. 2 zuständigen Gerichts in den anderen Mitgliedstaaten nicht in Frage gestellt werden. Allerdings wirkt jegliche Beschränkung der Rechte der Gläubiger hinsichtlich des im Gebiet eines anderen Mitgliedstaats belegenen Vermögens nur gegenüber den Gläubigern, die ihre Zustimmung hierzu erteilt haben.

Von diesen Grundsätzen über die Wirkung von Insolvenzverfahren gibt es aber wichtige Ausnahmen. Man hat anerkannt, daß bei dinglichen Rechten ein Bedürfnis für eine von der *lex fori concursus* abweichende Sonderanknüpfung an das Recht des Belegenheitsortes besteht, da diese für die Gewährung von Krediten von erheblicher Bedeutung sind[1306]. Für dingliche Sicherheiten gelten

---

[1305] Smid, DZWir 1998, 432, 436.

[1306] Verordnung (EG) Nr. 1346/2000 des Rates über Insolvenzverfahren, Erwägungsgrund (25)

daher Sonderregelungen[1307]. Gem. Art. 5 Abs. 1[1308] werden dingliche Rechte am Vermögen des Schuldners, die in einem anderen Vertragsstaat als dem des Verfahrens belegen sind, von der Eröffnung des Verfahrens nicht berührt. Zur Bestimmung des Begriffs „dingliche Rechte" enthält die Verordnung einen nicht abschließenden Beispielskatalog in Art. 5 Abs. 2. Danach fällt unter den Begriff zB. auch das Recht, einen Gegenstand zu verwerten oder verwerten zu lassen und das Recht, Früchte hieraus zu ziehen. Gleichgestellt werden mit dinglichen Rechten zudem solche Rechte, die in einem öffentlichen Register eingetragen und gegen jedermann wirksam sind. Speziell bei eintragungspflichtigen Rechten an Immobilien bestimmen sich die Wirkungen des Insolvenzverfahrens gem. Art. 11 nach dem Recht des Vertragsstaats, in dem das betreffende Register geführt wird[1309]. Nach Art. 8 richten sich die Wirkungen eines Verfahrens auf Verträge über unbewegliche Gegenstände nach der *lex rei sitae*.

Die Verordnung bietet damit keine Lösung für das Problem der fehlenden Harmonisierung des Rechts der dinglichen Sicherheiten in den Mitgliedstaaten[1310]. Durch die Sonderregelungen wird verhindert, daß außerhalb des Verfahrensstaats liegenden, mit einem Sicherungsrecht belastete Gegenstände des Schuldnervermögens kollektiv durch den Insolvenzverwalter verwertet

---

1307 Wären dingliche Sicherheiten umfaßt, so würde die konsequente Anwendung des nationalen Konkursrechtes des Insolvenzstaates dazu führen, daß beispielsweise die an einem englischen Grundstück bestellte Immobiliarsicherheit einer französischen Gesellschaft theoretisch im französischen Bodenregister einzutragen werden würden; s. Turing, JIBFL 1996, 56.

1308 *„Das dingliche Recht eines Gläubigers oder Dritten an körperlichen oder unkörperlichen, beweglichen oder unbeweglichen Gegenständen des Schuldners, die sich im Zeitpunkt der Eröffnung des Insolvenzverfahrens im Gebiet eines anderen Vertragsstaats befinden, wird von der Eröffnung des Verfahrens nicht berührt."*

1309 Schimansky/Bunte/Lwowski, Bankrechts-Handbuch, § 99 Rn. 56.

werden können. Dem Insolvenzverwalter bleibt damit auch ab 31. Mai 2002 nur die Möglichkeit, ein territorial begrenztes Sekundärverfahren nach Art. 3 Abs. 2, 27 ff. zu betreiben, soweit der Gemeinschuldner im betreffenden Staat überhaupt eine Niederlassung hat[1311].

c) UNCITRAL-Modellgesetz[1312]

Die UN-Vollversammlung hat ein unverbindliches Modellgesetz über die Behandlung grenzüberschreitender Insolvenzen gebilligt, das als Vorbild für das internationale Insolvenzrecht weltweit dienen soll.

Behandelt werden u.a. die Anerkennung ausländischer Insolvenzverfahren, der erleichterte Zugang des ausländischen Verwalters zu den inländischen Gerichten und die Stärkung der gerichtlichen Zusammenarbeit[1313]. Die Auswirkung des Insolvenzverfahrens auf ein Grundpfandrecht eines in einem anderen Land belegenen Grundstücks des Schuldners wird nicht ausdrücklich angesprochen. Art.19 Abs. 1 stellt es aber in das Ermessen des mit dem Anerkennungsverfahren beschäftigten ausländischen Gerichts, dem Insolvenzverwalter einstweilig die Verwertung des in seiner Rechtsordnung liegenden Schuldnervermögens zu gestatten, vorausgesetzt, dies ist für die Erhaltung

---

1310 Strub, EuZW 1996, 71, 73.

1311 Verordnung (EG) Nr. 1346/2000 des Rates über Insolvenzverfahren, Erwägungsgrund (25); vgl. auch Wilmowsky, EWS 1997, 295, 298.

1312 UNCITRAL-Modellbestimmungen über grenzüberschreitende Insolvenzverfahren vom 15.12.1997, abgedruckt in ZIP 1997, 2224.

1313 Als Grund für die starke Gewichtung der justitiellen Zusammenarbeit führt der deutsche Verhandlungsleiter Wimmer, ZIP 1997, 2220, 2223, die „... weitgehenden Befugnisse der anglo-amerikanischen Richter an." Damit gemeint sind die privatschriftlichen Vereinbarungen, die sog. "protocols"; vgl. Paulus, ZIP 1998, 977, 979.

einzelner Vermögensgegenstände erforderlich, insb. für deren Wert[1314]. Ist das ausländische Insolvenzverfahren anerkannt worden, müssen alle Klagen und Einzelzwangsvollstreckungen in das Vermögen des Schuldners eingestellt werden[1315]. Das hätte zur Folge, daß der Inhaber des Grundpfandrechts die Vollstreckung in das Grundstück zunächst nicht fortsetzen kann.

1314 *„From the time of filing an application for recognition ... , the court may, at the request of the foreign representative, where relief is urgently needed to protect the assets of the debtor or the interests of the creditors, grant relief of a provisional nature, including:*
(b) entrusting the administration or realization of ... the debtor's assets located in this State to the foreign representative ..., in order to protect and preserve the value of the assets that, ..., are perishable, susceptible to devaluation or otherwise in jeopardy."

1315 *„ Upon recognition of a foreign proceeding that is a foreign main proceeding,*
(a) commencement or continuation of individual actions or ... proceedings concerning the debtor's assets, rights, obligations or liabilities is stayed;
(b) execution against the debtor's assets is stayed; ... ."

N. Ergebnis: Zusammenfassender Vergleich

I. Historische Entwicklung

Das englische und das germanische Immobiliarsicherheitenrecht wies auf seiner frühmittelalterlichen Entwicklungsstufe ähnliche Züge auf. Das damals bekannte Grundpfandrecht wurde als bedingte Übereignung ausgestaltet. Die Gemeinsamkeiten können wohl auf die Wurzeln beider Rechtsordnungen im römischen und germanischen Recht zurückgeführt werden.

Spätestens mit der Eroberung Englands durch Wilhelm den Eroberer 1066 verlief die Rechtsentwicklung jedoch in verschiedenen Bahnen. In England hielt man bis 1925 im großen und ganzen an der Form der bedingten Übereignung fest, die an die deutsche Sicherungsübereignung von beweglichen Sachen erinnert. In Deutschland entwickelte sich das Grundpfandrecht zu einem beschränkt dinglichen Recht.

II. Rechtsnatur und Arten der Grundpfandrechte

1. Rechtsnatur

Der Rechtsnatur von *mortgage* und deutschem Grundpfandrecht liegt die Gemeinsamkeit zugrunde, daß das belastete Grundstück der Verwertung dienen soll. Das Grundstück wird belastet durch ein beschränktes dingliches Recht, das aus dem Vollrecht am Grundstück abgespalten wurde. Die *mortgage* in der Form der Vollrechtsübertragung wurde 1925 abgeschafft, da man erkannt hatte, daß dies zur Sicherung der Forderung nicht erforderlich ist. Aus der Zeit von vor 1925 ist aber das Recht der *equity of redemption* und damit auch das *equitable right to redeem* übrig geblieben, die im Zusammenhang mit einer Vollrechtsübertragung auch noch Sinn gemacht haben.

2. Formen der Bestellung

Im deutschen Recht werden die größten Unterschiede unter den Grundpfandrechtsarten durch den Grad der Akzessorietät zwischen der dinglichen Sicherheit und der zu sichernden Forderung bewirkt. Anders als das englische Recht gibt es mit der Grundschuld eine nicht-akzessorische Immobiliarsicherheit. Aus diesem Grund gibt es auch die Erscheinungsform eines Eigentümergrundpfandrechts, die auch Ausfluß auf das Rangverhältnis bei mehreren Grundpfandrechten an einem Grundstück haben kann.

Das englische Recht kennt hingegen nur akzessorische Immobiliarsicherheiten. Sie sind in ihrer Entstehung und Erlöschen grundsätzlich abhängig von der zu sichernden Forderung. Sie werden entsprechend dem System des englischen Immobiliarsicherheitenrecht unterteilt in *legal mortgages* bzw. die gleichgestellte *charge by way of legal mortgage* und *equitable mortages* sowie *equitable charges*. Differenziert wird also auch nach der unterschiedlichen Rechtsnatur der *mortgage* und der *charge*, die allerdings in der Praxis kaum noch eine Rolle spielt. Von großer Bedeutung für die Einschätzung der Kreditwürdigkeit ist aber die Untergliederung in *legal* und *equitable mortgages/ charges*, also nach dem Sicherungsobjekt. Eine *legal mortgage* an einem *freehold* hat zudem einen höheren Wert als an einem *leasehold.* Diese Unterteilung geht auf den Dualismus von *Common law* und *Equity* zurück, den das deutsche Recht nicht kennt. Allerdings läßt das deutsche Recht als Pfandrechtsobjekt mit Eigentum, Wohnungseigentum und Erbbaurecht auch unterschiedlich zu bewertende Grundstücksrechte zu.

Der längerfristigen Kreditsicherung dienen in Deutschland das Verkehrsgrundpfandrecht, in England die *legal mortgage* oder die ihr gleichgestellte *charge*. Die anderen Formen werden eher für kurzfristige Kredite verwendet.

III. Begründung des Grundpfandrechts

Voraussetzung für die Begründung eines Grundpfandrechts ist in beiden Rechtsordnungen grundsätzlich eine Einigung der beiden Parteien über die Bestellung des Grundpfandrechts und die Eintragung in ein Register.

Für *mortgage* und Hypothek besteht anders als bei der Grundschuld eine Entstehungsakzessorietät zur Forderung. Ohne eine zu sicherende Forderung können sie nicht entstehen. Die Forderung muß bestimmt genug sein. Es kann sich aber auch um eine künftige oder bedingte Forderung handeln. Dabei ist der Bestimmtheitsgrundsatz in Deutschland aber insofern strenger ausgestaltet, als zunächst eine Eigentümergrundschuld entsteht, die sich erst mit Entstehung der Forderung in die Hypothek wandelt. Obwohl für die Grundschuld eine Forderung nicht entstehungsakzessorisch ist, kann sie aber schuldrechtlich durch eine Sicherungsvereinbarung mit einer Forderung verbunden werden. Wegen der nur schuldrechtliche Bedeutung wird sie aber nicht ins Grundbuch eingetragen.

In England und in Deutschland müssen Gläubiger und Sicherungsnehmer der Immobiliarsicherheit personenidentisch sein, nicht jedoch Schuldner und Sicherungsgeber. Es ist nicht erwünscht, daß Sicherungsnehmer und Gläubiger der Forderung auseinanderfallen. Der Eigentümer soll Einwendungen gegen eine Person geltend machen können. Dabei handelt es sich um einen Ausfluß der Akzessorietät. Bei der Grundschuld muß dagegen die Personenidentität auf der Gläubigerseite nicht beachtet werden.

Die Einigung erfordert eine bestimmte Form. In England wird die Einigung in einer gesiegelten Urkunde aufgenommen. In Deutschland muß die Einigung zwar nach materiellem Recht nicht notariell beurkundet sein. Das formelle Grundbuchrecht erfordert aber den Nachweis der Eintragungsbewilligung des Eigentümers in der Form einer öffentlichen oder öffentlich beglaubigten Urkunde. Wegen der meist zugleich mit der Grundpfandrechtbestellung abgegebenen Erklärung des Eigentümers der Duldung der sofortigen Zwangsvollstreckung, für die eine notarielle Beurkundung erforderlich ist, wird in der Praxis die Bestellung mit der Erklärung in eine notarielle Urkunde aufgenommen. Damit wird in beiden Fällen letztendlich auch eine gewisse Warnfunktion erfüllt.

Eine weitere Voraussetzung für die Bestellung des Grundpfandrechts ist die Verfügungsberechtigung des Sicherungsgebers. Verfügungsberechtigt ist regelmäßig der Eigentümer des betroffenen Grundstücks. Die Verfügungsberechtigung kann man in England feststellen je nachdem, ob das Grundstück registriert ist oder nicht, durch Eintragung in ein Register bzw. Grundstücksurkunden, die über 15 Jahre zurückverfolgt werden müssen, in Deutschland nur durch Eintragung in das Grundbuch.

Um die dingliche Wirkung der Grundpfandrechtsbestellung auch gegenüber Dritten herzustellen, muß neben der Einigung zusätzlich ein Publizitätsakt vorgenommen werden. Hierbei gibt es einen grundlegender Unterschied. In Deutschland müssen Einigung und Eintragung zusammen vorliegen, damit die Sicherheit überhaupt entsteht. In England muß zwischen der Wirkung für die beiden Parteien und Dritten gegenüber differenziert werden. Während schon allein die Einigung ausreichen kann, um eine *equitable mortgage* entstehen zu lassen, ist für die Wirksamkeit eines Grundpfandrechts gegenüber Dritten bei registrierten Grundstücken allein die Eintragung konstitutiv.

Große Unterschiede kann man daher bei der Behandlung von Wirksamkeitsmängeln erkennen, die sich aus der Eintragung eines materiell Nichtberechtigten ergeben. Zwar befolgen beide Rechtsordnungen den Grundsatz *nemo dat quod non habet*, aber in unterschiedlicher Weise. Das deutsche Recht behandelt den eingetragenen Scheinberechtigten zugunsten des Vertragspartners als Berechtigten. Er darf dabei keine positive Kenntnis von der Nichtberechtigung haben. Das englische System des *land register* vermeidet etwaige Wirksamkeitsmängel beim Erwerb des Vormanns von vornherein, indem allein die Eintragung konstitutiv wirkt. Register und wahre Rechtslage können daher anders als in Deutschland nicht auseinanderfallen. Der Eingetragene ist daher immer der Berechtigte. Eine Konsequenz hiervon ist, daß das englische Recht keinen gutgläubigen Rechtserwerb vom Nichtberechtigten kennt. Vom Grundsatz her ist die Motivation aber dieselbe. Es soll der Vertragspartner und der

Rechtsverkehr insgesamt geschützt werden. Dieses Ziel wird somit auf unterschiedliche Weise erreicht.

IV. Haftungsumfang und Rangverhältnisse
1. Haftungsumfang

Der Haftungsumfang von englischem und deutschem Grundpfandrecht erstreckt sich auf das Grundstücksrecht, Erzeugnisse, etwaige Miet- und Pachtzinsen, Versicherungsforderungen und wesentliche Grundstücksbestandteile. Insbesondere letztere können den Wert des Grundstücks erheblich erhöhen.

Ansonsten unterscheidet sich der Haftungsumfang aber dadurch, daß im englischen Recht das Zubehör nicht mithaftet. Im deutschen Recht wurde der Zubehörbegriff dagegen von der Rechtsprechung derart ausgeweitet, daß beinahe das gesamte Inventar eines Betriebsgrundstückes dem Haftungsverband angehört. Dadurch kann ein großer Teil eines Unternehmensvermögens unter die Grundpfandrechthaftung fallen. In England bedurfte es dieses Hilfsmittels nicht, da ohne die Zwänge des deutschen sachenrechtlichen Bestimmtheitsgrundsatzes von der Rechtsprechung die Rechtsfigur der *floating charge* entwickelt werden konnte, die eben diese Funktion hat, das ganze oder einen Teil des Unternehmensvermögens der Haftung zu unterwerfen.

Das englische Recht unterscheidet sich vom deutschen Recht weiterhin dadurch, daß der Sicherungsnehmer zum Haftungsverband gehörende Mobilien getrennt vom Grundstück nicht verwerten kann. In Deutschland ist dies vor

Beschlagnahme des Grundstückes zulässig, soweit die fraglichen Gegenstände nicht Teil der wirtschaftlichen Einheit des Grundstückes sind.

2. Rangverhältnisse

Als Konsequenz der verschiedenen Methoden, Publizität herzustellen ergeben sich Unterschiede in den Rangfolgesystemen beider Rechtsordnungen. Da das englische Recht über kein einheitliches Publizitätssystem verfügt, wird die Rangfolge danach bestimmt, ob es sich um ein nicht registriertes oder ein registriertes Grundstück handelt.

Bei einer erstrangigen *legal mortgage* an einem nicht registrierten Grundstück, welche vor dem 1.4.1998 bestellt wurde, wird der Rang durch Hinterlegung der Grundstücksurkunden beim Gläubiger gesichert. Weitere Grundpfandrechte an dem nicht registrierten Grundstück wahren ihren Rang durch Eintragung in das *land charges register*. Bei registrierten Grundstücken muß hingegen die Immobiliarsicherheit stets eingetragen werden, um überhaupt zur Entstehung zu gelangen. Gleichzeitig gilt die Reihenfolge der Eintragung. Handelt es sich bei dem Besteller oder dem Inhaber des Grundpfandrechts um eine *company*, ist zusätzlich die Rangfolge der Eintragung im *companies register* entscheidend. Da die Rangfolgeregeln nicht einheitlich sind, muß die Eintragung in die verschiedenen Register also im Einzelfall sorgfältig geprüft werden.

In Deutschland gibt es dagegen ein einheitliches zwingendes Grundbuchsystem. Innerhalb eines Abschnitts des Grundbuchblattes gilt die Reihenfolge der Eintragung, gegenüber den Rechten eines anderen Abschnitts findet der

Prioritätsgrundsatz Anwendung. Da inzwischen das dem Grundbuch vergleichbare *land register* in England so gut wie flächendeckend gilt, kann man durchaus eine starke Ähnlichkeit der Rangfolgeregeln feststellen.

Dagegen kann die Rangfolge von *equitable mortgages* oder *charges* nicht mit dem deutschen Recht verglichen werden, da es diese Rechtsfigur nicht kennt. Aber auch hier gilt grundsätzlich bei Eintragung der Rechte in ein *register* die Reihenfolge der Eintragung, ansonsten der Prioritätsgrundsatz, so daß keine großen Systemunterschiede bemerkt werden können.

Eine Besonderheit des englischen Rechts sind die *overriding interests* am Grundstück, für deren Entstehung grundsätzlich keine Eintragungspflicht besteht. Das deutsche Recht kennt zwar keine Grundstücksrechte, die ohne Eintragung Wirkung entfalten. Doch ist die Situtation vergleichbar, da auch das Grundbuch nicht Auskunft über alle Verhältnisse gibt, welche den Haftungsumfang eines Grundpfandrechts und damit seinen Wert einschränken können. Das ist etwa der Fall, wenn das Grundstück vermietet bzw. verpachtet ist oder das Zubehör sicherungsübereignet ist.

Unterschiedlichen Regeln unterliegt in beiden Rechtsordnungen die nachträgliche Veränderung der Rangverhältnisse, auf die sich zwei Grundpfandrechtsnehmer einigen. Im englischen Recht ist die Zustimmung des Sicherungsgebers nicht erforderlich. Seine Interessen werden durch Anzeige der Rangänderung gewahrt. Der Grund liegt wohl darin, daß es kein dem Eigentümergrundpfandrecht vergleichbares Recht gibt. Im deutschen Recht ist daher bei

Vornahme einer Rangänderung durch den zurücktretenden und den vorrückenden Sicherungsnehmer die Zustimmung des Eigentümers notwendig.

Das *tacking* ist eine weitere Rechtsfigur, die im deutschen Recht kein vergleichbares Gegenüber findet. Ihre wirtschaftliche Funktion besteht darin, bei gesicherten Kontokorrentverhältnissen den Rang zu wahren. Da das englische Grundpfandrecht akzessorisch ist, würde es ansonsten zu einer Auswechslung der Forderung kommen, die die Zustimmung nachrangiger Sicherungsnehmer erfordern würde. Diese Funktion wird im deutschen Recht entweder durch die Höchstbetragshypothek erreicht, bei der die Bestimmtheit der Forderung stark aufgelockert ist, oder durch eine entsprechende Zweckvereinbarung bei der nicht-akzessorischen Grundschuld.

V. Verfügungen über das Grundpfandrecht

Unterschiede und Gemeinsamkeiten beider Rechtsordnungen werden auch deutlich bei der Verfügung über Grundpfandrechte. Die Unterschiede ergeben sich daraus, daß der Akzessorietätsgrundsatz des englischen Immobiliarsicherheitenrechts nicht mit dem deutschen Begriff identisch ist. Während die Hypothek zwingend mit der Forderung übergeht, also Übertragungsakzessorietät besteht, kann das englische Grundpfandrecht isoliert von der Forderung übertragen werden. In diesem Punkt ist es mit der Grundschuld vergleichbar, die auch grundsätzlich unabhängig von einer Forderung übergehen kann. Meist wird sowohl bei Grundschuld als auch *mortgage* aber eine schuldrechtliche Abhängigkeit durch eine entsprechende Vereinbarung im Sicherungsvertrag hergestellt. Bei der Grundschuld wird zudem idR. vereinbart, daß nur mit Einverständnis des Sicherungsgebers isoliert abgetreten werden kann, um der Gefahr eines gutgläubigen Dritterwerbs der Grundschuld zu begegnen.

Der Übergang kraft Gesetzes im Todes- oder Insolvenzfall ist vom Ergebnis her nahezu identisch. Unterschiede ergeben sich aus den Besonderheiten des jeweiligen Erb- und Insolvenzrechts.

VI. Rechtsstellung des Sicherungsgebers

Vor Eintritt der Pfandreife kann der Sicherungsgeber in beiden Rechtsordnungen grundsätzlich frei über das belastete Grundstück verfügen. Er kann es auch grundsätzlich ohne die Zustimmung des Sicherungsnehmers vermieten bzw. verpachten.

Der Eigentümer hat das Recht, das als Sicherheit eingesetzte Grundstück wieder abzulösen. Allerdings entsteht und erlischt das gesetzliche Ablösungsrecht in England schon sehr bald nach Bestellung des Grundpfandrechts, während deutsche Immobiliarsicherheiten regelmäßig eine lange Laufzeit haben. Der Zeitpunkt des Eintritts der Pfandreife wird im englischen Recht von der Vereinbarung in der *mortgage deed* bestimmt. Im deutschen Recht entsteht das Befriedigungsrecht mit Fälligkeit der Forderung. Dies geschieht je nach Ausgestaltung, regelmäßig aber nach Kündigung des Darlehensvertrages. In diesem Fall kann der Sicherungsgeber daher den Zeitpunkt der Ablösung selbst wählen.

Das nur kurze Zeit bestehende gesetzliche Ablösungsrecht wird in England durch das billigkeitsrechtliche Ablösungsrecht, eine Schöpfung der *Equity* ausgeglichen. Es kann grundsätzlich nicht beschränkt werden. Auch das deutsche Befriedigungsrecht kann nicht durch Abreden eingeschränkt werden, da ansonsten die Handlungsfreiheit des Eigentümers zu sehr begrenzt werden könnte. Ausnahmsweise sind aber Verfügungen zulässig, die nicht Teil der Grundpfandrechtbestellung sind. In England sind Abreden zulässig, die nach der Bestellung vereinbart wurden, in Deutschland nur solche, die nach Eintritt der Pfandreife getroffen wurden. In diesem Punkt werden die Interessen des deutschen Sicherungsgebers stärker geschützt.

Ein dem *right to consolidate* vergleichbares Institut kennt das deutsche Recht nicht. Rechtlich besteht hierfür keine Notwendigkeit, da es sich um eine Folge des billigkeitsrechtlichen Ablösungsrecht handelt.

Damit ist die Rechtsstellung des Bestellers eines englischen und eines deutschen Grundpfandrechts weitestgehend vergleichbar.

VII. Rechtsstellung des Sicherungsnehmers

Vor Eintritt der Pfandreife erkennen beide Rechtsordnungen dem Sicherungsnehmer Rechte zu, damit er unberechtigte Handlungen des Sicherungsgebers unterbinden kann, welche den Wert des Grundpfandrechts beeinträchtigen. Das ist dann der Fall, wenn eine Verschlechterung des Grundstücks bereits dadurch geschehen ist, daß Bestandteile getrennt oder entfernt wurden, oder dies kurz bevorsteht. Meistens läßt sich der Inhaber des Grundpfandrechts zusätzliche Prüfungs- und Auskunftsrechte einräumen.

Nach Eintritt der Pfandreife stehen dem Sicherungsnehmer in den beiden Rechtsordnungen nur teilweise ähnliche Instrumente zu, mit denen er die Sicherheit realisieren kann. Gemeinsam, wenn auch unterschiedlich in ihrer Ausgestaltung, sind die Rechte, das Grundstück zu verkaufen sowie es von einem Zwangsverwalter verwalten zu lassen. Der englische Sicherungsgeber hat zusätzliche Rechte aus dem *actual covenant to pay*, der *foreclosure* und ist unabhängig von der Pfandreife zur Inbesitznahme des Grundstückes berechtigt. Grob gesehen hat der Inhaber eines englischen Grundpfandrechts damit weiterreichende Verwertungsmöglichkeiten. Anders als sein deutsches Pendant muß der englische Sicherungsnehmer nur begrenzt eine gerichtliche Legitimation einholen. Ein Gericht muß er zwingend nur beteiligen, wenn er ein *foreclosure order* erreichen will. Das deutsche Recht schreibt dagegen grundsätzlich die Einschaltung des Gerichts vor, um die Interessen des Sicherungsgebers an gerechter Behandlung zu gewährleisten.

Im englischen Recht hat der Sicherungsnehmer regelmäßig einen Zahlungsanspruch aus dem *actual covenant to pay*. Damit haftet der ursprüngliche Sicherungsgeber auch dann, wenn er in der Zwischenzeit das Grundstück an einen Dritten übereignet hat. Die gleiche Wirkung kann im deutschen Recht dadurch erreicht werden, daß der Sicherungsgeber ein Schuldanerkenntnis abgibt.

Obwohl die Verwertungsmöglichkeiten vom englischen Recht grundsätzlich liberaler gehandhabt werden, gibt es andererseits wieder Einschränkungen. So kann der *mortgagee* sein Verkaufsrecht ebenso wie das Recht, einen Zwangsverwalter einzusetzen, nur unter bestimmten, engen Voraussetzungen geltend machen. Das deutsche Recht läßt wiederum Befriedigungsabreden zu, die nach Eintritt der Pfandreife getroffen wurden und die ebenfalls den freihändigen Verkauf oder auch die Übereignung an den Gläubiger ermöglichen. Außerdem kann der deutsche Sicherungsnehmer vor der Beschlagnahme auch eine Mobiliarvollstreckung betreiben, allerdings aufgrund des in § 865 Abs. 2 S. 1 ZPO normierten Pfändungsverbots nicht in Zubehörstücke, sondern nur in sonstige der Hypothekenhaftung unterliegende Gegenstände. Der *mortgagee* ist hingegen nicht berechtigt, Bestandteile vom Grundstück zu trennen und zu verkaufen. Das Verkaufsrecht unterscheidet sich in beiden Rechtsordnungen weiterhin dadurch, daß in Deutschland der Sicherungsnehmer direkt Eigentümer des Grundstücks werden kann, während es ihm in England verwehrt wäre. Dies läßt sich damit begründen, daß in Deutschland ein objektives Versteigerungsverfahren durchgeführt wird. In England kann dagegen bei einem freihändigen Verkauf nicht ausgeschlossen werden, daß der Eigentümer benachteiligt wird.

Mit der Inbesitznahme und der *foreclosure* hat das englische Recht zwei Institute, für die es im deutschen Recht keine vergleichbaren Rechtsfiguren gibt. Regelmäßig wird von dem Recht zur Inbesitznahme nur zusammen mit dem Recht, einen Verwalter einzusetzen, Gebrauch gemacht. Da es letzteres Recht auch in Deutschland gibt, wird die gleiche Funktion erreicht, Zahlungen auf das Grundpfandrecht zu erhalten, ohne das Grundstück endgültig zu verwerten. Durch die *foreclosure* kann der Sicherungsnehmer Eigentümer des belasteten Grundstücks werden. Im deutschen Recht kann dieses Ergebnis durch eine Befriedigungsabrede erreicht werden, die nach Eintritt der Pfandreife vereinbart worden ist. Während der Sicherungsgeber im englischen Recht also durch ein strenges Gerichtsverfahren geschützt wird, wird der deutsche Grundpfandrechtsbesteller ausreichend dadurch geschützt, daß Befriedigungsabreden erst nach Fälligkeit des Grundpfandrechts statthaft sind.

Schließlich tritt der Zeitpunkt der Verjährung in England spätestens zwölf Jahre, nachdem das Grundstück vom Sicherungsnehmer in Besitz genommen worden ist, ein. In Deutschland unterliegen die Grundpfandrechte als eingetragene Rechte nicht der Verjährung. Selbst wenn die Forderung verjährt ist, kann dies ein nicht mit dem persönlichen Schuldner identischer Sicherungsgeber der Verwertung nicht als dauernde Einrede entgegengehalten.
Ein Grund, weshalb in England anders als in Deutschland ein Grundpfandrecht verjähren kann, liegt wohl in den verschieden ausgestalteten Registersystemen.

VIII. Rechtsstellung des Sicherungsnehmers bei Vollstreckung in das Vermögen des Sicherungsgebers

1. Einzelvollstreckung

Ohne daß genauer in die verschiedenen Einzelvollstreckungsverfahren eingegangen worden wäre, kann aber als Gemeinsamkeit festgestellt werden, daß dritte Gläubiger im Ergebnis aufgrund des Rangprinzips in den Haftungsverband eines vorrangigen Grundpfandrechts grundsätzlich keinen Zugriff haben.

Im deutschen Recht kann zwar zugunsten eines persönlichen Gläubigers eine nachrangige Zwangshypothek eingetragen werden. Betreibt der Gläubiger aber eine Zwangsversteigerung, sind vorrangige Grundpfandrechte als bestehenbleibende Rechte im geringsten Gebot zu berücksichtigen. Schließlich bleibt die Mobiliarzwangsvollstreckung gem. § 865 Abs. 2 S. 2 ZPO möglich.

2. Gesamtvollstreckung

Grundsätzlich werden Immobilarsicherheiten in beiden Rechtsordnungen durch ein Insolvenzverfahren im engen Sinne gegen den Sicherungsgeber nicht betroffen. Mit den anderen Konkursgläubigern konkurriert er nur, soweit er für die gesicherte Forderung mit seiner abgesonderten Befriedigung ausfällt oder er auf die Verwertung im Wege der Einzelvollstreckung verzichtet und er seine Forderung in voller Höhe angemeldet hat. Allerdings hat ein deutsches Gericht weitreichende Möglichkeiten, mit denen es die Verwertung des Grundpfandrechts einstellen kann.

Mit Eröffnung des Insolvenzverfahrens verliert der Schuldner in England und Deutschland seine Verfügungsbefugnis. Ein Grundpfandrecht, das er nach diesem Zeitpunkt bestellt, ist nichtig. An dessen Stelle kann aber der Insolvenzverwalter Immobilarsicherheiten bestellen, wenn er es für erforderlich hält.

Anders verhält es sich in beiden Rechtsordnungen, wenn es sich um ein Insolvenzverfahren im weiten Sinne handelt. Für die Sicherungsnehmer können Verwertungspläne verbindlich werden, die von den Einzelvollstreckungsmaßnahmen abweichen. Diese Bindung tritt aber nur mit ihrem Einverständnis ein oder wenn sie von der Gläubigermehrheit überstimmt worden sind. Allerdings kann die Bindung an den Verwertungsplan gerichtlich aufgehoben werden, wenn ihre Interessen verletzt werden würden.

Grundpfandrechte können weiterhin im Interesse der Insolvenzmasse materiell beeinträchtigt werden. Der Insolvenzverwalter ist berechtigt, dingliche Vereinbarungen, die vor oder nach Beantragung eines Insolvenzverfahrens eingegangen wurden, wieder aufzulösen, um die Konkursmasse zu vergrößern. Der englische Verwalter hat daneben auch die Möglichkeit, andere Maßnahmen zu treffen als das Grundpfandrecht anzufechten.

Die Anfechtungstatbestände der beiden Rechtsordnungen sind teilweise vergleichbar. Gemeinsam ist ihnen die subjektive Voraussetzung, daß der Sicherungsgläubiger keine Kenntnis von der Zahlungsunfähigkeit des Gemeinschuldners hatte. Die *preference* ist mit den Tatbeständen der kongruenten und der inkongruenten Deckung zu vergleichen, die *transaction at an undervalue* mit dem der inkongruenten Deckung, aber auch der unentgeltlichen Leistung. Die *transaction defrauding creditors* hat große Ähnlichkeit mit dem Tatbestand der vorsätzlichen Benachteiligung. Die Voraussetzungen des *extortionate credit bargain* überschneiden sich teilweise mit der *transaction defrauding creditors.* Im deutschen Recht könnte man sie mit § 138 BGB vergleichen. Der deutschen Rechtsordnung nicht bekannt ist der *disclaimer of property.*

Insgesamt fällt auf, daß im englischen Recht die Verfügungen über einen länger zurückliegenden Zeitraum angegriffen werden können. Die Rechtsstellung ist also zugunsten der Konkursmasse und der ungesicherten Gläubiger stärker als im deutschen Recht und das, obwohl das deutsche Anfechtungsrecht verschärft worden ist.

IX. Erlöschen des Grundpfandrechts
1. Ablösen des Grundpfandrechts

In beiden Rechtsordnungen ist primär der Sicherungsgeber zur Ablösung berechtigt. Dritten steht dann ein Ablösungsrecht zu, wenn sie Inhaber eines dinglichen Rechts am Grundstück oder ein sonst zum Haftungsverband gehörenden Sache sind, und ihnen durch die Verwertung ein Verlust droht.

Ein Unterschied besteht darin, daß der englische Sicherungsgeber dem Sicherungsnehmer seine Tilgungsabsicht ca. sechs Monate vorher ankündigen muß. Damit soll dem Sicherungsnehmer Zeit gegeben werden, sich eine andere Investitionsmöglichkeit zu suchen. Diese Ankündigungsfunktion nimmt im deutschen Recht bereits die Kündigungsfrist für das Grundpfandrecht wahr. Dabei handelt es sich um eine Fälligkeitsvoraussetzung, während die Frist im englischen Recht die Durchsetzbarkeit des Ablösungsrechts betrifft.

Wenn die zu sichernde Forderung getilgt worden ist, erlischt die *mortgage* und nachrangige Belastungen rücken nach. Im deutschen Recht entsteht ein Eigentümergrundpfandrecht. Der Rang, der dadurch gewahrt wird, wird allerdings durch den Löschungsanspruch der nachrangigen Grundpfandrechtsgläubiger modifiziert. Im englischen Recht kann der *mortgagor* den Rang nutzen, indem er statt Löschung die Übertragung des „herausgeschnitzten" Rechts an einen Dritten verlangt. Entsprechend wird dieses Recht geschmälert, da die anderen Rechtsinhaber zustimmen müssen.

Die Löschung des englischen Grundpfandrechts ist anders als im deutschen Recht nicht konstitutiv. Begründet werden kann dies abermals mit den

Unterschieden des englischen und des deutschen Registersystems. Faktisch ist die Rechtslage aber vergleichbar, da der englische Sicherungsgeber aus eigenem Interesse regelmäßig die Löschung der Belastung verlangt.

2. Vereinigung von Grundpfandrecht und Recht des Sicherungsgebers am belasteten Grundstück in einer Person

Vereinigen sich *mortgage* und Hypothek mit dem Eigentum in einer Person, führt dies nicht automatisch zum Erlöschen des Grundpfandrechts. Das Grundpfandrecht bleibt bestehen und wahrt zunächst den Rang. Dieser kann eventuell genutzt werden, wenn die *mortgage* zur Sicherung einer anderen Forderung übertragen wird. In England muß jedoch die Zustimmung der nachrangigen Sicherungsgläubiger eingeholt werden. Nach deutschem Recht ist dies nicht erforderlich, wenn der Eigentümer das Eigentümergrundpfandrecht in ein Fremdgrundpfandrecht umwandelt. Damit hat der deutsche Verpfänder gegenüber dem Eigentümer eines englischen Grundstücks einen großen Vorteil. Er ist frei, über diese bestimmte Rangstelle zu verfügen. Der Unterschied ist darauf zurückzuführen, daß im englischen Recht grundsätzlich bei Tilgung einer Sicherheit die nachrangigen Pfandrechte vorrücken, während im deutschen Grundbuch der Rang freigehalten wird. Allerdings wird diese Möglichkeit für den deutschen Eigentümer dadurch geschmälert, daß nach § 1179 a BGB Dritten ein Löschungsanspruch des Eigentümergrundpfandrechts zustehen kann. Außerdem kann der englische Sicherungsgeber vom Sicherungsnehmer die Übertragung der *mortgage* auf eine dritte Person verlangen. Eine Forderungsauswechslung ist aber wiederum von der Zustimmung nachrangiger Gläubiger abhängig.

0. Ausblick

Diese Untersuchung ist ein Beitrag, um die Unterschiede der Immobiliarsicherheiten in England und Deutschland transparenter zu machen. In einem stetig zusammenwachsenden Europa greift die Geschäftstätigkeit von Kreditinstituten über die einzelstaatlichen Grenzen hinaus. Dabei spielen Grundpfandrechte für die Kreditwirtschaft eine besonders wichtige Rolle.

Die Tätigkeit der deutschen Kreditinstitute auf dem englischen Immobilienmarkt wird vor allem in Bezug auf gewerbliche Immobilien weiter zunehmen. Dies wird in besonderem Maße dann zutreffen, wenn Großbritannien der dritten Stufe der Wirtschafts- und Währungsunion beitritt und das Währungsrisiko wegfallen würde.

Die Beschreibung der Grundpfandrechte anhand der verschiedenen Vergleichspunkte hat aufgezeigt, daß die wirtschaftliche Situation des Sicherungsnehmers und des Sicherungsgebers durchaus vergleichbar sind. Zwischen den Interessen des Sicherungsgebers und des Sicherungsnehmers gibt es einen Sicherungskonflikt. Der Sicherungsnehmer hat ein Interesse daran, daß seine Forderung im Falle der ausbleibenden Zahlung dennoch beglichen wird. Diesen Zweck soll die Sicherheit erfüllen. Das Anliegen des Sicherungsgebers wiederum ist, daß er die Verwertung der Sicherheit verhindern kann, damit er seine Rechtsstellung am Grundstück nicht verliert. Dieser Konflikt wird vom englischen und vom deutschen Recht vergleichbar gelöst, wenn auch in unterschiedlicher rechtlicher Ausgestaltung.

Wegen der unterschiedlichen nationalen Strukturen wird man auch künftig noch nicht umhin kommen, sich mit dem rechtlichen Rahmen englischer Grundpfandrechte auseinanderzusetzen. Auch auf EG-Ebene ist auf dem Gebiet des Sachenrechts in naher Zukunft nicht mit einer größeren Harmonisierung zu rechnen. Zur Zeit beschränken sich die Bestrebungen der Gemeinschaft auf die für grenzüberschreitende Immobiliarsicherheiten wichtigen Gebieten des internationalen Verfahrens- und Insolvenzrechts. Dabei geht auch die am 29. Mai 2000 erlassene EG-Verordnung über Insolvenzverfahren davon aus, daß wegen der großen Unterschiede im materiellen Recht, insbesondere bei den in der Gemeinschaft sehr unterschiedlich ausgeprägten Sicherungsrechte, ein einziges Insolvenzverfahren mit universaler Geltung für die gesamte Gemeinschaft nicht realisierbar war.

Soweit darüber hinaus weiterhin versucht wird, eine einheitliche Eurohypothek zu schaffen, sollten die folgenden Mindestziele beachtet werden. Die „Eurohypothek" muß nicht die nationalen Grundpfandrechtsformen verdrängen, sondern nur speziell für grenzüberschreitende Kreditsicherheiten gelten. Um eine möglichst einheitliche Anwendung zu erreichen sollte die „Eurohypothek" weiterhin im Wege einer EG-Verordnung eingeführt werden. Gegenüber einer Richtlinie hätte dies den Vorteil, daß die Verordnung direkt und ab dem gleichen Zeitpunkt in den Mitgliedstaaten gilt, ohne daß eine Umsetzung in nationales Recht notwendig ist. Um eine breitere Akzeptanz zu finden, sollte schließlich versucht werden, bei der Gestaltung der „Eurohypothek" die Immobiliarsicherheiten in allen (gegenwärtig 15) Mitgliedsstaaten zu beachten. Das englische und das deutsche Recht weisen in ihrer Struktur wohl die wenigsten Gemeinsamkeiten auf, so daß ihre Immobiliarsicherheitenrechte den kleinsten gemeinsamen Nenner bilden könnten.

Q. Quellenverzeichnis
I. Literaturverzeichnis

Adams, Michael, Ökonomische Analyse der Sicherungsrechte: ein Beitrag zur Reform der Mobiliarsicherheiten, Königstein/Ts.: Athenäum, 1980, Monographien zur rechtswissenschaftlichen Forschung: Zivilrecht

Adeoye, Felix O., The Anglo-American Law of Mortgages: A Quagmire for Creditors, JBL 1993, 544

Allan, David E./ Drobnig, Ulrich, Secured Credit in Commercial Insolvencies - a Comparative Analysis, RabelsZ 44 (1980) 615

Arbeitsgruppe des VdH, Diskussionspapier: Nicht akzessorisches Grundpfandrecht für Mitteleuropa, ZBB 1998, 264

Bärmann, Johannes, Recht der Kreditsicherheiten in europäischen Ländern, Teil I: BRD, Berlin 1976

Bailey, Edward/ Groves, Hugo/ Smith, Cormac, Coroporate Insolvency - Law and Practice, London 1992

Baker, P.V./ Langan, P.St.J., Snell's Equity, 29. Aufl. London 1990 (zitiert: Snell's Equity)

Ballay, Ute, Strukturwandel bei britischen Bausparkassen, Die Bank 1997, 34

Bamforth, Nicholas, Lord Macnaghton's Puzzle: The Mortgage of Real Property in English Law, CLP 1996, 207

Bar, Christian von, Internationales Privatrecht, 2. Bd. - Besonderer Teil, München 1991 (zitiert: IPR II)

Barberye, René, Die Zusammenarbeit der Sparkassen in Europa, Kreditwesen, 1998, 380

Barton, J.L., The Common Law Mortgage, 83 LQR 1967, 229

Baur, Fritz, Lehrbuch des Sachenrechts, 17. Aufl. München 1998, fortgeführt von Baur, Jürgen F. und Stürner, Rolf

Beaumont, Marc, Mortgage Fraud, Equitable Priorities and Overriding Interests, Conv. 1989, 158

Beckers, Michael, Die Immobiliarsicherheiten nach dem Entwurf eines Gesetzes zur Reform des Insolvenzrechts, WM 1990, 1177

Beike, Karl-Heinz, Kapitel 14, in Bausparkassen-Fachbuch 1997, hrsg. v. Bundesgeschäftsstelle Landesbausparkassen, Stuttgart 1997

Bellinger, Dieter, Entwicklung und Stand des EG-Bankrechts aus der Sicht des Hypothekar- und Kommunalkredits, in: Handbuch des Realkredits – Immobilienfinanzierung in Deutschland und Europa, S. 661, hrsg. von Rüchhardt, Konrad, 3. Aufl. Frankfurt 1993

Bellinger, Dieter/ Kerl, Volkher, Hypothekenbankengesetz: Kommentar, 4. Aufl. München 1995

Bellinger, Dieter Dynamische Europageschäft deutscher Hypothekenbanken, Die Bank 1999, 368

Benjamin, Joanna, Cross-Border Proprietary Rights: Taking Security and Insolvency, B.J.I.B.F.L. 1997, 6

Bennett, Howard N./ Davis, Christine J., Fixtures, Purchase Money Security Interests and Dispositions of Interests in Land, L.Q.R. 1994, 448

Bernstorff, Christoph, Das Hypothekenrecht in den EU-Staaten, RIW 1997, 181

Berry, Christopher/ Bailey, Edward/ Shaw-Miller, Stephen/ Reed, Philip, Personal Insolvency - Law and Practice, 2. Aufl. London 1993

Blackstone, William, Commentaries on the Laws of England, A facsimile of the First Edition of 1765-1769, Vol. II Of the Rights of Things (1766), Vol. III Of Private Wrongs (1768), Chicago/London 1979

Blair, William, The Reform of Financial Regulation in the U.K., J.I.B.L. 1998, S.43

Bodin, Manfred, Die wachsende Bedeutung der Auslandsstützpunkte für die Landesbanken, Kreditwesen 1998, S.390

Bracton, H. de, De Legibus et Consuetudinibus Angliae, hrsg. v. Woodbinde, G.E. in 6 Bd. 1915-42, New Haven

Breutigam, Axel/ Tanz, Matthias, Einzelprobleme des neuen Insolvenzanfechtungsrechts, ZIP 1998, 717

Brink, Ulrich/ Habel, Wolfgang, Kreditsicherheiten in europäischen Ländern, Teil IV: England, hrsg. v. Hadding, Walther/ Schneider, Uwe H.; Berlin 1980

Buchholz, Stefan, Rechtsvereinheitlichung: spätes 19. Jahrhundert in Deutschland, RabelsZ 50(1986) 77

Büdenbender, Ulrich, Grundsätze des Hypothekenrechts, JuS 1996, 665

Bülow, Peter, Recht der Kreditsicherheiten, Heidelberg 1996

Büschgen, Hans. E. Das kleine Bank-Lexikon, 2. Aufl. Düsseldorf 1997

Burgess, Robert, Assignment of Debt - Modification of Mortgagor's Rights, JBL 1996, 247

Burn, E.H., Maudsley and Burn's Land Law: Cases and Materials, 6. Aufl. London 1992 (zitiert: Maudsley and Burn's Land Law)

Buxbaum, Richard M., Die Rechtsvergleichung zwischen nationalem Staat und internationaler Wirtschaft, RabelsZ 60 (1996) 201

Caenegem, Raoul C. van, The Birth of the English Common Law, 2. Aufl. Cambridge 1988

Cheshire, Geoffrey Chevalier/ Burn, Edward Hector, Cheshire and Burn's Modern Law of Real Property, 15. Aufl., London 1994 (zitiert: Cheshire and Burn's Modern Law of Real Property)

Guest, Anthony Gordon (Hrsg.), Chitty on Contracts, Vol. II (Specific Contracts), 26. Aufl. London 1989

Claussen, Carsten Peter, Bank- und Börsenrecht, München 1996

Clayton, Sidney M., Void Mortgages?, Conv 1981, 19

Collins, Lawrence (Hrsg.), Dicey and Morris on the Conflict of Laws, Volume 2, 12. Aufl., London 1993 (zitiert: Dicey & Morris)

Cornish, W.R., The Mortgage of Land in English Law, in: Studien zur Einwirkung der Industrialisierung auf das Recht, hrsg. v. Coing, Helmut, Berlin 1991, S.161 ff. (zit. Cornish, The Mortgage of Land in English Law)

Cousins, Edward F., The Law of Mortgages, London 1989

Cramer, Jörg Knapps Enzyklopädisches Lexikon des Geld-, Bank- und Börsenwesens, Bd. 1: A-I, 4. Aufl. Frankfurt a.M. 1999

Cranston, Ross, The Single Market and the Law of Banking, London 1991

Cranston, Ross, Banks and Remedies, London 1992

Dassesse, Marc/ Isaacs, Stuart/ Penn, Graham, EC Banking Law, 2. Aufl. London 1994

Degner, Joachim/ Röher, Alfred/ Wiechers, Rüdiger, Die Bausparkassen, in: Handbuch des Realkredits - Immobilienfinanzierung in Deutschland und Europa, S. 1113 ff, hrsg. von Rüchhardt, Konrad, 3. Aufl. Frankfurt a.M. 1993

Deutschen Sparkassenverlag, Handbuch der Sparkassen, Bd. 3: Kreditgeschäfte bis Sichteinlagen, Stuttgart 1982

Digby, Kenelm Edward,	An Introduction to the History of the Law of Real Property, 5. Aufl. Oxford 1897
Discher, Kirsten/ Koller, Richardt,	Das Auslandsgeschäft der Kreditinstitute, 2. Aufl. Stuttgart 1996
Dittler, Gerhard,	Grenzüberschreitende Immobilienfinanzierung in Europa, Kreditwesen 1998, 422
Dowson, John/ Sheppard, George	Land Registration, 2. Aufl. London 1956
Dreher, Meinrad,	Wettbewerb oder Vereinheitlichung der Rechtsordnungen in Europa, JZ 1999, 105
Drobnig, Ulrich,	Security Rights in Cross-Border Insolvencies, in: Cross-Border Insolvency: Comparative Dimensions, 1990; 216, 218 f.
Duckworth, Peter,	Boland's Case Reviewed by the Law Commission, SoJo 1982, 715
Eckstein, Felix,	Das englische Konkursrecht, Berlin 1935
Eilenberger, Guido,	Bank- und finanzwirtschaftliche Aspekte der Insolvenzrechtsreform, Rostock 1996
Eilmansberger, Thomas,	Die Liberalisierung des Hypothekarkredits in der EWG, EuZW 1991, 691
Einsele, Dorothee,	Rechtswahlfreiheit im Internationalen Privatrecht, RabelsZ 60 (1996) 417
Eisenhauer, Martin,	Moderne Entwicklungen im englischen Grundstücksrecht, Tübingen 1997

Ellinger, E.P./ Lomnicka, Eva, — Modern Banking Law, 2. Aufl. Oxford 1994

Erdell, Bernd — Übertragung des Eigentums an Grundstücken nach englischem Recht: <Unregistered and registered conveyancing>, Diss. Kiel 1968

Europäischer Hypothekenverband, — Mortgage and Property Markets in the European Union and Norway, Comparison and Trends, Brüssel 1999

Fairest, Paul B., — Mortgages, London 1980

Farrar, John H./ Hannigan, Brenda/ Wylie, M., — Farrar's Company Law, 4. Aufl. London 1998

Ferid, Murad/ Firsching, Karl, — Internationales Erbrecht, Band III: Großbritannien, Loseblatt, Stand 11/1984, München

Fisher, William Richard/ Lightwood, J.M., — Fisher&Lightwood's Law of Mortgage, 10. Aufl., London 1988 (zitiert Fisher&Lightwood's Law of Mortgage)

Flesch, Carl — Der englische Grundstückshypothekenskandal, VW 2000, 127

Flessner, Axel, — Internationales Insolvenzrecht in Europa, in Festschrift für Theodor Heinsius zum 65.Geburtstag am 25. September 1991, hrsg. von Friedrich Kübler, Berlin 1991, S. 111

Flessner, Axel, — Internationales Insolvenzrecht im Deutschland nach der Reform, IPRax 1997, 1

Fletcher, Ian F., Cross-border Insolvency, Comparative Dimensions, Tübingen 1992

Fletcher, Ian F., The Law of Insolvency, 2. Aufl. London 1996

Florian, Matthias, Das englische internationale Insolvenzrecht, Diss., Heidelberg 1988

Forryan, Andrew/ Kolkemann, Sabine/ Ross, Hamish, Vereinigtes Königreich, in: Der Realkredit in den Ländern der EG, hrsg. v. Welter, Reinhard/Breier, Heinz/Ketzel, Eberhart, S. 303 ff., Stuttgart 1994

Frankfurter Hypothekenbank Centralboden, Pfandbriefe, in Guide to Germany 1997, S. 6, hrsg. von Euromoney

Frings, Hartmut, Die Verwertung von Kreditsicherheiten unter dem Regime der Insolvenzordnung, Sparkasse 1996, 384

Frost, Giles, Modernising mortgage law (I), SoJo 1992, 267

Frost, Giles, Modernising mortgage law (II), SoJo 1992, 292

Funke, Rainer, Der Insolvenzplan des Entwurfs der Insolvenzordnung im Lichte der Erfahrung mit dem amerikanischen Reorganisations- und Schuldenregulierungsrecht, in: Für Recht und Staat: Festschrift für Herbert Helmrich zum 60. Geburtstag, hrsg. von Klaus Letzgus, München 1994, S. 627

Furey, Nigel, The Companies Act 1989, Cambridge 1994

Gaiser, Anja, Auswirkungen der Insolvenzrechtsreform auf die Stellung der Kreditinstitute in der Insolvenz ihres Kreditnehmers, DZWir 1999, 446

Gardner, Nick, Cap mortgages, advise experts, Sunday Times v. 26.04.1998, Wirtschaftsteil, S. 1

Geiger, Walter, Die Strategien der Sparkassen, in: Der europäische Binnenmarkt 1992 - Auswirkungen für die deutsche Finanzwirtschaft -, S. 139 ff., hrsg. von Büschgen, Hans E./Schneider, Uwe, 1990

Geimer, Reinhold, Ungeschriebene Anwendungsgrenzen des EuGVÜ: Müssen Berührungspunkte zu mehreren Vertragsstaaten bestehen?, IPRax 1991, 31

Glanville, Ranulf de, Tractatus de legibus et consuetudinis regni Anglie qui Glanvilla vocatur, hrsg. von Hall, G.D.G., London 1965

Gnamm, Peter, Immobiliarsicherheiten, insbesondere bei grenzüberschreitenden Krediten, in: Rechtsfragen bei Bankdienstleistungen im Europäischen Binnenmarkt, hrsg. v. Hadding, Walther/ Welter, Reinhard, Frankfurt a.M. 1993

Goedecke, Wolfgang, Realkredit - Perspektiven und Probleme; Frankfurt a.M. 1973

Goedecke, Wolfgang/ Kerl, Volkher/ Scholz, Helmut, Die deutschen Hypothekenbanken, hrsg. von Büschgen, Hans E. und Kopper, Hilmar, Frankfurt a.M., 4. Aufl. 1997

Goode, Roy M., The Secured Creditor and Insolvency under English Law, RabelsZ 44(1980) 674

Goode, Roy M., Legal Problems of credit and security, 2. Aufl. London 1988

Goode, Roy M., Commercial Law, 2. Aufl. London 1995

Goode, Roy M., Principles of Corporate Insolvency Law, 2. Aufl. London 1997

Gordley, James, Common Law und Civil Law: eine überholte Unterscheidung, ZEuP 1993, 498

Gottwald, Peter, Insolvenzrechts-Handbuch, München 1990

Gough, William James, Company Charges, London 1978

Gower, L.C.B., Gower's Principles of Modern Company Law, 6. Aufl. London 1997

Grasmann, Günther/ David, René, Einführung in die großen Rechtssysteme der Gegenwart, 2. Aufl. München 1989

Gray, Kevin, Elements of Land Law, 2. Aufl. London 1993

Grill, Wolf, Die Sicherung von Bankkrediten durch Rechte und Forderungen in England, Mainz 1971

Groeben, von der, Hans/ Thiesing, Jochen/ Ehlermann, Claus-Diether, Kommentar zum EWG-Vertrag, 5. Aufl. Baden-Baden 1997

Großfeld, Bernhard, Kernfragen der Rechtsvergleichung, Tübingen 1996

Gruner-Schenk, Petra, Harmonisierung des Bankaufsichtsrechtsrechts, Diss., Berlin 1995

Haarmeyer, Hans/ Wutzke,Wolfgang/ Förster, Karsten, Handbuch zur Insolvenzordnung, München 1997

Habersack, Mathias, Die Akzessorietät - Strukturprinzip der europäischen Zivilrechte und eines künftigen europäischen Grundpfandrechts, JZ 1997, 857

Hailsham of St. Marylebone, Lord (Hrsg.), Halsbury's Laws of England, Vol. 1, Vol. 4 (1), Vol. 7, Vol. 9 (1), Vol. 16, Vol. 26, Vol. 32, Vol. 39, 4. Aufl. London

Hanisch, Hans, Das Recht grenzüberschreitender Insolvenzen: Auswirkungen auf den Immobiliensektor, ZIP 1992, 1125

Hansen, Herbert, Die privaten Hypothekenbanken, AG R, 1998, 400

Hapgood, Mark, Paget's Law of Banking, 10. Aufl. London 1989

Häsemeyer, Ludwig, Insolvenzrecht, 2. Aufl. Köln 1998

Hasselbach, Kai, Insolvenzprivilegien für Kreditinstitute bei Zahlungssystemen?, ZIP 1997, 1491

Hazeltine, Harold Dexter, Die Geschichte des englischen Pfandrechts, in: Untersuchung zur deutschen Staats- und Rechtsgeschichte, Nr. 92, hrsg. v. Gierke, Otto von, Breslau 1907

Hellner, Thorwald/ Steuer Stephan Bankrecht und Bankpraxis, Bd. 2, Köln 1996

Henbury, Harold Grenville/Waldock, C. Humphrey Meredith, The Law of Mortgages, London 1938

Henrich, Dieter, Einführung in das englische Privatrecht, 2. Aufl. Darmstadt 1993

Hess, Harald/
Weis, Michaela — Die sachgerechte Abgrenzung der Gläubigergruppen nach der InsO, InVo 1998, 64

Hinkel, Klaus, — Niederlassungsfreiheit für Kreditinstiute im Bankbinnenmarkt, Weimar 1997

Hoffmann, Bernd v., — Das Recht des Grundstückskaufs: eine rechtsvergleichende Untersuchung, Tübingen 1982

Holdsworth,
William S., — A History of English Law, Vol. II und III, 3. Aufl. London 1923, Vol. V und VI, London 1924

Hopkins, Nicholas, — Acquiring Property Rights from Uncompleted Sales of Land, MLR 1998, 486

Hoßner, Wolfgang, — Wenn aus dem Ende ein neuer Anfang erwächst, FAZ v. 10.8.1998, 23

Howell, Jean, — The Priority of Dealings with Equitable Interests in Land: Section 137 of the Law of Property Act or Registration?, Conv 1993, S.22

Hubbard, Penny, — Securisation and Unitisation of Real Estate Worldwide - A Comparative Study of the Vehicles Used, 1989 London

Huber, Michael, — Neues Insolvenzrecht - Eine Einführung mit Fallbeispielen, JuS 1998, 437, 543, 744, 830, 925

Hübner, Rudolf, — Grundzüge des deutschen Privatrechts, 5. Aufl. Leipzig 1930 (Nachdruck 1982)

Hypothekenverband
bei der EG, — Der Hypothekarkredit in der Europäischen Gemeinschaft, Bonn 1990

Jackson, Paul, The Need To Reform The English Law Of Mortgages, 94 LQR 1978, 571

Jansen, P., Rangvorbehalt und Zwangsvollstreckung, AcP 152, 508

Jayme, Erik, Zur Qualifikationsverweisung im internationalen Privatrecht, ZfRV 1976, 93

Jayme, Erik/ Kohler, Christian, Das Internationale Privat- und Verfahrensrecht der EG nach Maastricht, IPRax 1992, 346

Jayme, Erik/ Kohler, Christian, Europäisches Kollisionsrecht 1994: Quellenpluralismus und offene Kontraste, IPRax 1994, 405

Jayme, Erik/ Kohler, Christian, Europäisches Kollisionsrecht: Kulturelle Unterschiede und Parallelaktionen, IPRax 1998, 417

Jenks, Edward, Stephen's Commentaries on the Laws of England, Vol. II, 18. Aufl. London 1925

Junker, Abbo, Neuere Entwicklungen im Internationalen Privatrecht, RIW 1998, 745, 749

Keenan, Denis, Smith & Keenan's English Law, 11. Aufl. London 1995

Kegel, Gerhard, Soergel, Kommentar zum Bürgerlichen Gesetzbuch mit Einführungsgesetzen und Nebengesetzen, Bd. 10: Einführungsgesetz, 12. Aufl. Stuttgart 1996 (zit.: Soergel/Bearbeiter)

Kegel, Gerhard/ Schurig, Klaus Internationales Privatrecht, 8. Aufl. München 2000

Klein, Dietmar K.R., Die Bankensysteme der EU-Länder, 3. Aufl. 1998 Frankfurt/Main

Köller, Karsten von, Die verschiedenen Hypothekarkreditsysteme und die bedeutendsten Hypothekarkreditgeber in den europäischen Ländern, in: Handbuch des Realkredits – Immobilienfinanzierung in Deutschland und Europa, S. 759, hrsg. von Rüchhardt, Konrad, 3. Aufl. Frankfurt 1993

Köller, Karsten von, Zukunftsperspektiven der Hypothekenbanken, WM 1997, 2394

Köndgen, Johannes, Die Entwicklung des Bankkreditrechts in den Jahren 1995-1999, NJW 2000, 468

Kohls, Rainer M., Bankrecht, 2. Aufl. 1997 München

Kommission der Europäischen Gemeinschaften, Das Sachenrecht in der Europäischen Gemeinschaft, Brüssel und Luxemburg 1976

Kropholler, Jan, Europäisches Zivilprozeßrecht- Kommentar zu EuGVÜ und Lugano-Übereinkommen, 6. Aufl. Heidelberg 1998

Kuhn, Georg/ Uhlenbruck, Wilhem, Konkursordnung, 10. Aufl. 1986 München

Lange, Paul, Kreditsicherheiten in der Unternehmenssanierung nach englischem Recht, WM 1990, 701

Lannoo, Karel, Commercial mortgage credit weightings, Financial Regulation Report, März 1996, S. 11

Lasok, D./ Stone, P.A., Conflict of Laws in the European Community, London 1987

Lauer, Jörg, Kreditsicherheiten im Insolvenzverfahren, 2. Aufl. Stuttgart 1991

Lehmann, Werner/ Schäfer, Otto/ Cirpka, Ekkehard, Bausparkassengesetz und Bausparkassenverordnung, Kommentar, 4. Aufl. Bonn 1992

Lehner, Alfred, Landesbanken und öffentlich-rechtliche Spezialinstitute, in: Handbuch des Realkredits – Immobilienfinanzierung in Deutschland und Europa, S. 1059 ff, hrsg. von Rüchhardt, Konrad, 3. Aufl. Frankfurt a.M. 1993

Leipold, Dieter, Miniatur oder Bagatelle: das internationale Insolvenzrecht im deutschen Reformwerk 1994, in Festschrift für Wolfram Henckel zum 70.Geburtstag am 21. April 1995, hrsg. v. Gerhardt, Walter, Berlin 1995

Lenz, Carl-Otto (Hrsg.), Kommentar zu dem Vertrag zur Gründung der Europäischen Gemeinschaften, 2. Aufl. Köln 1999 (zitiert: Lenz/Bearbeiter, EG-Vertrag)

Littleton, T. Tenures, hrsg. v. Wambaugh, E., Washington 1903

Luttermann, Claus, Juristische Übersetzung als Rechtspolitik im Europa der Sprachen, EuZW 1998, 151

Maitland, Frederic William, Domesday Book and beyond - Three Essays in the Early History of England, Cambridge 1897

Markson, Henry E., Foreclosure for Closure?, New Law Journal 1979, 33

Markson, Henry E., Selling Mortgaged Property, SoJo 1981, 249

Megarry, Robert/ Wade, H.W.R., The Law of Real Property, 5. Aufl. London 1984

Meinz, Theo, Die Harmonsierung des Realkredits und des Pfandbriefs, in: Perspektiven für den Europäischen Bankenmarkt, hrsg. v. Rehm, Hannes, Bonn 1989, S. 227 ff.

Metzler, Kay von, Das Anglo-Amerikanische Grundbuchwesen, Diss. Hamburg 1966

Meyer-Horn, Klaus, Die Bankenpolitik der EG, Der langfristige Kredit 1988, 175

Miller, Simon/ Klein, Jonathan, Mortgages and the Right to Possession, SoJo 1995, 1154

Miller, Simon/ Klein, Jonathan, Sale by mortgagees, SoJo 1995, 1154

Milsom, S.F.C., Historical Foundations of the Common Law, 2. Aufl. London 1981

Mitteis, Heinrich/ Lieberich, Heinz Deutsche Rechtsgeschichte, 18. Aufl. München 1988

Müller-Graff, Peter-Christian, Europäisches Gemeinschaftsrecht und Privatrecht, NJW 1993, 13

Münchener Kommentar, Kommentar zum Bürgerlichen Gesetzbuch, Bd. 10: Einführungsgesetz zum Bürgerlichen Gesetzbuch (Art. 1 - 38) - Internationales Privatrecht -, bearbeitet von Sonnenberger, Hans Jürgen und Ebenroth, Carsten Thomas, 3. Aufl. München 1998

Müssig, Karlheinz Gabler Bank-Lexikon, 10. Aufl. Wiesbaden 1988

Noack, Jürgen, Der Markt der gewerblichen Immobilienfinanzierungen - die Risiken stehen bereits in den Büchern, Der Langfristige Kredit 1998, 326

North, P.M./ Fawcett, J.J., Cheshire and North's Private International Law, 12. Aufl. London 1992

Obermüller, Manfred, Insolvenzrechtsreform und Kreditgeschäft, ZBB 1992, 202

Obermüller, Manfred, Eingriffe in die Kreditsicherheiten durch Insolvenzplan und Verbraucherinsolvenzverfahren, WM 1998, 483

Palandt, Bürgerliches Gesetzbuch, 58. Aufl., München 2000 (zitiert: Palandt/Bearbeiter)

Palmer, Palmer's Company Law, Vol. 2, London, Loseblatt, Stand März/1998

Pauluhn, Burkhardt, Das Hypothekarkreditgeschäft der Geschäftsbanken, in: Handbuch des Realkredits - Immobilienfinanzierung in Deutschland und Europa, S. 1083 ff, hrsg. von Rüchhardt, Konrad, 3. Aufl. Frankfurt a.M. 1993

Paulus, Christoph, „Protokolle" - ein anderer Zugang zur Abwicklung grenzüberschreitender Insolvenzen, ZIP 1998, 977

Paulus, Christoph, Die Rolle der Gläubiger im neuen Insolvenzrecht, DZWIR 1999, 53

Pescatore, Pierre, Recht in einem mehrsprachigen Raum, ZEuP 1998, 1

Peter, Hans, Action und Writ - Eine vergleichende Darstellung römischer und englischer Rechtsbehelfe, Tübingen 1957

Pfeifer, Udo, Die Verwertung von Kreditsicherheiten, Restschuldbefreiung und Verbrauchersinsolvenz nach der neuen Insolvenzordnung, DZWiR 1997, 303

Piltz, Burghard, Die Zuständigkeitsordnung nach dem EWG-Gerichtsstands- und Vollstreckungsübereinkommen, NJW 1979, 1071

Plucknett, T.F.T., A Concise History of the Common Law, 5. Aufl. London 1956

Pollock, Frederick/ Maitland, Frederic William, The History of English Law, Vol. III, 2. Aufl. Cambridge 1969

Prölss, Versicherungsaufsichtsgesetz mit Europäischem Gemeinschaftsrecht und Recht der Bundesländer, hrsg. v. Schmidt, Reimer, 11. Aufl. München 1997 (zitiert: Prölss/Bearbeiter)

Pscherer, Thomas, Die Chancen deutscher Hypothekenbanken auf dem englischen Markt, Der langfristige Kredit 1994, 11

Rabinowitz, Gavin, Security Enforcement, SoJo 1992, 388

Radbruch, Gustav, Der Geist des englischen Rechts, 3. Aufl. Göttingen 1956

Rajak, Harry Insolvency Law - Theory and Practice, London 1993

Randell, Charles, Real property securities, in particular for cross-frontier loans, in: Rechtsfragen bei Bankdienstleistungen im Europäischen Binnenmarkt, hrsg. v. Hadding, Walther/ Welter, Reinhard, 1993

Reinhart, Stefan, Sanierungsverfahren im internationalen Insolvenzrecht: eine rechtsvergleichende Untersuchung über die besonderen internationalrechtlichen Problem liquidationsabwendender Insolvenzverfahren, Berlin -1995, Diss. 1994

Reischl, Klaus, Grundfälle zu den Grundpfandrechten, JuS 1998, 125, 220, 318

Reithmann, Christoph/ Martiny, Dieter, Internationales Vertragsrecht, 5. Aufl. Köln 1996

Rheinstein, Max, Einführung in die Rechtsvergleichung, hrsg. v. Borries, Reimer von, 2. Aufl. München 1987

Riecke, Torsten, Blair vor dem Hürdenlauf zum Euro, Handelsblatt v. 25.02.1999, S. 2

Riddall, J.G., Introduction to Land Law, London 1993

Riesenfeld, Stefan A., Domestic effects of foreign liquidation and rehabilitation proceedings in the light of comparative law, in Internationales Privatrecht und Rechtsvergleichung im Ausgang des 20. Jahrhunderts: Bewahrung oder Wende?; Festschrift für Gerhard Kegel, hrsg. von Alexander Lüderitz und Jochen Schröder, Frankfurt a.M. 1977

Riggert, Rainer Das Insolvenzplanverfahren - Strategische Pro-bleme aus der Sicht absonderungsberechtigter Banken, WM 1998, 1521

Rittner, Fritz, Das Gemeinschaftsrecht und die europäische Integration, JZ 1995, 849

Rivington, H.G., Law of Property in Land, London 1950

Romain, Alfred, Das Mortgage. Eine entwicklungsgeschichtliche und rechtsvergleichende Studie, Diss. München 1956

Robinson, Stanley, Mortgages - Care and Protection - 1 Conv. 1989, 336

Rosenberg, Leo/ Schwab, Karl Heinz, Zivilprozeßrecht, 15. Aufl. München 1993

Roser, Achim, Kredit und Kreditsicherheit im Altertum, Kreditwesen 1998, 72

Rüchhardt, Konrad, Zur Bewertung von Immobilien in den EG-Ländern, Der langfristige Kredit 1988, 164

Rutstein, Michael Voluntary Arrangements: Contracts or Not?, J.I.B.L. 2000, 47

Rutstein, Michael Corporate Failure: A Change of Direction, J.I.B.L. 2000, 71

Schäfer, Achim, Grenzüberschreitende Kreditsicherung an Grundstücken unter besonderer Berücksichtigung des deutschen und italienischen Rechts, Frankfurt 1993

Schäfer, Otto/ Etzkorn, Jörg, Grenzüberschreitendes Bausparen - privatrechtliche Vertragsgestaltung und aufsichtsrechtliche Aspekte, Der Langfristige Kredit 1992, 255

Scheuble, Ursula, Grundstücke in Großbritannien als Kreditsicherheit, Der langfristige Kredit 1990, S.204

Schimansky, Herbert/ Bunte, Hermann-Josef/ Lwowski, Hans-Jürgen Bankrechts-Handbuch, bearb. v. Bruchner, Helmut, München 1997

Schlegelberger, Franz, Rechtsvergleichendes Handwörterbuch für das Zivil- und Handelsrecht des In- und Auslands, Bd. III Berlin 1931, Bd. IV, Berlin 1933

Schlesinger, Rudolf B., The Common Core of Legal Systems, in: Rechtsvergleichung, hrsg. Von Zweigert, Konrad/ Puttfarken, Hans-Jürgen, Darmstadt 1978

Schmitthoff, Clive M., Die englische Equity, in Festschrift für Ernst von Caemmerer zum 70. Geburtstag, hrsg. von Hans Claudius Ficker, Tübingen 1978, S.1049

Schneider, Uwe H./ Troberg, Peter, Finanzdienstleistungen im EG-Binnenmarkt: Sitzland- oder Gastlandrecht?, WM 1990, 165

Schneider, Uwe H., Europäische und internationale Harmonisierung des Bankvertragsrechts, NJW 1991, 1985

Scholz, Hellmut, Die rechtlichen Rahmenbedingungen der Hypothekenbanken für den gemeinsamen Binnenmarkt, in: Der europäische Binnenmarkt 1992 - Auswirkungen für die deutsche Finanzwirtschaft, S.165 ff, hrsg. von Büschgen, Hans E./Schneider, Uwe, 1990

Scholz, Hellmut, Anmerkungen zur Immobilienfinanzierung in Großbritannien, Der langfristige Kredit 1991, 20

Scholz, Hellmut, Die Entwicklung der nationalen und internationalen Immobilienfinanzierung aus deutscher Sicht, Der langfristige Kredit 1991, 5

Scholz, Hellmut/ Lwowski, Hans-Jürgen, Das Recht der Kreditsicherung, 7. Aufl. 1994 Berlin

Schönhöfer, Julius/ Böhner, Reinhard, Haus- und Grundbesitz im Ausland, Bd. II, Freiburg im Breisgau, Stand 8/1998

Schönmann, Günther, Geschichte des deutschen Hypothekarkredits, in: Handbuch des Realkredits - Immobilienfinanzierung in Deutschland und Europa, S. 823, hrsg. von Rüchhardt, Konrad, 3. Aufl. Frankfurt 1993

Schoppmann, Henning, Realkredit und Pfandbrief in der EG, Der langfristige Kredit 1988, 152

Schub, Anton, Allgemeine rechtliche Voraussetzungen des Hypothekarkredits in den Ländern der Europäischen Gemeinschaft und den benachbarten EFTA-Staaten, in: Handbuch des Realkredits - Immobilienfinanzierung in Deutschland und Europa, S. 687, hrsg. von Rüchhardt, Konrad, 3. Aufl. Frankfurt a.M. 1993

Schulz-Trieglaff, Kai Grundschuld und Floating Charge zur Absicherung von Unternehmenskrediten: eine rechtsvergleichende Untersuchung aus dem deutschen und englischen Kreditsicherungsrecht unter Berücksichtigung der neuen Insolvenzordnung, Diss. Frankfurt a.M. 1997

Schweitzer, Michael/ Hummer, Waldemar, Europarecht, 5. Aufl. Frankfurt a.M. 1996

Sheridan, L.A., Rights in Security, London 1974

Simpson, A.W.B., A History of the Land Law, 2. Aufl. Oxford 1986

Smart, Philip St. J., Carrying on Business as a Basis of Recognition of Foreign Bankruptcies in English Private International Law, (1989) 9 O.J.L.S. 557

Smart, Philip St. J.; Cross-Border Insolvency, London 1991

Smid, Stefan, Die Aufgaben des neuen Insolvenzverfahrens, DZWir 1997, 309

Smid, Stefan, Das Deutsche Internationale Insolvenzrecht und das Europäische Insolvenz-Übereinkommen, DZWir 1998, 432

Smith, Roger, Property Law, London 1996

Snaith, Ian, The Law of Corporate Insolvency, London 1990

Sonnenberger, Jürgen, Europarecht und Internationales Privatrecht, ZVglRWiss (1996), 3

Spellenberg, Ulrich, Sicherheit im Grundstücksverkehr - Publicité foncière, Grundbuch und Torrens-Systeme, in Festschrift gür Werner Lorenz zum siebzigsten Geburtstag, hrsg. von Bernhard Pfister und Michael R. Will, Tübingen 1991, S. 779

Spickhoff, Andreas Die Restkodifikation des Internationalen Privatrechts: Außervertragliches Schuld- und Sachenrecht, NJW 1999, 2209

Staudinger, Julius von Julius von Staudingers Kommentar zum Bürgerlichen Gesetzbuch mit Einführungsgesetz und Nebengesetzen (zitiert: Staudinger/ Bearbeiter): Internationales Sachenrecht, 13. Aufl. Berlin 1996, bearbeitet von Hans Stoll; 3. Buch Sachenrecht. §§ 113-1203, 13. Aufl. Berlin 1996, bearbeitet von Hans Wolfsteiner

Steiner, Claus, Immobilienfinanzierung in den Ländern der Europäischen Gemeinschaft - Ein Überblick -, hrsg. von Büschgen, Hans E./Herrhausen, Alfred, Frankfurt a.M. 1990

Steiner, Michael — The Insolvency Bill 2000: Rescue Culture in the New Millennium, J.I.B.L. 2000, 61

Stöcker, Otmar M., — Die „Eurohypothek" - Wegbereiter zu einem Binnenmarkt für den Hypothekarkredit, Der Langfristige Kredit 1991, 537

Stöcker, Otmar M., — Zur Bedeutung eines einheitlichen nicht-akzessorischen Grundpfandrechts für den Aufbau eines „Europäischen Binnenmarktes für den Hypothekarkredit" mit einer Darstellung der Verwendung der Grundschuld durch die deutsche Hypothekarpraxis sowie des französischen, spanischen und schweizerischen Hypothekenrechts, Berlin 1992 (zitiert: Die Eurohypothek)

Strub, Andreas, — Bankdienstleistungen im Binnenmarkt, Diss. Hamburg 1993

Strub, Andreas, — Das Europäische Konkursübereinkommen, EuZW 1996, 71

Stürner, Rolf, — Das Grundpfandrecht zwischen Akzessorietät und Abstraktheit und die europäische Zukunft, in Festschrift für Rolf Serick zum 70. Geburtstag, hrsg. v. Huber, Ulrich/Jayme, Erik, Heidelberg 1992

Summ, Cornelia, — Anerkennung ausländischer Konkurse in der Bundesrepublik Deutschland: eine Darstellung am Beispiel englischer, italienischer und französischer Insolvenzverfahren, Diss., Berlin 1992

Sykes, E.I., — The Law of Securities, 4. Aufl. London 1986

Thompson, M.P., — Co-owners and Mortgagees, Conv. 1992, 206

Timothy, P.J., — Wontner's Guide to Land Registry Practice, 17. Aufl. London 1989

Triebel, Volker/ Hodgson, Stephen/ Kellenter, Wolfgang/ Müller, Georg, Englisches Handels- und Wirtschaftsrecht, 2. Aufl. Heidelberg 1995

Troberg, Peter/ Bund, Stefan, Bausparkassen und europäischer Binnenmarkt, Der Langfristige Kredit 1996, 430

Trunk, Alexander, Zur bevorstehenden Neuregelung des deutschen internationalen Insolvenzrechts, KTS 1994, 33

Turing, Dermot, The European Convention on Insolvency Proceedings, JIBFL 1996, 56

Turner, R.W., The Equity of Redemption, Cambridge 1931

Tyler, E.L.G., *Possession* by a Mortgagee, N.L.J. 1970, 829

Vach, Michael, Aspekte der Insolvenzrechtsreform 1986 in England, Frankfurt 1991, Diss.

Vachek, Marcel, Fallstudie zur Anwendung des EuGVÜ im Unternehmensbereich - Teil 3: Die ausschließlichen Zuständigkeiten nach Art. 16 Nr. 1 und 17 EuGVÜ, WiB 1997, 157

Vallender, Heinz, Einzelzwangsvollstreckung im neuen Insolvenzrecht, ZIP 1997, 1993

Verband deutscher Hypothekenbanken, Auslandskreditgeschäft der Hypothekenbanken, Az.: 11.190, Rundschreiben Nr. 34 vom 03.03.1998

Verband deutscher Hypothekenbanken, 100 Jahre Hypothekenbankgesetz, Textsammlung und Materialien, Frankfurt a.M. 1999

Verband deutscher Hypothekenbanken, Jahresbericht 1999, März 2000

Wachter, Thomas, Die Eurohypothek - Grenzüberschreitende Kreditsicherung an Grundstücken im Europäischen Binnenmarkt -, WM 1999, 49

Wagner, Rolf, Der Beitritt Österreichs, Finnlands und Schwedens zum Brüsseler Gerichtsstands- und Vollstreckungsübereinkommen vom 27.9.1968, RIW 1998, 590

Wagner, Rolf, Der Regierungsentwurf eines Gesetzes zum Internationalen Privatrecht für außervertragliche Schuldverhältnisse und Sachen, IPRax 1998, 429

Waldock, Humphrey Meredith, The Law of Mortgages, 2. Aufl. London 1950

Walker, Andrew, Forged mortgages and victims' rights, SoJo 1992, 342

Ward, Ian, Settlements, Mortgages and Aristocratic Estates 1649-1660, Journal of Legal History 1991, 31

Weber, Hansjörg, Kreditsicherheiten. Recht der Kreditsicherheiten, 6. Aufl. München 1998

Weber, Rolf H., Parteiautonomie im internationalen Sachenrecht?, RabelZ 44 (1980) 510

Wehrens, Hans G., Überlegungen zu einer Eurohypothek, WM 1992, 557

Weisfolg, Walter E., Rechtsvergleichung und juristische Übersetzung, Zürich 1996

Welstead, Mary, The mortgagee's claim: a question of priority, Law Society's Gazette 1990, 87

Welter, Reinhard, Dingliche Sicherheiten zwischen Harmonisierung und gegenseitiger Anerkennung als Prinzipien des Europäischen Binnenmarktes, 1992, Habil.-Schrift

Welter, Reinhard, Einführung, in: Der Realkredit in den Ländern der EG, hrsg. v. Welter, Reinhard/ Breier, Heinz/ Ketzel, Eberhart, S. 303 ff., Stuttgart 1994

Werth, Alfred, Vom Verkehrswert unabhängige Beleihungswerte im Blickfeld der Europäischen Union, GuG 1998, 25

Westermann, Harry, Sachenrecht: ein Lehrbuch, begr. von Westermann, Harry, fortgef. v. Westermann, Harm Peter, 7. Aufl. Heidelberg 1998

Wilkinson, H.W., The Mortgagee's Duty to Mortgagors and Guarantors, NLJ 1982, 883

Wilkinson, H.W., Protection of mortgagors, NLJ 1990, 823

Wilkinson, H.W., Undue influence by mortgagees, NLJ 1989, 479

Williams, Sydney Edward, Coote's Treatise on the Law of Mortgages, Vol.I und II, 8. Aufl. 1912

Wilmowsky, Peter von, Europäisches Kreditsicherungsrecht: Sachenrecht und Insolvenzrecht unter dem EG-Vertrag, Beiträge zum ausländischen und internationalen Privatrecht, Tübingen, 1996

Wilmowsky, Peter von, Kreditsicherheiten im Binnenmarkt, Referat im Rahmen der Vortragsreihe „Grundfragen der Europäischen Rechtsordnung", Bonn, 9.12.1996, Zentrum für Europäisches Wirtschaftsrecht

Wilmowsky, Peter von, Internationales Insolvenzrecht - Plädoyer für eine Neuorientierung - WM 1997, 1461

Wilmowsky, Peter von, Sicherungsrechte im Europäischen Insolvenzübereinkommen, EWS 1997, 295

Wimmer, Klaus, Die UNCITRAL-Modellbestimmungen über grenzüberschreitende Insolvenzverfahren, ZIP 1997, 2220

Wolf, Manfred, Privates Bankvertragsrecht im EG-Binnenmarkt - Auswirkungen der II. EG-Bankrechts-Richtlinie für privatrechtliche Bankgeschäfte, WM 1990, 1941

Wolff, Martin/ Raiser, Ludwig, Sachenrecht, 10. Aufl. Tübingen 1957

Wolfsteiner, Hans, Julius von Staudingers Kommentar zum Bürgerlichen Gesetzbuch mit Einführungsgesetz und Nebengesetzen, Sachenrecht §§ 1113-1203, 13. Aufl. Berlin 1996 (zitiert: Staudinger/ Bearbeiter)

Zahnder, Brigitte, „Es war *Liebe* auf den ersten Blick", Stern 43/1998, 198 ff.

Zehnder, Andreas, Die rechtlichen Sonderprobleme der Bausparkassen, in: Der europäische Binnenmarkt 1992 – Auswirkungen für die deutsche Finanzwirtschaft, S. 181 ff., hrsg. von Büschgen, Hans E./Schneider, Uwe, Frankfurt a.M. 1990

Zimmermann, Reinhard, Der europäische Charakter des englischen Rechts - Historische Verbindungen zwischen civil law und common law, ZEuP 1993, 4

Zöller, Richard, Zivilprozeßordnung mit Gerichtsverfassungsgesetz und Einführungsgesetzen, mit Internationalem Zivilprozeßrecht, Kostenanmerkungen, 18. Aufl. Köln 1993 (zitiert: Zöller/ Bearbeiter)

Zügel, Walther, Die Sparkassen, in: Handbuch des Realkredits - Immobilienfinanzierung in Deutschland und Europa, S.985 ff, hrsg. von Rüchhardt, Konrad, 3. Aufl. Frankfurt a.M. 1993

Zweigert, Konrad/ Kötz, Hein, Einführung in die Rechtsvergleichung auf dem Gebiete des Privatrechts, 3. Aufl. Tübingen 1996

II. Material

1. England

Diamond-Report A review of Security Interest in Property v. 07.11.1988

Furey, Nigel Unterlagen zum Kurs Insolvency Law im Rahmen des LL.M.-Kurses an der University of Bristol 1994/1995

Law Commission Transfer of Land - Land Mortgages, LAW COM No. 204, London 13.11.1991

Steven, Christine Bases of Recognition of Foreign Insolvency Decrees by English Courts, dissertation im Rahmen des Master of Laws-Kurses an der University of Bristol 1994/95

2. Deutschland

Die Hypothekenbanken der Commerzbank 1997, Der Langfristige Kredit 1998, 340

Ein eigenes Zuhause im Ausland - Ergebnisse einer Marktstudie, Broschüre der LBS, Oktober 1998, zu beziehen über die verschiedenen LBS-Geschäftsstellen

Ständige Urlaubsadresse, Immobilien Manager 6/98, S. 59

3. EU

Erster Entwurf eines EG-Übereinkommens über Konkurs, Vergleiche und ähnliche Verfahren, RabelsZ 36 (1972), 734

Zweiter Entwurf eines EG-Übereinkommens über Konkurs, Vergleiche und ähnliche Verfahren, EG-Bulletin, Beil. 2/82

Vorschlag für eine Richtlinie des Rates über die Niederlassungsfreiheit und den freien Dienstleistungsverkehr auf dem Gebiet des Hypothekarkredits, ABl. EG C 42/4 v. 14.2.1985 und geänderter Vorschlag, ABl. EG C 161/4 v. 22.5.1987

Zweite Richtlinie 89/646 des Rates v. 15.12.1989 zur Koordinierung der Rechts- und Verwaltungsvorschriften über die Aufnahme und Ausübung der Tätigkeit der Kreditinistiute und zur Änderung der Richtlinie 77/780, ABl. EG 1989 L 386/1 v. 30.12.1989 (II. Bankrechtskoordinierungsrichtlinie)

Entschließung des Europäischen Parlaments zum Übereinkommen über Insolvenzverfahren, ABl. EG C 279/499 v. 01.10.1999

Guiliano/Lagarde Bericht, BT-Drs. 10/503 v. 20.10.1983, S.33

Jenard — Bericht zum EuGVÜ vom 27.9.1968 und zum AuslProt. vom 3.6.1971, ABl. 5.3.1979 Nr. C 59, 1-70 = BT-Drs. 12/6838, 54-113

Schlosser — Bericht zum EuGVÜ vom 9.10.1978, ABl . 5.3.1979 Nr. C 59, 71-151 = BT-Drs. 10/61, 31-83

4. International

Abwicklung einer grenzüberschreitenden Insolvenz nach Vereinbarung ("Nakash-Protocol"), ZIP 1998, 1013

UNCITRAL-Modellbestimmungen über grenzüberschreitende Insolvenzverfahren vom 15.12.1997, abgedruckt in ZIP 1997, 2224

III. Table of Cases

1. Britische Rechtsprechung[1316]

Ackroyd v. Mitchell (1860) 3 L.T. (N.S.) 236

Adams v. Angell (1877) 5 Ch.D. 634

Adams v. Clutterbuck (1883) 10 Q.B.D. 403

Arab Bank plc. v. Mercantile Holdings plc. [1994] 2 WLR 307

Banco de Bilbao v. Sancha [1938] 2 K.B. 176 C.A.

Bank of Africa, Ltd. v. Cohen [1909] 2 Ch 12

Bank of Cyprus (London) Ltd. v. Gill (1986) 279 Estates Gazette 1355

Bank of Ethiopia v. National Bank of Egypt [1937] 1 Ch. 513

Banner v. Berridge (1881) 18 Ch.D. 254

Barclays Bank Ltd. v. Bird [1954] Ch 274

Barclay's Bank plc v. O'Brien [1992] 4 All ER 983

Barrat v. Gough-Thomas (No. 3) [1951] 2 All E.R. 48

Bartlett v. Franklin (1867) 36 LJ Ch 671

Bell v. Sunderland Building Society [1883] 24 ChD. 618

Bergerem v. Marsh (1921) 125 L.J. 630

Berwick & Co v. Price [1905] 1 Ch 632

Biggs v. Hoddinott [1898] 2 Ch. 307

Bishop v. Bonham [1988] 1 WLR 742

Bodenham v. Halle (1456), Selden Society, Vol. 10, S.137

Bonham v. Newcomb (1683) 1 Vern. 214

Bovill v. Endle [1896] 1 Ch. 648

Brace v. Duchess of Marlborough (1728) 2 P Wms 491

[1316] Soweit nicht besonders gekennzeichnet, handelt es sich um Fälle der englischen Rechtsprechung.

Bradford & Bingley Building Society v. A Debtor (No. 64 of 1992) [1994] BCC 55

British South Africa Co. v. De Beers Consolidated Mines Ltd. [1910] 2 Ch. 502 C.A.

Browne v. Lockhart (1840) 10 Sim 420, 424

Campell v. Holyland (1877) 7 Ch.D. 166

Capital and Counties Bank Ltd. v. Rhodes [1903] 1 Ch. 631

Casborne v. Scarfe (1738) 1 Ch. Cas. 217

Chaplin v. Young (1864) 33 Beav 330

Cheah Theam Stree v. Equiticorp Finance Group Ltd. [1992] 1 AC 472

China and South Bank Ltd. v. Tan Soon Gin [1990] 1 AC 536

Croft v. Graham (1863) 2 De GJ & Sm 155

Cromwell Property Investment Co. Ltd. v. Western and Toovey [1934] Ch. 3244

Cruse v. Chittum [1974] 2 All ER 940

Cuckmere Brick Co. Ltd. v. Mutual Finance Ltd. [1971] Ch. 649

Cummins v. Fletcher (1879) 14 Ch.D. 699

Dearle v. Hall (1823) 3 Russ 1

Devaynes v. Noble, Clayton's Case (1816) 1 Mer 529.

Edmondson v. Copland [1911] 2 Ch. 301

Ellis v. Glover and Hobson Ltd. [1908] 1 K.B. 388

Emmanuel College v. Evans (1625) 1 Ch. Rep. 18

English and Scottish Mercantile Investment Co. v. Brunton [1892] 2 Q.B. 700

Erewash B.C. v. Taylor [1979] C.L.Y 1831

Esberger & Son Ltd. v. Capital and Counties Bank [1913] 2 Ch 366

Ex parte Melbourn (1870) L.R. 6 Ch. App. 64

Farrar v. Farrars Ltd. (1888) 40 Ch.D. 395, 404, 409

Felixstowe Dock and Railway Co. v. U.S. Lines Inc. [1988] 2 All E.R. 77

First National Securities Ltd. v. Hegerty [1985] Q.B. 850 (C.A.)

Fitzgerald's Trustee v. Mellersh [1892] 1 Ch. 385

Four Maids Ltd. v. Dudley Marshall (Properties) Ltd. [1957] Ch 317

Garfitt v. Allen (1887) 37 Ch. D. 48

Gaskell v. Gosling [1896] 1 Q.B. 669

Grace Rymer Investments Ltd. v. Waite [1958] All ER 777

Habib Bank v. Tailor [1982] 3 All E.R. 561

Hall v. Heward (1886) 32 Ch.D. 430

Hinckley and South Leicestershire Permanent B.S. v. Freeman [1941] Ch. 32

Holland v. Hodgson (1872) LR 7 CP 328, 335 (Exchequer Chamber)

Hollington Bros. Ltd. v. Rhodes [1951] 2 All E.R. 579

Home's Trustee v. Home's Trustee 1926 S.L.T. 214.schottisch

Hopkinson v. Rolt (1861) 9 HL Cas 514

Howard v. Harris (1683) 1 Vern. 190

In re Park Ward and Company Ltd. [1926] 1 Ch. 828 (H.L.)

Johnson v. Evans (1889) 61 LT 18, CA

Joseph Wright and Grace Elizabeth Wright v. Horton and others [1887] 12 A.C. 371 (H.L.)

Keiner v. Keiner [1952] 1 All ER 643

Knightsbridge Estates Trust Ltd. v. Byrne [1939] Ch. 441

Kreglinger v. New Patagonia Meat and Cold Storage Co. Ltd. [1914] A.C. 25

Lancashire Yorkshire Reversionary Interest Co Ltd v. Crowe (1970) 114 Sol Jo 435

Leigh v. Taylor [1902] AC 157

Lever Finance Ltd. v. L.N. and H.M. Needleman's Trustee [1956] Ch. 375

London County and Westminster Bank Ltd. v. Tompkins [1918] 1 K.B. 515

Lord Waring v London & Manchester Assurance Co. [1935] Ch. 310

Luckins v. Highway Motel Pty. Ltd. (1975) 50 A.L.J.R. 309

Martinson v. Clowes (1882) 21 Ch. D. 857

Meaden v. Sealey (1849) 6 Hare 620

Merker v. Merker [1963] P. 283

Mexborough U.D.C. v. Harrison [1964] 1 W.L.R. 733

Mobil Oil Co. Ltd. v. Rawlinson (1981) 43 P & CR 221

Mortgage Corporation Ltd. v. Nationwide Credit Corporation Ltd. (1992) Times, 27th July ChD

Municipal Permanent Investment B.S. v. Smith (1888) 22 Q.B.D. 70

National Westminster Bank plc. v. Morgan [1985] AC 686

National Westminster Bank Plc v. Skelton [1993] 1 WLR 72

New Zealand Loan and Mercantile Agency Co. Ltd. v. Morrison [1898] A.C. 349 P.C

Noakes & Co. Ltd. v. Rice [1902] A.C. 24

North Australian Territory Co. Ltd. v. Goldsborough, Mort and Co. Ltd. (1889) 61 L.T. 716

Nott v. Eastern [1900] 1 Ch. 29

Noyes v. Pollock (1886) 32 Ch. D. 53

N.V. Slavenburg's Bank v. Intercontinental Natural Resources Ltd. [1980] 1 All E.R. 955

Obers v. Paton's Trustees (1897) 24 R. 719 (schottisch)

Oliver v. Hinton [1899] 2 Ch. 264

Orby v. Trigg (1722) 9 Mod. 2

Otter v. Lord Vaux (1856) 6 De G.M. & G. 638

Paddington Building Society v. Mendelsohn (1985) 50 P&CR 244

Palk v. Mortgage Services Funding plc [1993] Ch 330

Parker v. Housefield (1834) 2 Myl & K 419

Parker-Tweedale v. Dunbar plc (No.2) [1990] 2 All E.R. 588

Pearce v. Morris (1869) 5 ChApp 227

Pledge v. White [1896] A.C. 187

Plumb v. Fluitt (1791) 2 Anst 432

Property and Bloodstock Ltd. V Emerton [1968] Ch. 94

Quennell *v. Maltby* [1979] 1 W.L.R. 318

R v. Barnet London Borough, ex p Shah [1983] 2 AC 309

R. A. Securities Ltd. v. Mercantile Credit Co. Ltd. [1994] BCC 598

Ramsbottom v. Wallis (1835) 5 L.J.Ch. 92

Re A Debtor (1981) Ch. 384

Re Anderson [1911] 1 K.B. 896

Re Bank of Credit and Commerce International SA (No.8) [1997] 4 All E.R. 568

Re Bellville's S.T. [1964] Ch. 163

Re Blithman (1866) L.R. 2 Eq.23

Re Brauch [1978] Ch. 316

Re Colombian Fireproofing Co. Ltd. [1910] 2 Ch 120

Re David Lloyd & Co., Lloyd v. David Lloyd & Co (1877) 6 ChD 339

Re Davidson's Settlement Trusts (1873) L.R. 15 Eq. 383

Re Errington [1894] 1 Q.B. 11

Re General South American Co. [1876] 2 Ch.D. (C.A.)

Re Helbert Wagg & Co. [1956] Ch. 323

Re Hoyles [1911] 1 Ch 17

Re Horn and Hellard (1885) 29 Ch. D. 736

Re Ind Coope & Co. Ltd. [1911] 2 Ch. 223

Re Jackson and Bassford Ltd. [1906] 2 Ch. 467

Re Kooperman [1928] W.N. 101

Re Levy's Trust (1885) 30 Ch D 119

Re Lord Southampton's Estate, Allen v. Lord Southampton (1880) 16 Ch.D. 178

Re Magneta Time Co. Ltd. (1915) 113 L.T. 986

Re Manufacturing Co. [1891] 1 Ch. 627, 640 (C.A.)

Re MC Bacon Ltd. [1990] BCLC 324, 340

Re Mechanisations (Eaglescliffe) Ltd. [1964] 3 All E.R. 840 (Ch.D.)

Re Monolithic Building Co. [1915] 1 Ch. 643

Re Oriel Ltd. [1985] 3 All. E.R. 216

Re Owen [1894] 3 Ch. 220

Re Panama & Co. (1870) L.R. 5 Ch. App. 318

Re Petrol Filling Station, Vauxhall Bridge Road, London (1968) 20 P. & C.R. 1

Re Rumney and Smith [1897] 2 Ch. 351, 359, CA

Re St.Ives Windings Ltd. (1987) 3 BCC 634

Re Trepca Mines Ltd. [1960] 1 W.L.R. 1273, C.A.

Re Wherly, ex parte Hirst (1879) 11 Ch.D. 278

Reeve v. Lsile [1902] A.C. 461

Russel v Russel (1783) 1 Bro. C.C. 269

Russian and English Bank v. Baring Brothers & Co. [1936] 1 All ER 505
Salt v. Marquis of Northampton [1892] A.C. 1

Samuel v. Jarrah Timber and Wood Paving [1904] AC 323

Samuel Keller (Holdings) Ltd. v. Martins Bank Ltd. [1971] 1 W.L.R. 43

Santley v. Wilde [1899] 2 Ch. 474

Saunders v. Anglia Building Society [1970] 3 All ER 961, HL

Schemmer v. Property Resources Ltd. [1975] Ch. 273

Selwyn v. Garfit (1888) 38 Ch.D. 273

Seton v. Slade (1802) 7 Ves 265

Sharp v. Rickards [1909] 1 Ch. 109

Siebe Gorman & Co. v. Barclays Bank (1979) 2 Lloyds Rep. 142

Simpson v. Geoghegan [1934] W.N. 232

Smith v. Smith [1891] 3 Ch. 550

Solomons v. Ross (1764) 1 Hy Bl 131

Sun Building Society v. Western Suburban and Harrow Road Building Society [1921] 2 Ch. 438, CA

Swiss Bank Corporation v. Lloyd's Bank Ltd. [1982] A.C. 584

Taylor v. Russell [1891] 1 Ch. 8

Tennant v. Trenchard (1869) 4 Ch. App. 537

Thornborough v. Baker (1675) 3 Swan 628

Travers v. Holley [1953] P. 246

Tsi Kwong Lam v. Wong Chit Sen [1983] 3 All E.R. 54 PC

Tyler v. Yates (1871) 6 Ch. App. 665

United Bank of Kuwait plc v Sahib (Times, June 24, 1994)

Usborne v. Usborne (1740) 1 Dick. 75

Waite v. Bingley (1882) 21 Ch. D. 674, 681 f. *Walker v. Linom* [1907] 2 Ch. 104

Walsh v. Lonsdale (1882) 21 Ch.D. 9

Waterhouse v. Stansfield (1852) 10 Hare 254

Weed-Blundell v. Synott [1940] 2 K.B. 107

Western Bank Ltd. v. Schindler [1977] Ch. 1

White v. City London Brewery (1889) 42 Ch.D.

Whitely v. Delaney [1914] A.C. 132

Williams & Glyn's Bank Ltd. v. Boland [1981] AC 487

York Union Banking Co. v. Artley (1879) 11 Ch. D. 205

2. Deutsche Rechtsprechung

BGH WM 1961, 668

BGH NJW 1969, 1760

BGHZ 52, 239 = IPRspr 1968-69 Nr.24

BGH WM 1980, 1383

BGH NJW 1981, 59

BGHZ 95, 256

BGH ZIP 1997, 39

BGHZ 136, 161

OLG Frankfurt, FamRZ 1990, 748;

OLG München NJW-RR 1989, 664 = IPRspr 1988 Nr. 15

OLG München, FamRZ 1992, 73

3. Rechtsprechung des EuGH

Brenner u.a./Dean Witter Reynolds Inc., Rs.C-318/93, EWS 1994, 353

Casati Rs. 203/80, Amtliche Sammlung 1981, S.2595

Reichert/Dresdner Bank, Rs. C-115/88, Amtliche Sammlung I [1990] 27

Rösler/Rottwinkel, Rs. 241/83, Amtliche Sammlung I [1985] 99

Sanders/Van der Putte, Rs. 73/77, Amtliche Sammlung II [1977] 2383

Svensson und Gustavsson Rs. C-484/93, Amtliche Sammlung I (1995-11) 3971

Webb/Webb, Rs.C 294/92, Amtliche Sammlung I [1994] 1717

IV. Abkürzungsverzeichnis

AC	Appellate Court
A.L.J.R.	All Law Journal Reports
All E.R.	All England Law Reports
Anst	Anstruther
BCC	Butterworth's Company Cases
BCLC	Butterworth's Company Law Cases
Beav	Beavan
Bro. C.C.	Brown's Chancery Cases
Ch.	Chancery
Ch.D.	Chancery Division
Ch. Rep.	Chancery Report
CLP	Current Legal Problems
Conv	Conveyancer and Property Lawyer
De G.M.&G	De Gex, McNaghten&Gordon
Dick.	Dickens
HL Cas	House of Lords Cases
Insolvency Law&Prac	Insolvency Law and Practice
JBL	Journal of Business Law
JIBFL	Journal of International Banking and Financial Law
K.B.	King's Bench
L.J.	Law Journal
L.J. Ch.	Law Journal Chancery

LQR	Law Quarterly Review
L.R.	Law Reports
L.T.	Law Times
Lloyds Rep.	Lloyds' Reports
Mer	Merivale
MLR	Modern Law Review
Mod.	Modern
Myl&K	Mylne&Keen
NLJ	New Law Journal
OJLS	Oxford Journal of Legal Studies
P	Privy Council
P&CR	Property&Compensation Reports
P.C.	Privy Council
P Wms	Peere Williams
Q.B.	Queen's Bench
Q.B.D.	Queen's Bench Division
R.	Reports
Russ	Russell
S.L.T.	Scottish Law Times
Sim	Simons
Sol Jo	Solicitor's Journal
Swan	Swanston
Vern	Vernon
Ves	Vesey
WLR	Weekly Law Reports
W.N.	Weekly Notes

Im übrigen entsprechen die Abkürzungen dem Verzeichnis des Palandt, 58. Aufl., 2000.

Studien zum europäischen Privat- und Prozeßrecht

Herausgegeben von Prof. Dr. Manfred Wolf

Band 1 Axel Pajunk: Die Bedeutung und Reichweite der Kapitalverkehrs- und Dienstleistungsfreiheit des EG-Vertrages. Die gegenseitige Anerkennung von Privatrechtsinstituten am Beispiel der englischen Mobiliarkreditsicherheiten. 1999.

Band 2 Kerstin Pudor: Die Wirkungsweise verbraucherschützender Widerrufsrechte. Zur Wirksamkeit des Verbrauchervertrages bei bestehendem Widerrufsrecht nach den §§ 1 HWiG, 7 VerbrKrG und 5 TzWrG. 2000.

Band 3 Michael Brück: Das Vorabentscheidungsverfahren vor dem Europäischen Gerichtshof als Bestandteil des deutschen Zivilprozesses. Rechtsschutzhemmendes Integrationsproblem oder kohärente Rechtsschutzerweiterung. 2001.

Band 4 Christine Steven: Immobiliarsicherheiten im englischen und deutschen Recht. Eine rechtsvergleichende Untersuchung unter besonderer Berücksichtigung der Insolvenz des Sicherheitengebers. 2002.

FSC
www.fsc.org
MIX
Papier | Fördert gute Waldnutzung
FSC® C083411

Kolibri 360 GmbH
Ferdinand-Jühlke-Straße 7
99095 Erfurt, Deutschland
produktsicherheit@kolibri360.de

Druck:
CPI Druckdienstleistungen GmbH
im Auftrag der
Kolibri 360 GmbH
Ferdinand-Jühlke-Str. 7
99095 Erfurt